KB129785

일의 철학

DESIGNING YOUR NEW WORK LIFE
: how to thrive and change and find happiness at work

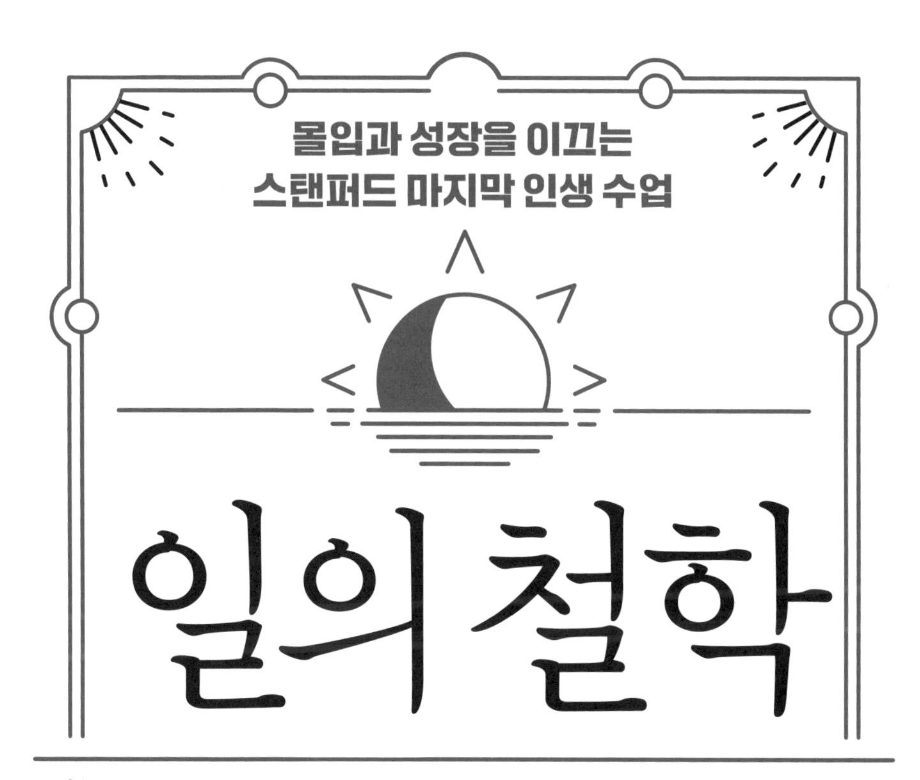

몰입과 성장을 이끄는
스탠퍼드 마지막 인생 수업

일의 철학

DESIGNING YOUR NEW WORK LIFE

빌 버넷·데이브 에번스 지음 | 이미숙 옮김

아침에 일어나 옷을 차려입고 매일 출근하는 모든 직장인에게

당신이 하는 모든 일에 감사드린다. 부디 이 책에서 목적과 의미, 기쁨을 더 많이 느끼며 일할 방법을 발견하기 바란다. 여러분은 그럴 만한 가치가 있다.

나의 경이로운 아이들, 엘리자와 케이시, 벤에게

너희들이 성인의 삶을 디자인해 출발하는 모습을 지켜보는 것은 내게 기쁨이다.

— 빌 버넷

데이브와 킴, 로비와 크리시, 리사와 도니, 게이브와 니콜, 그리고 로지에게

내 최초의 라이프 디자인이자, 가장 중요한 목표는 아빠가 되는 것이었다. 세상에서 가장 간절했던 내 소망을 성취할 기회를 준 너희에게 한없는 고마움을 전한다. 너희와 너희의 아이들이 창조하는 삶에 동참하는 것이 내게 더할 나위 없는 기쁨이다.

— 데이브 에번스

들어가며
일의 철학이 있는 사람은 일에서도 행복을 찾는다

모든 것은 데이브 에번스가 빌 버넷에게 점심식사를 제안하면서 시작되었다. 스탠퍼드와 버클리에서 직업에 대한 강의를 진행하던 데이브는 내로라하는 명문 대학의 학생들조차 자신의 진로를 정하지 못하고, 무엇을 하며 살아야 할지 고민하는 모습을 보며 빌에게 어떤 강의에 대한 아이디어를 건넸다.

"학생들이 졸업 전에 자신의 '일의 철학'을 세울 수 있도록 수업을 만들자. 똑똑한 아이들이 사회에 나가 멍청한 선택을 하지 않게, 그들 스스로 무엇을 위해 일할 것인지 또 어떤 일을 하며 살아갈 것인지 생각할 기회를 줘야 해. 그래야 의미 있는 삶을 살아갈 수 있어."

빌은 이 제안이 세상에서 가장 큰 도전이 될 거라고 생각했다. 학점이나 학위를 얻는 것이 아닌 생각을 재정립하는 수업이 대학에서 살아남을 수 있을지 고민됐다. 하지만 빌은 교수로서 자신이 미래 설계의 '마지막 과정'에 책임이 있다고 생각했다. 데이브가 말한 수업은 이 세상의 어떤 기술과 지식을 가르치는 것보다 중요한 수업이었다. 빌은 15년간 학생들을 가르치면서 늘 고민하던 문제에 대한 해결책을 15분 만에 제시한 데이브를 믿고 그의 제안을 받아들이기로 했다.

실리콘밸리 인재의 산실, 스탠퍼드 디스쿨D.School 최고의 명강의 '당신의 인생을 디자인하라Designing Your Life'가 탄생한 순간이다. 졸업 후 학생들의 행복한 인생을 위하여, 사회의 첫 발을 내딛기 전 스스로 '일하는 목적'과 '삶의 의미'를 분명히 세워야 훗날 흔들리지 않고 자신에게 어울리는 인생을 만들어갈 수 있다는 마지막 가르침을 주기 위해 스탠퍼드의 두 교수가 의기투합하여 학생들에게 인생에서 가장 중요한 프로젝트를 선물한 것이다.

최고의 혁신 기업들이 열광하는 인재를 배출하는 학교가 세계적인 공과대학이 아닌 디자인스쿨이라는 사실이 의외인가? 분명 스탠퍼드 디스쿨의 'D'는 디자인을 의미하지만, 디자인스쿨은 의상이나 가구, 건축물 등 눈에 보이는 디자인이 아니라 '생각을 디자인'하는 법을 가르친다. 우리는 나아가 자신의 인생을 스스로 계획하고 구체화하는, 한마디로 주도적으로 인생을 그려나가는 법을 가르쳤다. 우리의 가르침을 받은 학생들은 단순히 돈이나 명예를 좇아 자신의 인생을 불행하게 만드는 일을 선택하는 대신, 자신의 인생을 긍정적인 방향으로 변화시키고 성장을 거듭할 수 있는 일을 찾았고, 언제 어디서 무슨 일을 하든 완전히 일에 몰입하여 성과를 내는 인재로 거듭났다.

우리의 수업이 스탠퍼드 학생이라면 졸업 전 반드시 들어야 할 선택과목으로 이름을 떨치고 난 뒤, 우리는 더 많은 사람들에게 인생에서 가장 중요한 질문을 던져야겠다고 생각했다. 그래서 이 수업의 내용을 바탕으로 책을 썼고, 이렇게 탄생한 우리의 첫 책 『디자인 유어 라이프』는 출간 즉시 아마존 베스트셀러와 《뉴욕타임스》 1위에 오르며 많은 사람을 전 세계 사람들에게 일하는 의미와 삶의 목적을 돌아볼 기회를 건넸다.

모든 사람은 일을 통해 성장하기를 바란다. 삶을 더 나은 방향으로 변화시키고 성장하여 자신의 가치를 인정받길 바라는 일은 인간의 기본 욕구다. 아니라고 대답하는 사람이 있다면, 직장생활에 찌들어 지쳐버린 지금의 내가 아닌 부푼 꿈을 안고 입사했던 사회초년생의 자신을 떠올려보라. 특히 밀레니얼 세대와 Z세대는 '내가 세상에 영향력을 미치고 있다'라는 사실이 분명한 업무 경험을 원한다. 흔히 말하는 '가치 있는 일' 말이다. 그런데 막상 현실에서는 직장에서 일의 의미와 즐거움을 찾아 행복한 삶을 꾸려나가기는 결코 쉬운 일이 아니다.

안나는 지금 자신의 직장에서는 결코 행복할 수 없다고 생각한다. 그녀도 처음부터 그런 마음을 품은 것은 아니었다. 그러나 직장생활을 하면서 불필요한 감정 소모가 많아지고, 주도적으로 자신의 일을 해나가기보다 의미 없이 반복되는 일을 쳐내기에만 급급해 몰입도가 떨어지자 성장은커녕 일하는 의미를 찾기도 힘들어졌다. 언제 그만둬도 이상하지 않은 일을 하고 있으니, 안나는 일의 의미를 가치가 아닌 연봉에 두기 시작했다. 지금의 일을 하는 이유가 오로지 돈벌이가 되어 버린 그녀는 이제 온갖 불행을 견디며 하루하루를 버틸 뿐이다. 일의 철학을 올바르게 세우지 못한 탓에 안나는 일의 행복과 삶의 의미까지 잃어버렸다.

그녀의 이야기에 공감하는 사람이 많을 것이다. 처음 느낀 열정과 일하는 즐거움은 온데간데없고, 어느 순간 지겨운 밥벌이가 되어버린 자신의 일을 견디며 살아가는 사람들 말이다. 우리는 그런 사람들을 위해 두 번째 책을 쓰기 시작했다. 인생의 과도기에 서 있는 그들에게는 변곡점을 지나 다음 단계를 선택하기 위한 도움이 필요하다. 이를테면 '어디로 가야 할지', '무엇을 해야 할지', '어떤 사람이 되어야 할지' 하는 것들 말이다.

전작에서 우리는 향후 5년의 세 가지 인생 시나리오를 상상하며 글과 그림으로 표현함으로써 인생 계획을 세우는 '오디세이 계획Odyssey Plans'을 제안했었다. 이 계획은 그 자체로는 훌륭했지만 현실적으로 불가능한 부분도 있었다. 예를 들어, 스쿠버다이빙 강사가 되기 위해 삶의 터전을 버리고 훌쩍 떠나가기란 쉽지 않다. 보험이나 대출, 공과금, 그리고 아직 학교에 다니는 어린 자녀 같은 현실적인 제약이 있기 때문이다. 그래서 우리는 이런 사람들을 위한 새로운 책을 쓰기 시작했다. 사람들이 원하는 것은 '자신의 현재 위치를 정확히 인지하고, 그곳에서 발전하도록 돕는 방법과 도구들을 말해주는 책'이었다. 이 책을 선택한 독자들을 위해 한 가지 팁을 전하자면……

전작은 머릿속으로 그려 나가는 '상상'에 대한 이야기였다.

이 책은 그것을 실제로 만들어가는 '현실'에 대한 이야기다.

신작 발표를 위해 맨해튼에서 언론사 인터뷰를 계속하던 2020년 2월까지만 해도 우리는 삶이 지금껏 상상할 수 없었던 방식으로 변할 것이라고 짐작하지 못했다. 그렇다. 팬데믹이 일어나기 몇 주 전에 우리는 직장에서 성장하고 변화하며 행복을 찾는 방법에 대한 우리의 두 번째 책을 발표했다. 책을 출간하고 몇 주가 지난 후, 뉴욕 주지사는 모든 비필수사업체(패션, 대중문화, 유흥 등 사회를 유지하는 데 비교적 덜 필요한 산업이나 사업을 일컫는 말—옮긴이)에 노동인구 밀도를 50퍼센트, 이후에는 25퍼센트, 그리고 결국은 완전히 줄이라는 행정명령을 내렸다. 부분 감소에서 전체 감소로 바뀌기까지는 사흘밖에 걸리지 않았다. 뉴욕주와 캘리포니아주뿐만 아니라 미국 전역과 전 세계에서 일어난 일이다.

전례 없는 대혼란이 펼쳐졌고 모든 것이 달라졌다. 학교는 문을 닫고 실업률이 치솟았으며, 우리가 알던 '직장' 개념은 돌이킬 수 없을 만큼 바뀌었다. 계속되는 변화에 앞으로 어떤 미래가 기다리고 있을지 그 누구도 알지 못한다. 그러나 우리의 책에 담긴 일에 대한 철학과 삶을 긍정적인 방향으로 이끄는 여러 도구는 여전히 유효했다. 그래서 우리는 초판 출간 이후 꼬박 한 해 동안 팬데믹 이후 우리에게 필요해진, 혼란에 대처하는 창의적이고 유연한 사고법을 추가로 달아 책을 업데이트했고 새로운 부제를 달아 개정판을 펴냈다. 일하는 삶, 바로 우리 모두의 워크 라이프 work life에 있어서 혼란에 대처할 단단한 일의 철학이 그 어느 때보다 절실하게 필요할 때다.

일에 대한 철학이 분명한 사람은 일을 하며 자신에게 중요한 것과 불필요한 것을 구분할 수 있고, 이에 따라 직장생활에서 행복과 불행을 가르는 일이 쉬워진다. 예를 들어 일의 의미를 자신의 성장에 두는 사람은 감정보다 생각과 논리에 따라 일을 한다.

또한 일을 통해 당장 눈앞의 이익을 따지기보다는, 바라는 미래 가치를 삶에 투영하여 경험을 위한 일에 집중하고 다소 하기 싫은 일이라도 실력 향상의 기회로 삼는다. 삶의 목적에 따라 하고 싶은 일을 정하고 그 일을 위해 노력한다면 그 노력이 결국 나를 성장시킬 것이다. 이때 우리는 계속해서 스스로에게 질문을 던져야 한다. '나는 왜 이 일을 하는가?', '무엇을 위해 일할 것인가?', '어떤 삶을 살 것인가?' 세 가지 질문을 관통하는 하나의 대답이 바로 당신의 일의 철학이다.

오늘날의 직장은 단순히 변화하는 것을 넘어 재구성되고 있다. 긱 이코노미Gig Economy(기업에서 정규직보다 필요에 따라 계약직이나 임시직으로 사람을 고용하는 경향이 커지는 경제상황을 일컫는 용어-옮긴이), 인공지능, 로봇은 더 이상 미래의 이야기가 아니다. 그것은 이미 현실에 존재하며, 일에 대한 우리의 생각을 송두리째 바꿔놓고 있다. 현명한 사람이라면 이 새로운 현실에 발맞춰 발전할 준비를 갖추어야 한다. 이 책에는 당신의 삶을 더욱 의미 있게 만들고 일하는 시간을 즐겁게 바꿔줄 힌트가 가득 담겨 있다. 상식을 뒤집는 기막힌 아이디어와 생각을 현실로 만드는 실용적인 도구들을 통해 미래의 직장에 대응하도록 바란다.

많은 사람들이 2019년의 삶과 달라진 2020~2021년 팬데믹 이후의 삶에서 '혜택'이라고 부를 만한 것이 전혀 없다고 생각한다. 그러나 관점을 바꿔 생각하면 변화가 가져다준 긍정적인 면이 적어도 한 가지씩은 있다는 사실을 알 수 있다. 직원이라면 자신의 생활방식에 더욱 어울리는 방식으로 일할 수 있는 자유가 생긴다. 관리자라면 전반적으로 신뢰와 몰입, 생산성이 증가한 상황에서 결과물을 관리하며 직원들과 협력할 완전히 새로운 방식을 기다린다. 그리고 기업주나 CEO에게는 원하는 목표를 더 빨리 성취할 수 있는 미래가 열릴 것이다. 인터넷과 홈 오피스(식당, 카페, 캠핑카 어디라도)가 비싼 임대 사무실을 대체함에 따라 인재는 어디에나 존재하고, 기업은 이 분산된 노동 인력과 낮아진 운영비용을 누릴 수 있게 되었으니 말이다.

물론 새로운 시대가 가져온 혼란이 모두에게 공평하게 닥치지 않는다는 사실을 알고 있다. 어쩌면 여러분 중 누군가는 직장생활을 유지할 수 없게 되고 회사나 전체 산업의 미래가 불투명해졌을 수도 있다. 이 상황이 훨씬 힘겹게 느껴지고 고통스러운 슬픔의 경험들을 마주하고 있는 이들에게 위로의 말을 전한다. 하지만 결코 변하지 않는 사실은 우리가 앞으로도 계속해서 일을 해나가야 한다는 사실이다. 뉴노멀 시대에 적응해야 하는 과제도 남아있고, 자신의 일을 즐기면서 나만의 경쟁력을 키워야 하는 문제도 있다. 나이가 많다거나, 연차가 너무 오래되어서 일에 대한 생각을 바꿀 수 없다는 말은 하지 마라. 상사가 이상하다든가 회사가 별로라는 변명도 통하지 않는다(하지만 분명 당장 벗어나야 할 회사도 존재한다. 그런 회사를 구분하는 힌트는 본문에서 이야기하도록 하겠다). 당신에게는 아직 일을 통해 성장할 기회가 있다. 의지가 담긴 강력한 목적의식과 분명한 목표가 있다면 추진력은 배가 될 것이다.

자, 이제 우리와 함께 현재의 직장생활이 불만족스러운 진짜 이유는 무엇이고, 직면한 문제를 어떻게 해결해야 할지 구체적인 방법을 함께 고민해보자.

무언가 잘못되고 있다

직장생활에 기대가 너무 큰 경우

서른 살의 보니는 대학을 졸업한 이후 직장을 네 번이나 옮겼다. 시작은 언제나 같았다. 낙천적인 태도와 설레는 마음으로 과연 이번 직장은 어떤 경험을 줄지 기대감에 가득 찬 채 직장생활을 시작하지만 매번 실망으로 끝난다. 모든 직장이 왜 그렇게 실망스럽게 느껴지는지 도통 그 이유를 알 수 없었다. 보니는 부모님께 집세를 빌릴 때마다 "그냥 잘 안됐어요"라고 해명했다. 그녀도 직장을 그만두는 이유가 애매하다는 사실을 알고 있었다. 하지만 "뭔가 잘못되고 있는 것 같은데, 그게 뭔지 모르겠다"라는 말 외에 명확한 이유를 찾지 못했다.

회사 일이 내 것이 아니라고 느껴지는 경우

루이스는 중소기업 15년 차의 중간관리자다. 매일 같은 열차를 타고 정확히 오전 8시 15분이면 사무실에 출근한다. 그가 관리하는 영업 팀은 완벽하게 정리된 사무공간에서 완벽한 불협화음을 이루며 일한다. 직원들을 관리하고 그들에게 동기를 부여하는 것이 루이스의 임무지만, 그는 사무실에 도착할 때마다 마치 해외여행을 떠나 외국 땅을 처음 밟는 관광객처럼 주위를 둘러보며 생각한다.

'여긴 내 회사가 아니야.'

'중요한 일은 하나도 없잖아.'

루이스는 오후 5시 15분 열차를 타고 퇴근한다. 그는 중학교에 다니는 두 아이가 있고, 주택담보 대출금을 3분의 1 정도 갚았다. 퇴근하는 길에 열차의 유리창에 머리를 기대고 창밖으로 지나가는 세상을 바라볼 때면 언제나 미국의 록 밴드 토킹 헤즈Talking Heads의 노래 가사가 머릿속에 떠오른다.

"스스로에게 물어봐도 좋아. 음, 내가 여기에 어떻게 왔을까?"

그 밖에 다른 불평불만들

마리는 자기 분야에서 정상에 오른 유능한 의사다. 몹시 권태롭지만 의학계에서 쌓은 성공적인 경력을 내버릴 마음은 없다. 라지브는 자신의 일을 좋아하지만, 업무량이 너무 많고 일할 시간이 충분치 않다. 압박감에 숨이 막힐 지경이다. 브루스는 앱 기반 자동차 정비 서비스를 운영하며 가끔 부업으로 연주를 한다. 자기만의 스케줄대로 움직이는 '자유'를 좋아하지만, 고정 수입을 벌고 경력을 쌓아나갈 확실한 '진짜 직업'이 없다는 사실은 그리 유쾌하지 않다. 제니퍼는 첨단기업의 인력자원 부서를 이끌고 있다. 그녀는 직원들의 실적과 참여율이 저조하다는 사실을 알고 있지만 관리자 교육 커리큘럼이 없으니 직원들에게 형편없는 인사고과를 주는 일도 어쩔 수 없다고 생각한다.

어디선가 많이 본 듯한 이들은 모두 직장에서 불행한 사람들이다. 저마다 자기 일에 대해 불평한다. '이건 내게 어울리는 일이 아니야', '나는 이 직업이랑 안 맞는 것 같아', '일을 바꾸거나 바로잡기가 너무 힘든데……. 그만둬야 하나? 계속해야 하나? 이제 어떻게 해야 하지?'

잘못된 생각: 이곳은 내게 맞지 않아. 나가야겠어!

생각의 재구성: 난 (거의) 언제 어디서나 성공할 수 있다.

회사에 포로로 잡혀버린 사람들

2주라는 인색한 휴가를 빼고 계산한다면 우리는 1년에 50주 동안, 일주일에 40시간씩, 40년간 일한다. 8만 시간 또는 그 이상을 일하는 데 보내는 셈이다. 독자들 중에는 일주일에 평균 50시간을 일하는 사람도 많을 것이다. 그렇게 50년을 일한다고 생각하면 일하는 시간은 12만 5,000시간이 넘는다. 이렇게 우리는 인생에서 일하는 데 가장 많은 시간과 에너지를 쏟고 있다.

그런데 이렇게 많은 시간을 보내는 직장에서 의미와 행복을 찾는 사람은 거의 없다. 글로벌 리서치 회사인 갤럽Gallup의 여론조사에 따르면,[1] 미국의 직장인 중 69퍼센트가 업무에 몰입하지 못하는 상태인 것으로 나타났다. 이는 단순히 업무에 집중하지 못한 사람과 분노로 인해 '적극적 비몰입 상태'를 선택한 사람을 모두 포함한 비율이었다. 놀랍게도 전 세계적으로 직장생활에 만족하지 못한 채 불평불만을 품고 있는 직장인 비율은 85퍼센트에 이르렀다.[2] 이들은 웃음기 하나 없는 얼굴로 출근한다. 그들은 자신의 직무를 '지루하고 따분하다'고 생각한다. 일반 사무직이나 똑같은 육체노동을 반복하는 블루칼라 노동자, 동네 패스트푸드 체인점에서 일하는 직원의 이야기가 아니다. 우리는 지금까지 전국에서 열리는 '디자인 유어 라이프' 콘퍼런스와 워크숍에서 다양한 직업을 가진 사람들에게 같은 말을 들었다. 남녀노소, 결혼 여부를 불문하고 말이다. 교사, CEO, 코치, 의사, 치과의사, 농부, 은행가, 이발사, 사모펀드 전문가, 도서관 사서, 군용 헬리콥터 조종사, 물리치료사, 트럭 운전기사, 공무원, 변호사……. 이 많은 사람들이 직장에 대해 이야기 할 때는 하나같이 똑같이 이야기했다.

"저는 제 일이 싫어요!"

앞서 말했듯이 직장에서의 비몰입 문제는 세계적인 문제로, 사실 다른 나라에서 훨씬 더 심각하다. 일본에서는 직장인 가운데 93퍼센트가 '비몰입' 범주에 속한다고 한다.[3] 심지어 비참한 직장인을 묘사하는 특별한 단어가 존재한다. 기업의 가축, 기업의 노예를 의미하는 '사축shachiku'이 대표적이다. 그 밖에도 '회사의 개kaisha no inu', '과로사karoshi' 등 다양한 표현이 일상적으로 쓰인다. 최근에는 과도한 업무시간과 혹독한 업무환경을 더 이상 견디지 못한 수많은 노동자들의 자살로 인해 세간의 이목이 집중되고 있다. 안타까운 일이다. 어느 누가 자신을 '기업의 가축'이라고 생각하고 싶겠는가?

사람들이 직장에서 행복을 느끼지 못하는 이유는 다양하다.

- '직무' 때문에. 너무 따분하다.
- '상사' 때문에. 너무 사사건건 간섭한다.
- '회사' 때문에. 성과에 대한 피드백이 전혀 없다.
- '경력' 때문에. 잘못된 길을 선택한 것 같은 생각이 든다.

무슨 말인지 알겠다. 하지만 당신의 생각만큼 상황이 나쁘지 않을 수 있다는 말을 전하고 싶다.

직장은 출발점이다. 따라서 직장이 있다면 스스로 행운아라고 여겨야 한다. 적어도 약간의 안정감과 수입, 새로운 환경을 스스로 만들어갈 직장이 있지 않은가. 노동 통계를 보면 세상은 결코 녹록치 않다. 많은 사람들이 임시직을 전전할 뿐만 아니라 '장기 실업' 범주에 속한 사람도 있다. 이런 상황에서 이 책을 통해 모든 사람에게 보탬이 될 개념과 도구를 전달할 수 있다니 얼마나 다행인지 모른다. 당신이 어떤 처지에 있든 상관없다. 아직 직장을 구하지 못하는 사람이라면, 좋은 직장을 찾아 그 직장에서 배우고 공헌하며 자신이 원하는 모습으로 성장할 수 있는 수많은 훌륭한 도구가 이 책에 담겨 있다.

모든 사람이 디자인 씽킹을 이용해 삶을 더 나은 방향으로 이끌 수 있다. 그게 우리의 철학이다. 업무도 마찬가지다. 불만족스러운 상사나 동료의 태도를 바꿔나가고, 주도적으로 일을 진행시키며, 통념을 깨는 새로운 아이디어를 떠올려 스스로 성장할 기회를 만드는 방법이 이 책에 있다. 희소식을 전하자면 지금 다니는 직장을 그만두지 않고도 이 모든 일이 가능하다.

잘못된 생각: 나는 회사라는 거대한 기계의 작은 톱니바퀴일 뿐이다.

생각의 재구성: 나는 기계에 커다란 영향을 미칠 수 있는 '레버'다.

+ 생각의 재구성 보너스: 나는 기계가 아니라 '인간'이다. 그러니까 창의적이고 재미있는 일을 할 가치가 충분하다!

당신의 생각을 새롭게 만들어라

일하는 삶을 바꾸고 싶다면 먼저 생각을 바꾸는 법을 배워야 한다. 더 자세히 말하자면, 관행에 따르기보다 새로운 시선에서 문제를 바라봄으로써 폭넓은 해결법을 찾아내는 감각과 전략을 배워야 한다. 앞으로 우리가 이 방법에 대해 계속해서 설명할 테지만 그에 앞서 당신이 반드시 이해해야 할 사실이 있다. 기억하라. 당신의 일과 삶을 그릴 때, 당신은 미래를 '생각'하는 사람이 되어서는 안 된다. 미래를 '건설'하는 사람이 되어야 한다.

이 책에서는 이를 위한 훈련법으로 여섯 가지 방법을 제시하고자 한다(전작에서는 다섯 가지였지만 이 책에서는 여섯 가지 방법을 공개한다). 마지막 여섯 번째는 보너스지만 사실 중요한 사고방식이니 절대 놓쳐서는 안 된다.

호기심

사람과 일, 전 세계에서 벌어지는 모든 일에 호기심을 가져라. 언제나 초심으로 돌아가 '왜?'라고 물어야 한다. 호기심은 선천적인 인간의 본성이며, 길을 나서고 그 과정에 흥미로운 사람을 만날 때 필요한 에너지의 원천이다. 궁금증을 갖는 것은 디자이너의 가장 중요한 마음가짐이다. 질문과 행동을 불러일으키는 모든 디자인 활동의 출발점이기 때문이다. '합리적인 의심'은 접어두고(이는 훗날 당신에게 주어질 수많은 선택지를 평가할 때 편리하게 쓰일 것이다) 호기심을 가져라. 단언컨대, 세상은 매우 흥미로운 곳이다. 호기심 가득한 눈으로 주변 사람들과 새로운 환경에 관심을 기울인다면 온 세상이 더욱 흥미로워질 것이다.

행동 지향성

무엇이든 시도하라. 이 단계에서 호기심과 궁금증이 행동으로 이어진다. 전작에서 우리는 어떻게 말하고 행동해야 하는지 맛보기를 보여줬다. 이 책에서는 한 걸음 더 나아가 당신의 미래를 살짝 들여다보고, 일과 삶에서 당신에게 효과적인 것이 무엇인지 발견하도록 도와줄 것이다. 이런 사고방식의 사람들은 언제나 해야 할 일과 말을 건네야 할 사람, 지금 당장 시도해야 할 도전 등 아이디어가 넘친다. 우리는 앞으로 실험적인 행동, 생각, 방법을 총동원해 '무엇이든 시도하는' 전략을 보여줄 것이다. 디자인 씽킹을 할 수 있는 사람은 어떤 상황에서도 앞으로 나아갈 길을 만들고, 일과 삶에서 행동 지향성을 발휘하며, 자신에게 맞는 것을 발견한다.

재구성

디자인 씽킹을 통한 문제해결의 첫 번째 단계는 '재구성'이다. 재구성은 대단한 개념이다. 문제의 본질을 파악하여 디테일을 해체하고 새로운 요소로 결합하는 단계이기 때문이다. 일단 문제를 재구성하는 데 능숙해지면 다시는 잘못된 생각에 빠지지 않게 된다. 틀을 바꿔 다른 시각으로 보면 문제라고 생각했던 것들이 사실은 진짜 문제가 아닌 경우가 더 많다.

이 책은 우리가 '잘못된 생각'이라고 부르는 직장에서의 수많은 문제들을 중심으로 구성되어 있다. 잘못된 생각이란 당신이 믿고 있지만 실상 진실이 아닌 것들이다. 더 이상 도움이 되지 않는데도 끝내 버리지 못하는 일과 삶에 대한 믿음 말이다. 우리는 이 잘못된 생각을 재구성하고, 실행 가능한 도전으로 만들 방법을 제시할 것이다.

문제를, 생각을, 상황을 재구성하는 데 능숙해져야 한다. 틀을 바꾸는 일이야말로 문제를 능숙하게 해결하는 데 필수적인 사고방식이다. "문제를 제대로 정의하면 절반은 해결된 셈"이라는 옛말이 있다. 눈앞의 문제를 적절하게 재구성하여 정의하면 적절한 해결책을 찾을 수 있다는 뜻이다. 재구성하는 일에 익숙해진다면 업무와 인생 전반에 걸친 여러 문제에 훌륭한 답을 발견할 수 있다. 이 '재구성'이라는 대단한 개념은 3장에서 중점적으로 다룰 생각이다. 다시 말하지만, 재구성은 디자인 씽킹의 핵심이자 강력한 힘을 발휘하는 최고의 능력이라는 사실을 잊지 마라.

자각

이따금 디자인 씽킹을 통해 수없이 많은 아이디어가 떠오를 때가 있다. 우리는 이를 '개념화 단계phase ideation'라고 부른다. 좋고 나쁨을 떠나, 다소 황당하더라도 모든 아이디어를 모으는 단계다. 다른 단계에서는 실현 가능한 관점에 집중하는 반면, 이 단계에서는 시도하고 싶은 특별한 아이디어나 양질의 호기심에 집중한다.

디자인 씽킹의 두 가지 요소, 즉 '확산flare'과 '집중focus'은 근본적으로 다르다. 훌륭한 디자이너가 과정에 주의를 기울이는 것은 이 때문이다. 확산해야 할 시기와 집중해야 할 시기를 구분해야 한다. 더 많이 질문해야 할 시기와 창출한 데이터를 수용해 한길로 전념해야 할 때를 알아야 하는 것이다. 이는 특히 팀에게 중요한 사실이다. 앞으로 나아가고 싶다면 모든 사람이 같은 방향으로 움직여야 한다. 그리고 그 과정에 관심을 기울이고, 모든 기본 요소를 빠짐없이 점검하고, 공감할 수 있는 연구와 개념을 만들었다면 비로소 현명한 결정을 내릴 준비를 마쳤다고 볼 수 있다.

파격적 협력

집에 가만히 앉아 머리만 굴려서는 직장생활을 변화시킬 방법을 찾을 수 없다. 일의 세계에서는 업무뿐만 아니라 일하는 '사람'과도 상호작용해야 한다. '파격적 협력radical collaboration'이라고 일컫는 이 단계가 행동 지향성 단계와 합쳐질 때, 우리는 더 빨리 배우고, 기본이 되는 모형을 만들 수 있으며, 삶을 변화시키는 경험을 얻는다. 세상 밖으로 나가 당신의 호기심을 자극하는 흥미로운 사람들과 이야기를 나눠라. 혼자 고민하지 말고 도움을 청하라. 이것이 디자인 씽킹에서 말하는 '리서치'다. 파격적으로 협력할 때 비로소 수많은 사람이 같은 의문점과 같은 고민을 갖고 있다는 사실을 발견할 수 있다. 특히나 업무에 대해서는 여러 사람의 아이디어를 모으는 일의 중요성을 두 배로 강조하고 싶다. 당신이 떠올린 아이디어 중에는 다른 사람들이 먼저 제공한 것도 많을 것이다. 그냥 도움을 청하라. 세상을 향해 먼저 손을 내밀 때 세상 역시 당신에게 손을 내민다. 그리고 그것이 모든 것을 변화시킨다.

스토리텔링

당신의 스토리를 전하라. 이 메시지를 기억한다면 자신의 대화와 경험을 돌아볼 기회를 얻을 수 있고, 당신의 이야기로 세상과 관계를 맺을 새로운 방식을 찾게 된다. 멋진 스토리는 누구나 좋아한다. 호기심과 행동 지향성을 발휘해 여러 가지 프로토타입을 만들면 스토리가 풍부해진다. 나아가 당신이 이야기를 시작할 때 흥미로운 일이 일어날 것이다. 새로운 관계와 고용기회가 생기고, 세상이 당신에게 목표를 성취할 창의적인 방법을 알려줄 것이다. 앞서 호기심 이야기를 마무리할 때 '관심을 가지면 흥미로워진다'고 했던 말(이는 진실이다)을 기억하라. 이 말의 나머지 절반을 채워보자면 '흥미로운 것 역시 흥미롭다'고 말하고 싶다. 이것이 스토리텔링 사고방식의 핵심이다. 진심 어린 호기심이 훌륭한 스토리텔링과 만날 때 효과적이고 강력한 조합이 탄생한다. 하지만 세상이 화답하려면 먼저 말문을 열고 자신의 스토리를 전해야 한다. 걱정 마라. 그 방법은 우리가 알려줄 것이다.[4]

나만의 스토리를 만들어라

스토리텔링 사고방식을 활용할 때, 우리는 인간만이 가진 대단히 강력한 도구, 즉 이야기의 힘을 활용할 수 있다. 스토리텔링은 인간 진화의 본질적인 요소다. 우리는 스토리텔링을 통해 경험과 삶의 의미를 창조하고, 스토리텔링을 통해 서로 관계를 맺는다. 영국 버밍엄대학교 철학 교수 리사 보르토로티는 "나만의 스토리를 전달하면 성적 매력이 커지고 번식의 가능성 역시 높아진다"고 말했다. 클레어몬트대학원 신경경제학연구센터 소장인 폴 잭 박사가 실시한 연구에서는 몰입도 높은 스토리가 태도와 의견, 행동까지 바꿔놓을 수 있는 것으로 나타났다.[5] 특히 직장에서 스스로에게 새로운 스토리를 입히는 것은 자신의 경험을 바꿀 강력한 방법이 될 수 있다.

최초의 동굴인들이 모닥불 주위에 둘러앉아 스토리를 전하기 시작했던 것은 십중팔구 이 때문이었을 것이다. 그리고 지금껏 인간은 스토리텔링을 멈추지 않았다. 모닥불 주위든 탕비실이든 아니면 아이의 축구 경기를 지켜보는 관중석이든 간에 훌륭한 스토리와 뛰어난 스토리텔러는 언제나 환영받는다. 어떻게 하면 환영받는 사람이 될 수 있을까? 해답은 간단하다. 자신의 스토리를 전달하라. 더 매력적인 스토리를 말이다.

지금 당장 자신의 스토리가 마음에 들지 않아도 걱정할 필요는 없다. 자신이 원하는 워크 라이프를 디자인하고 인생 스토리를 다시 쓰도록 우리가 도와줄 테니. 호기심을 키우고, 적극적으로 시도하는 행동 지향성을 길러 세상에 뿌리내리도록 도울 것이다. 궁극적으로는 당신이 직장에서 맡은 직무와는 상관없이 적극적으로 참여하는 창의적인 인재가 되기를 원한다. 우리는 이 책을 통해 우리 자신, 독자, 워크숍 참가자, 그리고 라이프 디자인이라는 개념과 도구를 이용해 직무와 경력, 회사를 재설계한 사람들의 스토리를 전할 것이다. 당연하게도 사람들은 직장에서 성공한 사람을 좋아한다. 생산성과 몰입도가 높고 의미와 재미가 풍부한 워크 라이프를 디자인하는 방법을 살펴보자.

기본적으로 직무가 불만스럽다면 삶이 불만스러울 수밖에 없다. 더 이상 그런 식으로 살 수는 없다. 우리 모두는 자신의 일과 워크 라이프에 만족하며 살아갈 권리가 있다. 세상 역시 더 행복하고 몰입하는 직장인을 원한다. 당신도 이제부터 직장에서 행복할 수 있다. 그저 그 미래에 다가갈 방법을 배우기만 하면 된다. 자, 시작해 보자!

차례

2부

밥벌이에 끌려 다니지 않기 위해
어떻게 일할 것인가

3부

뉴노멀 시대, 새로운 일의 세계에서
어떻게 위기를 기회로 만드는가

실전편

지금 당장 변하고 싶은 사람들을 위한 워크북

1부

의미 있는 삶을 그려나가기 위해

무엇을 위하여 일할 것인가

1장 일을 할수록 불행해지는 사람들

스탠퍼드대학교 디자인스튜디오Design Studio at Stanford에 걸린 간판에는 이렇게 적혀 있다.

"당신은 여기에 있다You Are Here."

우리는 이 간판의 문구가 무척 마음에 들었다. 기본 개념은 단순하다. 어디로 가고 있는지를 이해하려면, 지금 어디에 있는지부터 알아야 한다. 일단 현재 위치를 알고 받아들이면, 목적지로 향하는 길을 설계할 수 있는 뜻이다.

하지만 '아직 멀었나요?'라는 말은 다르다. 제목에서 유추할 수 있듯이 이 말은 현재 위치가 만족스러운 것과는 거리가 멀다. 자동차로 긴 여행길에 나섰을 때 뒷좌석에 앉은 아이들은 이와 똑같은 질문을 하곤 한다.

"아직 멀었나요?"

"다 왔어요?"

"이제 도착한 거예요?"

"언제 도착해요?"

"아직도! 한참! 더! 가야 해요?"

이런 가족 여행에는 즐거움이 들어설 자리가 없다. 그저 목적지로 향하는 따분한 수단일 뿐이다. '그곳에 도착하는 것'이 목적인 것이다. '그곳'이 어디건 간에 일단 도착해야만 비로소 행복해질 것이다. 아직도 멀었다고 생각하는가? 그러면 행복하지 않다!

우리는 자동차 뒷좌석에 앉아 툴툴거리는 어린아이가 아니다. 그런데도 특히 직장에서 마치 이런 어린아이처럼 생활하는 사람이 얼마나 많은가? 자기도 모르게 목적지에 도착하기만을 기다리는 일이 얼마나 잦은가?

우리가 기다리고 또 기다리는 그 마법의 장소, 마침내 만족해하며 행복해질 수 있는 장소는 도대체 어디에 있단 말인가? 우리는 더 좋은 직장을 구하거나 돈을 더 많이 벌거나 혹은 더 높은 자리에 올라야만 모든 것이 새로워지고 달라지며 마치 마법처럼 더 근사해질 것이라고 생각한다. 이런 식으로 생각하며 자신을 하염없이 불행하게 만드는 사람이 수없이 많다. 솔직히 말해 어딘가에 도착하기를 기다리며 견디기만 하고 있다면 지금 이곳에 발목을 잡힐 수밖에 없다.

전하고 싶은 중요한 메시지는 이것이다. 직장생활에서 지금 당신이 어디에 있든, 어떤 일을 하고 있든 간에 그것으로 충분히 훌륭하다. 지금은. 영원히 그럴 수는 없어도, 적어도 지금은 말이다.

이 말을 들으니 마음이 놓이지 않는가? '지금은 충분히 훌륭하다'는 이 책에서 중대하게 다루는 생각의 재구성 중 하나다. 이 말은 앞으로 더 나아질 일이 없다거나, 상황이 바뀌지 않는다는 뜻이 아니다. 배우고 성장하는 일을 그만두라는 말은 더더욱 아니다. 오히려 우리의 내적 대화를 '지금은 충분히 훌륭해'라고 바꾸면 외적 상황이 송두리째 바뀔 수 있다.

하지만 현실적으로 보면 현대사회의 미디어가, 문화가, 또 우리 주변의 모든 것들이, 지금이 충분하다는 생각을 결코 허락하지 않는다. 머릿속에서 잔소리를 늘어놓는 성가신 목소리 역시 끊임없이 당신을 다른 사람들과 비교한다. 그들이 당신보다 더 많이 가졌기에, 당신도 가진 게 더 많아지면 더 행복해질 것이라고 속삭인다. 당신은 이미 다른 사람들이 당신보다 더 많은 것을 가지고 있고, 당신은 그 기회를 놓치고 있다고 생각할 것이다.

익숙한 내면의 목소리는 계속해서 당신의 머릿속을 맴돈다. 언제나 더 많은 것이 필요하다고 말하는 이 목소리 때문에 당신은 매번 불행해지고 가끔은 이성을 잃기도 한다. 더 좋은 직장이나 자동차, 집을 쫓아다니는 동안 우리의 달리기는 결코 멈추지 않는다. 결코. 이런 현상이 '물건'에만 국한되는 것은 아니다. 더 많은 평화, 더 많은 마음 챙김, 돈만큼이나 많은 관대함……. 돈을 쫓는 것보다 고상해 보일지는 모르나 역시 '아직 멀었다'는 소리만 반복하게 되는 함정일 뿐이다. '결코 충분하지 않고', '더 많이 원하며', '지금은 충분히 훌륭하지 않다'는 이 사고방식은 좌절을 부르고 삶의 거의 모든 영역에서 파멸로 향하는 길이다.

심리학에서는 끊임없이 더 많은 것을 추구하는 이런 태도를 '쾌락의 쳇바퀴hedonic treadmill'라고 일컫는데, 새로운 경험과 새로운 물건의 습득에 중독되는 과정이라 할 수 있다. 어떤 형태의 중독에서든 새로운 '쾌감'을 느낄 때마다 뇌에서는 행복 호르몬이 분비된다. 하지만 이는 금세 사그라져 이내 '다음번 필요량'에 대한 욕구가 발생한다. 게다가 그럴 때마다 쾌감의 강도가 떨어지기 때문에 쾌락을 추구하는 사람은 더 강하고 진한 쾌감을 찾아 쾌락의 쳇바퀴를 더욱 빠른 속도로 굴린다. 문제는 첫 번째 쾌감을 되찾지 못한다는 데 있다. 새로운 물건, 새로운 경험을 얻으면 한동안은 기분이 좋지만 이내 그 느낌이 희미해진다. 더 많은 것을 얻기 위해 시작한 전투에서 당신은 결코 승리하지 못한다. 우리를 믿어라. 쳇바퀴를 달리는 삶의 결말이 해피엔드인 경우는 드물다.

'얼마나 많은 돈, 시간, 권력, 영향력, 의미, 지위, 노후자금이 있나요?'

진짜 해야 할 질문은 이것이 아니다. 이렇게 물어야 한다.

'지금 어떻게 지내고 있나요?'

디자인 씽킹을 활용하지 못하는 사람들은 '지금은 충분히 훌륭하지 않다'는 생각에 빠져 허우적거리기 바쁘다. 자신이 가진 모든 것에 막연한 불만을 품고 이런 대답만 되풀이한다.

"그리 좋지 않아요……. 아직 갈 길이 멀었죠."

자신의 인생을 스스로 그려나가는 라이프 디자이너라면같은 질문을 받았을 때 이렇게 답할 것이다. "삶이 참 즐거워요. 감사하는 마음을 담아 건강과 일, 즐거움, 사랑을 모두 신경 쓰고 있어요. 직장에서 의미 있는 공헌을 하려고 언제나 애를 쓰고 있긴 합니다. 하지만 만사가 순조롭고 내가 가진 것에 만족하고 있어요. 필요한 것은 충분히 가지고 있으니 그것만으로도 이미 행복하잖아요."[1]

이 커다란 차이는 어디서 오는 것일까? 라이프 디자이너들은 '더 많은 것을 원하는' 쳇바퀴에서 내려와 이미 충분히 가졌다는 관점으로 생활하며 그것이면 족하다는 사실을 알고 있다. 무수한 증거가 입증하듯이, 세상의 숱한 불행은 대부분의 경우 넘치게 가졌으면서도 충분히 가졌다는 사실을 깨닫지 못한 데서 비롯된다. 불행은 여러 가지 형태로 나타나지만 거의 무언가 부족하다는 느낌으로 표현된다. 당신이 더 갖고 싶은 건 무엇인가?

더 많은 돈,
더 많은 인정,
더 높은 사회적 지위,
더 많은 인스타그램 팔로워,
더 많은 재미…….

다행히도 쾌락의 쳇바퀴에 갇혀 하염없이 달리기만 할 뿐 어디에도 다다르지 못할 수 있다는 여러 가지 경고 신호가 있다. 새로 산 소파에 앉아 1,000와트짜리 슈퍼 7.1 서라운드 음향시스템이 쾅쾅 울리는 대형 텔레비전을 보면서도 외롭다고 느끼는 자신을 발견했을 때, 경고 신호다. 소셜 미디어 계정에 사진을 올리기 전에 한 시간 동안 보정하며 자기 삶을 실제보다 더 근사하게 보이려고 애쓸 때, 이것도 경고 신호다. 컴퓨터를 끄고 스마트폰을 무음으로 설정하라. 가장 가까운 해변이나 숲 혹은 아름다운 일몰이 보이는 곳까지 걷지 말고 달려라. 그리고 잠시 멈추어 휴식을 취하며 주변을 둘러보라. 친구나 가족, 다른 사랑하는 사람과 함께 떠난다면 의미는 더욱 커질 것이다. 이따금 나 자신에게 이것이 현실이고 진짜 내 삶의 모습임을 일깨워 주는 것이 좋다.

지난 20년 동안 마틴 셀리그만, 미하이 칙센트미하이, 대니얼 골먼 등의 긍정심리학 연구에서 '더 많이' 가지는 것이 행복의 원천은 아니라는 사실이 입증되었다. 복권 당첨자들을 조사한 결과, '더' 부유해진 행운아들은 1년도 채 지나지 않아 이전보다 '덜' 행복해진 것으로 나타났다.[2] 아울러 행복한 사람은 가진 것에 만족하며, 필요하지 않은 무언가를 얻으려고 노심초사하느라 시간을 낭비하지 않는다는 사실도 밝혀졌다. 내가 가진 것에 만족할 방법을 배우는 것이야말로 행복한 삶의 비결임이 연구를 통해 확실히 드러난 것이다.

서구사회의 성인 발달에 관한 최장기 종단연구(같은 주제에 대해서 시간 경과에 따른 변화를 조사하는 상관관계 연구로 반복된 관찰이 수반된다—옮긴이)인 하버드대학교의 그랜트 연구Grant Study에서 '행복한 삶의 또 다른 비결'이 발견되었다.[3] 70여 년간 실시된 이 연구는 수입이나 사회적 지위, 혹은 다른 외부적인 성공 척도와 행복 사이에는 아무런 상관관계가 없음을 보여주었다(물론 생계를 유지하고 생필품을 살 여유가 있다고 가정한 결과이며, 과학적 연구에 따르면 일정 수준을 넘어서면 돈은 그다지 중요하지 않게 된다).

삶에 의미를 부여하고 행복과 수명을 극대화하는 것은 인간관계, 즉 여러분이 사랑하고 여러분을 사랑하는 사람들이다. 아울러 다른 사람에게 이로운 일을 하는 것과 건강하게 오래 사는 것 사이에는 밀접한 상관관계가 존재한다. 그랜트 연구를 맡았던 심리학자 조지 베일런트는 다음과 같은 문장으로 전체 연구를 요약했다. "행복은 사랑이다. 더 이상 덧붙일 말이 없다."[4]

우리는 인간이라는 동물이며 다른 구성원과 관계를 맺을 때 가장 큰 성과를 거둔다는 사실을 명심하자. 이는 몰입할 수 있는 직장생활을 그려나가는 과정에도 잊지 말아야 할 사실이다. 인간관계, 동호회, 교회, 지역사회 등이 이 세상을 돌아가게 만드는 주역이다. 물건이 아닌 사람과 관계를 맺어라. 쾌락의 쳇바퀴에서 내릴 수 있는 방법은 이것뿐이다.

'지금도 충분히 훌륭하다'는 말은 성장과 변화의 가능성을 열어준다. 그렇다고 해서 변화를 위한 변화가 목표인 것은 아니다. '더 많이' 얻는 것이 우선순위도 아니다. 중요한 것은 효과적인 생각의 재구성이며 삶에 필요한 요소와 삶에 초대하고 싶은 대상을 통제할 힘을 부여하는 태도다. 아울러 이는 지금 당장 직장에서 행복을 극대화할 수 있는 최고의 방법이다. '지금' 이 순간 말이다. 삶에 어떤 일이 일어나든 상관없이, 이 책의 다음 문장으로 넘어가기 전에 '지금은 충분히 훌륭하다'는 생각으로 관점을 바꾼다면 몰입하지 못하는 불행한 직장인의 상태에서 벗어나 이미 내 손에 들어온 행복을 극대화할 수 있다.

우선은 그것만으로도 충분히 훌륭해

가스는 만반의 준비를 끝냈다고 생각했다. 업계를 조사하고, 회사를 점검하고, 그 조직에 몸담은 관련자들과 이야기를 나누었다. 면접은 순조로웠다. 그런데 전임자였던 여성은 가스의 전화를 받지 않았다. 하지만 이야기를 나누었던 모든 사람에게 긍정적인 답변을 받았기 때문에 가스는 제안받은 일자리를 수락했다. 그는 이제 텔레커뮤니케이션 대기업의 그룹 마케팅 매니저라는 공식 직책을 맡아 일부 생산라인의 책임자로 일하게 됐다. 행복했다.

가스가 출근한 지 이틀째 되던 날, 그동안 그의 전화를 피하던 전임자가 전화를 걸어왔다.

"드디어 연락이 되었네요. 정말 연락하기 힘들더군요."

"음……. 제가 왜 그랬는지 모르시나요?"

순간 새 직장의 새 책상에 앉아 있던 가스의 배에 경련이 일어났다. 그는 숨을 깊이 들이마시고 말했다.

"모르겠습니다. 왜 그러셨습니까?"

"회사에서 당신과 이야기하지 못하게 막았어요. 제가 지금 당신이 맡은 자리가 얼마나 끔찍한지 솔직하게 말하리라는 걸 회사가 알았으니까요. 눈에 보이는 게 전부가 아니에요. 더 빨리 도망치지 못한 게 안타까울 뿐이에요."

그녀가 회사의 배후에서 실제로 일어나고 있는 일과 엉망진창인 사내 정치판 이야기를 조목조목 설명하는 동안 가스는 잠자코 듣기만 했다.[5] 그녀는 본인이 원했던 것은 아니었지만 해외로 전근을 가게 되어 오히려 다행이라고 말했다. 지옥에서 벗어날 수 있다면 어디라도 떠났을 것이라면서. 그녀가 말하는 지옥이란, 그녀가 예전에 맡았던 자리이자 가스가 새롭게 맡은 바로 그 자리였다. 가스는 상상할 수 있는 최악의 자리에 서 있는 자신을 발견했다. 가스는 무엇을 잘못했을까?

그는 새 직장이 멋진 곳이라는 믿을 만한 정보를 토대로 바람직한 선택을 했다. 정보를 구하고 최선의 결정을 내렸다. 중요한 정보의 일부가 의도적으로 차단되었으니 자신을 탓할 수는 없었다. 의사결정 분석 연구의 아버지로 인정받는 스탠퍼드대학교 교수 론 하워드Ron Howard는 다음과 같이 말한다.

"결정의 질과 결과의 질을 혼동하지 마라. 이 둘은 완전히 다른 것이다. 당신이 통제할 수 있는 것은 조사의 질과 그에 따라 내리는 결정의 질뿐이다."

이는 결정에 관한 중대한 통찰이니 기억해 두면 좋다. 물론 가스가 이해할 수 있는 것은 난감한 상황에 처했다는 사실이 전부일 테지만…….

가스는 전화를 끊고 나서 고개를 떨궜다. 어떻게 해야 할지 막막했다. 고작 출근 이틀째에 사표를 쓸 수는 없는 노릇이었다. 더구나 얼마 전에 아이가 태어나고 집을 막 구입한 참이어서 돈 들어갈 데가 한둘이 아니었다. 직장에서 받는 월급이 아니면 가족을 부양할 길이 없었다. 게다가 이력서에 남을 초고속 퇴사를 미래의 고용주에게 어떻게 설명하겠는가? 입사 사실이 이미 업계에 알려졌으니 미래의 고용주는 무슨 일이 있었냐고 물을 것이 뻔했다. 분명 보기 좋은 모습은 아닐 터이다. 이렇듯 그가 머물러야 할 이유는 헤아릴 수 없이 많았다.

그는 일단 버텨보기로 결정했다. 얼마 지나지 않아 전임자의 말이 사실임을 깨달았다. 정말이지 끔찍한 직장이었다. 가스의 상사는 그리 훌륭한 인물이 아니었으며 그 근처에도 미치지 못하는 작자였다. 어느 모로 보나 상당히 나쁜 상황이었다. 가스는 시간이 흐를수록 상황이 더 악화될 것이라 예상했다. 그렇게 그는 갈림길에 섰다.

매일 매 순간을 비참하게 보낼 수도 있다. 결정과 결과의 차이에 관한 하워드 교수의 가르침을 잊은 채 한심한 결정을 내렸다고 자신을 탓하면서 말이다. 직무를 탓하고, 상사를 탓하고, 회사에 대한 불평불만을 늘어놓으면서 아무런 대책도 세우지 않는, 우리 모두가 아는 그저 그런 사람들 중 하나가 되는 것이다. 아니면 관점을 바꾸어 자신의 일을 '지금은 충분히 괜찮아'라고 느끼도록 만드는 방법을 찾을 수도 있다.

결국 그는 자신의 일의 철학을 따르기로 했다. 즉 자신이 처한 상황을 받아들이고 자신의 일하는 삶을 디자인하기로 한 것이다.

가스는 긍정적인 에너지를 위해 매일 세 시간 간격으로 휴식시간을 갖기로 했다. 책상에서 일어나 회사 주변을 거닐었고, 그다음엔 카페테리아에 가서 아이스크림을 사 먹었다. 비록 몸무게는 늘었지만, 그는 몇 시간마다 다시 행복해질 수 있는 것들을 찾아냈다. 덕분에 다시 책상에 앉을 때 업무에 새롭게 몰입할 수 있었다. 이렇게 계획한 대로 휴식시간을 만들자 하루하루가 힘겹고 감옥살이 같다는 느낌이 줄었다. 아이스크림을 사 먹는 일은 그리 어렵지 않다. 그것이 해결책 1번이었다.

이어서 가스는 이 넓고 복잡한 회사를 둘러봤다. 그러고는 그곳의 똑똑한 인재들, 특히 그가 일하는 마케팅 부서의 직원이 아닌 사람에게도 배울 것이 많다고 판단했다. 그래서 조직의 나머지 부서를 찾아가 되도록 많이 배우기로 마음먹었다. 특히 영업부 직원들과 친분을 쌓고 텔레커뮤니케이션 영업에 관련된 모든 것을 배웠다. 나중에 알았지만 그들과 가깝게 지내는 것이 마케팅 업무에도 보탬이 되었다.

그래도 가스가 맡은 일은 여전히 끔찍했다. 회사에서 약속한 직무가 아니었다. 하지만 가스는 호기심을 가지고 사람들과 대화를 나누었다. 그는 매일 새로운 것을 배웠고, 보수도 괜찮았으며, 업무를 깔끔하게 처리했기 때문에 '지금은 충분히 훌륭하다'는 관점을 실천할 수 있었다. 그리고 18개월(이력서에 적어도 그리 불리하지 않을 만큼 충분한 기간)이 지났을 때 직장을 옮기기로 마음먹었다. 영업부 친구들의 추천 덕분에 그는 훨씬 더 좋은 회사의 더 좋은 자리로 옮길 수 있었다. 결국 가스는 멋진 인간관계를 얻었을 뿐만 아니라 이력서(그리고 영혼)에 흠집을 내지 않았다고 자부하며 회사를 떠났다.

'지금은 충분히 훌륭하다'는 생각의 재구성이 가스에게 도움이 되었다. 이런 생각의 재구성은 앞으로 당신이 직장에서 몰입하지 못하거나 불안한 마음으로 하루하루를 버티며 살지 않도록, 당신의 워크 라이프 설계를 도와줄 것이다.

이 시점에서 확실히 짚고 넘어가자. 자기 자신에게 거짓말을 하거나 비참한 대우를 견디며 불만족스러운 직장에 억지로 붙어 있으라는 뜻이 아니다. 다만 더 큰 행복을 향해 전진하려면, 다른 무언가나 누군가가 변하기를 기다리지 않고 스스로 관점을 바꾸는 것이 최선이라는 뜻이다. 다른 사람을 통제하는 것은 불가능할뿐더러 이따금 자신의 환경을 통제하기도 쉽지 않기 때문이다(가스에게 물어보라).

더 행복한 '일하는 삶'을 만들기 위해서는 먼저 현재 상황을 받아들이고, 그 상황을 재설계할 소박한 방법을 모색해야 한다. 호기심을 가지고, 사람들과 대화를 나누고, 무언가를 시도하고, 새로운 스토리를 전달하라. 그 과정에서 더 적극적으로 참여하게 되고 더 많은 활력을 얻을 것이다. 이 모든 일의 출발점은 우리가 가진 것이 '지금은 충분히 훌륭하다'는 관점을 택하는 것부터 시작한다는 사실을 기억하라. 영원히는 아니지만, 적어도 지금은 말이다.

'지금은'이라는 말이 주는 마법의 힘

'지금은 충분히 괜찮다'는 것은 무조건 밝은 면만 보라거나 아무 문제도 없다고 치부해 버리라는 말이 아니다. 실로 형편없는 업무환경인데도 현실을 무시하면 된다는 소리도 아니다. 단순히 이름만 바꾸라는 말이 아니라 생각을 재구성하라는 뜻이다.

상황에 새로운 이름을 붙이는 일은 과거와 다름없는 난장판을 그대로 둔 채 이름표만 바꿔 달 뿐이다. 상한 우유 포장 용기에 '요구르트'라고 쓴다고 해서 맛이 좋아지지는 않는다. 힘든 업무환경에다 그저 '괜찮아'라는 새 이름표를 붙인다고 해서 상황이 개선되는 것은 아니란 소리다. 우리가 말하고자 하는 일은 이런 것이 아니다.

나쁜 상황을 최대한 활용하라는 조언은 누구나 들어보았을 것이다. 그리 나쁜 조언은 아니다. 하지만 나쁜 상황을 최대한 활용한다 한들 나쁜 상황에서 벗어날 수는 없다. 문제를 뿌리 뽑을 기회가 생기지 않을 테니 말이다. 그저 엉망진창 상태를 조금 더 신나게 누비고 있을 뿐이다. 그런 상태를 오랫동안 유지하기는 어렵다. 그래서 우리는 이름만 바꿀 생각을 하지 말고, 아예 생각을 재구성해야 한다. 생각의 재구성은 상황에 대한 인식의 구성 방식을 사실상 완전히 개혁하는 일이다. 주의를 집중하고, 행동 지향성을 발휘하는 방식을 근본적으로 바꿔야 하는 일이기 때문이다. 일단 이 개혁에 성공하고 나면, 실질적으로 판이하게 다른 스토리와 경험이 탄생하게 된다.

'이름 바꾸기'와 '생각의 재구성'의 차이를 이해하고 재구성에 성공한 가스의 사례를 분석해 보자.

먼저 가스는 자신의 상황을 받아들였고, 그런 다음 직장에서의 즐거움을 '직무와 상사로부터 만족을 얻는 것'에서 '훌륭한 인재들과 어울리며 새로운 것을 배우는 것'으로 생각을 재구성했다. 또한 자신이 마주한 상황에서 그와 그의 고용주에게 진정 가치 있는 일이 무엇인지 찾아내 그 일에 집중했다(마케팅부, 영업부와의 협력을 도모하는 일). 나쁜 상황을 내버려둔 채 '행복'이라는 새 이름표만 붙이지 않았다. 생각의 재구성을 통해 자신의 직무에 대한 완전히 새로운 관점을 구성했다. 그는 이제 "어떻게 지내십니까?"라는 질문에 "잘 지냅니다. 고맙습니다"라고 답할 수 있었다. 가스가 재구성한 현실을 감안해 보면 이는 솔직한 답변이었다. 물론 엉망진창인 구석이 사라진 것은 아니었지만 가스는 자기 처지를 받아들이고 주의를 다른 데로 돌림으로써 상황을 새롭게 받아들이는 데 성공할 수 있었다.

물론 이런 방법이 항상 효과적이지는 않다. 우리는 현실주의자이며 따라서 인생에서 유쾌하지 않은 시기가 있음을 충분히 인정한다. 비극적인 사건들이 일어날 때도 있고, 사랑하는 이를 잃거나 사는 게 즐겁지 않을 수도 있다. 학대당하는 관계나 의미를 찾을 수 없는 끔찍한 상황에서 벗어나지 못하는 사람들도 존재한다. 알다시피 이따금 직접 나서서 손을 써야 하는 고약하기 짝이 없는 상황도 있다.

그렇지만 만약 당신이 직장에서 혹사당하거나 차별받거나 아니면 법에 어긋나는 일을 강요받는다면, 무조건 비상구를 향해 내달려라. 그런 일을 참기에는 인생이 너무 짧다. 반대로 단지 재미가 없고 무난한 수준의 별로인 상황이라면, 혹은 직장문화가 형편없는(아니면 전혀 없는) 회사라면 버티라고 권하고 싶다. 우리는 나쁜 상황을 개선하기에 매우 효과적인 방법을 몇 가지 알고 있다. 아니면 적어도 형편없는 직장생활을 '지금은 충분히 훌륭하게' 만들 수는 있다.

때로는 그저 잠시 기다리는 것이 최고의 방법인 경우도 있다. 우리는 항상 너무 서두른다. 잠시 시간을 가지면 대개 새로운 가능성과 앞길이 열린다.

'충분히 괜찮아good enough'의 정도는 상황이나 필요에 따라 상대적이다. '지금은for now'도 마찬가지다.

기억하라. '지금은'이라는 말에는 희망, 다시 말해 앞으로 더 좋은 결과를 얻을 것이라는 희망이 담겨 있으며, 그래서 여러 가지 프로토타입을 만들 여지가 생긴다. 이것이 디자이너의 업무 방식이다. 그들은 눈앞에 놓인 문제나 상황을 받아들이고, 생각을 재구성하고자 노력하며, 행동 지향성 사고방식을 발휘함으로써 프로토타입을 만든다. 그런 다음 무언가를 배우고, 앞선 과정을 반복한다. 우리가 '앞길 건설하기'라고 일컫는 이 과정은 거의 모든 상황에서 효과적이다. 그것은 작은 발걸음을 떼는 과정이며 이 발걸음이 마침내 여러분을 큰 성공으로 이끌 것이다(최악의 시나리오가 전개되는 상황이라도 매일 아이스크림을 사 먹는 일쯤은 할 수 있다).

더 나은 방향으로의 변화는 거의 매 순간 가능하다. 당신이 디자이너처럼 생각한다면, 언제나 당신에게 기회가 주어질 것이다.

잘못된 생각: 멋진 워크 라이프를 원한다면, 매번 '도전'하고 실로 큰 꿈을 꾸어야 한다!

생각의 재구성: '지금까지는 충분히 괜찮아'의 비결은 행동 지향성을 발휘하되, 기준을 낮게 설정해 성공을 되풀이하는 것이다.

작은 목표부터 시작하라

직장이 마음에 들지 않는다. 특히 상사가 마음에 들지 않는다. 따분하다. 자신의 진가를 인정받지 못한다고 생각한다. 업무는 과중한데 존재가치가 없다고 여긴다. 사표를 던지고 싶은 마음부터 든다……. 그렇다면 새롭게 출발하라. 변명일랑 집어치우고 당신이 불태운 다리의 불빛을 틈타 그곳에서 벗어나라.

벗어나는 것도 분명 한 가지 방법일 수 있다.

하지만 이 책은 다른 수많은 방법들을 이야기한다.

디자인 씽킹은 직무를 비롯한 모든 것을 바꿀 수 있다. 당신 자신까지도 말이다. 물론 행동 지향성이나 생각의 재구성 등 이 새로운 사고방식을 채택하고 실천하기가 그리 쉽지만은 않을 것이다. 생각과 행동을 하룻밤 새에 바꿀 수 있는 주문 따위는 존재하지 않기 때문이다. 하지만 우리가 행동변화를 조금이나마 쉽게 만드는 방법에 대해 긍정심리학자들로부터 배운 몇 가지 사실이 있다.

어떤 통계에 따르면 새해가 시작되고 3개월이 지날 무렵이면 새해 결심 가운데 약 90퍼센트가 실패한다.[6] 다이어트에 실패하는 비율은 3분의 2가 넘는다. 구입하고 6개월이 지나면 창고행이 되는 무수한 운동기구와 만보기를 굳이 언급하지는 않겠다.

행동을 변화시키는 일은 힘들다. 사람들은 너무 열심히 노력하고, 거의 매 순간 너무 많이 도전하고 실패한다. 하지만 수많은 사람이 불행한 일과 상황에서 벗어나지 못하는 데는 또 다른 이유가 있다. 큰 변화를 목표로 삼아야 한다고 생각하기 때문이다. 이제는 다른 방법을 적용해야 할 때다. 성공의 비결은 이른바 '기준을 낮게' 설정하는 데 있다.

기준을 낮게 설정하는 방법은 매우 설득력 있는 몇몇 심리학 연구와 행동변화 모형을 토대로 삼고 있다.[7] 이들은 실행 가능한 작은 조치를 취하는 것을 새로운 행동이나 습관을 얻는 최선의 방법으로 제시한다.

가령 당신은 전형적인 미국의 카우치 포테이족(하루 종일 소파에 누워 포테이토칩 따위를 먹으면서 텔레비전을 보며 빈둥대는 사람을 일컫는 말—옮긴이)이지만, 운동이 신체와 정신 건강에 미치는 가치에 대한 연구 결과를 읽고 달리기를 시작하기로 다짐했다고 치자. 마라톤 대회에 참가하는 멋진 목표를 세우고 싶겠지만, 당신도 이미 읽었듯이 마라톤 완주 같은 거창한 목표를 세우면 실패하기 쉽다. 변화를 원한다면 당신이 가장 먼저 해야 할 일은 사실을 받아들이는 것이다. 그런 다음 행동 지향적인 마음가짐으로 달력을 꺼내 '하루 5,000보 걷기'라는 목표를 2주 동안 실천한다. 스마트폰 만보기를 활용해 매일 당신의 걸음 수를 확인해 보라. 아마도 성공했을 것이다(어차피 대부분의 사람은 하루에 5,000보는 걷는다). 어쨌든 당신은 매일 걷는 습관을 만들어낸 셈이다. 행동변화에는 인지과정이 중요하다. 건강 증진을 위해 노력하고 있다는 사실을 받아들이고, 경과를 인지하는 과정을 통해 노력을 계속할 수 있다.

일주일 동안 매일 5,000보를 걷겠다는 목표를 달성한 다음에는 자축하라. 가스에게 자축 도구는 아이스크림이었다. 당신은 이보다 건강에 더 좋은 도구를 선택할 수 있다. 어쨌든 변화에 성공했을 때 이를 기념하는 일은 중요하다. 뇌에 도파민을 분비시키기 때문이다. 충분한 보상 다음에는 하루에 7,500보를 거쳐 1만보를 걷겠다는 새로운 목표를 세운다. 몇 주 동안 매일 1만보를 걷는 데 성공했다면 '400미터 조깅하기' 같은 목표로 바꿀 수도 있다. 2주마다 작은 목표를 달성하면, 당신은 조금씩 점진적으로 변화한다. 만약 목표를 달성하지 못해도 상관없다. 그냥 목표를 다시 설정하고 다시 시작하라. 하지만 아이스크림은 사 먹지 못한다. 당신의 뇌가 실패에 대한 대가를 치러야 하니 말이다.

이제 이것이 어떤 결과를 향해 가는 과정인지 이해될 것이다.

어떤 시점이 되면 당신은 5킬로미터를 걷거나 가볍게 달릴 준비가 된다. 그다음에는 10킬로미터도 가능하다. 그렇게 마라톤을 향해 조금씩 계속 다가가는 것이다. 대회에 참가하면 또 다른 강력한 동기부여 요소, 즉 책임감이 생긴다. 친구와 대회에 참가해 함께 완주하자고 약속하는 방법이 가장 효과적이다. 연구 결과에 따르면 책임을 질 때(이 경우에는 대회에 참가하기로 결심하고 함께 완주하기로 약속할 때) 결심을 실천할 가능성이 크게 증가한다.[8]

결국 당신은 마라톤을 할 수 있게 될까? 어쩌면 그럴 것이다. 하지만 요점은 그게 아니다. 얼마든지 중간에 목표는 달라질 수 있다. 설령 그렇다 해도 괜찮다. 상당한 거리를 달릴 때까지 6개월이라는 시간이 걸릴 수도 있고, 마침내 참가하게 된 마라톤이 그다지 동기부여가 되지 않을 수도 있다. 중요한 것은 당신을 변화시킬 수 있는 한 가지 확실한 방법을 깨닫게 된다는 점이다.

소소하게 시작해 기준을 낮게 설정하고 무언가를 시도하라.

당신의 오늘 하루는 어땠는가

전작에서 우리는 독자들에게 '행복한 인생 일기Good Time Journal'라는 기본적인 자아인식 과제를 제시했다. 이 책에서는 이 과제의 변형인 '행복한 직장 일기Good Work Journal'를 제시하려고 한다. 이 과제는 직장에서 여러분을 사로잡고, 활력을 불어넣고, 몰입 상태에 빠지게 하는 것을 주목하고 기록하기 위한 단순한 도구다. 몇 달 동안 규칙적인 일일 연습으로 이 과제를 수행해 보라. 직장생활에서 효과적인 것과 그렇지 않은 것을 확실하고 정확하게 파악할 수 있을 것이다.

기본원칙은 행복한 인생 일기와 동일하다. 직장에서 자신의 생각과 감정, 행동을 관찰하고 기록한 다음, 직장과 직무에 대해 발견한 결과를 기록하라. 이때 '좋은 직장'을 만드는 요소를 조사한 연구를 통해 알게 된 사실은 다음과 같은 몇 가지 범주로 나뉜다.

- 무엇을 배웠는가?
- 새롭게 시작한 일은 무엇인가?
- 누구를 도왔는가?

그런 다음 '무엇을 발견했는가?'라는 질문에 떠오르는 답이 있는지 지켜보라. 그러면 '당신의 하루는 어땠는가?'라는 질문에 대해, 판에 박힌 대답에서 벗어나 현재 상황을 보다 정확하게 인식할 수 있다(물론 짐작은 간다). 이런 습관은 자신의 생활에서 '효과적인 것'과 '그렇지 않은 것'을 인식하는 데 유용하다. 시간이 지날수록 이런 습관 덕분에 올바른 방향으로 나아간다는 느낌이 들 것이다. 아울러 기준을 낮게 설정하고 내게 효과적인 것을 발견해 조금씩 수정하는 방식에 익숙해질 무렵이면 당신의 업무경험도 크게 변하게 된다.

다음은 행복한 직장 일기의 예시다. 매일 날짜를 적고 다음 세 가지 질문에 대한 여러분의 답변에 주목하라.

날짜	무엇을 배웠는가?	새롭게 시작한 일은 무엇인가?	누구를 도왔는가?
월요일	스프레드시트에서 피벗 테이블* 만드는 법을 배웠다.		
화요일	회계부의 글래디스가 난생 처음 할머니가 되었다는 사실을 알았다.		본사의 존을 도와 복사기에 용지를 넣었다.
수요일		회계부의 글래디스에게 보낼 '축하 카드'를 준비했다.	청소 팀 직원이 카펫을 청소할 때 내 물건을 모두 책상에 얹어서 수고를 덜어주었다.
목요일	긍정적 혹은 부정적 가치를 토대로 스프레드시트 셀의 색을 분류하는 법을 배웠다.	휴게실을 정리하고 나왔다.	
금요일			회계부의 셀리아에게 조건에 따라 스프레드시트 셀의 색을 분류하는 법을 가르쳐주었다.
보너스 데이	자전거 바퀴 조정하는 법을 배웠다.		자전거 동호회의 한 친구에게 자전거 바퀴 조정하는 법을 가르쳐주었다.
보너스 데이	전화로 사진을 찍어 수표를 예금하는 법을 배웠다(이제 은행까지 갈 필요가 없다. 야호!).		파트너에게 전화로 수표를 예금하는 법을 가르쳐주었다.

* 피벗 테이블(pivot table, 대화형 테이블의 일종으로 데이터의 나열 형태에 따라서 집계나 카운트 등의 계산을 하는 기능을 가리킴—옮긴이)

* 우리 웹사이트 www.designingyourwork.life에서 모든 작업표를 다운로드할 수 있다.

1. 무엇을 배웠는가? 매일, 매주 '무엇을 배웠는가?'를 스스로에게 물어보라. 기존 지식에 새롭게 추가한 것이 있는지 돌아보라. 대단한 지식이 아니어도 괜찮다. 이를테면 새로운 과정이나 절차, 파워포인트 슬라이드를 만드는 새로운 방법이나 회계부의 글래디스에 관한 새로운 소식 같은 것이 있다. 아울러 우리가 '언러닝unlearning'이라고 일컫는 순간

을 찾아라. 언러닝이란 내가 가진 어떤 지식이 알고 보니 진실이 아니었음을 깨닫는 순간을 뜻한다. 예컨대, 미국의 면적이 러시아보다 크다고 생각했는데 실제로는 그렇지 않다는 사실을 깨닫는 순간 말이다(러시아의 면적이 미국보다 1.8배 더 넓다). 혹은 딸기 아이스크림을 좋아하지 않아서 당연히 아무도 좋아하지 않을 것이라고 짐작했는데 알고 보니 바닐라, 초콜릿, 버터 피칸에 이어 네 번째로 사랑받는 아이스크림이라는 사실을 발견할 수 있다(버터 피칸이 순위권에 오를 줄 누가 알았겠는가). 과학적인 연구 결과에 따르면, 내게 맞는 일을 하고 있다고 느끼려면 매일 무언가를 배워야 한다. 당신이 매일 무엇을 배우는지 눈여겨보라.

2. **새롭게 시작한 일은 무엇인가?** 대부분의 시간에 무언가를 창조하고 새롭게 시작해야 한다. 어떤 행동이나 변화, 새로운 수행방식을 시작할 때 심리학자들이 '생득적 욕구innate need'라고 표현하는 인간 특유의 욕구가 충족된다. 이 욕구가 충족될 때, 우리는 자신의 세계를 스스로 통제하고 있다는 느낌을 받는다. 가장 좋은 점은 상사의 승인 없이 새로운 일을 시작할 수 있다는 것이다. 작은 일부터 시작하라. 혼자 할 수 있는 소소한 일을 완수하고 나면 크리에이터가 되었다는 심리적 보상이 따르게 된다. 예를 들어 동료 직원을 위한 생일카드에 모든 직원의 서명을 받거나, 교대가 끝나고 휴게실을 청소하거나(뒷정리를 하라), 엑셀 시트에서 중요도에 따라 색을 분류해 멋지게 작성하는 것도 좋다. 적어도 일주일에 한 번 직장에서 새로운 일을 시작하겠다는 목표를 세워라. 목표를 달성하고 나면 매우 뿌듯할 것이다. 모든 직장 동료가 당신이 주도권을 쥐고 일하는 모습에 놀라게 하라.

3. **누구를 도왔는가?** 봉사의 가치는 과학적으로 입증되었다. 앞서 언급한 하버드 그랜트 연구에 따르면 다른 사람을 돕는 일은 장수나 행복과 매우 밀접한 상관관계가 있다. 무언가 시작하려는 욕구와 마찬가지로 인간에게는 심리학자들이 '관계성relatedness'이라고 일컫는 내재적 동기가 있다. 사람들이 누군가를 돕는 것은 관계성 때문이라는 것이다. 매일 또는 매주 당신이 직장 동료에게 어떤 도움을 주는지 관찰하라. 소소한 도움이 중요하다. 이를테면 복사용지가 떨어지기 전에 동료들보다 먼저 채워 넣거나, 휴가 중인 사람 대신 식물에 물을 주거나, 스프레드시트의 색을 분류하는 과정에 문제가 발생할 때 돕거나, 야간 근무조의 동료에게 커피를 건네는 일 말이다. 이런 소소한 행동 덕분에 직장 분위기가 좋아지고 스스로도 깨닫지 못한 내재적 동기가 충족될 것이다.

이 책의 끝에서 우리는 당신에게 과제를 줄 것이다. '행복한 직장 일기'를 쓰는 일인데, 적어도 한 달 동안은 계속하길 바란다. 새로운 것을 배우고, 직장에서 유익한 변화를 시작하고, 다른 사람이 즐겁게 일하도록 도울 때 당신의 업무 만족도 또한 덩달아 높아진다. 누군가에게 허락을 구하지 않아도 할 수 있는 일이라면 더욱 좋다. 어떤 변화를 시작할 것인지는 당신이 결정할 수 있다.

행동 지향성을 실천하고, 기준을 낮게 설정하고, 일주일간 일기를 쓴 다음 스스로에게 보상하라. 한동안 추진력을 잃어도 괜찮다. 중단한 지점부터 다시 시작하되 기준을 다시 정하고 과정을 계속하라. (하지만 버터 피칸 아이스크림은 적당히 먹는 편이 좋을 것이다.)

성찰의 시간

일과 삶을 분리하기란 여간 어려운 일이 아니다. 직장에서 보내는 시간이 길기 때문이 아니라 내 모습이 직장에서든 집에서든 그다지 다르지 않기 때문이다(비밀 요원이나 증인보호 프로그램의 대상자가 아닌 한). 가정에서나 직장에서나 우리에게 행복과 의미를 주는 것은 똑같다. 삶을 디자인하는 것과 일을 디자인하는 것이 다르지 않다는 뜻이다. 그렇지만 일과 삶을 성찰할 시간을 가지는 사람은 드물다.

혹시 '안식일'이라는 말을 들어보았는가? 유대인들은 안식일을 챙기는 전통에 따라 일주일에 하루는 손에서 일을 놓고 삶을 더 온전하게 음미한다. 신앙이나 지혜와 관련된 거의 모든 전통에는 한 걸음 물러나서 지난 일주일을 돌아보는 이와 비슷한 관례가 포함되어 있다. 이런 관례를 따르면 각자의 경험에서 최대한 많은 것을 얻을 수 있다. 토요일과 일요일이라는 현대의 '주말'이 생긴 것은 이런 전통 덕분이다(안타깝게도 주말을 일의 연속으로 보내는 현대인이 여전히 많지만). 일주일에 한 번 휴일에 5분에서 10분 동안 우리가 '제7일 성찰'이라고 일컫는 두 번째 과제를 실천하라.

성찰 과정이 효과를 거두려면 먼저 '성찰'의 구체적인 정의와 의의를 이해해야 한다. 성찰이란 어떤 개념이나 경험에 대해 '숙고하고 명상하는 것'을 뜻한다. 특히 이 책에서 성찰은 선택한 개념이나 경험에 차분하게 주의를 집중하는 것을 뜻한다. 성찰 과정을 이용하면 일과 삶에서 더 많은 것을 얻을 수 있는데, 아래의 두 가지 유형으로 나뉜다.

- 음미
- 통찰

'음미'란 단순히 어떤 경험이나 생각을 다시 떠올리며 추억한다는 뜻이다. 온전히 주의를 집중할 수 있는 환경, 조용하고 편안한 장소에서 삶을 음미해 보라. 추억하고 상상하면서 자기만의 속도로 성찰하라. 무언가를 음미한다는 것은 그 자체로 당연히 가치 있는 일이다. 음미하는 성찰의 핵심은 가치 있는 무언가에 완벽하게 주의를 집중하는 데 있다. 음미의 핵심은 (더 많은 것을 욱여넣기보다는) 인생에서 더 많은 것을 끄집어내는 것이다. 음미를 통해 경험을 떠올림으로써 사회적 경험, 운동 활동, 업무성과, 예술적인 만남, 새로운 비즈니스 아이디어 등 다양한 성찰 대상을 완벽하게 느낄 수 있다. 더욱 깊어진 경험을 기억에 확실히 새기면서 경험의 소중함을 더 절실하게 느껴보도록 하자.

짜잔! 잠깐의 시간을 투자해 삶에서 더 많은 것을 얻어냈다. 돈 한 푼 들지 않았다. 음미하는 성찰을 일기에 기록하면 삶의 의미를 더 확실하게 깨달을 수 있을 것이다. 이런 습관은 두고두고 보상을 제공한다.

두 번째 '통찰'은 잡기 어려운 사냥감 같은 것이라 끝내 자신의 것으로 만들지 못할 수 있다. 성찰을 통해 통찰을 놓치는 일을 최대한 막을 수 있겠지만, 무언가를 경험할 때마다 통찰을 얻지는 못한다. 하지만 경험을 성찰하고 음미할 때, 통찰을 얻을 확률이 높아진다.

통찰은 대개 질문으로 시작한다. 자신의 내적 세계와 지속해서 나누는 일종의 대화다. 일반적으로 특정한 경험의 이면에 숨은 '큰 그림'을 발견하거나, 경험에 더 큰 중요성을 부여하는 심층적인 구조나 감정 체계를 이해할 때 통찰을 얻는다.

구체적인 사례로 음미와 통찰을 살펴보자. 데이브는 이 장을 쓸 무렵에 강연을 위해 세인트루이스로 사흘간 출장을 떠났다. 출장을 가는 길에 데이브는 아내에게 작은 꽃다발을 보냈다. 아내는 출장을 마치고 집에 돌아온 데이브에게 입맞춤을 한 뒤, 그를 껴안으며 꽃다발이 그녀에게 정말 큰 의미를 주었다고 이야기했다.

제7일 성찰 과제를 실천하며 일주일을 돌아보던 중에 데이브는 따뜻하게 맞아준 아내의 모습이 특히 기억에 남았다고 한다. 그 기억을 '음미'하며 다시금 마음속 깊이 새기자 그 짧은 순간이 더욱 달콤하게 느껴졌다. 얼마나 아내를 사랑하는지, 진심으로 고마움을 표현하는 아내가 있어서 얼마나 다행인지를 다시금 깨달았다. 아내의 입맞춤과 포옹도 좋았지만 일련의 과정을 성찰하며 음미한 기억은 황홀하기까지 했다!

그리고…… 그 기억과 함께 다시 '통찰'이 시작되었다. 작가 활동의 부상으로 따르는 (꽤 거창하고 흥미진진한) 세계 여행을 다니면서 데이브는 소소한 것들을 가끔 잊곤 했다. 데이브의 아내는 꽃다발을 받는 순간, 예전에 남편과 함께 프라하로 출판 기념 여행을 떠날 날을 기다리던 때만큼이나 가슴이 설렜다고 말했다. 단순하지만 심오한 통찰이었다. 물건에 담긴 감정적 가치는 크기에 비례하지 않는다. 소소한 행복을 절대 잊지 마라.

성찰은 '습관'이다. 성찰에서 최대한 효과를 거두려면 규칙적으로 실천해야 한다는 뜻이다. 2주 동안 제7일 성찰 과제를 수행한 후에 실천하는 습관에 대해 성찰하라. 그 습관이 얼마나 효과적인지 지켜보라. 도전하라. 그러면 '더 많은 것'을 아무런 대가 없이 받게 될 것이다.

잠깐만요, 아직도 멀었나요?

일하는 삶을 그리는 일은 당신의 미래를 건설하는 지속적인 과정이다. 행동 지향성을 실천하라. 무엇이든 시작하라. 그런 다음 '지금은 충분히 괜찮다'는 관점을 택하라. 지금 당장 시도해야 한다.

직장에서 문제에 부딪힐 때마다 무엇이든 시작하라. 쾌락의 쳇바퀴에 대처하며 '기준 낮게 설정하기' 방식을 이용해 나쁜 습관과 행동을 바꾸어라. 행복한 직장 일기를 쓰는 습관을 기르고, 매일 한두 가지 긍정적인 일을 발견하라. 일주일마다 제7일 성찰 과제를 완수하라. 경험을 음미하고 파헤쳐 통찰을 얻어라.

행동 지향성 사고방식과 생각의 재구성이 제2의 천성으로 자리 잡으면 일을 경험하는 방식이 완전히 새로워질 것이다. 예전보다 편안해지고 활기가 넘치며 다른 사람과 새로운 기회를 기꺼이 수용하는 자신을 발견할 수 있다. 머지않아 진심으로 지금은 충분히 훌륭하다는 생각이 들고 완전히 변한 새로운 삶에 만족할 것이다. 더 이상 삶의 뒷좌석에 앉아 '아직 멀었나요?'라고 물으며 지루한 표정을 짓는 일은 없을 것이다.

여러분은 이제 운전석에 앉아 있다. 디자인 씽킹이라는 핸들을 손에 쥐고서. 지금 바로, 이곳에서 출발하라. 당신은 모든 준비를 마쳤다.

2장 돈이냐 의미냐, 그것이 문제로다

수많은 사람들이 '돈을 쫓느냐 의미 있는 일을 하느냐'를 두고 고민한다. 당신은 어느 편인가? 돈 아니면 의미? 정답은 없다. 질문부터 잘못됐기 때문이다.

우리는 이런 식의 잘못된 이분법을 정말 좋아하지 않는다. 두 가지가 서로 다투는 제로섬 게임(한쪽의 이득과 다른 쪽의 손실을 더하면 제로가 되는 게임) 말이다. 돈과 의미 중에 하나를 고르는 일도 잘못된 이분법으로, 의미 있는 일과 돈을 많이 버는 것은 완전히 별개다. 양립할 수 없는 것처럼 보이지만 상황을 더 꼼꼼히 들여다보면 그렇지 않다. 적어도 그런 식이어야 할 필요는 없다.

잘못된 생각: 돈과 의미를 모두 가질 수는 없으니 한 가지를 선택해야 한다.

생각의 재구성: '돈인가 의미인가?'를 묻는 것은 잘못된 이분법이다.

(일과 삶의 균형처럼) 돈과 의미는 내가 소중하게 여기는 것을 평가하는 두 가지 다른 척도일 뿐이다.

돈은 거의 벌지 못하지만 의미 있는 일이라고 생각해 지방에서 일하는 미국 의사가 있다. 의미를 찾을 수 없지만 돈을 많이 벌 수 있으니 로스앤젤레스에서 성형 시술을 하는 의사도 있다.

우리가 아는 사람 중에는 40년 동안 저학년 학생에게 읽기를 가르치는 교사들이 있다(마리온이라는 교사는 퇴직 후에 빌의 딸들에게 읽기를 가르쳤다). 이들의 삶은 의미로 가득한 동시에, 자신들의 열정을 뒷받침하고 안락하게 살아갈 만큼의 충분한 돈도 벌고 있다. 반대로 교육에 대한 애정을 잃고 무력해진 교사도 있다.

막대한 돈을 버는 사모펀드 전문가들 중에는 의미 없는 삶을 외면하기 위해 원하지도 필요하지도 않는 물건을 사는 데 흥청망청 돈을 쓰는 사람이 있는 반면, 게임을 즐기며 자본주의의 효율과 효과를 높이는 일에서 의미를 찾는 사람들도 있다.

이렇듯 돈과 의미 문제에는 정답도 없고 오답도 없다. 자신의 가치관에 부합하는 일관성 있는 삶을 사는지가 중요할 뿐이다.

당신은 지금 올바른 방향으로 가고 있는가? 방향을 점검하고 나만의 나침반을 만들어라.

나는 어떤 사람인가

일관성 있는 삶이란 '나는 어떤 사람인가?' '무엇을 믿는가?' '무슨 일을 하는가?'가 분명하게 연결된 방식으로 살아가는 것을 의미한다.[1] 나만의 나침반을 만들기 위해서는 뚜렷한 직업관과 인생관이 필요하다.

직업관 성찰

직업관은 직무기술서에 적을 내용을 늘어놓는 일이나 '고급 사무실과 회사 자동차를 원한다'는 식의 위시리스트가 아니다. 직업관은 일종의 선언서로, 당신이 생각하는 훌륭한 직장과 그렇지 않은 직장을 정의할 가치관을 뜻한다. 일의 의미에 대한 분명한 철학이 담겨 있어야 한다. 올바른 직업관은 다음과 같은 질문에 답을 제시할 수 있어야 한다.

- 왜 일하는가?
- 무엇을 위해 일하는가?
- 당신에게 일이란 무슨 의미인가?
- 그 일이 개인이나 다른 사람, 사회와 어떤 관련이 있는가?
- 바람직하거나 가치 있는 일을 정의하는 것은 무엇인가?
- 돈은 그 일과 무슨 관계가 있는가?
- 경험과 성장, 성취는 일과 무슨 관계가 있는가?

직업관에 대해 성찰한 내용을 간략하게 적어보자. 우리가 원하는 것은 학기말 논문이 아니다(성적을 매기지 않을 것이다). 적기만 하면 된다. 머리에 담을 필요도 없다. 30분 이내에 250자 내외로 한 페이지를 넘기지 말고 적어보라.

인생관 성찰

인생관이라고 하면 거창하고 어려운 이야기처럼 느껴진다. 하지만 인생관이란 단순히 삶에 의미를 부여하는 것과 삶을 가치 있게 만드는 것에 대한 개인의 신념일 뿐이다. 인생관에는 십중팔구 가족과 지역사회의 구성원이 포함된다. 정신적인 요소가 포함될 수도 있다. 인생관은 당신의 인생에서 무엇이 가장 중요한지를 정의 내리는 것이다. 다음과 같은 질문에 답을 찾아보라.

- 당신은 왜 여기에 있는가?
- 삶의 의미나 목적은 무엇인가?
- 개인은 다른 사람들과 어떤 관계를 맺는가?
- 가족과 국가, 세상의 나머지 부분들은 당신의 삶에 어떤 의미가 있는가?
- 선한 것은 무엇인가? 악한 것은 무엇인가?
- 초인간적인 힘이나 하느님, 혹은 초월적인 존재가 있는가? 만일 그렇다면 그것은 당신의 삶에 어떤 영향을 미치는가?

직업관과 마찬가지로 인생관에 대해 성찰한 내용을 적어보자. 이 역시 30분 이내에 250자 내외로 적는다.

성찰하는 방법은 어렵지 않다. 디자이너처럼 생각하면 된다. 호기심을 갖고 발견한 것에 주목하라. 본인이 원치 않는 한 성찰한 내용을 관객 앞에서 읽을 필요는 없다(하지만 관객과 공유한다면 효과를 높일 수 있다). 그냥 실천하라. 만일 여러분이 직장에 몰입하지 못하는 70퍼센트에 속하는 사람이라면, 점으로 표시한 질문 목록에 초점을 맞추어라. 그러면 몇 분 안에 당신이 가진 불안의 진상을 알아낼 수 있을 것이다.

당신이 직업관과 인생관을 명확하게 정의해야 할 또 한 가지 이유가 있다. 바로 어쩌다 다른 사람의 직업관이나 인생관에 따라 살지 않기 위해서다. 완벽하게 막을 수는 없다. 우리 머릿속에는 우리를 대신해서 직업관과 인생관을 거침없이 명확하게 정의하는 듯한 강력한 목소리가 매우 많이 있기 때문이다. 조심하지 않으면 내 것이 아닌 나침반을 들고 여행길에 나설 수 있다.

이번 과제의 목표는 일관성이다. 예를 들어 직계가족이나 친척과 시간을 보내며 삶의 의미를 찾는 것이 여러분의 인생관이라고 하자. 그런데 할 일이 너무 많다 보니 아이의 생일을 잊어버리고, 형이 보낸 메일에 3주가 지나도록 답하지 못했다면 일관성이 부족한 생활에 스트레스를 느낄 것이다. 혹은 일을 통해 영혼의 양식을 얻는 것이 당신의 직업관이라고 생각해 보자. 단기 근로자인 당신에게 높은 보수를 제공하는 일은 대부분 환경을 파괴하는 기업들에서 수주를 받은 작업일 것이다. 그렇다면 당신은 스스로 배신자가 아니라고 합리화하는 데 오랜 시간을 낭비할 것이다. 이 또한 일관성 있는 삶이라고 할 수 없다.

일관성 있는 삶이란 평생 하루도 빠짐없이 모든 것이 완벽하게 준비되어 있다는 의미가 아니다. 나의 세계와 인생관에 부합하는 삶을 살고자 스스로 최선을 다한다는 의미일 뿐이다. '나는 어떤 사람인가?' '무엇을 믿는가?' '무슨 일을 하는가?'가 어떻게 연결되는지 명확하게 볼 수 있을 때, 내가 항로를 벗어나지 않았음을 확인할 수 있다. 나만의 나침반이 작동하고 있는 것이다.

진지하게 말하건대, 지금 당장 이 과제를 실천하라. 직업관과 인생관을 모두 적은 다음 이 두 가지가 어떤 부분에서 상호 보완적인지 살펴보라. 일관성 있는 삶을 사는 부분과 그렇지 않은 부분을 눈여겨보라. 깨달음의 순간에 대비하라. 우리가 기다려줄 테니.

알코올의존자가 주류 매장에서 일하는 것은 피해야 한다

아홉 살 때 아버지를 잃은 데이브는 이루 말할 수 없이 힘겹게 자랐다. 그는 평생 아버지를 그리워하며 컸고, 오늘날까지도 아버지의 빈자리를 실감한다. 어린 시절부터 (마음 깊은 곳의 소망은 프랑스의 시인이자 소설가인 장 콕도 같은 사람이 되는 것이었지만) 누군가 데이브에게 커서 무엇이 되고 싶으냐고 물을 때마다 그의 대답은 언제나 똑같았다.

"아빠가 되고 싶어요."

다소 조숙했던 아이의 귀여운 대답 정도가 아니었다. 데이브는 진심으로 아버지가 되고 싶었다. 막연히 아빠가 되는 것이 아니라 좋은 아빠, 아이들과 시간을 많이 보내는 그런 아빠가 되고 싶었다. 그는 일에만 매달리는 아빠가 되지 않기로 맹세했다. 언제나 가족을 가장 먼저 생각하고 싶었다.

이후 데이브는 실리콘밸리의 첨단산업단지에서 일하기 시작했다. 그는 일주일에 50~70시간씩 열심히 일했다. 아내와 가족이 생겼으나 일 때문에 출장이 잦았고, 저녁 식사를 거르는 것이 다반사였다. 아이들이 잠자리에 들고 난 밤 열 시나 되어서야 퇴근했다. 일찍 퇴근하려고 온갖 수를 다 써보았으나 소용이 없었다. 데이브는 집에서 가족과 함께 보내는 시간이 더 많아지면 좋겠다고 말했지만, 그의 행동은 말과 일치하지 않았다. 직장 동료들이 그를 일중독자라고 표현했을 때 데이브는 굉장히 당황했다. 그가 생각하기에 자신은 '진짜' 일중독자가 아니었다. 오로지 일과 돈에만 관심이 있는 부류의 사람이 일중독자라고 생각했기 때문이다. 하지만 그의 생활은 일중독자나 다름없었다. 그의 삶에는 일관성이 없었다.

나중에 안 사실이지만, 데이브에게는 주의력결핍장애가 있었다. 그는 쉽게 주의가 산만해졌고 금방 다른 일에 관심을 가졌다. 그의 직장은 흥미로운 것들로 가득했다. 급성장하는 실리콘밸리에서 잘나가는 신생 기술기업에는 특히 흥미로운 것이 많았다. 따라서 데이브의 직장은 그에게 위험한 곳이었다.

데이브는 마침내 자신의 문제를 깨달았다. 자신의 인생관과 직업관에 일치하는 삶을 살지 못한다는 사실을 깨닫고 직장을 그만두었다. 그러고는 저녁 식사 시간에 맞춰서 퇴근할 수 있는 직장을 구하기로 결심했다. 하지만 상황이 마음먹은 대로 흘러가지는 않았다.

그는 '지나치게 일하는' 문제를 고칠 수 있으리라고 생각하고 직장과 직책을 바꾸며 업계를 전전했다. 갖은 수를 다 썼다. 가는 곳마다 혹시나 했지만 역시나였다. 그의 앞을 지나치는 새롭고 흥미로운 대화에 끌리다 보니 전과 다름없이 오랫동안 맹렬히 일했다. 데이브는 스스로를 통제하지 못했다.

무엇보다 안타깝게도 집에 머무는 동안에도 가족과 함께 시간을 보내지 못했다. 아들은 아버지와 놀고 싶어 했지만, 그는 너무 피곤한 나머지 의자에 앉아 잠들기 일쑤였다. 데이브는 그가 꿈꾸던 '좋은 아빠'와는 정반대의 어른이 되어 있었다. 하지만 어찌해야 할지 막막했다. 생각보다 한층 더 심각해진 데이브의 문제를 해결하려면 '재구성'이 필요했다. 자신도 알고 있듯이, 그는 일관성 있는 삶을 살지 못하고 있었다.

이따금 인생에서 벌어지는 여러 사건들은 가장 예상치 못한 방식으로 끼어들어 새로운 길을 보여준다.

데이브의 어머니가 암에 걸렸다. 어머니가 살날이 얼마 남지 않았다고 생각한 데이브는 마케팅 담당 부사장직을 잠시 내려놓고 유급휴가를 신청했다. 어머니에게만 오롯이 집중하는 시간을 가지고 싶었다. 그리고 이내 무언가 달라진 것을 알아챘다. 문득 어머니와 의미 있는 시간을 보내는 것이 옳은 일이라는 생각이 들었다. 모순적이게도 데이브는 가족에게 집중할 시간이 많아져서 행복했다. 모든 일에 일관성이 생겼다는 느낌이 들기 시작했다. 그가 스스로 원하는 모습으로 변하기 시작한 것이다.

그뿐만이 아니었다. 예전 직장의 고용주와 다른 회사에 근무하는 친구 몇 사람이 데이브에게 소규모 프로젝트에 관한 컨설팅이 필요하다며 시간을 내달라고 부탁했다. 이전과 달라진 그는 어머니와 가족에게 무엇이 필요한지를 먼저 생각하고 상황에 따라 부탁을 거절하거나 수락했다. 데이브는 프로젝트를 거절할 수 없었던 정규 직장과는 달리 컨설팅 활동에서는 직장인으로서 느끼지 못했던 자유를 얻었다. 이전에 잠시 독자적인 컨설턴트로 일하면 어떨지 생각한 적이 있었지만 두려운 마음이 앞섰다.

그런 방법으로 가족을 부양할 수 있을지도 불투명했기 때문이다. 하지만 새로운 생활방식의 프로토타입을 만들고 보니(당시에는 '프로토타입 만들기'라는 표현을 쓰지는 않았으나 그가 한 일은 정확히 프로토타입을 만든 것이었다!) 두려움이 가셨다.

어머니가 세상을 떠나고 복직해야 할 시기가 왔을 때, 그는 회사로 돌아가지 않았다. 대신 정식 컨설턴트가 되었다. 일정한 연봉과 화려한 직함은 포기했지만 그 대가로 시간을 살 수 있었다. 아들의 야구팀을 지도하고, 가족끼리 휴가를 떠나고, 주일학교 교사로 일할 수 있는 시간이었다. 데이브는 열심히 일하는 것에 자신이 있고 일거리가 많은 것도 좋아하지만, 조직에서 일하는 것은 자신에게 어울리지 않는다는 사실을 깨달았다. 그는 긱 이코노미가 등장하기 전부터 긱 이코노미에 가장 어울리는 사람이었던 것이다.

마침내 데이브는 일을 좋아해서가 아니라 일을 멈출 수가 없다는 점에서 자신이 일중독자라는 사실을 인정하게 되었다. 알코올의존자가 대개 주류 매장에서 일하지 않듯이, 데이브 같은 일중독자가 결코 일이 끝나는 법이 없는 실리콘밸리 스타트업에서 일하지 말아야 한다. 데이브는 컨설턴트로서 직업관과 인생관의 일관성을 유지하며 지나치게 일하는 성향을 조절할 방법을 찾았다. 그리고 결코 뒤를 돌아보지 않았다.

일관성이 가져다준 행복한 삶

몇 년 전 데이브와 당시 열아홉 살이던 그의 아들이 라스베이거스의 인 앤 아웃 버거In-N-Out Burger에서 햄버거가 나오기를 기다리던 중에 있었던 일이다. 두 사람은 장거리 트럭 기사와 대화를 나누었다. 트럭 기사는 이렇게 자랑했다.

"전 속세를 떠났습니다. 누구보다 멋진 삶을 살고 있죠."

그는 몇 년 동안 프리랜서 트럭 기사로 일하다가 한 회사와 계약을 맺고 정규 노선을 맡았다고 덧붙였다. 퍼시픽 노스웨스트에서 시작해 사우스웨스트를 돌아 와이오밍주 시골에 있는 자기 집까지, 일주일에 약 6,400킬로미터의 길이 그의 정규 노선이었다. 그는 일주일에 한 번 아이들과 아내를 만나 이틀 반나절을 보냈다.

얼마나 멋진 인생인가! 그 트럭 기사는 데이브가 만난 가장 행복한 사람 축에 속했다. 그는 생계를 유지하고, 자기 일을 즐기며, 가족과 함께하는 모두에게 효과적인 워크 라이프를 디자인했다. 트럭 기사는 데이브의 아들에게 바람직한 역할모델이 되었다.

당신이 장거리 트럭 기사는 아닐 것이다. 하지만 그가 이렇게 멋진 일과 삶을 만들었으니 당신도 할 수 있다. 문제는 '어떻게 자신의 나침반을 따르면서 (이 트럭 기사)처럼 일관성을 창조해 내 삶을 효과적으로 만들 수 있는가'다.

※ 경고: 현대사회의 직장인들은 수입뿐만 아니라 의미를 찾길 바란다. 자신이 잘할 수 있는 일을 하며, 세상에 영향을 미치고, 그 대가로 보수를 받고 싶어 한다. 이것이 많은 사람들이 생각하는 완벽한 직장이나 안성맞춤의 일자리 모형이다. 특히 밀레니얼 세대와 Z세대는 이런 모형을 선호한다.

이런 직장은 신의 직장이다. 농담하는 게 아니다. 이들은 열정을 불러일으키는 일을 찾고, 그 일을 하면서 보수를 받을 수 있어야 한다고 생각한다. 그것도 돈을 많이 벌면서 말이다. 이는 거의 불가능한 일이다. 열정을 불러일으키는 일을 하면서 생계를 유지하기란 여간 어렵지 않다. 참으로 안타까운 현실이다. 하지만 일관성을 유지하면 이 안타까운 현실에 대처할 수 있다. 이제부터는 다른 것을 받아들여야 할 시간이다. 다소 낭만적인 직업관일랑 잊어버리자.

19~20세기에는 일반적으로 일과 삶의 터전을 구분하는 단순한 삶을 열망했다. 한곳에서 돈을 벌고 다른 곳에서 삶을 사는 그런 인생 말이다. 이 같은 삶의 방식은 지금까지도 효과적이었으며 여전히 유효하다. 오늘날 사람들도 대체로 이런 방식으로 생활할 것이다. 그런데 정작 사람들은 이 사실을 인정하지 않기 때문에 불행해진다.

예를 들어 훌륭한 아버지와 할아버지가 되는 것 외에 데이브의 또 다른 소명은 젊은이들이 자기 삶을 이해하고 저마다의 소명을 발견하도록 돕는 것이었다. 그런데 그는 경력을 쌓는 동안 주로 컨설턴트로 일하면서 생계를 유지했고, 젊은이들을 돕는 일은 부업이었다. 사실 이 중요한 부업에 대가를 제공한 것은 스탠퍼드가 처음이었다. 그는 빌과 함께 공동으로 설립한 스탠퍼드 라이프디자인연구소에서 월급을 받으며 일했다.

그렇다. 그 '데이브'가 바로 지금 이 글을 쓰고 있는 '데이브'다. 앞으로 당신도 우리와 함께 돈과 의미의 딜레마와 씨름하면서 (최종적으로 이 딜레마의 해결책을 찾으면서) 세상 어디에서 어떤 종류의 영향력을 미치고 싶은지를 함께 모색해 보자.

무엇을 위해 일할 것인가

"당신은 무엇을 만드는 사람인가요?"는 누구나 받아본 질문이다(대개 하등 관계없는 사람들이 하는 질문이지만 그것은 별개의 문제다). 사람들이 대개 싫어하는 질문이라 불편할 수 있지만, 이 질문은 대단히 중요한 주제를 표면화시킨다.

이제 질문을 재구성해 보자. 당신은 '무엇을' 만드는 사람인가? 무언가를 만들어내는 것은 멋진 일이다. 디자이너는 만드는 일을 좋아하고 우리는 모든 사람이 그래야 한다고 생각한다.

무엇을 만드는가가 중요할 뿐이지, 얼마나 만드는가는 중요하지 않다. 아인슈타인이 말했듯이 "측정할 수 있는 모든 것이 중요한 것은 아니며 중요한 것을 모두 측정할 수 있는 것도 아니다."

전적으로 동의한다. 돈과 의미를 '세는 것'에 관해서라면 더더욱 그렇다. 무엇을 만드는가에 대한 생각을 바꾸어라. 그러려면 무엇을 측정하는가를 명확히 깨달아야 한다.

지금부터 똑똑한 제작자로 변신해 '돈인가 의미인가'라는 수수께끼를 해결해 보자. 돈과 의미는 '무언가를 만드는' 두 가지 다른 방식이다. 제작자로서 일과 삶에서 무엇을 기준으로 자신을 평가하고 싶은지를 명확히 깨달아보자.

시장에서는 대개 돈을 이용해 우리가 만드는 것을 측정한다. 어떤 직장에 대한 궁금증이 있을 때 사람들은 대부분 연봉이 얼마냐고 묻는다. 고용 세계에서는 돈을 많이 벌수록 성공한 사람이다. 적어도 영리를 추구하는 '시장경제'에서는 대체로 그렇다.

앞으로 우리가 '변화를 위한 경제'라고 부르는 비영리 세계에서 사람들이 만드는 것은 '영향력'이다. 이들은 이익이 아니라 말라리아 종식시키기, 아이들 교육시키기, 혹은 세상 바꾸기 같은 목표를 세운다.

비영리든 영리든 상관없이 모든 조직에서 일하는 사람은 대부분 돈을 버는 일과 영향력을 만드는 일을 모두 중요시한다. 이 두 가지의 적절한 접점을 찾고 유지한다면 의미 있는 삶이 되는 것이다.[2]

하지만 이것이 전부는 아니다. 사람들이 직업관과 인생관을 작성하고 나침반을 만들 때는 어떤 식으로든 어김없이 창조적인 삶이 새롭게 등장한다. '창조적인' 일에 종사하지 않아도 사람들은 대부분 창조성을 키우고 싶어 한다. 이에 대해 이야기할 때 내면의 예술적 특성을 염두에 두는 편이 좋을 것이다. 우리가 현장에서 만난(그들의 입장에 공감하며 이야기를 나눈) 수많은 예술가는 무엇보다 '자기표현'을 높이 평가한다고 말했다. 그들은 이런 식으로 자신이 만들어내는 것을 파악한다.

"희곡을 써서 무대에 올렸습니다."

"시집을 자비로 출판했습니다."

"마음에 쏙 드는 그림을 새로 그렸습니다."

예술 혹은 '창조경제'의 핵심은 아이디어와 창조적인 결과물을 세상에 내놓아 모든 사람에게 보여주는 일이다.

'돈', '영향력', '자기표현'은 일과 삶에서 사람들이 만들어내는 결과물을 측정하는 세 가지 기준이자, 성공을 가늠하는 적절한 방법이다. 이것이 또 다른 잘못된 이분법이나 양자택일의 상황이 아니라는 점에 주목하라. 각자에게 맞는 세 가지 '메이커 매트릭스'의 조합을 찾는다면 성취감과 행복감이 커질 것이다. 이제부터 당신에게 적절한 돈과 영향력, 자기표현의 조합을 찾아보도록 하자.

메이커 믹스Maker Mix를 조정하면 삶이 '화음'을 이룬다. 좋은 '소리'가 난다. '느낌'이 좋아진다. 멋진 음악을 믹스할 때 음향 기술자는 적절한 화음과 소리, 느낌을 찾기 위해 믹서 보드를 사용한다. 훌륭한 음향 기술자는 한 곡의 노래에 들어가는 수십 가지 트랙의 적절한 균형을 찾아내는 전문가다. 우리는 단순한 걸 좋아하는데, 다행히도 메이커 믹스의 적절한 조합을 찾을 때 조절해야 할 트랙은 세 가지뿐이다.

이 보드는 사람들이 측정하고 관리하는 세 가지 종류의 결과물을 보여준다. 시장경제에서는 전능한 돈, 변화를 위한 경제에서는 영향력, 창조경제에서는 자기표현을 각각 측정한다. 다른 그래픽 도구와 마찬가지로 중요한 세부 요소들을 정리하고, 현재 위치와 원하는 미래 위치를 파악하는 것이 이 보드의 목표다.

직관에 따라 슬라이더를 움직여 적절하다는 감이 올 때까지 돈과 영향력, 자기표현의 조합을 조정하라. 언제든 다른 조합을 선택할 수 있다. 결정권은 당신에게 있다. 0~100까지의 범위만 있을 뿐, 단위는 존재하지 않는다. 알다시피 중복이 존재할 수도 있다(영향력에 대한 대가를 받으면서 작품까지 판매한다면 표현에 대한 대가도 따른다). 목적이 중요하다. 보드가 적절해 보일 때까지 슬라이더를 계속 조정해 보자.

스탠퍼드에 근무하기 전에 빌은 직원이 40명인 컨설팅 회사의 대표였다. 클라이언트들과 협력하며 그들이 직면한 어려운 문제를 해결하는 일이 즐거웠다. 때로는 그의 팀에서 디자인하는 제품이 세상에 이로울 것이라고 자부했지만, 그저 훌륭한 제품 디자인에 그쳤던 적도 있다. 다른 사람의 아이디어를 연구하는 컨설팅 팀은 영향력을 발휘하거나 표현할 수 있는 통제권이 없다. 빌에게 컨설팅은 대체로 재미있게 돈을 버는 방법이었다. 아래 그림은 당시 빌의 전반적인 메이커 믹스였다. 영향력이나 자기표현보다는 돈이 월등히 많다. 당시의 빌은 이런 상태에 개의치 않았다.

스탠퍼드에서 일하자는 제안을 받은 것은 그 이후였고, 그 결과 메이커 믹스는 다음과 같이 바뀌었다. 정규직 학자로 전향하기로 결심했을 때는 보수가 절반으로 줄었기 때문에 빌은 '수입'을 30으로 책정했다. 워런 버핏에 비하면 많지 않은 수입이지만 그래도 빌은 개의치 않았다. 일에서 행복을 얻었다.

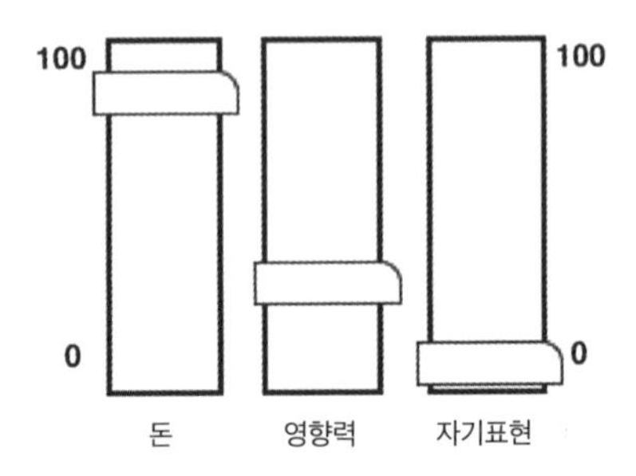

가르치는 일을 영향력으로 책정하고 세계의 난제를 연구할 똑똑한 디자이너 1,000명을 배출하겠다는 목표를 세웠다. 12년 동안 빌은 이 목표를 위해 매진했으며 점점 더 목표에 가까워지고 있다. 영향력은 목표치에 가까운 80에 이르렀다. 빌이 꿈꾸는 미래가 다가오고 있다.

몇 년 후에 그는 전업 예술가로서 '자기표현'의 세계로 옮겨가 글을 쓰고 그림을 그리면서 생계를 유지할 계획이다. 이 미래를 준비하려고 샌프란시스코 도그패치 지역의 자택에서 네 블록 떨어진 곳에 스튜디오도 마련했다. 그는 주말이면 스튜디오에서 시간을 보내며 작가 겸 화가로서 완벽한 역량을 갖추고자 노력한다. 현재 빌의 메이커 믹스 보드에서 표현 만들기는 아직까지 낮은 수준이지만, 그것은 그가 선택한 결과이며 지금은 그것으로 충분히 훌륭하다.

이 경우에도 세부 목표는 일관성과, 목표나 삶의 단계에 어울리는 '조화'다. 빌과 같은 부류의 사람이라면 메이커 믹스에서 의

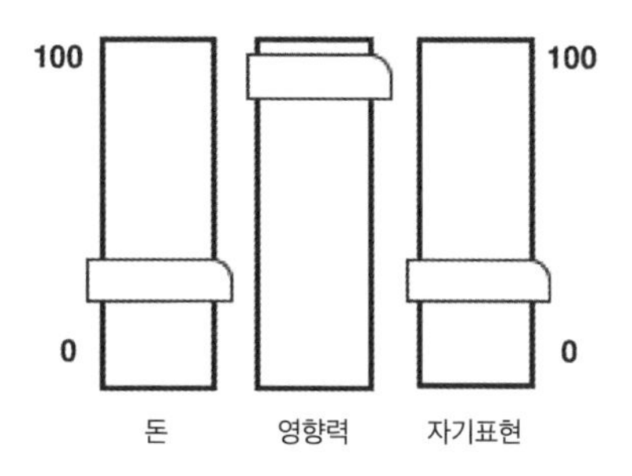

빌의 현재 메이커 믹스.

식적인 선택을 한다는 점에서 성공을 넘어 출세하고 있다고 자부할 수 있다.

믹스가 혼란스러워지는 순간 문제가 시작된다. 많은 사람들이 불행한 삶을 사는 이유는 세 가지 측정 기준을 혼동해 원하는 방식대로 살지 못하기 때문이다. 목표와 행동이 일치하지 않는 셈이다. 이를테면 불행한 예술가는 일반적으로 자기표현과 돈의 가치를 혼동하고 엉뚱한 비교를 한다.

"그림이 팔리지 않아서 나는 불행하다. 내 표현이 돈 가치가 있으면 좋겠다."

저소득 지역을 대상으로 방과 후 프로그램을 실시하며 교통사고와 폭력조직으로부터 아이들을 보호하는 비영리단체 대표가 불행한 것은 소프트웨어 개발자 같은 보수를 원하기 때문이다. 그는 돈과 영향력을 혼동하여 스스로 불행에 빠진다.

반대의 경우도 마찬가지다. 우리가 만난 사람 중에는 대형 법률회사에서 억대 연봉을 받으면서도 괴로워하는 파트너 변호사가 있었다. 그는 (정의와 약자를 위해 싸우며) 변호사로 일하면 영향력이라는 보상이 기본적으로 주어진다고 생각했다. 그런데 오히려 환경을 파괴하는 다국적 대기업의 대리인으로 계약서를 쓰고 대개 돈으로 보상을 받아 불행하다고 느꼈다.

앞의 모든 사례처럼 성공을 엉뚱한 잣대로 측정하는 순간 고통이 시작된다. 돈, 영향력, 자기표현 중에서 무엇을 얻기 위한 게임에 참여하고 있는지를 이해하고 인정하라(어떤 일에 종사하든지 항상 이 세 가지가 혼합되어 있다). 그러면 게임의 규칙에 따라 받은 보상이 소중하다는 사실을 분명히 깨닫게 된다. 반면, 이

기준을 혼동하면 불행이 따른다(골프 규칙에 따라 테니스 경기를 하면 재미는 있을지 모르나 소득은 없을 것이다).

요컨대, 자신의 나침반이나 가치관과 일치하는 현명한 선택을 해야 한다는 뜻이다. 그림을 그리고, 시를 짓고, 글을 쓰며 생활하는 유능하고 행복한 화가와 시인은 시장이 아니라 자신이 정한 조건에 따라 일하기로 선택한 것이다. 시장의 가치 척도인 돈을 중요시한다면 사람들이 사고 싶어 하는 그림을 그리고, 잘 팔리는 이야기(성형 시술에 중독되고 행실이 좋지 않은 유명 인사가 등장하는 미끼용 이야기)를 써야 할 것이다. 그들은 이런 일을 하지 않기로 선택했다. 대신 자신의 소망과 열정에 충실하기로 했다. 그래서 예술과 돈을 바꾸지 않는다. 이 선택은 의식적이고 일관성이 있는 일의 철학이니 괜찮다. 적어도 볼썽사나운 벨벳 강아지를 그리는 것보다는 훨씬 괜찮다.

이런 선택을 한다면 여러분의 삶은 자신이 '선택한' 것들로 충분히 훌륭할 수 있다. 사실 이것(돈, 영향력, 자기표현)을 전부 가지지 못할 근본적인 이유는 없다. 적어도 어느 정도는 그렇다. 세상에는 이 모든 것을 전부 가진 사람들도 존재한다. 이들은 주로 좋아하는 일을 하며 생계를 유지할 방법과 영향력과 표현의 욕구를 결합하는 기발한 차선책을 떠올린다.

예를 들면 이런 식이다. 지역사회에 극단이나 예술 공방을 만든다. 이런 사업은 대개 성격상 영향력이 있는 비영리단체로 조직되어 지역사회에 귀중한 창조적 서비스를 제공한다. 그 결과, 예술가 겸 설립자에게는 돈을 벌면서 표현의 욕구를 충족시킬 기회가 생긴다. 나아가 이렇게 똑똑하고, 영향력이 크고, 표현력이 풍부한 사람은 예술 애호가들과 어울릴 수 있다!

현직 음악가인 친구 제임스는 글을 써서 작품을 발표하고 세 개 밴드에서 연주하며(자기표현) 광고를 녹음하는 스튜디오에서 일한다(돈). 제임스는 곧잘 다음과 같이 말한다.

"결혼식을 전전하며 휘트니 휴스턴의 노래를 반복해서 연주하더라도 난 정규직보다는 이 일을 택할 거야."

그의 범퍼 스티커에는 이렇게 적혀 있다.

"음악을 연주하는 최악의 날이 사무실에서 일하는 최고의 날보다 더 낫다."

빌의 사례에서 훗날 그가 전업 예술가가 되고 나면 그의 메이커 믹스에서 자기표현이 가장 큰 트랙이 될 것이다. 스튜디오에서 대부분의 시간을 보내며 글을 쓰고 그림을 그릴 수 있는 것이 빌이 생각하는 (다음번) 성공의 개념이다.

결국 당신이 무엇에 집중할 것인지가 중요하다. 돈, 영향력, 자기표현은 결과물을 측정하는 세 가지 멋진 방식이다. 현재 위치

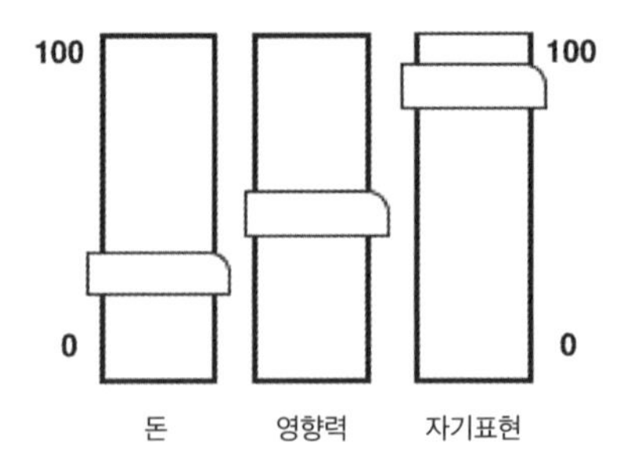

빌의 '다음' 메이커 믹스.

를 파악하고 앞으로 가고 싶은 곳을 위한 목표를 세운 다음 도전하라.

잘못된 생각: 예술가, 무용수, 가수, 화가로 생계를 유지할 수 없다.

생각의 재구성: 나는 '돈인가 의미인가'라는 문제가 잘못된 이분법이라는 사실을 안다. 그러니까 나는 내가 어떤 사람이고, 무엇을 만드는 사람인지 시장이 제멋대로 정의하도록 방치하지 않을 것이다. 어느 정도의 돈과 영향력, 자기표현이 내게 적절한지는 내가 결정한다.

나의 역할과 영향력을 확인하라

우리가 지금껏 만났던 수천 명의 워크 라이프 디자이너들 중에는 다음 세 가지 문제를 고민하는 사람이 많았다.

- 내가 정말 이곳에 어울리는가?
- 내가 정말 적절한 일/ 경력/ 회사에 몸담고 있는가?
- 이것이 정말 내가 원하는 적절한 공헌과 영향력인가?

이 질문들이 묻고 있는 핵심은 '내가 어떤 역할을 맡고 있으며 내 영향력은 어디에서 오는가'다. 이를테면 직장이나 비영리단체, 혹은 무급이기 때문에 '일'이라고 생각하지 않는 역할 말이다. 만일 일관성이 있는 삶, 모든 것이 조화로운 삶을 원한다면 영향력을 발휘할 수 있는 인생을 추구한다는 뜻이기도 하다. 따라서 내가 무슨 일을 하고 있으며(세상에서 어떤 역할을 맡고 있으며) 어떻게 하면 이 역할을 통해 내가 추구하는 영향력을 얻을 수 있는지 자세히 살펴야 한다.

자기 일이나 역할에 의미를 부여하는 것이 무엇인지에 대해 이야기를 나눌 때면, 사람들은 하나같이 자신의 일이 세상에 긍정적인 영향을 미치길 바란다고 말한다. 그런데 정작 실제로 긍정적인 영향을 미치는지 판단할 방법은 모른다.

그래서 우리는 영향력의 유형과 범위를 파악할 도구를 디자인하고 '영향력 맵Impact Map'이라고 이름 붙였다. 이 맵에 있는 두 개의 축은 각각 '영향력 유형type of impact'과 영향력이 발생하는 곳, 즉 '영향력 지점point of impact'을 의미한다. 세상에 존재하는 영향력은 세 가지 유형으로 나뉜다. 각 유형은 다른 유형에 비해 더 좋거나 나쁜 유형은 없으나 질적으로 서로 다르다.

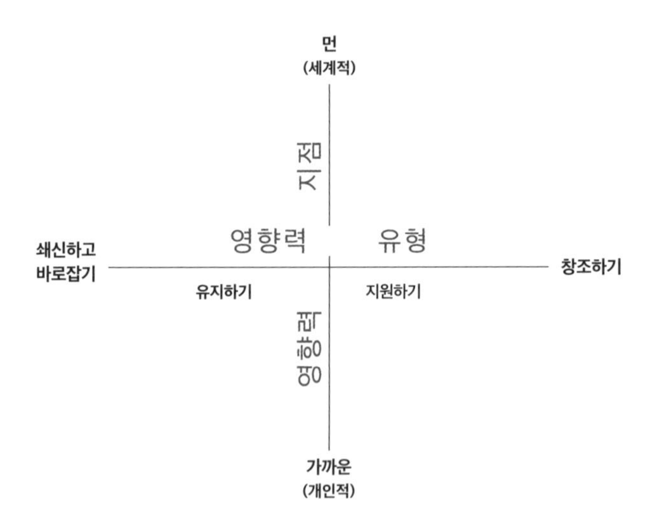

쇄신하고 바로잡기

기존의 시스템이나 일을 재건하거나 바로잡는다.

유지하기와 지원하기

세상을 돌아가게 하는 시스템을 운영하고, 그것이 원활하게 운영되는지 확인하는 일에 관여한다.

창조하기

완전히 새로운 프로세스나 시스템을 만들어낸다.

세 가지 영향력 행사 방식은 영향력 맵에서 가로축에 놓인다. 세로축에는 영향력 지점(세상과 접촉하는 장소)을 표시하는데, 이 지점은 나와 가깝거나(개인적) 먼(세계적) 점으로 구분된다. 가장 개인적인, 가까운 영향력 지점은 다른 개인과 협력해 문제를 해결하거나 서비스를 제공하는 일대일 지점이다. 한 단계 높아지면 팀원들과 협력하며, 또 한 단계 더 높아지면 기관이나 사람들의 조직과 협력한다. 체계적이고 세계적인 차원의 작업이 세로축에서 가장 높은 영향력 지점이다.

앞서 말했듯이 이 맵에는 어떤 조직에서 맡은 일이나 역할을 표시한 지점만 있을 뿐이지 '좋은' 사분면이란 존재하지 않는다. 영리든 비영리든 상관없이 모든 조직의 맵을 작성할 수 있으며, 모든 역할은 맵에서 한 지점을 차지한다. 맵을 보면 지금껏 내가 맡았던 일을 어느 정도 파악할 수 있다. 내게 가장 큰 만족을 주는 역할을 확인할 패턴을 제시하는 것이 이 맵의 목표다.

이 영향력 맵에 통화 평가 제도에 따라 기업을 분석하는 투자 뱅킹 시스템 분석가가 있다. 그녀는 뱅킹 시스템을 관리하고 유

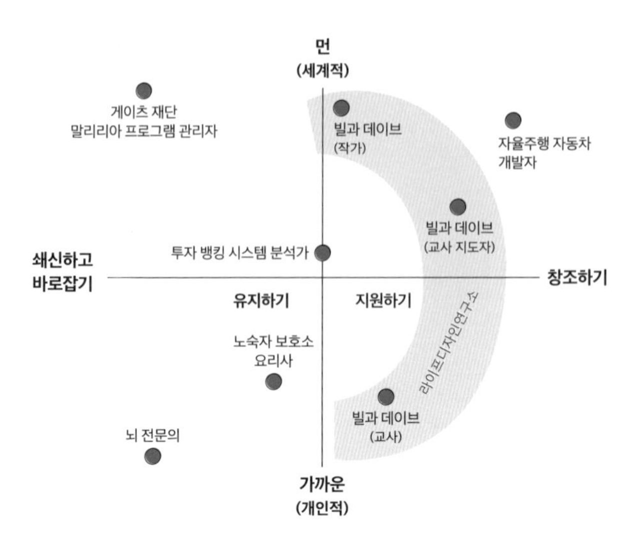

지하며 효율성을 높이는 자신의 업무에 매우 만족한다. 이 역할이 행사하는 영향력은 전체 조직을 지원하는 것이다. 게이츠 재단의 말라리아 프로그램 관리자의 역할은 세계에서 말라리아를 영구적으로 근절하는 프로젝트를 관리하는 일이다. 이는 세계적인 차원에서 세상을 바로잡는 일로, 대규모 시스템 연구를 좋아하는 사람이라면 상당히 만족스러운 역할이다.

뇌 전문의는 무언가를 바로잡고 있다. 환자의 뇌에서 종양을 제거할 때 그는 매우 중요한 역할을 하지만 한 번에 한 환자만 수술할 수 있다. 다시 말해 '개인적인' 차원에서만 가능한 일이다. 새로운 무언가를 창조하거나 새로운 수술 기법을 개발하지는 않았기에 이 의사는 왼쪽 하단 사분면의 아래쪽에 위치한다. 하지만 환자들의 입장에서 보면 이 의사는 그들의 삶에 중대한 영향을 미쳤다.

이번에는 식사를 제공해 불우한 이웃을 돌보는 노숙자 보호소의 요리사를 예로 들어보자. 그는 한 번에 한 사람씩 굶주린 노숙자를 바로잡고 있다. 한편으로 소집단의 사람들에게 요리법도 가르치기 때문에 이 요리사는 바로잡기와 지원하기 사이에 위치한다.

구글 자율주행 자동차를 개발하는 프로그램 엔지니어는 수백만 명의 사람에게 운전의 수고를 덜어주기 위해 연구하며, 근본적으로 지금껏 존재하지 않았던 새로운 형태의 이동 방식을 창조하고 있다. 그녀는 '창조하기' 면에서 매우 높은 지점에 위치하고, 규모 면에서는 반半세계적이다(포장도로로 연결되지 않는 장소와 사람들이 아직 많아서 세계적이라고 볼 수는 없다).

빌과 데이브는 스탠퍼드에서 강의할 때 상당히 새로운 시도를 한다. 의미 있는 삶을 만드는 일의 철학은 대다수 대학에서 매우 생소한 개념이기 때문에, 가로축의 '창조하기' 면과 '집단' 영향력 지점에서 상위에 놓인다. 아울러 우리는 미국 전역의 교육자와 논의하며 일의 철학을 가르칠 방법을 다른 대학과 공유한다. 대부분의 고등교육계에서 이 주제는 확실히 전위적이기 때문에 매우 '창의적인' 주제다. 현재 라이프디자인연구소에서는 주제의 규모를 확대해 다른 대학의 교육자와 행정관 수백 명을 교육시키는 중이다. 게다가 우리는 작가로서 전 세계에 책을 발표했으니 영향력 맵에 또 다른 역할이 표시된다.

이 모든 사례의 사람들은 각자 맡은 역할을 여러 지점에 표시할 수 있다. 당신이 현재 직무에서 맡은 역할도 한 가지만은 아닐 것이다. 영향력 유형과 지점을 맵으로 작성하는 이유는 이런 저런 역할에서 행사하는 영향력을 어떻게 정의하고 경험하는지, 그리고 그것이 시간이 지남에 따라 어떻게 변화하는지를 설명할 패턴을 찾기 위함이다. 이를테면 노숙자 보호소 요리사는 노숙자와 일대일로 관계를 맺어야 자신의 영향력을 실감할 수 있다고 말했다.

"저는 한동안 푸드뱅크의 국장으로서 상당히 중요한 역할을 담당했어요. 노숙자 문제에 관한 인식을 높이고 성금을 모금했죠. 모르긴 몰라도 요리사보다 그 직책을 맡고 있을 때 더 많은 사람에게 먹을 것을 제공했을 겁니다. 하지만 제게 맞지 않는 일이었어요. 그래서 제가 요리한 음식을 먹는 사람들의 얼굴을 직접 보려고 자발적으로 요리사로 강등되어 돌아왔죠. 노숙자들에게 스프 한 그릇을 건네고 200인분 스프를 요리하는 법을 가르친다면 지속적으로 희망과 사랑을 선사하는 거잖아요. 영향을 미친다는 느낌, 그게 제겐 중요합니다."

게이츠 재단의 말라리아 연구 프로그램을 설계하는 사람과 대화를 나눌 기회가 있다면 그들은 아마 이렇게 말할 것이다.

"아프리카 시골 마을의 현장 봉사자들을 존경합니다. 그들은 말라리아 감염률이 높은 곳에서 고통받는 사람들에게 모기장을 보급하죠. 그들이 험한 곳에서 훌륭한 일을 하는 것은 인정하지만 그 일은 제게 맞는 일이 아니에요. 전 빌 게이츠 부부가 이 명분을 위해 기부한 수백만 달러의 자금을 효과적이고 효율적으로 관리하면서 영향력을 발휘한다고 생각합니다. 숫자와 대규모 시스템을 다루는 일을 잘하거든요. 프로그램 관리자의 자리에서 제가 가진 대표적인 장점을 가장 효과적으로 발휘하죠. 이게 제가 이 세상에 보내진 이유입니다."

이렇게 해서 두 사람, 영향력 유형과 지점이 서로 다른 두 역할, 그리고 매우 만족하는 두 명의 일꾼이 존재하게 되었다. 당신도 맡은 역할에 만족할 수 있으면 좋겠다. 이 책의 후반부에 나오는 '실전편'에서 자신의 영향력을 맵으로 작성하고 어떤 모습인지 확인하기를 바란다.

이제 이 세상에서 무엇을 만드는지, 어디에서 영향력을 발휘하고 싶은지 더욱 명확하게 이해했을 것이다. 하지만 성공적인 직장생활과 원하는 삶을 그려 나가는 과정에서 해결해야 할 흥미로운 문제들이 아직 많이 남았다. 반갑게도 일과 삶에 분명한 철학이 있는 사람들은 문제를 무척 좋아한다. 끈질기게 되풀이되거나 해결하기 어려운 문제와 마주하면, 그들은 무엇보다 먼저 문제를 새롭게 만들기 시작한다. 우리는 이를 '생각의 재구성'이라고 일컫는다. 디자이너는 항상 재구성을 반복한다. 여러분도 할 수 있다.

3장 당신을 힘들게 하는 '진짜 문제'를 찾아라

우리는 지금 번거롭게 직장을 옮기거나, 이사하거나, 지방흡입을 받지 않고도 행복한 일과 삶을 만들기 위해 매진 중이다. 이 말은 당신이 아마도 현재의 직장에서 몇 가지 문제에 고군분투하고 있다는 뜻이다. 그럼 우리는 이렇게 묻겠다.

"무엇이 문제인가?"

앞장에서 말했듯이 디자이너는 문제를 좋아한다. 사람들은 잘못된 문제를 고민하느라 몇 날, 몇 주, 몇 년, 심지어 몇십 년을 허비한다. 직장에서 어떤 문제를 고민해야 하는지 알아내는 일이 인생 설계 과정에서 내려야 할 가장 중요한 결정일 수도 있다.

현실 파악이 먼저다

효과적인 '문제 발견'에 이로운 방법이 많다. 문제 발견이란 훌륭한 해결책을 많이 제시할 수 있는 문제를 확인한다는 뜻이다. 가장 중요한 일은 단연코 '재구성 능력을 발휘해 더 바람직한 형태로 문제를 발견하는 것'이다. 훌륭한 인생 디자이너는 언제나 훌륭하게 문제를 재구성한다. 그들은 끊임없이(거의 짜증스러울 만큼) "음……. 이런 식으로 보면 어떨까……?"라는 말을 되풀이한다. 그러고는 직면한 문제를 새롭게 보는 방법을 설명한다. 그러면 이내 새로운 해결책들이 서서히 표면으로 떠오른다.

생각의 재구성. 그것은 기술이자 강력한 힘이다.

우리는 항상 "어떻게 하면 그렇게 되는 건가요?"라는 질문을 받는다. 그러면 별것 아니라는 듯이 "마법"이라고 답한다. 사실 마법은 아니다. 하지만 어떤 문제에 발목이 잡혀 있었는데 누군가 문제를 재구성하자 갑자기 모든 가능성이 열린다면 마법처럼 보일 수 있다. 이렇게 문제를 날려버리는 생각의 재구성은 정말 마법처럼 보이고, 생각을 재구성한 사람은 대단한 마법사처럼 보인다.

그런데 도대체 생각의 재구성이란 무엇일까? 바로 도전이다. 문제 구성에 재도전하는 것이다. 어떤 문제를 정의할 때, 사람들은 언제나 문제를 상자 안에 넣고 무엇이 상자 안에 있으며 무엇이 밖에 있는지를 정의한다. 틀을 만드는 것이다. 일단 문제의 틀이 만들어지면 그 틀 안에 들어가 해결하기 시작한다.

상자를 하나 떠올려 보라. 이것이 바로 사람들이 항상 '밖으로 나와 생각'하려고 애쓰는 그 '상자'다. 누군가 '상자 밖에서 생각하라'고 말하면 마치 전혀 구속받지 않는 창의적인 사고방식, 다시 말해 '상자에서 벗어난' 사고방식이 존재하는 것처럼 들린다.

하지만 그렇지 않다. 상자는 항상 존재하기 마련이다. 존재해야만 한다. 사람의 뇌가 단번에 우주 전체에 닿을 수는 없는 노릇이니 말이다. 상자 안에 들어가라. 창의성의 핵심은 상자의 틀을 만들고, 그 틀 안에서 '노는' 방식에 있다.

• **1단계:** 언제나 상자가 존재한다는 사실을 인정한다.

• **2단계:** 문제의 틀을 만들 때, 내가 상자를 만들었으며 더 이로운 새 해결책이 필요하면 그 틀을 바꿀 수 있다는 사실을 스스로 일깨운다.

또라이 같은 상사를 없애는 방법

잘못된 생각: 직장에서 내 문제를 극복할 수 없다. 나는 더 이상 꼼짝도 할 수 없어…….

생각의 재구성: 최소 조치 문제로 무엇이든 재구성하는 방법을 알고 있으니, 꼼짝도 할 수 없는 것은 아니다.

도무지 해결책이 없는 것 '같은' 문제가 많다. 우리 지인 중에는 버니라는 사내가 있었다. 운수회사에 근무하는(구체적으로 말할 수는 없다) 그는 자신의 일을 좋아했지만 한동안 그를 괴롭히던 문제가 있었다. 버니는 이렇게 말했다.

"내 상사는 그냥 또라이예요. 내가 여기에서 아무리 힘든 일을 처리해도 결코 어떤 인정도 받지 못할 겁니다."

우리는 언제나 이런 식으로 잘 구성된 문제를 접한다. 하지만 사실 그것은 쟁점이 있어서 재구성이 필요한 문제 가운데 하나에 지나지 않는다. 정확히 어떤 재구성이 적절한지는 구체적인 상황에 따라 달라질 것이다. 구체적인 요소가 중요하다. 보편적인 생각의 재구성 따위는 없다. 세계 최초의 손꼽히는 디자인 학교 바우하우스Bauhaus의 교장이자 유명 건축가 미스 반데어로에Mies van der Rohe가 남긴 명언처럼 "신은 디테일에 존재한다."

생각의 재구성은 디테일에 존재한다.

MVPMinimum Viable Product라는 용어를 들어보았는가? 이 용어는 혁신과 창업의 세계에서 매우 중요한 개념이다. 보통 신제품 개발 단계에서 쓰이는 용어로, 소비자가 원하는 최소한의 기능만을 담은 제품을 의미한다. 스타트업은 시장에 신제품을 출시하는 것이 대단히 어렵다는 사실을 안다. 하지만 필요 이상 어렵지 않기를 바라는 마음에서 가치 있는(실행 가능한) 성능만 모두 넣어 최초 제품을 만든다. 이것이 '최소 기능 제품'의 개념이다. 이 멋진 개념은 생각의 재구성에도 적용된다.

하지만 생각의 재구성에서는 MVP가 아니라 '최소 조치 문제'라는 의미로 'MAPMinimum Actionable Problem'라고 부를 것이다. 해결하기 어려운 중대한 문제를 재구성해서 최소한의 조치를 실행 가능한 문제로 바꾸면 훨씬 더 작고 다루기 쉬운 문제로 변한다.

삶은 그 자체로 충분히 힘들다. 농담이 아니라 모든 사람의 삶이 완벽하고 직장에 골치 아픈 문제가 전혀 없다면 아무도 이 책을 읽지 않을 것이다. 1장에서 살펴보았듯이 문제에 직면하면 기준을 낮게 설정해서 통과해야 한다. 그런 다음 자세를 가다듬고 반복해야 한다.

우리가 연구한 바로는 버니의 경우처럼 이른바 극복할 수 없는 문제는 대개 두 가지 경우로 나뉜다.

(1) 실제로 취할 수 있는 조치가 없고, 그렇기 때문에 수용해야 할 상황이지 조치를 취할 문제가 아니다(중력은 거부할 수 없고 그냥 존재하는 것이라는 뜻에서 우리는 이를 '중력 문제'라고 일컫는다).

(2) 구성이 잘못되었으니 문제를 재구성해서 조치를 취할 수 있다.

여기에서 중점적으로 다루고 싶은 문제는 후자다. 이제 재구성 기술을 배우고 재도전할 시간이 왔다. 재구성 기술을 익히기까지 몇 차례 시행착오를 겪겠지만, 연습하면 한층 더 발전할 것이다(마술을 배울 때처럼 요령만 알면 된다).

표면보다 근원을 보라

데이브는 25년 넘게 독자적인 경영 컨설턴트로 일했다. 경영 컨설턴트는 어떤 프로젝트에든 철저하고 예리한 상황분석이 중요하기 때문에 상황분석의 전문가인 데이브는 수년 동안 이 분야에 대한 매우 정교한 접근방식을 개발했다. 그리고 단 두 가지 질문으로 이 과정을 요약했다.

- **질문1:** 무슨 일이 일어나고 있는가? (그는 클라이언트가 그에게 전하는 길고 긴 답변에 귀를 기울이고 잠시 생각할 시간을 가진 다음 두 번째 질문을 던진다)
- **질문2:** 그럼 '실제로' 무슨 일이 일어나고 있는가?

이것이 전부다. 정말이다. 1번 질문은 적절한 출발점이 된다. 문제에 발목이 잡혀 스트레스를 받는 상황이라도 1번 질문에 답하기는 그리 어렵지 않으니 말이다. 데이브는 이 질문을 던지고 메모하기 시작한다. 3~4분, 길게는 45분 동안 상대방의 답변을 경청한다. 그런 다음 통찰력을 유도하는 예리한 후속 질문을 던지면서 분석 과정의 전략적인 부분으로 넘어간다. "좋습니다. 그럼 '실제로' 무슨 일이 일어나고 있습니까?"

데이브는 수십 년 동안 이것을 제2탐구 질문으로 이용했다. 그리고 약 95퍼센트 성공을 거두어 아주 단시간에 실제 문제의 근원까지 파고들었다. 대부분의 경우 심리학자들이 '표면적인 상황 presenting situation'과 '근원적인 상황underlying situation'이라고 표현하는 상황이 존재한다. 제1질문과 제2질문은 각각 표면적인 상황과 근원적인 상황을 파악한다. 이것이 당신의 새로운 MAP를 파악하는 방법이다. 실행 가능한 최소한의 문제 말이다.

재구성 방법을 배우는 과정의 첫 번째 열쇠는 지금 일어나는 일과 '실제로' 일어나는 일의 차이를 구분하는 것이다. 그러려면 줌인zoom in해서 첫 번째 묘사에서 불필요한 요소를 제거해야 한다. 그런 다음 줌아웃zoom out해서 이면에서 실제로 벌어지는 일을 해석해 현재 짊어지고 있는 다른 부담을 없앤다. 앞서 언급한 버니와 '나쁜 상사'의 사례를 살펴보자.

• 1단계: '무슨 일이 일어나고 있는가?'를 물어라.

이 질문에 버니는 이렇게 대답했다.

"내 상사는 그냥 또라이다. 내가 여기에서 아무리 힘든 일을 처리해도 결코 어떤 인정도 받지 못할 것이다."

• 2단계: 줌인해서 불필요한 극적 요소를 제거하라.

질문으로 시작하라. 이 문제에 대한 버니의 묘사에 어떤 개인적인 편견이나 예상 반응 혹은 이미 내재된 해답이 포함되어 있는가? 다시 말해 쓸데없이 문제를 키우는 편견이 담겨 있는지 묻는 것이다. 버니가 필요 이상 문제를 더 복잡하게 만들고 있다고 섣불리 판단하지 마라. 문제를 묘사하면서 극적 요소와 감정을 살짝 담는 것은 지극히 정상적이다. 인간이니까 그럴 수 있다. 버니는 한동안 불행했고 고통스러웠다. 물론 우리는 버니의 정당한 감정과 좌절을 존중한다. 조심스럽게 말하자면, 문제를 묘사할 때 불필요한 극적 요소를 끼워 넣으면 출구를 찾는 데 집중할 수 없다. 모든 재구성의 핵심 단계는 실제 문제를 파고들어 살피는 객관적인 분석이다. 이제 줌인해서 냉철하고 침착하며 객관적으로 분석할 때 무엇을 발견할 수 있는지 살펴보자.

극적 요소 1번: '또라이'

'또라이'는 상사에 대한 버니의 판단이다. 버니의 상사는 실제로 또라이일까? 아니면 그냥 피드백을 제시하지 않는 사람일까? 직무 개선책을 구하는 버니가 이런 식으로 상사를 표현하는 것이 도움이 될까? 이렇게 가정해 보자. 버니의 상사는 열심히 일하는 사람이고 추진력까지 갖추었다. 자신의 아이들과 반려동물에게는 다정하지만 사회적·정서적 지능이 그리 뛰어나지 않으며, 버니가 원하는 피드백을 주지 않는다는 점에서 형편없는 상사다. 버니는 함께 맥주를 마시거나 볼링을 치러 다닐 만큼 상사를 좋아하지는 않는다. 하지만 이것은 개인적인 생각일 뿐이지 '줌인' 분석과는 무관하다. 객관적으로 버니의 상사는 피드백에 미숙하다. 하지만 상사를 '또라이'라고 표현하는 것은 버니가 문제의 해결책을 찾는 데 하등 도움이 되지 않는다. 쓸데없는 편견을 일으키는 표현은 생략하도록 하자.

극적 요소 2번: '완전' 또라이

"내 상사는 완전 또라이!"라고 큰 소리로 말하고 '완전'이라는 단어에 감정을 넣어보라. 시작! 들리는가? 다시! '완전'이라는 단어를 말할 때 귀에 박히는가? 그 시점에 긴장감이 느껴진다면 그것은 무언가 의미가 담겨 있다는 뜻이다. 버니의 상사가 총체적 또라이임을 강력하게 시사한다. 집요한 데다 십중팔구 부당할 것이다. 변화를 기대하기 어렵다고 결론을 내리는 편이 합리적이다. 조만간 그의 '피드백에 중대한 변화'가 일어나리라고 기대하지 않는 편이 확실히 현명할 것이다. 이제 극적 요소와 과정을 빼고 있는 그대로 표현해 보자. '버니의 상사는 피드백을 잘하지 않고 변할 가능성이 없다'는 객관적 사실은 '내 상사는 완전 또라이'라는 문장에 담긴 포괄적인 참사의 뉘앙스와는 거리가 멀다.

극적 요소 3번: 결코 아무것도 얻지 못할 거야

'결코-아무것도'는 문제를 제대로 묘사하지 못한 버니의 기술문에서 가장 감정적인 부분이다. 왜 그럴까? 융통성이 없고 포괄적인 문구('결코'와 '아무것도')를 사용해 다음과 같은 두 가지 의미를 내포하고 있기 때문이다. 첫째, 직장에서 유일하게 효력이 있는 인정은 오로지 버니의 상사만 할 수 있다. 둘째, 상사의 인정이 아니면 버니는 '결코 어떤 인정도' 받지 못할 것이다. '결코 아무것도 얻지 못한다'는 표현은 버니의 문제를 심화시킬 뿐이다.

그 결과 우리가 '닻 문제'라고 일컫는 문제까지 여기에 가세한다. 버니가 문제를 묘사하며 자신이 원하는 해답을 이미 끼워 넣었기 때문이다. 뒷부분에서 다루는 닻 문제와 중력 문제를 참고하라. 잘못 구성된 문제 가운데 절반가량을 재구성할 수 있는 유용한 조언이 그곳에 담겨 있다.

• 3단계: '실제로 무슨 일이 일어나고 있는가?'를 물어라.

이제 '실제로 무슨 일이 일어나고 있는가?'를 묻는다. 이것은 2단계에서 통찰력을 얻어 MAP를 새롭게 정의함으로써 문제를 재구성하는 중요한 단계다. 재구성에는 수많은 해답이 있다. 정답 찾기에 매달리지 말고 그냥 '조치를 취할 수 있는' 문제로 재구성하라.

라이프디자인연구소에서는 팀이나 개인에게 '어떻게 ~할 수 있을까?'라는 질문으로 재구성하는 방법을 즐겨 쓴다. 이처럼 개방적이고 긍정적인 방식으로 문장을 시작할 때 대개 더 생산적이고 창의적인 방안들이 등장한다. 다음과 같이 문제를 재구성하면 버니에게 MAP을 제시할 수 있다.

- **MAP 1:** 내 상사는 좀처럼 긍정적인 피드백을 제시하는 법이 없다. 그

렇다면 나는 '어떻게' 조직의 다른 구성원에게 내 업무를 확실하게 인정받을 수 있을까?

- **MAP 2:** 인정 문제만 빼면 내 상사는 자질이 풍부하다. 그렇다면 나는 '어떻게' 내가 존경하는 다른 사람에게 지지를 받을 수 있을까?
- **MAP 3:** 내 고용주의 경영방식은 긍정적인 피드백을 제시하라고 요구하지 않는다. 그렇다면 나는 '어떻게' 업무 만족도를 재구성하고 직장 밖에서 개인적인 인정을 구할 수 있을까?

MAP 1처럼 재구성하면 흥미로운 프로토타입을 만드는 여러 가지 방법이 확실하게 드러난다. 우선 버니는 조직의 다른 관리자들과 커피를 마시며 그들이 어떤 방식으로 피드백을 제시하는지 알아볼 수 있다. 자신이 참여하는 프로젝트의 관리자들에게 피드백을 요청할 수도 있다. 아니면 동료들에게 피드백을 제시하는 연습을 하는 방법도 있다. 자원하는 동료와 함께 이른바 '360도 평가'를 실시하고 동료가 스스로 생각하는 바람직한 관리 관행을 실천하고 있는지 확인하는 식이다.

버니는 MAP 2로써 피드백의 범위를 넓혔다. 그는 경영대학원의 교수 한 사람을 떠올렸다. 버니가 흠모하는, 이따금 커피를 함께 마시는 사이였다. 그는 자신의 업무성과를 자료로 작성해서 옛 스승에게 객관적인 피드백을 부탁하기로 마음먹었다. 존경하는 대학원 동창 중에는 기술기업을 창업한 친구도 있었다. 버니는 자신의 업무성과가 스타트업에 견줄 만한 수준인지 친구에게 물어보기로 결심했다. 이 두 사람은 지금까지도 버니가 그동안 원했던 피드백을 제시해 주는 믿을 만한 사람이다.

MAP 3에서 버니는 계속 극적 요소 3번(상사가 인정을 하지 않으니 직장에서 결코 인정받지 못할 것이다)을 믿으며 문제의 상사가 회사 전체의 관리 기준이라고 결론을 내렸다. 다른 부서의 동료들과 대화를 나눌 때 이 결론이 진실이라고 확인된다면 MAP 3은 합리적인 재구성일 것이다. 만일 그렇다면 이 회사에서 인정받는 일은 '중력 문제'여서(이 단어가 또 등장했다. 걱정 마라. 곧 설명할 것이다) 취할 수 있는 조치가 없다. 회사문화의 대단히 부정적인 단면 중 하나인 것이다. 일단 이 사실을 수용하면 버니는 새로운 최소 조치 문제에 집중하고 다른 곳에서 인정받을 수 있다. MAP 3에서 그는 자기 회사문화의 한계를 받아들이고, 화를 내지 않으며, 가정에서 아버지로서 코치로서 독서회나 교회, 동호회 같은 직장 외부에서 이 에너지 측면(인정욕구)에 집중한다.

요컨대, 버니가 피드백과 인정(혹은 간절히 바라는 다른 해결책)을 얻을 방법은 숱하게 많다. 이 세 가지 MAP 재구성은 곧바로 시도할 수 있는 프로토타입과 실행할 수 있는 조치를 제시하고 있다. 이제 곧 버니는 해방될 것이다.

무슨 일이 일어나고 있는지를 물어라

많은 재구성에 따라오는(전부는 아니어도) 작은 보너스가 있다. 바로 오랫동안 짊어졌을 부담감을 떨쳐내는 데 효과적인 분석방식이다. 재구성의 제2단계에서 확인했던 극적 요소에 이 보너스가 숨어 있다. 호기심을 발휘해 보너스를 찾아낼 방법을 알아보자.

버니의 사례에서 극적 요소는 '또라이', '완전 또라이', '결코 아무것도 얻지 못한다'였다. 이런 요소는 문제를 객관적으로 파악하지 못하게 만들고, 감정 에너지가 더해져서 문제를 해결하기가 더 어려워진다. 하지만 이런 감정의 단편들이 아무런 이유 없이 문제에 대한 묘사에 끼어든 것은 아니다. 따라서 이 단편들이 어떻게 문제에 밀접하게 연결되었는지 그 이유를 이해하면 보너스를 얻을 수 있다.

앞서 줌인을 이용했으니 이제 줌아웃을 해보자. 부담감을 없앨 수 있는 보너스를 받으려면 먼저 호기심이라는 디자이너의 사고방식을 채택해야 한다. 버니는 호기심 사고방식을 이용해 이렇게 생각했다.

'음…… 내가 상사에게 품고 있는 이 부정적인 에너지 중에서 실상 상사와 무관한 건 없을까? 다른 데서 오는 걸지도 모르잖아.'

이런 태도(개방과 호기심)가 버니를 다음 질문으로 이끌었다.

'잠깐이나마 실제로 그렇다고 가정한다면…… 이 모든 부정적인 에너지는 대체 어디서 오는 것이고, 왜 이 문제에 들러붙은 걸까?'

버니의 질문은 개인적인 성찰의 가능성을 순간적으로 열었다. 당신도 그럴 수 있다. 버니처럼 떠오른 질문을 곰곰이 생각하거나, 일기에 생각을 적거나, 산책을 하거나, 아니면 반려동물에게 의견을 물을 수 있다. 하지만 무엇보다 내면을 들여다보고 무엇이 눈에 띄는지 살펴야 한다. 완벽하게 치유되지 않은 오랜 상처, 도무지 무디게 만들 수 없을 것 같은 예민함, 아무도 없앨 수 없는 편견 등. 상황을 묘사하는 극적 요소에 당신이 현재 짊어지고 있는 부담이 담겨 있다.

버니는 왜 그렇게까지 인정이 부족한 것에 강하게 반응하는 것인지 스스로를 돌아보았다. 그때 예전 보이스카우트 단장이 떠올랐다. 해병대 출신이었던 단장은 대원들에게 툭하면 고래고래 소리를 지르며 명령을 내렸다. 설령 목숨이 걸려 있다고 해도 "잘했어"나 "어이, 대단하군!"이라고 말하는 법을 배우지 못할 사람이었다. 인정할 줄 몰랐던 단장이 다소 소심했던 열두 살의 어린 버니에게 지대한 영향을 미쳤던 것이다.

사실 데이브의 보이스카우트 단장은 전형적인 타입이었다. 제2차 세계대전 당시 해병대로 벌지 대전투Battle of the Bulge에 투입된 참전용사였다. 수중에 주머니칼과 구두끈만 가지고 숲에서 길을 잃는다면 옆에 두고 싶은 대단한 사내였지만 그에게 칭찬이나 인정을 기대할 수는 없었다. 그는 그야말로 날것 자체였다. 다행히도 열두 살이라는 어린 나이에도 데이브의 재구성 솜씨는 아주 뛰어났다. '심하게 터프한 단장님이 약간만 더 친절하면 좋겠지만 내 주변에는 친절한 사람이 이미 많아. 내게 정말 필요한 건 야영할 때 자기 앞가림하는 법을 가르칠 능력이 있는 사람이야. 단장님은 확실히 그런 사람이지! 감사합니다. 스미스 단장님!'

버니는 인정 기술이 부족한 리더들과 몇 차례 부정적인 이력을 쌓은 탓에 회사에서 더 민감하게 반응했을 수 있다고 인정했다. 만일 실제로 그렇다면 피드백을 받지 못했던 버니의 과거가 상사의 서투른 방식에 대한 반응을 증폭시켜 두 사람에게 모두 해로운 영향을 미쳤을 수 있다.

당신이 진짜로 욕심내는 것은 무엇인가

줌아웃 분석을 진행하는 동안 '결코 아무것도 얻지 못한다'라는 문구가 버니의 눈길을 끌었다. 특히 원래 생각의 재구성 분석에서는 '얻는다'는 단어가 사실 그리 중요하지 않았는데 새삼 눈길을 끌었다.

"음……. 얻는다. 얻는다……. 잠깐! 알았어. 무언가를 받으려면 누군가 그것을 줘야해, 그렇지? 바로 그거야. 나는 대가 없이 인정받고 싶어. 부탁하지 않아도 마음에서 우러나서 인정해 주면 더 좋겠어. 내가 진심으로 원하는 건 굳이 부탁하지 않고 받는 거야. 이제와 생각하니 내가 생각하는 인정의 본보기는 3학년 담임이었던 던리비 선생님이었어. 정말 멋진 분이었지! 어느 날 쉬는 시간이 끝나서 교실로 돌아가던 나를 100미터 밖에서 알아보고 모두들 지켜보는 앞에서 소리치시던 선생님의 모습을 결코 잊지 않을 거야. '버니! 방금 네 작문을 읽었는데 정말 훌륭했어. 대단해!'라고 말해주시던 그날이 내 인생 최고의 날이었어."

그렇게 버니는 '깨달음'의 순간을 경험하고 던리비 선생님 같은 상사를 기다리고 있었음을 깨달았다.

어떤 의미에서 보면 우리는 모두 던리비 선생님을 기다리고 있지 않을까? 안타깝게도 그런 유형의 상사는 지극히 드물다. 버니는 그런 상사를 기다리는 일은 충분히 했으니 다른 접근방식을 시도할 준비가 되었다고 결론을 내렸다. 그래서 다시금 호기심을 가지고(호기심을 가지면 모든 일이 재미있다) 직장 동료 배스란에게 '피드백 부족' 이라는 화제를 꺼냈다. 배스란은 상사의 직업관을 안다고 말했는데, 사실 그는 매달 상사와 일대일로 면담하며 전문성 개발 목표를 함께 검토하고 있었다. 배스란이 먼저 요청한 면담이었다. 그는 상사가 먼저 제안해 주기를 기다리지 않았고, 먼저 피드백을 요청했고 그래서 '얻었다'.

하지만 버니는 이 역시 자발적으로, 대가 없이 얻은 것이 아니라고 생각했다. 그는 던리비 선생님의 방식으로 피드백을 받고 싶었다. 먼저 요청해야 받을 수 있는 피드백이 과연 바람직한 것인지 의문스러웠다. 바로 그 순간 버니는 자신이 예전으로 돌아갔다는 사실을 깨달았다. 다시 말해, 그는 선호하는 한 가지 해답(자발적으로 제시해야 '좋은' 피드백이다)을 문제 기술문에 미리 심어두고 실행 가능한 해결책을 얻을 가능성을 스스로 망쳐버리고 있었다.

버니의 목표는 문제에서 벗어나 더욱 바람직하고 즐거운 인생으로 향하는 길을 닦는 것이다. 그러려면 완벽함이 아니라 '실행 가능성'을 목표로 삼아야 한다. 자발적인 피드백을 얻을 수 있다면 더할 나위 없이 좋겠지만, 버니는 상사가 그럴 사람이 아님을 알고 있다. 배스란이 먼저 요청해서 본인이 원하는 종류의 피드백을 받고 있다면 버니도 그럴 수 있을 것이다. 그가 과연 피드백을 요청하고 받을 수 있을까?

매번 그럴 수는 없겠지만 이따금은 피드백을 받을 수 있을 것이다. 그렇게 문제가 쉬워지는 순간이 오면 갑자기 종소리가 들릴 것이다. 땡땡땡! 더블 보너스, 보너스!

재구성 과정에서 줌아웃 성찰을 실천할 때, 당신은 이따금씩 더블 보너스를 발견할 수 있다. 버니가 그랬듯이 필요하다고 요청만 하면 원하는 것을 얻을 가능성이 존재한다. 이런 종류의 획기적인 재구성은 아주 흔하지는 않아도 믿을 수 없을 만큼 강력해 자유로움을 느끼게 한다.

줌아웃 보너스 성찰 과정은 오랜 문제를 극복하고 성장할 기회를 제공한다. 어떤 문제를 재구성한 결과로 구석에 숨어 있는 케케묵은 짐을 발견했다면 이제 그것을 치워버릴 때가 왔을지도 모른다. 물론 전적으로 선택사항이다. 어차피 이 모든 것은 보너스 기능일 뿐이다.

인생이란 시험의 답은 여러 개다

생각과 문제를 재구성했으니 이제 완전히 새롭고 실행 가능할 정도로 작아진 MAP으로 무엇을 해야 할까? 우선 문제를 해결하려고 노력하지 말아야 한다. 눈을 의심하지 마라. 여러분이 제대로 읽은 것이다. 실제로 벌어지는 문제의 대부분은 해결할 수 없다. 적어도 뭇사람들처럼 '정답을 찾는' 방식으로는 해결이 안 된다. 인생은 수학과 다르기 때문이다.

다음 방정식을 이용해 x를 구하라: 3x + 2 = 11

해답: x = 3

이 보기 좋고 확실한 3이라는 숫자는 실제로 믿을 수 있는 해답이다. 누가 봐도 이게 정답이고 문제는 확실히 해결되었음을 알 수 있다. 하지만 우리가 경험한 바로는 창의력을 발휘하고 생각을 재구성해야 하는 삶의 흥미로운 문제들은 그런 방식으로는 좀처럼 해결되지 않는다. '지금은' 문제를 해결할 수 있으면 그게 최선이다. 사실 문제를 해결한다기보다 문제를 대응 가능하고 수용할 만한 상태로 바꾸기 위해 힘쓴다고 말하는 편이 더 정확할 것이다. 수용 가능성이 높은 새로운 상황에 도달하면 해결법이 보인다. 문제를 영원히 해결할 수는 없겠지만 지금은 처리된 셈이다.

심리학자 존 가트맨은 인생 과업인 결혼생활을 중심으로 인간관계를 연구했다. 그는 워싱턴대학교의 '사랑연구소Love Lab'에서 3,000쌍이 넘는 부부가 상호작용하는 모습을 수천 시간 동안 카메라에 담았다.[1] 이때 나타난 심장박동과 표정, 보디랭귀지를 부호화한 결과 놀라운 결론에 도달했다. 그의 데이터에 따르면 부부들이 고민하는 문제의 70퍼센트는 해결할 수 없는 것이다. 그는 이를 '영구적인 문제'라고 일컫는데, 그것이 반드시 나쁜 것만은 아니다. 그가 '결혼의 달인 부부'라고 부르는 백년해로하는 부부들은 그들이 마주한 수많은 문제가 이런 부류라고 받아들이고 피할 방법을 궁리한다. 이런 문제 때문에 행복이 파괴되는 것을 두고 보지 않는 것이다. 그들은 영구적인 문제에 대한 '충분히 훌륭한' 대처법을 찾고 극복한다.

이것은 인생의 난제에 적용할 수 있는 중요한 데이터다.

첫 번째 단계로 우리가 얻는 것은 완벽한 해답이 아니라 '수용할 만한 수준의 처리법'이라는 사실을 받아들여야 한다(이 말을 들으니 1장에서 다루었던 '지금은 충분히 괜찮다'는 개념이 연상되는가? 사실 똑같은 말이다. 그 대목에서 언급했듯이 '지금은 충분히 괜찮다'는 중요한 개념이고 이 책을 통틀어 아주 다양한 형태로 거듭 등장한다).

우리는 수용할 만한 처리법을 찾고 있는 것뿐이고 문제를 영원히 해결할 필요가 없다는 사실을 인식했다면, 그 다음 단계로 넘어가자. 이 개념 역시 중요하다.

상담시간에 사람들(스탠퍼드 재학생들이나 우리와 수년간 이야기를 나누었던 다양한 연령층의 수많은 사람들)과 이야기를 나눌 때, 우리는 성가신 문제에 대한 상대방의 설명을 듣고 나서 흔히 다음과 같은 과정을 거친다.

"아, 찬드라. 꽤 복잡한 상황에 처하신 것 같습니다. 문제를 제대로 이해해서 적절한 해답을 찾을 수 있을지 확신이 들지 않아서 약간 의기소침하신 것처럼 보이는군요. 맞습니까?"

"정확해요. 상황이 완벽하게 이해가 안 되니까 어떻게 시작해야 할지 정말 모르겠어요. 어떻게 해야 할까요?"

"당신이 운이 좋을 수도 있다는 생각이 드네요. 많은 사람들이 수많은 복잡한 상황에서 문제를 이해하지 못해도 해결할 수 있거든요."

"잠깐만요. 뭐라고 하셨나요? 어떻게 그럴 수 있을까요?"

"정말 간단합니다. 아무리 어려운 인생 문제라도 답이 여러 개인 시험처럼 생각하는 게 가장 효과적입니다. 굳이 완벽하게 이해할 필요가 없어요. 선택지만 알면 됩니다."

이 선택지와 행동 지향성 디자인 씽킹을 활용한 새로운 사고방식만 있으면 어려울 것이 없다. 우리는 이를 '실행 가능한 최고의 선택BDO, Best Doable Option 찾기'라고 일컫는다. 겹겹이 복잡하게 얽혀 있는 문제라고 해서 선택지가 무한대로 존재하는 것은 아니다. 행동 지향성 접근방식을 택하여 문제에서 벗어나 결정을 내리고 미래를 향해 나아가라. 행동하지 않아서 누군가 대신 선택한 미래가 아니라 내가 직접 선택한 미래 말이다. BDO를 파악하는 능력을 기르면 실행 가능한 방안을 선택하고 스스로 미래를 그려 나갈 수 있다.

간단한 예를 들어보자. 친구와 함께 저녁을 먹어야 하는데 무엇을 먹고 싶은지, 어디서 먹을지 도통 생각이 나지 않는다. 친구가 여러분을 쳐다보며 "어떻게 하고 싶어?"라고 묻는데 정말 아무 생각이 나지 않는다. 어떻게 해야 할까?

어떻게 해야 할지 모른다는 점에서 이것은 사실 해결할 수 없는 문제다(분명 이 간단한 질문에 왜 대답을 못하는지 알아내기 위해 치료까지 받을 문제는 아닐 것이다). 그렇지만 실행 가능한 몇 가지 선택이 있으니 사실 큰 문제도 아니다. 정확히 말해 네 가지 선택이 있다.

1. 집에서 요리한다.
2. 외식한다.
3. 배달시킨다.
4. 굶는다.

정말 이것이 전부다. 다른 선택들은 이 중 한 가지의 변형에 지나지 않는다(쿠션을 양옆에 끼고 소파에서 앉아서 먹다 남은 팝콘을 먹어치우는 것은 1번 선택으로 치지 않는다). 따라서 외식할지

(2), 집에 있을지(1, 3), 아니면 차라리 다 포기하고 잠을 청할지 (4)만 정하면 그만이다. 배가 심하게 고프면 4번은 제외시킨다. 이제 외식과 집에서 먹기의 선택만 남았다. 너무 고단해서 밖에 나갈 수 없으면 집에서 먹으면 된다. 점점 가닥이 잡히기 시작한다. 남은 선택은 요리와 배달뿐이다. 찬장과 냉장고를 재빨리 훑어보지만 라면, 눅눅해진 크래커, 크랜베리 주스에는 선뜻 손이 가지 않는다. 그렇다면 배달시켜라. 집에서 그리 멀지 않은 식당이 네 군데 있으니 그 가운데 하나를 선택하면 된다. 임무 완료! 이제 행동 지향성이 나설 차례다. 구체적인 저녁 메뉴는 아직 결정하지 않았으나 (충분히) 기분 좋게 문제에 대처할 수 있다. 주문한 중국식 닭요리와 완두콩이 도착하면 아주 맛있게 먹도록 하자.

이것이 기본원리다. 아무리 훌륭하게 재구성해도 완벽하게 이해할 수 없는 문제가 많다. 그러나 대부분의 경우 실행할 수 있는 대안은 유한하며, 따라서 문제를 '이해할' 필요가 없다. 실행 가능한 선택 중에서 고를 수 있을 정도만 되면 충분하다.

이론적인 최고의 선택이 아니라 실행 가능한 최고의 선택

지금 내가 이론상 최고의 선택BTO, Best Theoretical Option이 아니라 실행 가능한 최고의 선택BDO을 찾고 있다는 사실을 명심해야 한다. 이것이 좋은 결정을 내리는 요령이다.

BTO를 찾고 싶은 마음이 간절할 것이다. BTO란 여러분이 '찾아내야 한다고' 생각하는 선택이다. 물론 BTO를 찾아내려고 노력하는 것이 당연하지만 열에 아홉은 실제로 존재하지 않는다. 머릿속에만 존재한다. 저녁을 어떻게 해결해야 할지 정말 생각이 나지 않는 경우라면 BTO는 사실 BDO로 변한다(솔직히 BTO를 안다 해도 먹고 싶은 헝가리식 스튜를 파는 식당이 근처에 있고 이 시간에 열려 있을 확률이 얼마나 되겠는가?).

BTO 개념에 마음이 혹하면 BDO(중국식 닭요리나 필라델피아식 치즈 스테이크 샌드위치를 주문하는 것처럼 실행 가능한 일)는 모조리 일종의 타협처럼 보인다. 그런데 여러분은 타협하고 싶지 않다. 하지만 현실에 존재하지 않는 선택은 선택이 아니라 아이디어에 지나지 않으니 실상 BDO는 타협이 아니다. 디자이너의 핵심 개념은 '실제로 존재하는' 무언가를 만드는 일이다. 우리는 당신이 꿈만 꾸기보다는 꿈을 실현하기를 바란다. 실제로 가능성이 있는 선택을 나열하고, 실행 가능한 최고의 선택을 골라라. 존재하지 않는 이론상 최고의 선택 때문에 내가 선택한 BDO를 놓치는 일은 없어야 한다. 이해했는가? 훌륭하다.

빌은 신입생이었을 때 경제학 수업에서 경제학자들이 '만족하기satisficing'라고 일컫는 개념을 처음 접했다. 이것은 '만족시키다satisfy'와 '충분하다suffice'를 결합한 재미있는 용어다. 위키피디아는 이 용어를 다음과 같이 정의한다.

"만족하기는 임계점에 이를 때까지 이용 가능한 대안을 철저하게 조사하는 의사결정 전략 혹은 인지적 발견법, 즉 의사결정을 위한 공식이다."

여러분이 실행 가능한 최고의 선택을 고르는 일은 미국의 연방준비제도 의장이 '최대허용 한계치'라는 정교한 경제분석을 실시하며 최고의 '의사결정 경제'를 촉진시키는 일과 다름없다. 축하한다. 머지않아 노벨상위원회에서 전화가 올 것이다. 이제, 중국식 닭요리를 먹도록 하자!

내 인생을 갉아먹는 환장의 이인조

항상 사람들의 발목을 잡는 두 가지 유형의 문제가 있다. 닻 문제Anchor Problems와 중력 문제Gravity Problems다. 이 두 문제는 지금껏 누누이 사람들을 함정에 빠트린 환장의 이인조라 할 수 있다.

닻 문제: 이 친구들은 닻처럼 우리를 한곳에 묶어놓고 앞으로 나아가지 못하게 막는다. 우리의 발목을 잡고 있다. 즐겁고 행복한 인생을 위해서는 어떤 때에 닻 문제에 발목을 잡히는지 알아야 한다.

너새니얼은 주말마다 요트를 타러 가고 싶지만 요트를 살 여유가 없다. 그래서 그는 '돈이 없는데, 어떻게 요트를 살 수 있을까?'가 문제라고 생각한다. 첼시가 근무하는 스타트업은 성숙단계에 접어들어 이제는 연간 100퍼센트까지 성장하지 않는다. 그래서 당분간은 새로운 이사를 임명할 계획이 없다. 이사로 승진하고 싶은 첼시는 자신의 문제를 다음과 같이 구성한다. '회사에서 승진 계획이 없는데, 어떻게 이사가 될 수 있을까?'

무슨 말인지 이해가 되는가? 자기 마음에 드는 한 가지 해답을 문제로 정의할 때 덫 문제가 발생한다. 문제에 이미 해답을 심어둔 것이다. 다시 말해 덫 문제는 진짜 문제가 아니다. 문제의 탈을 쓰고 있지만 사실 협상이 불가능하고 안타깝게도 존재하지 않는 해답이다. 우리는 이처럼 존재하지 않는 해답에 스스로를 얽어맨다.

덫을 풀어 자유를 되찾으려면 문제를 재구성하고 브레인스토밍으로 다른 대안을 떠올려야 한다. 앞서 설명한 대로 재구성해 보라. '요트를 구입한다'는 어떤 문제의 한 가지 해답에 지나지 않는다는 사실을 금세 깨달을 것이다. 너새니얼은 한정된 예산을 가지고 있다. 다음과 같이 문제를 재구성해 보자.

> 잘못된 생각: 돈이 없는데, 어떻게 요트를 살 수 있을까?
>
> 생각의 재구성: 어떻게 하면 정기적으로 요트를 타러 갈 수 있을까?

이는 조치를 취할 수 있는 문제다. 물론 제약(너새니얼의 예산)이 존재하지만 해결 방법이 한 가지뿐인 것은 아니다. 따라서 그는 움직일 수 없는 무언가에 묶여 있지 않다.

너새니얼는 여러 가지 방법으로 매주 요트를 타러 갈 수 있고, 그중에는 요트를 구입하는 것보다 더 나은 방법도 있다. 부두에 가서 다른 사람의 요트에 선원으로 탑승하겠다고 자청하면 돈 한 푼 들지 않는다(요트경기가 열리는 주말이면 불참자가 있기 마련이다). 아니면 요트 타기 동호회에 가입해 다양한 요트를 탈 수도 있다. 이 밖에도 방법은 많다.

이 사례에서 볼 수 있듯이 재구성은 의미 있는 삶을 그려 나가는 과정에 활력을 불어넣는다. 문제를 재구성하면 수많은 가능성(실행 가능한 최고의 선택)이 열린다. 요트의 세계에 관한 흥미로운 사실들을 배우면서 선원과 요트 애호가를 많이 만날 수 있다면 그 자체로 꽤 재미있는 프로젝트다. 따라서 어떤 해답을 찾는가도 중요하지만, 경험 전체가 바람직하고 즐거운 삶의 한 가지 재미가 된다.

첼시의 문제 역시 이와 비슷하게 재구성할 수 있다. 첼시의 질문을 살펴보면 그녀는 가능성이 희박한데도 이사로 승진할 기회를 얻어야만 회사에서 행복해질 수 있다고 생각한다. 오직 한 가지 해답을 심어두고 꼼짝없이 잡혀 있는 셈이다. 그녀는 정말 승진하기를 원하는 것일까? 아니면 직장생활이 따분해서 새로운 도전을 찾는 것일까? 후자라면 문제를 다음과 같이 재구성할 수 있다.

잘못된 생각: 회사에서 승진 계획이 없는데, 어떻게 이사가 될 수 있을까?
생각의 재구성: 어떻게 회사에서 다른 역할을 찾아 새로운 기술을 익히면서 경력을 쌓을 수 있을까?

그러면 수많은 선택이 등장한다. 이를테면 부서나 직무를 바꿀 수 있다. 새로운 것을 배우면서 고위 경영자가 되고 싶다는 사실을 깨닫는다면, 자신감을 키워 다른 회사의 이사직에 지원하는 도전을 택할 수도 있다. 재구성이 첼시의 호기심에 활력을 불어넣고 여러 프로토타입을 만들 수 있는 가능성을 열어주는 것이다. 재구성함으로써 실행 가능한 최고의 선택을 찾고, 더 나은 삶을 향해 나아갈 수 있다. 이것이 우리의 목표다.

수년 동안 사람들과 협력하면서 우리가 깨달은 바에 따르면 닻 문제는 대개 '두려움'과 관련이 있다. 새로운 일을 시도했다가 실패하기보다는 해결할 수 없는 친숙한 문제, 다시 말해 닻에 묶여 있는 것이 더 편할 때가 있다. 어차피 마음에 드는 해답에 다가갈 수 없다는 사실이 훌륭한 보호막이 된다. 원하는 것은 얻지 못하겠지만, 적어도 실패에 대한 두려움에 직면할 필요가 없으니 말이다.

이런 이야기의 주인공은 되지 말자. 필요할 때 용기를 내자. 용기는 두려움이 없는 게 아니라 두려움에 맞서 행동하는 것이다. 이 모든 일을 거치면서 약간 두려운 마음이 들어도 괜찮다. 하지만 계속 움직이며 발목을 잡히지 않도록 노력하라.

중력 문제: 우리는 이른바 '중력 문제'에도 잘 빠진다. 살다 보면 중력 문제를 만나기 마련이다.

존은 진심으로 시인이 되고 싶지만 시인의 수입만으로 살기가 빠듯하다. 그렇다면 존은 어떻게 시인으로서 번듯하게 살 수 있을까? 프랜시스는 아이들을 키우느라 5년 동안 직장을 다니지 않았다. 사람들은 하나같이 직장에 다니지 않은 사람에 대한 나쁜 편견이 있고, 일자리를 구하기가 갈수록 더 어려워질 것이라고 말한다. 프랜시스는 어떻게 이런 부당한 편견을 피할 수 있을까?

이는 모두 중력 문제다. 일과 삶에 분명한 철학이 있는 사람은 실행할 수 없는 것을 문제로 생각하지 않는다. 이런 문제는 상황이나 환경 등 삶의 단면이기 때문에 중력과 비슷하다. 장애로 작용할 가능성이 있고, 분명히 부당할 것이다. 취할 수 있는 효과적인 조치가 없으며 조치를 취할 수 없다면 '해결'할 길이 없다. 따라서 문제라 할 수 없다.

여기서 중요한 것은 우리가 해결할 가능성이 전혀 없는 문제에 매몰되면 안 된다는 것이다. 오해하지 마라. 우리는 세상을 바꾸려는 목표에 적극 찬성한다. 사회에 맞서 부당함에 이의를 제기하라. 여성의 권리를 위해 노력하라. 세계 온난화를 저지하라. 노숙자 문제를 해결하기 위해 싸워라. 시인에 대한 정당한 대가를 지지하라. 이것이 여러분의 대의명분이라면 세상에 도전하라. 건투를 빈다.

그러나 그런 투쟁에 가담할 생각이 없는 사람이라면 이를 중력 문제로 봐야 한다. 현실을 수용하면 실행 가능한 목표로 중력 문제를 마음껏 재구성할 수 있을 것이다. 그런 다음 원하는 것을 얻을 방법을 떠올리고, 스스로에게 만족스럽고 의미 있는 방식으로 세상에 참여하라.

좌절한 시인 존을 도우려면 중력 문제를 인정하고 재구성하도록 도와야 한다. 존은 '시인으로서 번듯하게 살기'를 원한다.

우선 시인이 시를 써서 받는 대가가 많지 않다는 사실을 받아들이자. 아마 시인들은 대부분 굶주린 예술가 집단의 일원임을 자랑스럽게 여길 것이다. 시는 경이롭고 중요한 것이다. 따라서 우리 사회에 시가 더 많아져야 할 것이다. 하지만 존은 시장경제에서 시가 그리 큰 가치가 없다는 사실을 인정해야 한다. 표현 면에서는 가치가 크다. 하지만 돈으로는 그리 큰 가치가 없다.

그렇다. 존과 우리의 가여운 시인들에게 슬픈 현실이다.[2] 이의를 제기해 봐야 소용없으니 이는 '먼저 받아들여야 할' 중력 문제다(중력의 법칙을 폐지하려고 애쓰며 이의를 제기해 봐야 아무 소용이 없는 것과 마찬가지다). 우리는 일단 문제를 받아들이고 존에게 진심으로 원하는 것이 무엇인지 묻는다. 그의 소망은 분명하다. 시를 쓰는 것이다. 그렇다면 시를 쓰고 발표하며, 시로써 할 수 있는 일을 되도록 많이 해서 표현할 기회를 많이 얻는 것이 소망이라고 재구성할 수 있다. 시를 써서 어떻게 돈을 벌 것인지 고민할 필요가 없다. 따라서 존에게 바람직한 재구성은 이런 식이다.

잘못된 생각: 시인의 수입으로는 살기가 빠듯한데, 어떻게 시인으로서 번듯하게 살 수 있을까?
생각의 재구성: 어떻게 하면 다른 일로 생계를 유지하면서 시인으로서 예술을 계속 즐길 수 있을까?

그러면 여러 가지 프로토타입을 만들 가능성이 열린다. 먼저 시 경연대회에 대해 알아볼 수 있다. 시 동호회에 가입할 수도 있다(호기심을 가지고 사람들과 이야기를 나누고 나서야 비로소 이런 동호회가 있다는 사실을 알았다). 블로그에 시를 올리거나, 시 전문지에 자작시를 보낼 수 있으며, 시 전문지를 손수 만든다면 더욱 좋다. 파격적 협력을 실천해 시인과 작가들을 대변하는 문학 에이전시에 연락할 수도 있다. 이들로부터 전업 시인으로서는 실패했지만 아마추어 시인으로서 행복하게 사는 법을 발견한 사람을 소개받을 수 있을 것이다. 나아가 시와 돈 문제를 다음과 같이 재구성할 수 있다.

> 잘못된 생각: 시인의 수입으로는 살기가 빠듯한데, 어떻게 시인으로서 번듯하게 살 수 있을까?
> 생각의 재구성: 어떻게 하면 일주일에 열 시간만 일해서 버는 돈으로 생활하며 전업 시인과 다름없이 살 수 있을까?

우리 학생 중 한 명인 오기는 존과 똑같은 문제를 해결하기로 마음먹었다. 주변을 관찰한 그는 '부유하다는 의미는 앞으로 필요한 자원보다 더 많이 가졌다'는 뜻임을 깨우쳤다. 부자가 되기 위해서는 돈을 벌고 자원을 모으는 데 많은 시간과 에너지를 투자해야 한다. 반대로 필요한 것을 파격적으로 줄이는 방법도 있다.

오기는 파격적으로 문제를 재구성했다. 최소한의 돈(일반적인 개인 예산의 약 10퍼센트로)으로 생활하며 시간을 확보하기로 결심한 것이다. 첫 번째 프로토타입은 소지품을 줄이는 것이었다. 그는 다른 사람의 책가방과 비슷한 크기인, 약간 작다 싶은 배낭에 약 7킬로그램의 물건을 담았다. 1년에 3개월만 일하는 그의 수입은 친구들에 비하면 10분의 1 수준이다. 나머지 9개월은 여행을 다니며 '부유한' 사람들이 지금은 시간이 없어서 뒤로 미루는 일을 한다. 그는 스스로를 부자라고 자부한다.

존이 오기의 접근방식을 택하면 항상 꿈꾸던 '부유한 시인'이 될 수 있다. 현재 수입의 10퍼센트만 벌고, 지출을 그 이하로 줄이면 가능한 일이다. 원하는 것이 무엇이며 이를 위해 어느 정도까지 노력할 수 있을지를 생각해야 한다. 결국 문제를 정의하고 파격적인 해결책을 기꺼이 설계할 사람은 자기 자신이다.

오기의 해결책을 시도하고 싶은 마음이 없을 수 있다. 대부분의 사람은 오기의 해결책을 '실행 가능한 선택'이라고 생각지 않는다. 하지만 문제를 제대로 발견하고 훌륭하게 재구성해 창의적인 프로토타입을 많이 만든다면 일과 삶을 마음껏 즐길 수 있을 것이다. 이것이 이 책에서 추구하는 목표다. 우리는 최고의 일과 삶을 누릴 수 있는, 최고의 가능성을 제공하고 싶다. 이를 가능하게 만들 최고의 비결은 '문제의 재구성'이다.

닻 문제와 중력 문제가 혼동되는가? 닻 문제에서는 한 가지 해답에 빠져 있게 되고, 중력 문제에서는 문제가 아닌 것에 빠지게 된다는 점만 기억하라. 이 정의에 따르면 중력 문제와 닻 문제는 실상 '문제'가 아니다(다시 말해 실행 가능한 도전이다). 그렇지만 문제의 탈을 쓰고 있거나 해결할 수 없는 상황이기 때문에 여전히 당신의 발목을 붙잡는다. 그야말로 압도당하는 느낌이겠지만 잊지 마라. 당신에게는 반드시 해결해야 할 진짜 문제가 존재한다. 사실 압박감 때문에 더 압박받을 수도 있다. 그래서 우리는 다음 장을 할애해 이 문제를 다루기로 결정했다.

4장 우리는 왜 일을 하며 번아웃에 빠지는가

잘못된 생각: 나는 이 일을 전부 해낼 수 없다. 나는 압도되었다.

생각의 재구성: 나는 이곳으로 들어오는 길을 선택했고 나가는 길을 그려 나갈 수 있다.

우리는 압박감에 대한 짧은 공익광고를 위해 이 책을 잠시 멈출까 한다. 긴 이야기는 아닐 것이다. 이미 당신이 압박감을 느끼고 있는 상태라면 압박감을 악화시키는 일은 결코 하고 싶지 않으니 말이다. 혹시 자기 일이 마음에 들지 않아서(어딘가에 더 근사하고 보수가 더 많은, 당신에게 더 어울리는 일이 있으리라고 생각해서) 이 책을 읽고 있는가? 만일 그렇다면 자기 일을 싫어한다고 생각하는 사람 모두가 실제로 자기 일을 싫어하는 것은 아님을 일러주고 싶다.

자신의 직무를 좋아하지만 업무량이 지나치게 많은 것은 아닌가? 아니면 쏟아지는 할 일 목록과 받은 편지함에 대처하느라 정신없는 상황이 마음에 들지 않는가? 이런 불만들은 마치 공상과학영화에 등장하는 외계인처럼, 복제를 거듭하며 몸집을 키워 당신의 삶을 침공한다. 이들에게 잡아먹히고 있다는 것을 알아도 도망칠 길이 없다. 기업 임원, 중소기업 직원, 협력업체 대표 등 직책은 중요하지 않다. 누구에게나 일어날 수 있는 일이다. 압박감은 참으로 기회가 균등한 질환이다.

가끔씩은 좋은 일이 지나치게 많아져서 압도당하기도 한다. 이따금 좋은 일이 과도하게 많아서 오히려 사람을 잡아먹는 괴물로 둔갑하는 것이 문제다. 이 괴물은 우리 뇌를 먹어치우고, 우리가 사랑하는 사람마저 알아보지 못하게 만들며, 심지어 우리를 환자로 전락시킨다. 언제나 그런 것은 아니겠지만 이따금씩은 분명히 그렇다. 물론 나쁜 일에 압도당할 때가 더 많다. 그리고 때로는 좋은 일과 나쁜 일이 합쳐지기도 한다.

※ 주의: 2020년 완전히 새로운 형태의 압박감, 즉 팬데믹 압박감이 뉴스 매체를 지배하게 되었다. 낯설고 치명적인 이 바이러스의 스트레스는 우리 삶의 모든 영역에 영향을 미쳤으며 많은 사람을 압박감의 구렁텅이로 몰아넣었다. 여기에 대해서는 3부에서 더 자세히 다루도록 하겠다.

무엇보다 압박감이 번아웃(한 가지 일에 몰두하던 사람이 정신적·육체적으로 극도의 피로를 느끼고 이로 인해 무기력증, 자기혐오, 직무 거부 등에 빠지는 증상—옮긴이)으로 변하지 않도록 막아야 한다. 압박감에서 벗어날 길을 찾기 어렵다면 우리가 그 길을 디자인할 수 있도록 도와주겠다.

번아웃은 판이하게 다른 괴물이다. 혹시 번아웃을 향해 질주하고 있다면, 번아웃이 정신과 신체에 미치는 영향을 먼저 알아야 대처할 수 있다. 그렇지 않으면 앞으로 나아갈 길을 만들기도 어렵다. 그러니 서둘러 번아웃을 살펴보자.

내가 흔하디흔한 압박감을 넘어 번아웃으로 향하고 있는지 판단하기 어렵다면 메이오클리닉Mayo Clinic에서 정의한 직무 번아웃의 의미를 참고하라.[1]

"직무 번아웃이란 특수한 업무 관련 스트레스로, 성취감 감소와 개인의 정체성 상실을 수반하는 신체적·정서적 피로 상태다."

메이오클리닉의 설문지를 이용해 지금 경험하는 상태가 번아웃의 증상인지 여부를 확인해 보자. 아래의 질문에 답해보라.

- 직장에서 냉소적이거나 지나치게 비판적으로 변했는가?
- 억지로 끌려가듯이 출근하고, 출근 후에도 업무를 시작하기가 어려운가?
- 직장 동료나 고객, 클라이언트에게 짜증을 내거나 종종 조바심이 드는가?
- 생산성을 유지할 에너지가 부족한가?
- 성과에 대한 만족감이 부족한가?
- 업무에 환멸을 느끼는가?
- 쾌감을 느끼거나 아니면 아무것도 느끼고 싶지 않아서 음식이나 약물, 술에 의지하는가?

- 수면 습관이나 식습관이 달라졌는가?
- 원인을 알 수 없는 두통이나 요통, 그 밖의 신체 증상으로 고생하고 있는가?

이 가운데 2개 이상의 질문에 '예'라고 답했다면 이미 번아웃 상태이거나 그에 가까워지고 있다는 뜻이다.

그렇다면 어떻게 압박감이 번아웃으로 발전하는 것일까? 메이오클리닉에 따르면 그 이유에는 여러 잠재적인 원인이나 트리거(인간의 행동과 생각을 바꾸는 심리적 자극을 뜻하는 말로 심리적 방아쇠)가 있을 수 있다.

- **통제 부족:** 일정이나 임무, 업무량 등 직무에 영향을 미치는 결정을 통제할 수 없다.
- **불확실한 직무 기대:** 내 권한의 범위, 나에 대한 상사의 기대치를 확실히 알지 못한다.
- **해로운 직장 역학:** 회사의 문제 직원과 함께 일하거나, 동료들에게 음해를 당한다고 느끼거나, 혹은 상사가 사사건건 업무에 간섭하거나, 이해할 수 없는 '사내 정치'가 많다(사내 정치에 대해 알고 싶으면 다음 장을 참고하라).
- **상충되는 가치관:** 고용주의 사업방식과 고충처리 방식이 내 가치관과 상충된다면 결국 이 잘못된 만남에 대가를 치르게 될 것이다.
- **부적합한 직무:** 직무가 내 관심사와 기술에 적합하지 않거나, 할 일이 많지 않거나, 항상 따분하다.

- **압박감이 큰 업무:** 직무에 체계가 없고, 처리해야 할 일이 너무 많다.
- **사회적 지지 부족:** 직장과 개인생활에서 고립감을 느낀다.
- **일과 삶의 불균형:** 장시간 일하느라 가족이나 친구들과 함께 시간을 보낼 에너지가 없다.

직무 번아웃을 무시하거나 이에 대처하지 않으면 심각한 결과에 직면할 수 있다. 당신이 의사가 아니라는 사실을 명심하라. 지금 경험하는 압박감이 실제로는 번아웃으로 번지는 느낌이 들고 전문적인 치료가 필요하다는 생각이 든다면 치료를 받아야 한다. 필요하면 도움을 구하라.

당장!

만약 그렇지 않다면 이제부터는 평범한 일상에서 겪는 압박감에 대해 살펴보자.

일상적인 압박감

일반적인 압박감은 몇 가지 형태로 나타난다. 우리는 이 가운데 첫 번째 형태를 '히드라 압박감Hydra Overwhelm'이라고 즐겨 부른다. 히드라는 그리스신화에 등장하는 괴물이다. 머리가 아홉 개인데 머리 하나를 쳐낼 때마다 두 개가 새로 자라난다. 지금 다니는 회사에도 이런 종류의 스트레스가 있지 않은가? 지나치게 세분화되어 있거나 보고해야 할 사람이 너무나도 많은 직무는 일상적인 압박감을 느끼게 된다. 조직을 축소하는 바람에 전 직원이 두세 가지 직무를 한꺼번에 처리하거나, 회사의 성장 속도가 너무 빨라서 관리자들이 감당하기 어려울 정도로 업무가 많을 때도 마찬가지다. 다음과 같은 상황에서 당신은 히드라 압박감을 느끼고 있을 것이다.

- 맡은 임무가 너무 많다.
- 동시에 보고해야 할 관리자, 진행하는 프로젝트, 부수적인 일이 너무 많다.
- 너무 다양한 원천에서 수집한 중요 데이터를 통합하고 있다.
- 너무 많은 사람에게 현황 정보를 전달하거나 보고해야 한다.
- 거추장스럽고 설계가 형편없는 낡은 시스템을 사용한다.
- 통제력이 부족하거나 사사건건 간섭을 받는다.
- 고립 상태에서 일하고 있다.

두 번째 형태는 이른바 '행복 압박감Happy Overwhelm'이다. 좋은 일과 멋진 일이 너무 많은데 어쩌다 자청해서 그 일을 전부 떠맡는다. 맡은 직무가 쉽지는 않아도 재미가 있고, 함께 일하는 사람들이 훌륭하며, 들어오는 프로젝트마다 하나같이 영향력이 크고 수행할 가치가 있다. 문제는 할 일이 많다는 것뿐이다.

히드라 압박감과 행복 압박감은 둘 다 매우 단순하다. 실행방식만 약간 다를 뿐이지 사실 해결책도 동일하다. 그냥 일을 줄이고 시간을 통제해야 한다. '덜어낼수록 더 좋다'는 옛말이 제격인 상황이다. 이 '업무 축소'를 어떻게 관리하는지에 따라 압박감이 달라진다.

히드라 압박감:
머리 아홉 개 달린 괴물과 싸우는 법

히드라 압박감에서 벗어나려면 현재 맡고 있는 일을 없애거나 줄여야 한다. 우선 앞서 나열한 히드라 압박감의 원인을 훑어보고 숙지한 다음, 현재 수행 중인 모든 임무를 목록으로 작성하라. 모든 임무를 포함시켜 객관적으로 작성해야 한다. 그리고 어렵겠지만 목록에서 수정하거나 피하거나 아예 건너뛸 수 있는 한두 가지 항목을 고른다. 기준 낮게 설정하기 방식을 명심하고, 다음과 같이 스스로 시작할 수 있는 단순한 변화를 선택한다.

- 너무 다양한 원천에서 수집한 데이터를 통합하는 것이 압박감의 근본원인이라면, 스프레드시트를 한 페이지로 작성해 달라고 회계 부서에 부탁해 월 예산 수치를 통합하라. 회계 부서에는 그러면 예측의 적중률이 높아져 모든 사람에게 이롭다고 설명하면 된다(회계 부서의 입장에 공감하는 것도 잊지 마라).
- 고립 상태에서 일하는 것이 압박감의 근본원인이라면, 월요일 간식 모임(직장 동료와 함께하는 스낵 모임)이나 수요일 워커톤(한낮의 긴장을 풀기 위해 건물 주위를 도는 체계적인 걷기 운동), 아니면 심지어 금요일 프리스타일(동료와 함께 점심을 먹으며 정치나 직장과는 무관한 하루의 뉴스에 대해 나누는 대화)을 앞장서서 주최하자.

브레인스토밍을 이용해 업무목록을 줄이거나 직장에서 인간관계를 넓힐 방법을 찾아보면 분명히 깜짝 놀랄 것이다. 히드라 압박감을 통제할 수 있는 방법은 생각보다 많다. 그러나 해결책 중 일부는 상사의 허락이 필요하다. 이때 상사의 입장에 먼저 공감한 다음, 해결책을 실행하기 위해 필요한 변화를 설명하는 것이 가장 좋다. 이를테면 다음과 같이 말해보자.

"지금 제 상황을 알려드리자면 우리의 담당 업무와 전혀 관련이 없는 일에 파묻혀서 생산성이 떨어지고 있습니다. 저와 팀, 부장님께 모두 좋지 않은 상황이죠. 제가 좀 더 효율적으로 일하면서, 부장님이 생각하는 중요한 일을 신속하게 처리하기 위해서는 도움이 필요합니다. 그러려면 제가……

- "목요일마다 조금 늦게 출근해야 합니다."
- "핵심 소프트웨어 앱을 1998년 버전에서 2015년 버전으로 업그레이드해야 합니다."
- "주간 보고서를 월간 보고서로 변경해야 합니다."
- "내부 클라이언트를 A, B 두 집단으로 나누어(제가 작성한 목록을 참고하십시오) A집단에는 (기존과 마찬가지로) 24시간, B집단에는 96시간을 할애해야 합니다."

그리고 또……. 무슨 말인지 이해했을 것이다.

히드라 압박감에 시달리지 않으려면 무언가를 바꿀 수밖에 없다. 최선을 다해 작지만 점진적으로 실천할 수 있는 변화(영향력이 가장 크고 분명히 상사가 가장 지지할 만한)를 확인하고 실행하라. 거의 대부분 상사가 거부할 것이라고 예상하겠지만, 의외의 상황이 일어날 가능성이 있다. 상사의 입장에 먼저 공감하면,

특히 테스트나 실험, 프로토타입을 활용해서 요청 내용을 전달하면 승인받을 가능성이 더욱 커진다. 이 방법으로 업무량을 크게 바꾼 우리 수강생과 클라이언트, 독자들이 많다.

우리 워크숍에 참석했던 마이라는 일주일 동안 주간 자산 보고를 하지 않겠다는 의견을 제시했다. 보고서 작성이 여간 골치 아픈 일이 아니니까 아무도 신경 쓰지 않으리라고 굳게 믿었다. 그녀는 상사에게 의견을 물어보았고, 상사는 한 달 동안 시험 삼아 해보라고(프로토타입을 만들어보라고) 말했다. 일주일 동안 이메일이나 불만 사항이 전혀 없어서, 마이라는 그다음 주 보고서를 작성하지 않았다. 그리고 보고서와 불만 사항이 없는 4주를 보낸 후에 상사를 찾아가 "우리가 전에 의논했던 주간 자산 보고서 프로토타입에 대해 의논하고 싶다"고 말했다.

상사: 어떻게 됐습니까?

마이라: 결과가 나왔습니다. 4주 내내 보고서를 작성하지 않았는데 아무도 불평하지 않았습니다.

상사: 난 마이라가 보고하지 않는다는 사실조차 몰랐습니다.

마이라: 그렇죠. 이 프로토타입을 실시한 결과, 부장님을 포함해서 아무도 보고서를 읽지 않는다는 사실이 밝혀졌습니다. 그래서 저는 보고서 작성을 그만두고 대신 그 시간에 매출 데이터를 더 정확하게 정리하고 싶습니다. 정확한 매출 정보를 현장에 전달하는 게 부장님의 최우선 업무라고 말씀하신 적이 있으니까요.

상사: 좋습니다. 하지만 자산 현황 보고는 회사 관행이니까 분기별로 보고할 수 있겠죠. 1년 후에 분기별 보고에 대해 거론하는 사람이 없으면

완전히 그만둬도 좋습니다. 어때요?

마이라: 괜찮습니다.

상사: 좋습니다. 이제 그 중요한 매출 데이터 프로젝트를 진행합시다.

마이라의 사례를 보면 직장 내에서 업무 상황에 대해 협상할 수 있는 여지가 생각보다 더 많다. 마이라의 협상은 훌륭했다. 협상의 핵심은 전략적으로 더 중요한 업무가 있다는 사실을 이해하고, 위험이 적은 프로토타입을 통해 업무를 재설계할 가능성을 확인하자고 제안한 것이었다. 아울러 마이라는 비몰입 상태(아무도 읽지 않는 보고서를 힘들게 작성하는 직원이 직장에 몰입하기는 어렵다)에서 벗어나 전략적으로 중요한 업무를 처리한다는 느낌을 얻었다. 일석이조다.

그러니까 우리가 앞으로 나아갈 방향은 확실하다. 업무목록의 작은 변화를 여는 프로토타입을 만드는 일부터 시작하자. 당신이 가진 재량권은 상상 이상으로 크다. 설령 누군가의 허락을 받아야 할 프로토타입이라 해도 어쨌든 당신이 창시자다.

행복 압박감: 행복도 때로는 스트레스가 된다

행복 압박감은 히드라 압박감과는 다르다. 주어진 선택방안을 조정할 수 있고 선택 폭이 클 때 오히려 행복 압박감이 일어난다. 지금 나를 압도하고 있는 모든 것은 내가 선택한 것이기 때문에 행복 압박감을 해결할 첫 번째 방법은 '위임'이다. 멋지고, 재미있고, 영향력이 있고, 경이로운 많은 일을 포기하려면 의지가 필요하다. 하지만 기쁨을 공유하는 법을 배우면, 그런 경이로운 일 가운데 몇 가지를 더 오랫동안 즐기는 동시에 번아웃에 시달릴 가능성까지 피할 수 있다. 지금 당신을 압도하고 있는 일은 분명 재미있고, 도전적이며, 흥미롭고, 매력적일 것이다. 따라서 동료에게 맡길 때 부담감을 느낄 필요는 없다(아무도 원치 않는 일을 없애야만 하는 히드라 압박감과는 사뭇 다르다).

더 많은 시간과 에너지를 되찾고 싶다면 가장 가치 있고 눈에 띄는 활동을 위임해야 한다. 그런 일을 위임받을 사람을 찾기는 비교적 쉽다. 일단 위임하고 나면 시간이 많이 생긴다.

데이브는 스탠퍼드 라이프 디자인 강좌의 모든 섹션 퍼실리테이터 교육을 도맡아 했다. 수십 번의 교육을 통해 데이브는 멋진 교육 자료집을 만들었지만(그가 무척 좋아하는 일이었다), 이윽고 무언가 놓아야 할 상황에 이르렀다. 그래서 라이프디자인연구소의 한 연구원에게 다음번 교육을 진행해 달라고 부탁했는데(그는 데이브의 업무방식을 한번 지켜본 적이 있다), 그는 데이브가 깜짝 놀랄 만큼 멋지게 임무를 수행했다. 몇 분기가 지난 후 다른 담당자가 진행하는 퍼실리테이터 교육에 참석했을 때, 데이브가 맡았을 때보다 교육의 질이 한결 높아져 있었다. 데이브의 위임은 효과적이었다. 데이브는 시간이 더 많이 생겼고, 퍼실리테이션 훈련은 향상되었다.

직장에서만 위임이 필요한 것은 아니다. 행복 압박감에 시달린다면 가정에서도 무언가를 위임해야 한다.

애플에서 근무하던 시절 빌은 완전히 새로운 파워북PowerBook 팀에 합류했다. 당시 이 팀은 애플 최초의 랩톱 출시를 위한 마무리 작업을 진행하고 있었다. 팀Tim이라는 암호명으로 불리던 이 랩톱은 파워북 170으로 출시되어 단번에 업계를 장악했다. 빌은 자진해서 기계 프로젝트 책임자를 맡아 다음 랩톱 프로젝트에 착수했고, 소니사와 합작해 산토리Sundory라는 암호명의 랩톱을 디자인했다. 빌은 거의 매달 도쿄로 출장을 다녀야 했다. 이 생산라인이 대성공을 거두자 애플의 충원 속도보다 더 빠르게 새로운 휴대용 컴퓨터 프로젝트들이 등장했다. 빌은 아사히Asahi와 본사이Bonsai라는 암호명의 랩톱 프로젝트를 연달아 맡았다(빌은 일본식 암호명을 정말 좋아했다). 이 무렵 빌과 아내 신시아에게 둘째 아이가 태어났다. 집에 두 아이가 있고, 아내는 (매주 출장을 다니면서) 비즈니스 컨설턴트로 일하며, 빌은 몇 주에 한 번씩 일본 출장을 다녔다. 그는 행복 압박감에서 헤어나지 못했다. 일을 제대로 처리할 시간이 없었으며 어떤 일은 아예 끝내지 못했다. 빌이 자청하여 즐겁게 로비까지 펼쳤던 프로젝트였는데 말이다. 그는 감당하기 어려운 압박감에서 벗어나지 못했다.

이런 참담한 상태가 시작되고 6개월가량 지났을 때, 빌과 아내는 숨 돌릴 시간을 가지기로 했다. 계속 지금처럼 살 수 없다고 생각했다. 두 사람은 힘을 모아 지금 맡은 일들을 찬찬히 돌아보며, 손을 떼고 싶은 일은 없는지 살폈다. 대학원을 갓 졸업한 아내 신시아는 근무하는 컨설팅 회사에서 신임을 쌓아야 했다. 신시아가 바람직한 선택을 했으니 새로운 진로에서 그녀를 뒷받침

할 방법을 모색하자고 부부는 뜻을 모았다. 빌은 그 무렵이 애플에게 특별한 시기라고 생각했다. 애플은 완전히 새로운 사업을 창조하는 중이었고, 총수입이 10억 달러 이상으로 증가했다. 빌에게 이처럼 흥미진진한 일에 참여할 기회가 다시 올 것 같지 않았다. 그래서 부부는 빌이 종전과 다름없이 많이 일하고 출장을 다닐 수 있도록 뒷받침하기로 결정했다.

그들은 일 문제를 이렇게 갈무리한 다음, 두 사람이 집에서 처리해야 할 모든 일과 육아처럼 타협의 여지가 없는 일을 목록으로 작성했다. 그리고 요리, 빨래, 정원 관리, 청소처럼 다른 사람에게 위임할 수 있는 중요하지 않은 일을 목록으로 작성했다. 이런 일을 하지 않는다면 배우자와 아이들과 보내는 시간이 많아질 것이라고 생각했다. 중요한 문제를 처리할 수 있는 충분한 시간이 생길 것이다. 다만 한 가지 문제가 있었다. 다른 사람에게 일을 맡길 수 있는 돈이 없었다. 빌은 직장 상사를 찾아가 사정을 이야기했다.

"지금은 우리 팀에게 매우 중요한 시기입니다. 애플 사업 가운데 가장 급성장하는 휴대용 컴퓨터 분야에서 호기를 잡고 있죠. 우리가 업계 표준을 정하고 있고, 직원보다 프로젝트가 더 많은 상황인데 인원 충원 속도는 이를 따라가지 못합니다. 전 110퍼센트 전력을 다하고 있습니다. 이게 획기적인 사업에 참여할 매우 특별한 기회인 걸 알고 있습니다. 그래서 동시에 세 가지 프로젝트에 자원한 거고요. 제 직급의 다른 직원은 한 가지 프로젝트만 진행합니다. 제가 이 정도로 헌신하면서 가족을 위한 시간을 내려면 집안일을 맡아서 할 사람을 구해야 하니 돈이 많이 듭니다.

그래서 급여 인상이 필요합니다."

뛰어난 스토리텔링이었다. 그의 말은 사실이었고, 급여는 인상되었다. 곧바로 인상된 것은 아니었지만 말이다. 그가 세 가지 프로젝트를 한꺼번에 진행하는 힘든 과제를 맡아 성공시킬 수 있다는 사실을 입증해야 했다. 그래도 그와 아내는 위임을 통해 행복 압박감에서 벗어남으로써 성공을 거두었다.

중소기업주에게 보내는 경고:
기업주의 함정을 피하라

중소기업주는 압박감(특히 곧이어 설명할 과잉 압박감)에 빠질 위험이 각별히 크다. 상자에 갇혔다고 느끼는데도, 자기가 만든 상자이기 때문에 거기에서 벗어날 수 없다고 생각한다. 사업 때문에 압박감에 시달리는 시간이 너무 많은 기업주에게 그 사정을 털어놓을 수 있는 상사는 자신밖에 없다. 회사는 말할 것도 없고, 과정, 절차, 역할, 책임이 모두 자신의 몫이다. 그야말로 회사의 '무엇'과 '어떻게'가 오롯이 자신의 몫인 것이다. 이런 개인적인 주인의식과 책임 때문에 기업주는 특별한 상황에 발목을 잡힌다.

이 책에 담긴 모든 내용이 이런 기업주에게 적용된다. 직원이나 컨설턴트, 임시직원들과 똑같은 방식으로, 당신이 발목을 잡힌 상황과 압박감에서 벗어날 길을 찾아내도록 도와줄 것이다. 무언가를 바꿀 필요 없이, 현재 위치에서 행복한 일하는 삶을 만들 수 있다. 사고방식은 동일하다. 누군가의 허락을 구할 필요도 없다.

기업주의 발목을 잡고 있는 특별한 상황은 대개 더 까다롭기 때문에 인식하기 어렵다. 회사의 소유주이자 책임자인 당사자가, 왜 원하는 대로 변화하지 못하냐고 외부인들은 머리를 긁적이며 의아해할 것이다. 틀린 말은 아니다. 하지만 외부인이 사업을 비롯해 기업주가 수행하는 모든 일을 헤아릴 수는 없는 노릇이다. 그냥 무시하고 더 열심히 일하라. 대부분의 사람이 자기만의 길을 개척하고 자기만의 조건에 따라 일하고 싶어서 기업주의 길을 택한다는 사실은 모순적이다. 그들은 자율성을 원하고, 그래서 독립하지만, 회사가 본궤도에 오르면 오히려 회사 직원들보다 자율성이 없다고 느낀다. 따라서 기업주는 압박감에 시달릴 위험이 크다. 하지만 분명 출구가 존재한다.

1단계: 당신이 '여전히' 책임자라는 사실을 명심하라!

시간이 흐를수록 기업주가 회사의 책임자가 아니라, 회사가 기업주의 책임자가 되는 현상이 미묘하게 일어난다. 물론 기업주의 책임과 도리, 기업주에게 의지하는 직원과 고객은 무시할 수 없을 만큼 중요하다. 하지만 회사를 자신이 생각하는 적절한 방식대로 운영하고 관리하는 것은 기업주의 '몫'이다. 창업할 때에 비해 힘이나 권한이 줄어든 것이 아니다. 다만 더 바빠졌을 뿐이다.

2단계: 규칙은 오직 하나다. 흑자를 지켜라!

영리를 추구하든 않든 모든 기업이나 기관에는 거역할 수 없는 단 하나의 규칙이 있다. 돈을 바닥내지 마라. 조직에서 제품이나 서비스를 충분히 판매하거나 기부자로부터 기부금을 충분히 모아서 지출을 충당하는 한, 당신은 그 조직에 머물 수 있다. 결산 결과가 적자가 아니라 흑자여야 한다. 적자에 허덕인다면 조직이 파산의 길로 접어들었다는 뜻이다(혹시 이런 상황에 처했다면 우리가 아닌 다른 사람에게 도움을 청해야 한다). 이 규칙만 지키면 대단히 큰 자유가 따른다. 계속 문을 열어둘 돈만 있다면 (그리고 세금을 납부하고 법을 어기지 않는다면) 그야말로 원하는 일은 무엇이든 할 수 있다. 생산라인을 축소하거나 확대할 수도 있고, 일부 사업을 매각해 운영을 간소화할 수도 있다. 이 책에 실린 모든 아이디어를 활용할 수도 있다.

회사를 파격적으로 바꾸어야 압박감에서 빠져나올 수 있다면 그렇게 할 수 있다. 당신이 회사의 책임자이기 때문이다. 그러면 된다.

데이브의 옛 이웃인 엘리는 몇 년 동안 동네 레스토랑을 성공적으로 운영했다. 매일 손님들이 줄을 서는 곳이라 눈코 뜰 새 없이 바빴다. 그녀는 바쁜 생활에 신물이 났지만 어떻게 상황을 바꾸어야 할지 갈피를 잡지 못했다. 그러던 중에 자신이 이 일의 결정권자라는 사실을 떠올렸다. '그녀의 레스토랑'이었다. 엘리는 애초에 레스토랑을 열었던 이유(사람들이 좋아하는 훌륭한 멕시코 요리를 만들고 싶어서)를 되새겼다. 테이블이 가득한 넓은 실내와는 전혀 상관없는 이유였다. 중요한 것은 음식이었다. 결국 그녀는 레스토랑을 닫고 푸드 트럭을 구입했다. 그러자 임대료를 낼 필요가 없어졌고, 직원과 일하는 시간도 줄었다. 압박감에서 100퍼센트 벗어나는 일과 수입의 10퍼센트를 바꾼 셈이다. 그녀는 자신에게 맞도록 사업을 재설계했다. 당신도 할 수 있다.

과잉 압박감: 당신의 열정을 경계하라

압박감의 마지막 형태는 대개 신규 조직이나 스타트업에서 발견되는 특수한 사례다. 우리는 이를 '과잉 압박감Hyper-Overwhelm'이라고 일컫는다. 비행기를 만들자마자 곧바로 날리려고 애쓰는 회사의 경영진과 직원들에게 나타나는 그런 종류의 압박감이다. 회사가 대성공을 거두고 급속도로 성장할 때 이런 유형이 흔히 나타난다. 업무량이 많아져서 일주일에 70~80시간 심지어 90시간씩 일해야 한다고 생각해 보자. 아주 신나고 도전의식에 불타지만 결국 녹초가 될 것이다. 조직의 규범이 없고 지지 기반도 약하다(지지 기반을 만들어야 하는데 그럴 만한 시간이 없다).

중소기업이나 급성장하는 스타트업의 대표나 창업 멤버라는 자리는 소심함이나 정시 퇴근과는 거리가 멀다. 이런 길로 들어선 사람이라면 일상 업무를 단거리경주가 아니라 마라톤이라고 생각해야 한다.

간단히 말해 재구성하고 가까운 핵심 인물들과 협상을 거쳐 타협한 다음, 스토리텔링에서 '지금은 충분히 훌륭하다'는 특별한 스토리를 전달해야 한다(주변에 아무도 없는 경우는 드물다). 스토리텔링 사고방식의 힘을 보여주는 새로운 이야기가 이번 일을 해결하는 데 도움이 될 것이다. 무엇이든 설명하기에 가장 적합한 방법은 아마도 스토리일 테니 말이다.

아주 오래전에 빌이 모 대학에서 인생 설계에 대한 데이브의 아이디어를 함께 연구하면 어떻겠냐고 물었다. 바로 이 대화를 계기로 스탠퍼드대학교의 최고 인기 선택과목인 '당신의 인생을 디자인하라Designing Your Life'가 시작되었다.

반응은 가히 폭발적이었다. 강의는 시작하자마자 그야말로 날개를 달았다! 그 바람에 데이브는 과잉 압박감 상태에 빠졌다. 알다시피 라이프디자인연구소는 스타트업이었기 때문에 초창기에는 대부분의 스타트업과 마찬가지로 창립자들이 장시간 전력투구했다. 그러다 보니 성공을 거두기 시작할 무렵에 업무를 위임할 만한 사람이 없었다. 언제나 일의 연속이었다. 그러던 어느 날 밤 팰로앨토에서 문제의 사건이 일어났다.

스탠퍼드대학교의 주차장을 향해 걸어가던 데이브는 시계를 보고 그때가 오후 8시라는 사실을 깨달았다. 자기도 모르게 "제기랄"이라는 말이 튀어나왔다. 그는 자동차에 올라타서 아내에게 전화를 걸었다.

"안녕, 여보."

"어, 안녕, 자기야."

"정말 미안해. 매번 이래서. 7시 반에 약속했던 저녁 식사 데이트를 못 하게 됐어."

수요일은 집에서 아내와 함께 저녁 식사 데이트를 하는 날이었다. 데이브는 자동차로 한 시간 거리에 있는 집에 진작 도착해 있어야 했다. 그의 아내 클라우디아는 분명 남편이 퇴근하지 않았다는 사실을 이미 30분 전에 알았을 것이다. 이런 일이 처음은 아니었기 때문이다.

그녀는 "그래서?"라고 물었다.

"어쩔 수가 없었어. 상담시간에 학생들이 약속도 없이 무더기로 찾아왔어. 게다가 학부 교무차장이 차장실에서 향후 행보에 관해 의논하자고 전갈을 보냈는데 정말 피할 수 없는 면담이었어. 학생들과 얘기하고 나니까 시간이 또 훅 지나가더라고. 미안해, 여보. 내가 망쳐버렸어. 최대한 빨리 갈게."

그러자 클라우디아는 "아, 정말 행복하겠네!"라고 말했다.

예상치 못한 반응이었다. 데이브는 귀를 의심했다.

"뭐, 뭐라고?"라며 말을 더듬었다.

"당신이 정말 행복하겠다고. 이게 바로 당신이 원하던 거니까. 당신이 내게 한 모든 말은 '이건 완벽해'라는 뜻이잖아. 상담시간에 찾아오는 학생이 많아졌고, 학생들과 이야기를 나누는 건 당신이 제일 좋아하는 일이고. 게다가 교무차장에게서 전갈이 온다는 건 당신이 조직에서 영향력을 발휘하기 시작했다는 의미지. 당신과 빌이 하는 일이 변화를 일으키고 있고. 그게 바로 당신이 여태껏 바라던 일이잖아. 그러니까 정말 성공하고 있다는 거지. 당신 정말 행복하겠다!"

데이브는 잠시 아내의 말을 되뇌었다.

"그래. 그렇군! 당신 말이 맞아. 난 아주 행복해. 얼마나 멋진 일인지, 그리고 그렇게 멋진 일 때문에 본의 아니게 또 저녁 데이트를 놓치게 되었다고 말해주려고 전화한 거야. 고마워. 여보."

"천만에. 집에서 만나."

이 이야기의 첫 번째 가장 중요한 교훈은 이것이다. 배우자를 잘 골라라. 내가 인생에서 가장 잘한 일은 아주 현명하고 멋진 배우자와 결혼해 행복을 만끽하도록 삶을 만든 것이었다.

이 이야기에서 배울 점은 이것만이 아니다. 과잉 압박감을 느끼는 상황에서는 '일이 지나치게 많다'는 것이 문제다. 그리고 일을 위임할 수 있는 행복 압박감 상황과 달리 위임할 만한 대상자가 없다.

이 일이 일어날 무렵 라이프디자인연구소는 자금 지원을 거의 받지 못했다. 그래서 데이브는 분기마다 세 강좌를 맡았고, (역시 스타트업 과잉 압박감에 시달리는 빌 이외에는) 일을 위임할 사람이 없었다. 그가 라이프디자인연구소에서 신임을 얻기 위해 힘쓰던 시기 또한 이 무렵이었다. 이 스타트업에서 빌과 데이브는 직접 처리해야 할 일이 여전히 아주 많았다. 매우 신나는 시기였다. 흥미진진했다. 하지만 압도적이었다.

확실히 버거운 일이었으나 데이브는 그것이 '단지 지금은 조금 버거울 뿐'이라고 생각을 고쳐먹었다. 씩씩하게 헤쳐나가 스타트업 모드에서 벗어나겠다고 결심했다. 그런 다음 과잉 압박감을 행복 압박감으로 낮추어 더 훌륭하게 관리하고자 했다. 데이브의 새로운 스토리는 다음과 같았다.

오래된 스토리: '할 일이 너무 많군' 혹은 '또 면담이네'를 넘어 '내가 망쳤어' 아니면 '이 일은 못해'.

새로운 스토리: '와, 고등교육과 학생들의 생활을 변화시키겠다는 목표를 마침내 실현하다니! 난 참 운이 좋아. 이따금 힘들겠지만 죽을 때까지 그렇지는 않겠지. 더구나 이건 내가 평생 원했던 일이잖아. 비록 지금은 눈코 뜰 새 없이 바빠도 즐길 수 있을 때 즐겨야지.'

당신이 스타트업을 선택했다면, 과잉 압박감을 어떻게 관리하느냐에 따라 스토리가 달라진다. 기억에 남는 내용을 두세 문장 내외로 스토리를 작성하라. 그렇게 하면 비참하다는 생각이 슬며시 고개를 들 때 재빨리 스토리를 재구성해서 마음가짐과 집중력이 흐트러지지 않도록 자신을 다잡을 수 있다.

"새들이 머리 위로 날아가지 못하게 막을 수 없다. 하지만 새들이 당신 머리에 둥지를 틀도록 방치해서는 안 된다"는 속담이 있다. 다시 말해 (해롭고 파괴적이며 기분을 망치는 생각을 포함해) 나쁜 생각이 들더라도 그것과 씨름하거나 그들이 머릿속에 영구 주택을 짓도록 방치해서는 안 된다는 뜻이다. 바람직한 스토리로 생각을 대체하는 연습을 하라.

중요한 사실을 잊지 마라. 당신은 혼자가 아니다! 과잉 압박감에 시달리는 당신의 곁에는 거의 언제나 영향을 주고받는 사람들이 있다. 이들에게도 새로운 스토리가 효과적이어야 한다.

중요한 파트너와 친구, 협력자가 일시적으로나마 여러분의 과잉 압박감을 수용하게 된다면, 모든 사람에게 상황이 한결 순조로워진다. 물론 어떤 요소를 조정해서 배우자 문제를 우선적으로 처리할 수도 있다. 하지만 스타트업에 '과잉 참여'한 것은 대부분 자신의 선택이니 함께 열심히 노력해서 헤쳐 나올 수 있다. 그렇게 해서 (지금의) 과잉 압박감을 함께 극복하면 모두가 같이 해낸 일이라 더욱 행복해질 것이다. 내가 바로 산증인이다.

살면서 누구나 한 번쯤은 압박감을 경험한다. 지금쯤이면 우리의 메시지가 확실히 이해되었을 것이다. 압박감은 관리할 수 있고 일과 삶에서 일시적으로 일어나는 상태다. 당신이 바로 인생의 디자이너이고 통제권을 쥐고 있다는 사실을 잊지 마라. 자, 이제 규칙적으로 일정을 계획하는 워크 라이프로 돌아가 보자.

5장 의미 있는 삶은 어떻게 만들어지는가

잘못된 생각: 내 일이 마음에 들지 않는데 어떻게 해야 할지 모르겠다.

생각의 재구성: 내게는 모든 상황과 일을 재구성하고, 재설계할 힘이 있다.

유독 길게 느껴지는 하루가 있다. 직장에 몰입하지 못하는 상태라면 하루하루가 예전보다 더 길게 느껴질 것이다. 쉴 새 없이 재깍거리는 시곗바늘을 더 빨리 움직이게 만들 방법이 없다. 고양이 영상을 계속 찾아봐도 소용이 없다. 퇴근해서 가족(혹은 고양이)에게 상사나 직장, 클라이언트, 일이 지긋지긋하다며 투덜댈 뿐이다.

당신의 인생 계획은 현재 이렇다. 급여를 받아서 시간을 때우다가 마침내 퇴직하면 그제야 비로서 진정한 삶을 시작한다. 그날을 위해 회사에서 시키는 대로 일만 하고, 관리자에게 보고하며, 직장 동료의 말에 고개를 끄덕이며 웃음을 짓는다. 퇴직하면 어차피 전혀 중요하지 않을 일이다. 어린 시절 꿈은 보험 판매나 소프트웨어 기업에서 기술 매뉴얼을 작성하는 일, 다른 집 수영장에 덮개를 설치하는 일이 아니었다. 하지만 어찌하다 보니 지금 그런 일을 하고 있다.

익숙한 이야기인가? 만일 그렇다면 여러분은 직장에 몰입하지 못한 채 불평만 늘어놓는 약 70퍼센트의 직장인 가운데 한 사람일 것이다. 그렇다면 어떻게 해야 할까? 누구에게 책임을 지울 것인가?

※ 스포일러: 업무에 만족할 수 있는 유일한 장소가 있다. 다른 직무나 직장, 아니면 인력개발 부서에서 배포하는 오리엔테이션 자료에서 찾을 수 있는 곳이 아니다. 회사에서 제시할 수 있는 곳도 아니다. 그렇다면 일과 경력의 디자이너에게 업무 만족은 어디에서 오는 것일까? 계속 읽어보라.

나의 상사는 누구인가

살다가 발목을 잡힐 때면 우리는 대개 외부 요인을 탓한다. 당신은 자신의 발목을 잡는 나쁜 일은 내가 아니라 다른 누군가나 무언가 때문에 생긴 것이라 생각한다.

- '직장생활이 진절머리가 나는 건 내 탓이 아니야. 우리 상사 만나본 적

있어? 최악이야!'

- '회사문화가 지긋지긋한 건 회사 잘못이지. 회사 때문에 전 직원이 불행한 거야.'
- '아내는 나를 이해하지 못하니까……. 대형 서커스단의 어릿광대가 되고 싶다는 내 꿈을 결코 응원하지 않을 거야.'

하지만 솔직해지자. 다른 사람이 우리의 행복을 가로막는다는 말이 항상 진실인 것은 아니지 않은가. 물론 나쁜 상사와 회사는 해롭다. 하지만 적절한 시점이 오면 스스로에게 이렇게 물어야 한다.

"나의 상사는 누구인가?"

해답은 하나뿐이다. 삶의 창조적인 주인은 '나 자신'이며, 나는 내가 원하고 내게 필요한 변화를 실행할 힘이 있다(기준을 낮게 설정하고 이런 변화에 천천히 적응할 것이니). 다소 노력과 시간이 필요하겠지만 결국 '내 상사는 누구인가?'라는 질문에 대한 답은 자명하다.

나의 상사는 나 자신이다. 이 답이 마음에 들지 않는다면…… 여러분의 상사와 이야기해 보라.

직장에서 더 몰입하고 만족하며 의미 있는 일을 하고 싶다면 업무경험을 재설계해야 한다. 출발점은 당신 자신이다. 일과 경력에 관한 스토리를 창조하는 당신의 태도와 사고방식인 것이다.

번뜩이는 아이디어는 어디에서 오는가

스탠퍼드대학교 동료인 심리학 교수 캐롤 드웩은 삶에 대한 사람들의 관점을 '고정형'과 '성장형' 사고방식으로 나눌 수 있다고 말한다.[1] 고정형 사고방식을 가진 사람은, 지능과 능력을 애초에 타고난 것으로 보고 변하지 않는 고정된 '재능'이라고 믿는다. 그들에게 성공은 선천적인 능력의 결과다. 실패의 이유도 똑같다. '원래부터 그런 일에는 소질이 없기' 때문이다.

- '나는 그냥 창의력이 없어.'
- '나는 판매를 못해.'
- '나는 수학에는 전혀 소질이 없어.'

반면 성장형 사고방식을 가진 사람은, 선천적인 능력이 저마다 달라도 지능과 재능을 개발할 수 있다고 믿는다. 새로운 것을 배우고 완벽하게 익힐 수 있다. 성공은 선천적인 능력이 아니라 노력과 연습의 결과물이다. 드웩은 다음과 같이 말한다.[2]

"자질이 고정불변이라고 생각하면(고정형 사고방식) 자신을 거듭해서 증명해야 한다고 조바심을 낸다…… 반면 성장형 사고방식을 가진 사람은 노력과 전략, 다른 사람의 도움을 바탕으로 기본 자질을 기를 수 있다는 믿음에 토대를 둔다…… 사람의 진정한 잠재력은 알려져 있지 않다……."

세상과 세상의 도전에 대한 이 두 가지 접근방식은 사뭇 다른 결과를 창출한다. **고정형 사고방식**을 가진 사람은 시련이 오면 더 나약해지며, '그건 내 잘못이 아니야. 원래 난 그런 일에 소질이 없어'라고 생각하기 때문에 대개 더 빨리 포기한다. **성장형 사고방식**을 가진 사람은 끈질기고, 설령 미숙한 상태에서 출발했다고 해도 노력해서 목표를 성취하려는 의지가 강하다.

심지어 뇌 fMRI 스캔(기능성 자기공명장치, 어떤 임무를 수행하는 동안 어떤 뇌 회로가 활동하는지 확인할 수 있는 방법)에서 이런 사고방식의 차이가 신경학과 관련 있다는 증거가 나타난다. 검사 대상자가 fMRI 기계에 들어간 상태에서 어려운 질문을 하고 그 답변에 대한 피드백을 제시하면 두 가지 사고방식의 뇌 패턴은 놀랄 만큼 큰 차이를 보인다.

고정형 사고방식을 가진 사람은 본인의 능력에 대한 피드백을 제시할 때만 관심을 가졌다. 뇌파를 보면 답변의 옳고 그름을 전할 때 주의를 집중했다. 하지만 학습에 도움이 될 만한 정보를 제시할 때는 관심의 징후가 나타나지 않았다. 심지어 본인의 답변이 오답이었을 때조차 정답을 궁금해하지 않았다. 성장형 사고방식을 가진 사람만 견문을 넓힐 수 있는 정보에 주목했다. 그들에게는 학습이 최우선이었다.[3]

고정형 사고방식이나 성장형 사고방식이 이미 뇌에 설계되어 있는 것처럼 보이는가? 그렇다고 해서 이런 제약에서 영원히 벗어날 수 없는 것은 아니다. 뇌가 훈련에 반응해서 새로운 회로를 설계한다는 증거는 매우 많다. 좋아하는 일을 찾기 시작할 때, 훈련을 통해 성장형 사고방식을 개발하라. 연구 결과에 따르면, 성장형 사고방식을 개발하면 배우고 싶다는 욕구(호기심)와 도전의식, 비판과 다른 사람의 본보기에서 배울 능력, 그리고 일단 시작한 일을 노력과 연습을 통해 완수할 능력이 높아진다.

> **잘못된 생각:** 나는 수학에 소질이 없는 데다 나아질 가능성도 없다. 내가 할 수 없는 일이 수두룩하고 나보다 훨씬 재능 있는 사람들이 많다. 능력의 한계에 갇혀 있는 나는 더 나아질 수 없다.
> **생각의 재구성:** '능력의 한계'라는 말은 고정형 사고방식이 하는 말일 뿐 진실이 아니다. 성장형 사고방식을 가지고 노력하고 연습하면 마음먹은 것은 무엇이든 기필코 성취할 수 있다. 다른 사람들이 좋은 성과를 거두는 것은 재능 때문이 아니다. 그들은 더 나아지기 위해 열심히 노력할 뿐이다.

고정형 사고방식과 성장형 사고방식에 관한 이야기는 지나치게 이원적이다. 연구 결과에 따르면 우리의 사고방식은 고정과 성장의 혼합물이며, 우리는 고정에서 성장으로 이어지는 연속체의 어딘가에서 움직인다. 만약 당신의 사고방식이 스펙트럼에서 고정의 극단에 가까운 것처럼 보여도 성장형 사고방식으로 향하기 위해 노력할 수 있다. 반면에 성장형 사고방식을 타고난 사람이라면 연습을 통해 더욱 발전할 수 있다.

자신이 언제 고정형 사고방식에 빠지는지를 인식하는 것이 첫 단계다. 어떤 일이 일어날 때 고정형 사고방식으로 세상을 보게 되는지 돌아보라. 해결할 수 없는 문제에 부딪치거나(나는 멍청해), 꾸물거리거나(나는 게을러), 자신을 대변하지 못하거나(나는 소심해), 부당함에 맞서지 못할 때(나는 비겁해) 나는 어떻게 생각하는가?

이 사례들은 부정적인 혼잣말이나 부정적인 방식으로 이용한 스토리텔링이다. '나는 멍청해'나 '나는 어리석고 게을러'라고 혼잣말을 한다면 그것은 자신에게 강력한 스토리를 전하는 것이나 다름없다. 스토리를 여러 번 반복하다 보면 언제부터인가 그 사실을 믿게 된다.

방향을 바꾸려면 고정형 사고방식이 언제 주도권을 잡는지 잘 지켜봐야 한다. 판단하지 말고 지켜보라. 그런 다음 재구성의 힘을 이용해 문제를 바꾸고, '스토리텔링' 사고방식의 힘을 활용해 '이야기'와 '결과'를 바꾸어라.

고정형 사고방식에 빠진 자신을 발견하면, 지금의 스토리를 더 바람직한 스토리로 재구성하라. 예를 들어 이렇게 바꿔보는 것은 어떨까?

잘못된 생각: '나는 멍청해'

생각의 재구성: '심각하게 고민하고 있는 문제를 해결하기 위해 몇 가지 새로운 아이디어가 필요해. 새로운 문제해결 전략을 찾고(호기심 가지기), 도움을 구하고(파격적 협력), 나한테 시간을 더 주고 더 열심히 노력해서 기본요소를 갖춘다면 이 문제에 대처할 수 있을 거야.'

잘못된 생각: '나는 어리석고 게을러'

생각의 재구성: '내 속마음은 이 문제를 처리하고 싶지 않은 것 같아. 나는 꾸물대고 있지. 문제를 처리하기 위해 필요한 정보와 조사, 자료를 모두 구비했는지 확인하면 시작할 수 있을 거야(자각). 임무의 구성을 바꾸고(재구성), 새로운 방법을 찾아 똑같은 결과를 얻을 수 있

어. 이 임무를 완수했을 때 따라오는 혜택을 목록으로 작성하면 동기 부여가 되어 시작할 수 있겠지!'

누가 봐도 후자가 더욱 바람직한 스토리다. 성장형 사고방식에 더 가까워지는 마지막 단계는 스스로에게 다음과 같이 묻는 것이다.

- '오늘 나는 무엇을 배울 수 있을까?'
- '배움과 성장이라는 목표를 중심으로 할 일 목록을 재구성할 수 있을까?'
- '내가 배운 것을 다른 사람들을 위해 이용할 수 있을까?'
- '오늘 내가 스승이 될 수 있을까?'

성장형 사고방식을 채택하고 발전시키는 것이 여러분의 지상과제다! 나아가 배우고 성장하며 경험을 공유하면 조금 더 단단한 성장형 사고방식을 만들 수 있을 것이다. 이 새로운 사고방식으로 변화한 다음 이를 유지할 계획을 세워라. 성장형 사고방식을 자연스러운 문제해결 방식으로 만들기 위해서는 분명 연습과 강화가 필요하다.

이 사고방식을 수용해서 내가 원하는 모습으로 직무를 바꾸고자 노력하다 보면 어쩔 수 없이 걸림돌에 부딪치게 된다. 이때 회복탄력성의 심리학이 등장한다. 상황이 힘들어지면 강인함을 넘어 그릿이 필요하기 때문이다.

직장생활에도 버티는 힘이 필요하다

그릿은 미국 육군사관학교에서 신입 사관생도에게 실시하는 7주간의 호된 기초훈련, 일명 '야수Beast'를 누가 끝까지 견뎌낼지, 혹은 이보다 훨씬 더 혹독한 그린베레 특수부대 선발 과정Green Beret Special Forces Selection Course을 누가 통과할지를 예측할 수 있는 최고의 지표다. 무거운 배낭을 짊어지고 장거리 달리기, 진흙탕을 기어서 철조망 통과하기 등 다양하고 험난한 도전이 선발 과정에 포함되어 있다. 그릿은 누가 가장 생산성이 높은 세일즈맨이 될지, 누가 천부적인 재능을 타고난 운동선수를 이길지를 예측하는 최고의 지표이기도 하다. 그릿이 중요하다!

'그릿'은 펜실베이니아대학교 심리학 교수이자 『그릿』의 저자인 앤절라 더크워스가 개념화한 용어로, 성공과 성취를 끌어내는 데 결정적 역할을 하는 투지 또는 용기, 근성을 뜻한다. 그녀는 그릿을 측정하는 방법을 개발했고, 웹사이트(angeladuckworth.com/grit-scale)에서 그릿 지수 테스트를 제공하고 있다.

사람들은 저마다 다양한 능력을 타고난다. 그러나 더크워스의 연구에 따르면 재능과 지능지수, 타고난 능력은 역경을 이겨낸 성공과 상관관계가 희박한 것으로 나타났다. 성공한 사람과 중도에 포기하는 사람의 차이는 '버티는 능력'에 있었다. 따라서 그릿은 우리의 일과 삶에서 공통적으로 길러야 할 중요한 자질이다. 회복탄력성과 그릿을 활용해 더 중대한 사고방식을 개발할 수 있기 때문이다.

더크워스가 "성숙한 그릿의 전형들이 공통적으로 가진 심리적 자산"이라고 표현하는 네 가지 요소를 살펴보자.[4]

모든 것은 지금 하는 일을 즐기는 것에서부터 시작된다. 버티려면 자신의 주제에 내재적인 관심을 기울어야 한다(내재적 동기부여에 대해서는 뒤에서 더 살펴볼 것이다). 우리는 호기심 많은 디자이너 사고방식을 '관심'이라는 자산에 추가하고 싶다. 호기심은 관심의 잠재적 전조이니 말이다.

다음은 연습하는 능력이다. 완벽함으로 이어지는, 계획적이고 정보에 입각한 연습에 헌신해야 한다. 매일, 매주, 매년 연습해야 한다(연습에는 끝이 없다). 연습은 그 자체가 목적이 된다.

목적을 분명히 하라. 내 직무가 자신보다 더 위대한 무언가, 또는 누군가에게 중요한 일이라고 믿어야 한다.

그리고 마지막으로 희망을 가져야 한다. 상황이 힘겨워지고 계획대로 진행되지 않아도 끝내 포기하지 않는 것은 '희망' 때문이다. 희망은 낙관주의, 나아가 사명이 실현될 것이라는 더욱 심오한 느낌과 관련이 있다.

호기심과 관심을 키우고, 한 분야와 주제의 대가가 되기 위해 열심히 연습하며, 자신보다 더 위대한 무언가를 목적으로 정하고, 희망을 잃지 마라. 그러면 그릿과 능력이 향상되어 마음먹은 일을 달성할 수 있다. 뛰어난 디자이너의 사고방식과 상당히 비슷하지 않는가?

연구 결과에 따르면, 매일 이와 같이 노력하면 고양이 동영상을 시청하거나 시계만 쳐다보거나 혹은 맡은 직무에 대해 불평할 때보다 더욱 효과적으로 시간을 활용할 수 있다.

좋다. 아마 고양이 동영상 시청과 그릿 함양의 상관관계를 다루는 공식적인 연구는 없을 것이다. 설령 있다 하더라도 그릿이 언제나 승리할 것이다. 당신이 이미 성장형 사고방식을 개발하고 있고, 지금 그릿을 기르고 있다면, 이제 애초에 일할 동기를 부여하는 것이 무엇인지 살펴보자. 당신 자신이 스스로의 관리자이자 상사이니 핵심 직원에게 가장 효과적으로 동기를 부여할 방법을 알아야 하지 않겠는가?

비몰입에서 벗어나 강력한 동기부여를 얻는 법

잘못된 생각: 나는 내 직무를 수행하면서 행복하지 않은데…… 어떻게 개선해야 할지도 전혀 모르겠다.

생각의 재구성: 나는 타고난 동기를 인식하고 있으며 어떻게 자율성과 관계성, 숙련도를 개선할지 알고 있다.

하루 일과를 마무리할 때, 자신의 직무가 도전적이고 재미있다고 느끼게 만들 책임자는 다름 아닌 자기 자신이다. 버스를 운전하는 일이든 기업합병을 추진하는 일이든, 상관없이 모든 직무에 적용되는 사실이다.

그럼 다시 심리학자에게 도움을 청해 우리의 직무를 재미있고 보람차게 만들어보자. 이른바 '자기결정이론Self-determination Theory'

이라는 인간의 동기부여에 대한 연구에 따르면 인간은 내재적 동기를 가진 동물이다. 따라서 외부 동기에 반응하는 것 이외에 인간의 동기부여를 완벽하게 이해하기 위해서는 자율성Autonomy, 관계성Relatedness, 숙련도Competence, 다시 말해 ARC를 향한 인간의 내재적 심리욕구를 이해해야 한다. 이쯤에서 이의를 제기할 독자가 있을지 모르겠다.

"심리욕구라고요? 이론상으로는 좋은 말이지만 내겐 현금이 필요합니다. 돈이야말로 내게 동기를 부여하고, 무엇보다 빨리 일에 몰입하게 만들 겁니다. 내 은행 계좌의 ARC에 대해 토론해 보시죠!"

좋은 의견이다. 물론 재정적 욕구도 충족시켜야 한다. 하지만 연구 결과 인간은 이상하게도 (특히 먹고살 걱정이 없을 때) 돈 이외의 것(호기심과 수수께끼를 해결하려는 타고난 도전의식 같은)에서 동기를 부여받는다. 다니엘 핑크는 자신의 저서 『드라이브』에서 자기결정이론으로 밝혀진 동기부여 심리학의 몇 가지 신기한 결과를 설명한다.

"…… 인간의 동기부여는 대부분의 과학자와 일반인의 믿음에 역행하는 법칙에 따라 작용하는 것처럼 보였다…… 우리는 무엇이 사람들을 움직이게 만드는지 안다고 생각했다. 보상(특히 손으로 만질 수 있는 현금)이 관심과 성과를 끌어올린다. 그러나 자기결정이론 심리학자들이 발견한 사실은 정반대에 가까웠다. 어떤 활동에 대한 외부적인 보상으로 돈을 이용할 때 대상자들은 해당 활동에 대한 내재적인 관심을 잃는다…… 인간에게는 새로움과 도전을 추구하고, 개인의 능력을 발휘해 탐구하고 배우려는 타고난 성향이 있다."[5]

이는 다니엘이 심리학의 선구자인 에드워드 데시가 거둔 성과를 묘사한 내용이다. 데시가 리처드 라이언 등과 함께 40년 동안 개발한 개념에 따르면 인간은 원시적인 외재적 동기(음식, 안식처, 안전 등)와 더불어 어떤 면에서는 그 자체로 보상이 되는 '강력한 내재적 동기'를 가지고 있다. 다시 말해, 인간에게는 '그냥 재미있다'는 이유만으로 어떤 일을 하는 성향이 있다. 인간은 호기심의 동물이다. 데시와 라이언 같은 심리학자들은 (어떤 수수께끼를 해결한 사람에게 보상을 제공하는 것 같은) 외재적 보상을 도입할 때 오히려 내재적 보상체계가 망가질 수 있음을 입증했다. 내재적 보상체계를 활용하는 사람들에게 업무에 대한 보상을 지급하면 실제로 성과가 감소했다.

불가사의한 역설이 아닐 수 없다. 그러니 이제부터는 자율성과 관계성, 숙련도를 향한 우리의 심리욕구를 살펴보자.

자율성

자율성은 기본적으로 자기 삶을 통제하려는 욕구다. 이는 인간의 본능적 욕구이자 내재적 심리욕구다. 우리는 누구나 직장에서 자신이 언제 누구와 무슨 일을 하는가를 통제할 능력을 갖춘 위치에 있기를 원한다. 데시와 라이언이 말했듯이 "현상학적 수준에서 인간의 자율성은 자기조절 행위에 수반되는 성실과 의지, 활력이라는 경험을 통해 나타난다."[6]

일의 영역에서 당신은 직장에 출근하고 기대에 부응해서(혹은 기대보다 훌륭하게) 업무를 수행함으로써 자율성을 개발한다. 그리고 기대 이상의 업무성과를 거두는 습관을 기를 때 좋은 일들이 일어나기 시작한다.

앤은 패스트푸드 음식점의 교대근무 관리자로서 지금껏 업계 모범 관행에 따라 교대근무를 실시하도록 교육을 받았다. 그녀는 미국의 유명 햄버거대학교에서 강의를 통해 그녀가 근무하는 매장의 처리량과 수익성을 극대화할 수 있는 매우 체계적이고 구체적인 방법을 배웠다. 이 글을 읽고 있는 당신이 패스트푸드 매장과 같은 직장에 자율성을 발휘할 여지가 없을 것이라고 생각할지 모르겠지만 오산이다. 앤은 규칙을 준수하고 빈틈없이 조직을 운영했다. 교대근무 직원들은 정리정돈과 모범적인 행실로 주목을 받았다. 앤도 교대근무 직원들에게 기대 이상으로 성의를 다했다. 그녀는 이틀에 한 번씩 싱싱한 꽃을 가져와 근무환경을 환하게 만들었고, 개인적으로 짬을 내어 신입 직원에게 음식을 만드는 과정과 규칙을 가르쳤다.

어느 날 그녀는 근무 교대 시간이 너무 정신이 없다는 사실을 발견하고 정리 작업에 나섰다. '뒷정리 잘하기'에 대한 인센티브가 없다 보니 교대근무자들은 서둘러 퇴근하느라 난장판을 모른 척했고, 다음 근무 직원들이 난장판을 고스란히 물려받았다. 엉망진창인 주방 때문에(건강에 해로울 위험이 있고) 주문을 제대로 처리하지 못하는 직원까지 생겼다. 앤은 교대근무 관리자 세 명과 비공식적인 커피타임을 가지며 상황을 의논했다. 그녀는 한 직원을 '교대 담당자로 지정하는 새로운 프로토타입을 만들자고 제안했다. 교대가 깔끔하게 끝나면 인센티브를 제공하는 식이었다. 관리자들은 한 달 동안 프로토타입을 시험하기로 동의했고 그 결과는 놀라웠다. 주문을 처리하지 못하는 경우가 사라지고 일터는 깨끗하고 행복해졌다.

앤에게는 여전히 직장을 더욱 중요하게 느낄 수 있도록 효율적이고 재미있게 만들 아이디어가 무척 많다.

"준비대에서 노랫소리가 들리거나, 관리 팀에서 게임하듯이 가장 빨리 기름 거름망을 청소하는 사람을 뽑을 때, 직원들이 협력을 잘하고 있다는 생각이 듭니다. 우리 팀은 근무 직원 보유율이 가장 높고, 저를 실망시킨 사람이 아무도 없어요. 최고 경영진에서 이 사실을 눈여겨보고 있답니다."

앤이 직장에서 자율성을 창출하고 있다는 사실이 느껴지는가? 당신도 할 수 있다.

관계성

관계성이란 사람이나 지역사회와 관계를 맺는 것을 말한다. 우리는 동료 직원과 관계를 맺고 프로젝트에서 협력하며 동료 직원과 기업주의 입장에 공감함으로써 관계성을 개발하고 유지할 수 있다. 관계 욕구는 인간의 강력한 동기부여 요인이자 진화하는 인류 역사의 기본요소다. 인간은 그리 강하거나 재빠른 동물이 아니다. 야생에서는 거의 모든 육식동물이 인간보다 더 빠르고 치명적이다. 인간은 살아남기 위해 더불어 생활하고 사냥하는 법을 배워야 했다. 인간이 진화할 때 최고의 생존전략은 강력한 씨족과 부족 집단을 형성한 것이다. 관계성에 대한 이 내재적 욕구 역시 직장에서 나타난다.

중대한 프로젝트에 참여하여 보다 중요한 일을 맡아 활력을 얻고 신이 나서 일했던 때를 생각해 보라. (스포츠, 지역사회 단체, 사회운동 등) 삶의 여러 분야에서 팀의 일원이 되어 팀을 위해 열심히 일하는 모습을 볼 수 있다.

파격적 협력은 디자이너들이 자연스럽게 실천하는 관계성의 한 형태다. 이와 대조적으로 삭막한 칸막이 구조 속에 고립되어 혼자서 팀이나 동아리, 혹은 회사의 사명과 그다지 관련이 없는 업무를 수행한다면 건전한 근무환경이라 할 수 없고, 최고의 성과를 거둘 수도 없을 것이다. 관계성이 커지면 일과 삶에서 행복도 커질 수 있다.

빌이 제품 디자인 석사과정을 마치고 스탠퍼드를 갓 졸업했을 때, 한 교수가 빌에게 '초극비 스텔스 모드Super-secret Stealth Mode'라는 특별 프로젝트에 참여하라고 제안했다. 그는 컨버전트 테크놀로지Convergent Technology라는 성공적인 기술기업을 창업한 교수였다. 이 제안을 계기로 빌의 생애에서 최고로 손꼽을 수 있는 업무 경험이 이어졌다. 세간의 평판에 따르면 컨버전트 테크놀로지는 일하기가 만만치 않은 곳이었다. CEO는 이 회사를 '실리콘밸리의 해병대'라고 즐겨 부르며 빈틈없이 회사를 운영했다. 열두 명으로 구성된 소규모 팀의 기술 엔지니어 세 명 중 한 명이 빌이었다. 빌의 팀은 세계 최소형 휴대용 개인 컴퓨터를 설계하고 제조하는 프로젝트를 진행했다. 목적을 달성하기 위해 장시간 일하면서 그는 야근까지 마다하지 않았다. 주말까지 일한 적도 많았다. 눈도 붙이지 못한 주말이 이어졌다. 그는 어머니 생신 파티에 참석하기 위해 일요일 아침 '일찍' 퇴근했던 때를 기억한다. 3주 동안 빨래를 하지 못한 탓에 백화점에 들러 깨끗한 셔츠를 사야 했다. 마감일자는 늘 촉박했고, 실패 가능성이 현실로 다가왔다. 팀은 온갖 기술을 최대한 동원했다. 1983년 당시로서는 거액이었던 2,000만 달러(한화 약 225억)가 넘는 투자액을 날릴 수도 있는 상황이었다.

비록 오랜 시간 근무해야 했고 스트레스도 많았지만, 그 프로젝트는 아직도 빌이 진행했던 최고의 임무로 손꼽힌다. 파격적 협력과 팀워크는 경이로웠고, 모든 사람이 역사상 최초의 프로젝트를 진행하며 서로 응원했다. 완전한 몰입 상태가 몇 주 동안 계속되었다. 그들이 연구소에서 막바지 야근을 한 끝에 마침내 주기판(신호 케이블이나 전원 배선을 공통화하기 위해 각종 인터페이스 회로판을 배치하는 판—옮긴이)을 처음으로 작동시켰을 때 그것은 "헬로 월드Hello World"라고 인사했다.[7] 샴페인 파티가 열렸다.

약 35년 전에 빌과 함께 일한 그의 팀은 아직도 애정을 담아 그 시절을 추억한다. 팀원들은 프로젝트가 끝난 다음에도 몇 년 동안 매년 친목 모임을 가지곤 했다. 어쩌다 옛 팀원을 우연히 만나면, 빌은 어김없이 오래 대화를 나누며 팀의 일원으로 일했던 추억을 그와 함께 음미한다.

사실 그들이 만든 그 획기적인 휴대용 컴퓨터 워크슬레이트WorkSlate는 사업상 완벽한 실패작이었다. 출시하고 1년가량이 지났을 때 회사에서는 워크슬레이트 담당 부서를 해산시켰다. 프로젝트의 팀원 가운데 부자가 된 사람은 아무도 없으며, 따라서 제품이 성공해서 기분 좋은 추억을 얻었다고 말할 수는 없다. 중요한 것은 '사람'과 '과정'이다. 인생의 진리다.

숙련도

숙련도는 설명이 필요 없을 것이다. 사람은 누구나 자기 일을 잘하고 싶어 한다. 자기 일에서 최고가 되기를 원하는 사람도 있다. 우리는 다른 사람들이 '완전 정복'이라고 부를 만한 수준에 이를 때까지 기술을 연마하고(이때 그릿이라는 요소가 발휘된다) 한층 더 체계적인 연습을 통해 '완전 정복의 경지를 넘어섬'으로써 숙련도를 개발한다. 이때 그릿과 버티는 능력이 관건이다.

숙련도는 본질적으로 긍정적으로 느껴진다. 그렇기 때문에 우리가 얼마나 가치 있는 일을 하고 있는지 확인해야 한다. 일을 잘하려면 기술을 개발해야 한다. 진심으로 중요하게 여기는 기술을 개발한다면, 숙련도를 향상시키고 싶은 욕구가 생길 것이다. 이와 대조적으로 직장에 몰입하지 않는다면, 업무를 훌륭하게 처리할 기술을 완전 정복하기는커녕 향상시키는 일에 일말의 관심도 없을 것이다.

숙련도를 키우려면 직장에서 유용한 타고난 장점 영역과 업무에 필요한 타고난 단점 영역에 투자해야 한다. 전자의 핵심은 타고난 장점(소집단 이끌기)을 발휘해서 다음 단계(세계적인 수준의 팀 구성 전문가 되기)로 자신을 밀어붙이는 것이다.

타고난 장점을 '있는 그대로' 발휘하면서 자족하기 쉽다. 그러나 장점의 혜택을 완벽하게 누리기 위해서는 장점을 더욱 키워야 한다. 반대 경우도 마찬가지다. 일하다 보면 대부분 원래 잘못하지만 절대적으로 필요한 임무를 만난다. 예컨대 대학교수가 되고 싶다면 공개 연설을 잘해야 하는 식이다.

그런데 빌은 그렇지 않았다.

빌은 태생이 내성적인 성격으로 일대일이나 소집단, 아니면 혼자 일하기를 좋아했다. 리더로서 영향력을 발휘하고 싶지만, 많은 사람들 앞에 서는 것을 좋아하지 않았다. 하지만 그 일은 인기 강의의 담당 교수라면 매일 되풀이해야 하는 일이었다. 그는 교수가 되어 학생들을 발전시키고, 디자인 사고과정을 구상하고, 디자인 프로그램 팀을 이끌고 싶었다. 빌은 원하는 일을 계속하려면 사람들 앞에 서는 법을 배워야 한다는 사실을 알았다. 그래서 유명 교수들을 관찰하고, 그들의 경험에 대해 이야기를 나누었다. 공개 연설을 통한 커뮤니케이션의 과학을 연구해 효과적인 메시지 전달법을 배웠다. 그리고 연습했다. 가르치고, 가르치고, 또 가르치며 동료와 학생들로부터 자신의 교수법에 대한 건설적인 피드백을 받았다. 처음에는 피드백이 그리 달갑지 않았다. 피드백이 거북했고, 응원보다는 비난을 더 많이 받았다. 비난이 달가운 사람은 없다. 하지만 그의 결심은 흔들리지 않았다(약간의 그릿이 필요한 일이다). 연설 기술은 선천적인 것이 아니라 후천적인 것이라고 진심으로 믿었다(그는 성장형 사고방식을 가지고 있었다). 마침내 이 모든 노력이 효과를 거두었다. 그 후에 빌은 교수 평가에서 언제나 높은 점수를 받았고, 가르치는 것(학생들이 배우는 모습을 보고 그 일을 훌륭하게 수행하는 것)을 진심으로 즐거워했다. 교수와 연설가로서 자신의 숙련도를 충분히 만끽했다.

여러분이 가진 기술이 직무 요건에 미치지 못한다면 그것을 성장의 기회로 삼아라. 해야 할 일이 많겠지만 그 이면에는 멋진 혜택과 함께 일하면서 도와주는 사람들이 있다.

빌은 여전히 내성적이지만 하루 종일 학생들을 가르친 다음이면 행복한…… 녹초가 된다. 연단에서 일과를 보낸 다음 빌의 가장 큰 행복은 퇴근해서 쪽잠을 자는 것이다. 빌과 대조적으로 데이브는 외향적이다. 그래서 강의 일정이 끝나면 두 시간 동안 자전거를 타면서 남은 에너지를 소진하고, 아내를 붙잡고 강의에 관해 이야기하면서 늦게까지 잠 못 들게 한다. 빌과 데이브는 모두 가르치는 일을 무척 좋아하며, 열심히 노력해서 이 일에서 높은 수준의 숙련도를 길렀다. 하지만 서로 다른, 개인적인 방식으로 가르치는 일을 경험한다. 어떤 일에서 숙련도를 키워 진정한 대가의 경지에 이를 때 그것은 개인적인 경험이 된다. 그것을 자기만의 것으로 만들고, 이 과정에 자신에게 맞는 방식을 택해야 한다.

자율성, 관계성, 숙련도를 향한 욕구는 인간성의 한 요소다. 이런 자질은 내재적 동기부여 체계의 구성요소이기도 하다. 누구나 가지고 있는 욕구이며, 직장에서 이런 동기를 충족시킬 때 업무를 가장 훌륭하게 처리하고 동료와의 관계가 더욱 돈독해졌다고 느끼며, 자신이 하는 일이 의미 있다고 생각한다. 이것이 경력 ARC 개발의 의미다.

관리자에게 전하는 경고

관리자는 직원들이 자율성과 관계성, 숙련도를 기를 수 있는 기회를 만들 수 있다. 직원들이 직장에서 ARC를 기를 수 있는 환경을 권장하는 것이 고용주에겐 가장 유익하다. 스스로에게 끊임없이 물어야 한다.

나는 직원들에게 독립과 자율성이라는 근본욕구를 충족시킬 기회를 허용하고 있는가?

- 그들을 믿는가?
- 우리 팀은 자기 주도적인가?
- 사람들이 일하면서 배우고 있는가?

직장에서 ARC를 권장하지 않고 있다면 직장 비몰입률과 직원 이직률을 점검해야 할 것이다. 한 직원을 대체하려면 직원 급여의 20~200퍼센트에 이르는 비용이 든다. 핵심 직원이나 관리자, 임원이라면 더 큰 대가를 치러야 한다. 결산표에는 이런 비용이 반영되지 않을 것이다. 하지만 직원들의 생산성과 사기가 저하되고 스트레스가 증가하고 있다면 결국 대가를 치르게 된다. 이는 모두 번아웃의 원인이다. 회사에서 대체인력을 구하는 동안에는 사표를 내지 않은 사람들이 그만둔 사람의 몫까지 떠맡아 더 힘들게 일한다. 채용 과정에서 시간과 비용을 투자해야 하고, 신입사원 교육도 시켜야 한다.[8] 직원들이 돈 때문에 떠나고 있다고 생각하는가? 그렇다면 다시 생각하라. 사람들은 직장이 아니라 상사에게 등을 돌린다. 직원들의 ARC를 향상시키기 위한 노력은 관리자로서 성공을 거두기 위한 일종의 직접투자다.

모든 일에 열정이 필요하다는 착각

혹자는 자신의 열정을 이해하면 삶의 진로를 알 수 있다고 하지만, 우리 생각은 다르다. 열정(목표를 달성하겠다는 자발적이고 독특한 욕구)이 흔히 나타나는 것이 아니기 때문이다. 연구 결과에 따르면 일반적으로 관심 분야에서 열심히 일할 때 열정이 나타난다. 그렇지만 정작 본인은 자신이 무엇에 열정을 느끼는지 깨닫지 못할 수 있다. 어린 시절에 진정한 열정이 표면으로 드러나는 경우도 있지만 대개 예술 분야다. 무용수, 가수, 디자이너 등 모든 유형의 창조적인 사람들은 '열정으로 시작하라'에서 동기를 부여받는 비율이 대다수 다른 사람에 비해 더 높다. 이들은 메이커 믹스가 압도적으로 '자기표현'에 집중되는 사람으로, 밖에서 안(외재적)보다는 안에서 밖(내재적)의 요소에 동기부여를 받는다. 내재적 동기부여 유형에 가깝다. 이를테면 화가의 업무 만족도는 대부분 내면에서 나온다.

나머지 사람들은 대부분 외재적이다. 다시 말해, 다른 사람이나 상황, 시스템 등에 상호의존적이다. 소방관에게는 소방차와 특수 장비, 고도의 특수 훈련을 받은 수많은 소방대원들, 그리고 시 정부, 경찰, 지역주민과의 복잡한 관계 같은 외재적 동기가 있다. 다른 직종들도 별반 다르지 않다(복잡한 상호의존관계가 많다). 따라서 살면서 수년 동안 다양한 상황을 경험해 봐야 자신에게 가장 적합한 곳을 발견할 수 있다(그렇기 때문에 30대 중반에 이르러서야 비로소 내가 하는 일이 편안해진다는 연구 결과가 있는 것이다).

자신의 직무에 열정을 못 느낀다고 해도 걱정하지 마라. 열정이 형성되기까지 시간이 걸리는 경우도 있다. 우선 호기심을 가지고 마음이 끌리는 대상에 주의를 기울여라. 그러면 경력을 쌓는 단계마다 내가 열정을 느낄 만한 일을 하고 있는지 알 수 있다. 다음은 내 일이 열정과 멀어지고 있다는 핵심 지표다.

- 직무의 일환으로 수행하는 업무가 점점 따분해진다.
- 야근까지 하면서 프로젝트를 진행하고 싶은 마음이 없다.
- 일하면서 필요한 기술을 완벽하게 익히기 위해 노력하지 않는다.
- 내가 일하는 분야의 발전 상황에 보조를 맞추지 않는다.
- 같은 직종의 사람들이 하는 일에 호기심이 없다.

우리는 지금 당장 자신이 좋아하는 일을 그려 나가는 일에 집중하라고 권하고 싶다. 그러려면 성장형 사고방식을 극대화하고, 그릿을 기르고, 내재적 동기부여 요인에 귀를 기울여야 한다. 그러면 일에서 열정을 찾을 확률이 높아질 것이다.

누구나 의미 있는 직무와 중요한 일을 맡길 원한다. 다행히도 당신이 책임자다. 호기심을 가지고 더 훌륭하게 직무를 처리할 수 있는 프로토타입을 만들어라. 회의적인 혼잣말을 긍정적인 스토리로 바꾸고 스토리를 전달하라. 내재적 동기부여 요인을 적절히 이용해 자신을 개발함으로써, 자율적이고 창조적인 직원으로 거듭나고 다른 사람들과 협력하라. 자기 분야에서 대가의 경지에 오르기 위해 부단히 노력하고, 자신의 직무에 의미를 부여하는 일에 집중하라. 성장형 사고방식으로 일과 삶을 대하고 그릿을 기를 때 비로소 자신과 세상의 중요한 일을 성취할 수 있다.

물론 직장에서는 눈에 보이지 않는 힘겨루기 같은, 우리가 통제하지 못하고 때로는 이해할 수 없는 일들이 일어난다. 이른바 사내 정치다. 다음 장에서는 이런 특정한 유형의 난제에 대처하는 방법과 이런 일이 발생하는 이유를 탐구할 것이다.

2부

밥벌이에 끌려 다니지 않기 위해

어떻게 일할 것인가

6장 달콤한 권력과 사내 정치의 맛

지금부터 우리는 정치적으로 변할 것이다. 국가가 아니라 회사에서 정치적으로 변할 것이다. 진정하라. 당신이 어떻게 말할지 우리도 알고 있다.

"저는 정치를 좋아하지 않아요", "정치를 이해하지 못하겠어요", "고맙지만 사양할게요", "정치는 모두 연극이고 나와는 관계가 없어요"

충분히 이해한다. 하지만 우리는 당신이 직장생활을 성공적으로 그려 나가기 위해서 직장에 존재하는 권력구조를 이해해야 한다는 단순한 진리도 알고 있다. 회사 내의 권력과 영향력이 어떤 식으로 작용하는지 이해하지 못하면 원하는 것을 얻을 도리가 없다. 이제부터 당신은 정치적으로 변해야 한다.

잘못된 생각: 이놈의 직장이 어떻게 돌아가는지 도통 이해가 안 된다.

사내 정치가 판칠 뿐이다.

생각의 재구성: 영향력과 권위, 권력을 관리하는 법을 익혀서 성공하는 법을 배울 수 있다.

스스로 상황을 통제할 수 있는 위치에 있어 변화를 쉽게 시작할 수도 있다. 반면에 나보다 권한이 더 많은 사람들이 관여하는 상황도 있다. 바로 이런 상황에서 정치가 중요해진다. 알다시피 쉽게 '예스'를 얻어내는 능력자들이 있지 않은가.

우선 직장에서 변화가 일어나는 방식을 이해해야 한다. 무언가가 변화할 때면, 변화가 일어나기 직전에 어떤 일이 있었는지 생각해 보라. 바로 '결정'이다. 카펫을 바꾸거나, 새 복사기를 들이거나, 다국적 금융기업에 회사를 매각하거나, 그동안 임대했던 트럭을 구매하기로 결정할 때처럼 모든 변화의 계기는 결정이다.

결정이 변화를 일으킨다. 그것도 직접적으로! 이제 다시 스스로에게 물어보자. 직장에서 어떤 결정을 내리기 위해 반드시 필요한 것은 무엇일까? 시간이나 운, 혹은 수려한 외모? 아니다. '권한'이 필요하다.

변화를 일으키려면 권한을 가진 사람이 되어야 한다. 예컨대, 당신이 액미 트러킹Acme Trucking의 책임 구매자라면 회사에서 장기적인 비용을 고려해 임대하던 트럭의 구매 여부를 결정해야 한다. 구매 결정권은 당신에게 있다. 여러분이 책임자다. 로비의 카펫을 바꾸기로 결정한 기업의 대표도 마찬가지다. 유리한 제안을 내놓은 스위스 기업에 자사를 매각하기로 결정한 기업주도 그렇다. 어떤 사안을 결정해서 추진하려면 성사시킬 권한이 있어야 한다. 그렇다면 이렇게 물어야 한다. '이게 전부일까? 권위를 가진 사람들이 세상을 돌아가게 만드는 결정을 내리는 걸까?'

아니다. 세상은 그리 단순하지 않다. 결정을 둘러싸고 무수히 많은 목소리가 웅성거린다. 다른 무언가가 작용하고 있음에 틀림없다. 바로 '영향력'이다.

영향력은 결정권자에게 중요한 작용을 한다. 대개 정보를 근거로 해당 결정에 대한 찬반 의견을 제시한다. 따라서 당신이 어떤 결정에 영향을 미쳐 변화를 일으켰다면, 그것은 권위자들이 당신의 영향을 잘 받아들였다는 뜻이다. 영향력은 조직에 존재하는 권력의 한 형태다.

시끄럽게 굴어 결정 과정에 끼어들려고 애쓰면 영향력이 있는 것처럼 보이겠지만 실상 그렇지 않다. 결정에 영향을 미치지 못하는 인플루언서 워너비는 인플루언서가 아니다. 영향력은 결정

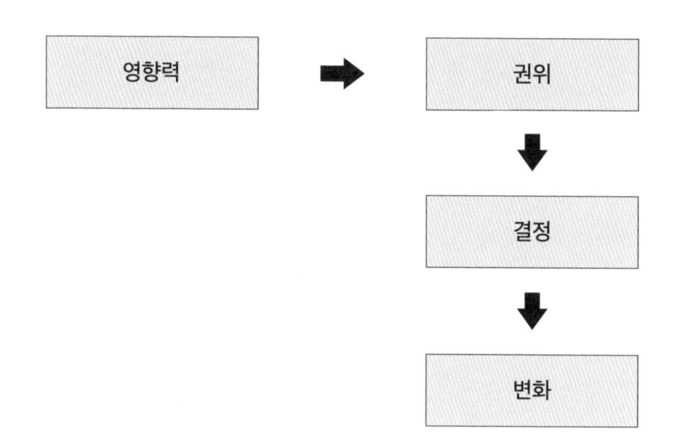

을 내려 변화를 일으키는 권위자에게 힘을 행사하는 것과 같다.

본질적으로 정치의 진정한 정의는 영향력 행사를 의미한다.

영향력의 원천과 원리를 이해하면 의미(권위에 미치는 작용)는 물론이고 영향력을 행사하고 사내 정치에 대처하고 싶을 때 효과를 높일 수 있다. 그러면 여러분의 직장생활은 더욱 단순하고 효과적으로 변화한다.

빅 보스와 뒷방 늙은이의 차이

권위는 결정을 내릴 수 있는 힘이다.

영향력은 권위에 작용하는 힘의 한 형태다.

이제 단순한 2×2 모형을 만들어보자.[1] 사분면으로 나뉜 도표는 권위와 영향력의 다양한 조합을 보여준다.

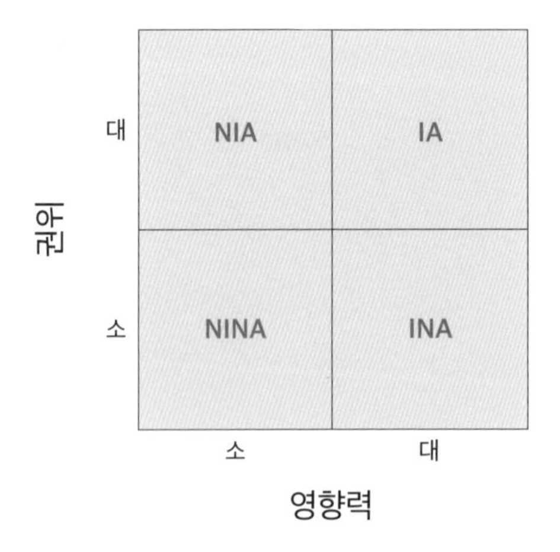

도표에 따르면 모든 조직에는 영향력이 없는 무권위자NINA, Non-influential Non-authoritarians, 영향력이 없는 권위자NIA, Non-influential Authoritarians, 영향력이 있는 무권위자INA, Influential Non-Authoritarians, 영향력이 있는 권위자IA, Influential Authoritarian가 있다. 네 가지 유형의 구성원과 조직의 권력을 간단히 살펴보자.

영향력이 없는 무권위자NINA

영향력이 없는 무권위자는 왼쪽 하단에 위치한다. NINA는 영향력이나 권위가 없는 사람이다. 특별히 유력하지 않을 뿐이지 문제가 있는 사람은 아니다. 어떤 조직에서든 이런 사람이 많아야 한다. 수많은 일을 처리하는 사람들이다. 누군가 어떤 조직의 NINA를 모두 제거하면 직원 집단의 분포가 바뀔 것이다. 도표의 네 사분면에는 항상 구성원이 존재한다. 이 도표는 특정한 상황에 처한 사람들의 집단을 묘사한 것이기 때문이다.

다시 말하지만 누군가를 판단하는 것이 아니라 상황의 원리를 묘사하는 것일 뿐이다. 대부분의 사람은 NINA이다. 소중하고 중요한 사람들이지만, 중대한 결정을 내리는 과정에 꼭 영향력을 행사하지는 않는다. 아이들을 가르치는 교사, 매장에서 일하는 점원, 지역 병원에 근무하는 대부분의 의사, 워싱턴 D.C.의 초선 의원. 이들은 모두 NINA다.

영향력이 없는 권위자NIA

왼쪽 상단에는 영향력이 없는 권위자가 위치한다. NIA는 조직에서 비교적 높은 자리에 있지만 영향력은 딱히 없는 사람이다. 대단히 중요한 사안의 책임자라고 말하기 어렵다. 사무공간과 복사기를 관리하는 시설 담당 이사는 권위가 있어도 영향력은 그리 크지 않은 직책이다. 건물 임대료가 매우 비싸니까 거액의 예산을 관리하는 것은 맞지만 조직의 전략적 방향에는 관여하지 않는다.

이는 반가웠던 손님이 너무 오래 머문 나머지 쫓겨나는 일종의 뒷방 같은 자리다. 그러니까 NIA는 '뒷방 늙은이'다. 직책은 높아도 하는 일이 없는 사람. 어쩌면 과거에 큰 공로를 세우고 승진해서 한동안 그 자리를 지켰으나 기업의 전략적인 방향과는 무관해진 사람일 수도 있다. 그저 존재할 뿐, 중요한 플레이어는 아니지만 대부분의 조직에는 이런 사람이 몇몇 있다.

영향력이 있는 무권위자INA

이 도표의 오른쪽은 권력지대다. 구성원이 영향력을 발휘하는 곳이다. INA는 영향력이 있는 무권위자다. 이들의 말이라면 사람들이 귀를 기울인다. 실제로 데이브는 요즘 스탠퍼드 연구소의 INA다. 데이브와 빌은 리더십 승계 계획의 일환으로 스탠퍼드 라이프디자인연구소에 아주 뛰어난 상무이사를 고용했다. 그녀는 빌의 부하 직원으로(빌은 스탠퍼드 디자인 프로그램을 총괄하는 임원이기 때문에 중요 인물이고 확실히 IA다), 데이브가 맡고 있던 관리 책임을 거의 다 물려받았다. 연구소의 모든 사람이 그녀에게 보고하면, 그녀는 빌에게 보고한다. 데이브는 여전히 일선에서 교육과 지도를 담당하지만 권위자는 아니다. 물론 12년 전에 이 프로젝트를 시작했고, 빌과 함께 책을 썼으며, 아직도 뛰어난 아이디어들을 내기 때문에 영향력은 크지만 그래도 권위는 없다.

어느 조직에나 이런 부류의 사람이 있다. 진보적인 사고의 일선 교사처럼, 변화가 필요할 때 교장을 움직일 수 있는 사람이다. 메뉴나 실내장식에 대해 항상 조언하는 웨이터 같은 사람이 여기에 속한다. 음식점 주인은 실제로 고객의 지갑에 영향을 미치는 사람이 웨이터임을 안다. 미국국세청 업무지원실의 전화 서비스 직원 같은 사람이다. 지역 관리자는 웹사이트 디자인을 개선하는 문제에 대해 언제나 이들의 조언을 구한다. 데이브 같은 이들은 모두 INA다.

영향력이 있는 권위자IA

마지막으로 권위와 영향력을 모두 가진 사람이 있다. 사람들은 이들의 말에 귀를 기울인다. 그들의 의견이 중요할 뿐만 아니라 권위가 있는 직책에서 결정을 내릴 수 있기 때문이다. 이들이야말로 회사의 실세다.

빅 보스(CEO, 기업주, 대표, 총괄 관리자, 대대장)는 거의 언제나 IA다. 하지만 이들과는 다른 IA가 있다. 이 유형의 IA는 개인의 책임 영역과 밀접한 관계가 있다. 대개 예산과 자금의 규모와 용도를 통제할 권한을 가지고 있다. 예를 들어 시정 담당관은 대규모 예산뿐만 아니라 예산 지출 방식을 관할하는 상임 직원이다. 그가 2년마다 선출되는(그래서 임기가 끝나면 업무에서 쉽게 배제될 수 있는) 시장보다 IA에 더 가까운 것은 분명하다. 미식축구 팀의 수석 코치는 대개 구단에서 세 번째로 직위가 높은 관리자다.

그는 단장에게 보고하고 단장은 구단주에게 보고한다. 그런데도 수석 코치는 확실한 IA다. 팀에서 가장 중요한 문제, 다시 말해 경기에 승리해서 (거액의 상금이 걸려 있는) 플레이오프에 진출하는 일에 관한 한, 책임이 가장 크기 때문이다. 승리하지 못하면 해고될 위험이 가장 크지만, 승리할 때면 조직에서 가장 유력한 사람은 아마 수석 코치일 것이다.

쓸모 있는 존재

영향력과 권위 도표를 이해했다면 첫 단계는 무난히 넘겼다. 그런데 어떻게 하면 이 모형을 이용해 당신의 영향력과 권력을 키울 수 있을까? 우선 기본적으로 회사나 다른 인플루언서의 전략과 문화를 따르고 공로를 세워서 다른 권력자에게 인정받는 방법이 있다. 따라서 영향력은 공헌하는 가치와 그 가치를 제공함으로써 얻는 인정의 총합이다.

영향력 = 가치 + 인정

가치가 핵심이다. 가치는 반드시 이해해야 할 매우 중요한 개념이며, 정치에 대한 부정적인 느낌을 극복할 수 있는 수단이 된다. 이 책에서 정치란 '결정권이 있는, 권위에 작용하는 영향력 행사'를 의미한다. 매우 정당한 원천, 즉 조직의 전략과 문화를 따르면서 조직을 위해 창조한 가치에서 얻은 영향력 말이다.

결정권을 부여받은 사람들은 모름지기 힘을 모아 조직을 성공으로 이끌어야 한다. 가령 누군가 신형 자율주행 자동차를 생산해서 판매하거나, 동네 식품점에서 사람들에게 기분 좋은 서비스를 제공하는 등 어떤 목적을 성취하고자 힘쓴다고 하자. 이때 본인의 권한을 이용해서 내리는 결정은 회사와 파트너, 고객의 성공을 창조하는 데 일조해야 한다.

예를 들어 안젤라가 권한을 가진 결정권자라면 누구의 말에 귀를 기울일까? 누군가 회사의 가치와 성공에 일조할 멋진 아이디어를 가지고 있다면 결정권자는 이 사람의 말에 귀를 기울일 것이다. 옷차림이 마음에 들어서 아니면 사촌의 옛 연인이었다는 이유로 누군가의 말을 경청하지 않는다(이따금 '그런 것들'이 이유가 되기도 한다. 그렇다면 그것은 추악한 정치이지만 이런 경우는 극히 드물다). 안젤라 같은 사람들은 이미 영향력을 발휘한 인플루언서의 말에 귀를 기울인다. 인플루언서의 조언과 의견이 가치를 더할 수 있기 때문이다.

그렇다면 어떻게 인플루언서가 될 수 있을까? 아주 간단하다. '쓸모 있는 존재'가 되라. 뛰어난 성과를 거둠으로써 조직에 가치를 더하라. 다시 말해 회사가 더 크게 성공하도록 도우면 되는 것이다. 이때 조직의 전략적 방향과 일치하는 가치를 더한 뒤 결정권이 있는 사람들에게 인정받아야 한다.

만일 여러분이 가치를 더했으나 아무도 모른다면 그것은 숭고한 공헌일 뿐이다. 공헌은 당신을 영향력 있는 존재로 만들지 못한다.

시끄럽게 굴거나 인기를 얻어 세간의 주목을 받으려고 애쓰면서 가치 있는 일은 전혀 하지 않는 사람들도 있다. 단기적으로는 효과가 있을지는 몰라도 오래가지 않을 것이다. 진정한 영향력은 가치를 더하고 인정받은, 반복적인 기록에서 발생한다. 이는 바람직한 현상이다. 결정권자에게는 인플루언서가 필요하다. 인플루언서가 없다면 모든 일을 혼자서 처리해야 한다. 따라서 권한과 영향력의 건강한 생태계, 즉 우리가 생각하는 건전한 사내 정치는 사실 조직을 강화시킨다.

이제 좀 정치에 흥미가 생기는가?

나쁜 정치

이따금 상황이 나빠지기도 한다. 정치가 추악해질 때다. 이런 상황을 원하는 사람은 아무도 없다. 추악한 정치는 잡음을 일으키고, 대가를 치르며, 사람들에게 상처를 입히고, 때로는 파괴와 붕괴를 야기한다. 최악의 경우에는 모든 사람이 일자리를 잃고 회사가 문을 닫는 사태를 일으킨다.

일반적으로 두 가지 요인이 나쁜 정치를 일으킬 수 있다. 첫 번째는 조직 구성원이 힘을 행사할 때고, 두 번째는 회사의 가치관에 위기가 닥칠 때 나쁜 정치가 등장한다.

먼저 힘을 행사하는 일과 힘겨루기를 구별해 보자. '힘겨루기'란 무엇이 올바른 결정인지에 대해 정당한 의견을 가진 사람들이 충돌하는 것을 말한다. 트럭 임대와 구매를 놓고 고민하는 회사의 사례를 다시 살펴보자. 한 집단이 트럭을 신형으로 바꾸기가 더 쉽다고 주장하며 임대를 적극 지지한다. 반면 다른 집단은 비용 절감을 내세워 구매를 적극 지지한다. 양측은 솔직하게 의견을 전달하고 있으며, 이는 바람직한 결정을 내리기 위한 정당한 싸움이다. 분쟁이 일어났는데 동일한 힘을 가진 두 집단의 의견이 일치하지 않을 뿐이다. 이런 힘겨루기는 사실 나쁜 현상이 아니다. 정당한 힘겨루기이니 문제될 것이 전혀 없다. 결정을 내리고 문제를 처리하면 오히려 회사는 더욱 탄탄해질 것이다. 힘겨루기에서는 모든 관련자가 조직을 위해 옳은 결정을 내리고 싶지만 그 결정이 무엇인지를 놓고 의견이 다를 뿐이다.

'권력 행사'는 회사가 아니라 자신에게 옳은 일을 위해 애쓴다. 가령 트럭 사례에서 아리는 트럭을 임대하는 대신 구매하자고 적극적으로 주장했는데, 그 이유가 아리의 사촌이 트럭 중개인이었기 때문이다. 사실 그녀는 사촌에게서 트럭을 구입하도록 회사를 밀어붙여서 사촌이 큰돈을 벌게 하려고 애쓰고 있었다. 이는 회사를 돕는 일과는 하등 관계가 없다. 회사 전략과 일치하지 않거나 전략에 이롭지 않은 권력 행사이며 바람직하지 못하다.

정치가 추악해지는 두 번째 요인은 가치관의 위기다. 구스는 동네 식품점 주인으로 수년 동안 성공적으로 매장을 운영했다. 그런데 최근 고객이 줄어들기 시작했다. 오랜 단골고객들이 있지만 이들은 나이가 들었고, 대신 새로운 사람들이 인근 지역으로 이사를 왔다. 새 주민들은 대개 온라인으로 쇼핑을 하고, 유기농식품과 보조제를 판매하는 대형 체인점 쇼핑에 관심이 더 많았다. 이들을 유치할 방법을 모르는 구스는 심각한 곤경에 처했다. 실제로 손해를 보기 시작하자 그는 덜컥 겁이 났다.

이처럼 사업 모형에 대한 도전이 발생했는데 어찌해야 할지 모를 때, 무엇이 바람직한 결정인지 확신이 없을 때, 규모와 상관없이 모든 조직은 가치관의 위기에 직면한다. 무엇이 '가치'인지 확실히 알지 못하니 영향력은 가치와 인정의 합이라는 등식이 더 이상 통하지 않는다.

구스는 진열창 광고판의 크기를 키우는 방안과 소셜 미디어 활동을 늘리는 방안 가운데 어느 편이 더 가치가 있는지 확신이 서지 않았다. 새로운 미식가 고객을 위해 유기농식품 재고량을 늘리는 편이 더 가치가 있을까? 아니면 배달 서비스를 시작하는 편이 더 가치가 있을까?

실패하는 이유와 대처법을 모르면 전략을 세울 수 없다. 바로 가치관의 위기와 혼란에 빠졌을 때다.

현명한 결정을 내릴 방법을 모를 때 우리는 마구잡이로 결정을 하게 된다. 사람들은 가장 근사해 보이는 아이디어를 내놓거나 목소리가 가장 큰 사람들을 선택하기 시작한다. 날이면 날마다 결정이 바뀌고, 뚜렷한 방향도 없이 시시각각 상황이 변한다. 좋은 결정과 나쁜 결정을 구별하는 사람이 없을 때 상황은 초고속으로 험악해지기 마련이다.

인구통계학적인 변화에 타격을 입는 것은 동네 식품점만이 아니다. 스트레스가 많고 가치관의 혼란을 겪는 조직이라면 어디에나 이런 상황이 일어난다. 빌이 애플에 근무하던 시절에는 스티브 잡스가 퇴사했고(7년 뒤 복귀했다), 이후 세 명의 CEO가 회사를 거쳐 갔다. 저마다 회사를 위한 새로운 비전을 제시했으나 그들의 의도를 정확히 파악한 사람은 아무도 없었다. '좋은 결정'의 기준이 계속 바뀌었고, 뒤이어 나쁜 정치가 등장했다. 사람들은 전략적인 관점에서가 아니라(전략 자체가 없었다) 개인의 권력을 쌓고 싶어서 본인이 선호하는 프로젝트에 자금을 지원해야 한다고 주장했다.

우리가 목격한 한 사례에서는 공동 창립자들이 전략에 합의하지 못해 직원이 고작 세 명뿐인 스타트업이 엉망진창이 되었다. 연구를 개선하고 힘을 모아 전진할 길을 닦는 대신, 창립자 중 두 사람(이전 회사의 동료)이 편을 지어 다른 한 명을 공격하고 권력 행사가 이어졌다. 세 번째 창립자가 쫓겨나고 결국 큰 대가를 치렀다. 대개 쫓겨난 창립자는 공모발행이 진행될 무렵 돌아와 자신이 생각하는 공정한 회사 지분을 되찾기 위해 소송을 제기한다. 이런 불필요한 난장판이 많은 기업에서 생각보다 더 자주 발생한다.

누군가 힘을 행사하거나 혹은 가치관 위기에 봉착했는데 아무도 바람직한 결정을 내릴 방법을 모른다면 나쁜 정치가 걷잡을 수 없이 판을 치게 된다. 사태를 파악할 수 있을 만큼 가까이 가되 화를 입지 않을 만큼 거리를 두어라.

나쁜 정치적 시나리오는 대부분 오래가지 않는다. 결국 누군가 개입해 난장판을 청소할 것이다. 당신이 그런 인물을 알아보고 그에게 쓸모 있는 존재가 된다면 다시금 상황을 바람직한 방향으로 뒤집을 수 있다. 정치를 지혜롭게 관찰하고, 올바른 인플루언서와 권위자의 눈에 띄는 가치를 지속적으로 더하라. 그러면 좋은 일이 생길 것이다.

3차원적인 조직도를 이해하라

우리는 대부분 이런 전통적인 조직도를 봐왔을 것이다. 권위를 기반으로 작성한 이 조직도는 모든 조직에서 누가 누구의 상관이고 부하 직원인지 보여준다. 대표, 부대표, 중간관리자, 말단직원 순이다. 지금껏 조직도는 이런 방식으로 작성되었다. 문제는 이 조직도로 실제 이야기를 파악할 수 없다는 사실이다. 회사의 권위와 영향력은 2차원이 아니라 3차원으로 작용하기 때문이다.

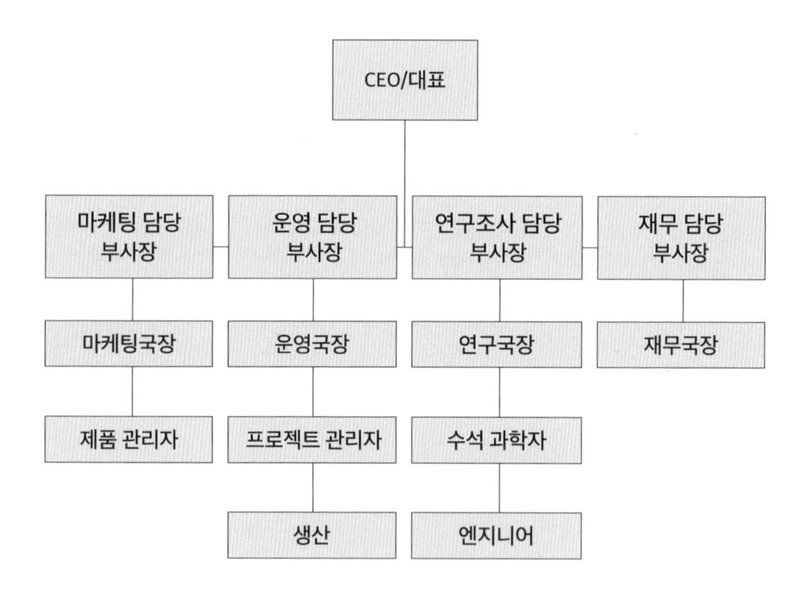

전형적인 2차원 조직도.

실제 상황을 훨씬 더 정확하게 묘사하는 3차원 조직도다. 전통적인 조직도에서는 명령체계만 알 수 있으나 3차원 조직도에서는 권위와 영향력을 모두 보여준다. 지금껏 살펴보았듯이 이

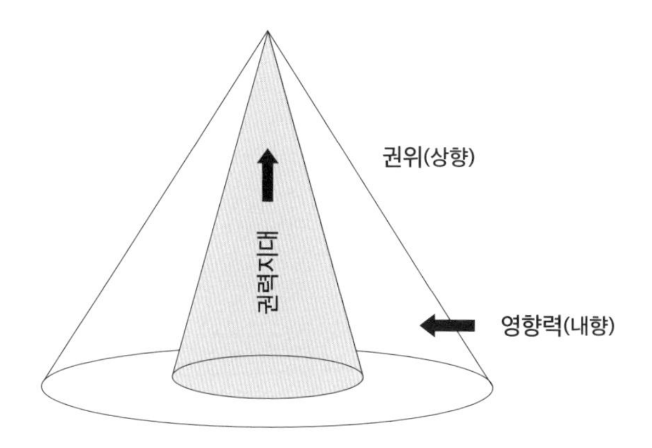

두 가지 요소는 모두 중요하다. 이 조직도는 일반 조직도와 마찬가지로 승진하면 권위가 커지기 때문에, 원뿔에서 더 높이 올라가면 더 많은 권위를 얻는다는 사실을 3차원으로 보여준다.

위쪽뿐만 아니라 x축의 중앙으로 더 가깝게 움직이면 더 높은 단계의 영향력을 얻는다. 권력지대로 움직이는 것이다. 권력지대에서는 영향력 있는 무권위자INA와 영향력 있는 권위자IA가 보인다. 영향력이 더 적은 사람은 이 지대의 외부에 위치한다(권력지대에 들어가지 않고 원뿔에서 위로 올라갈 수 있는데, 그러면 NIA, 즉 영향력이 없는 권위자가 된다).

이 3차원 모형은 권력과 영향력, 이를 행사하는 구성원의 조직 활동을 한층 더 정확하게 표현한다. 영향력과 권위를 나타내는 이 모형은 보다 역동적으로 움직이기 때문에 모형을 홀로그램으로 바꾸어 입체적으로 만들 수 있다면 우리는 그것을 회전시켜 표현할 것이다(후속 작품에서는 가능할지 모르겠다). 직장의 권력-영향력 영역은 결코 정적이지 않다. 항상 움직인다. 만일 당신의 영역이 더 이상 움직이지 않는다면, 가치를 더하기 위해 부단히 정진하지 않는다면, 이 회전 모형의 원심력은 여러분을 권력지대 밖으로 내동댕이칠 것이다. 3차원 모형에서 직위를 보존하려면 공헌해야 한다. 반면 지속적으로 가치에 공헌하고 있다면 권력지대로 더 깊숙이 들어가게 된다. 영향력은 더욱 커질 것이다. 가치에 대한 공헌이 적어지면 미끄러져 나올 것이다. 따라서 현명한 디자이너는 움직이는 이 3차원 체계에 맞춰 조직에 대한 이해를 재구성하고 힘과 영향력을 키우기 위해 노력한다. 이것이 기업의 원리다.

자영업자에게 보내는 글

자영업자인 당신은 아마 이렇게 혼잣말을 했을 것이다.

"휴, 자영업자인 게 정말 다행이군. 이런 일에 대처할 필요가 없으니 말야!"

하지만 실상 6장은 다른 집단보다 자영업자에게 더 중요하다. 물론 당신은 전통적인 조직에 속하지 않으며, 아무도 당신에게 업데이트한 조직도를 보내지 않는다. 하지만 당신은 분명 '조직 안에서' 일한다. 클라이언트는 대개 회사다(클라이언트가 개인이더라도 덜 복잡할 뿐이지 정치는 여전히 중요하다). 이유는 간단하다. 당신은 협력업체나 클라이언트 조직에 대해 권한이 없다. 조직에 고용된 다른 사람의 권력에 대처해야 한다. 다시 말해 오로지 영향력에 의지해 일을 처리해야 하며, 따라서 대단히 효과직이고 능숙하게 건전한 정치를 펼쳐야 한다. 데이브는 20년 넘게 권위가 없는 독자적인 컨설턴트였다. 어떤 회사에 소속되어 월급을 받으며 일하지 않았다. 그의 성패를 결정한 것은 오로지 클라이언트 회사의 정치와 영향력 권력구조 내에서 효과적으로 업무를 처리하는 능력이었다. 이는 그리 어려운 일이 아니다. 당신도 분명히 감을 잡을 것이다.

정치를 이해하면 의사결정이 쉬워진다

이제 권력과 영향력, 정치를 이해했으니 기업의 벽을 꿰뚫어 볼 수 있는 일종의 '투시력'을 얻은 셈이다. 영향력이 결정에 영향을 미치고 그것이 변화를 일으킨다는 사실을 깨달으면, 의사결정의 정치를 꿰뚫어 보고 이해할 수 있다.

여러분은 이제 새롭게 얻은 투시력을 발휘해 어떤 사람이 인플루언서인지 식별하고 이해하며 인정할 수 있다. 만약 당신이 의사결정에 참여하지 않는 사람이라도 영향력이 어떤 식으로 결정에 영향을 미치는지 파악할 수 있다. 가치평가 과정과 그 과정이 결정에 미치는 영향을 이해하면 된다. 이처럼 기업의 원리를 더 명확하게 파악하면, 새롭게 얻은 정치적 통찰력을 활용해서 당신이 일을 하는 데 있어 권력자가 되는 방법을 머지않아 깨달을 것이다. 실제로 결정의 원리를 인식해 조직의 영리한 구성원으로 성장할 수 있다. 나아가 권위나 영향력 등 권력을 가진 사람들과 조화를 이루며 눈에 띄는 가치를 더하기 위해 매진하면 '정치 놀음을 하기'보다는 건전한 방식으로 정치적 현실을 활용할 수 있다. 마치 길거리 전도사처럼 하루 종일 길모퉁이에 서서 '트럭 구매를 반대한다!'고 외치고 싶은 사람은 없을 것이다.

그것은 진정한 외침이 아니다. 가치가 없으니 말이다.

더 크게 외친다고 해서 영향력이 생기는 것은 아니란 사실을 기억하라. 짜증만 돋울 뿐.

영리하게 원하는 것을 얻는 법

피트는 훌륭한 가정의학과 의사다. 그가 거주하는 지역은 대도시라서 가까운 곳에 대규모 연구 병원이 있었지만 몇몇 소규모 지역 병원도 남아 있었다. 피트는 이 작은 병원 중 한 곳과 자신이 개업한 병원에서 시간제로 근무했다. 피트는 의사인 동시에 완벽한 컴퓨터광이기도 했다. 중학교 다닐 때 아마추어 무선통신 동아리에 가입한 이후부터 내내 그랬다.

그런데 시간제로 근무하는 작은 병원에서 새로운 전자의료기록 시스템인 EMR 도입을 고려한다는 소식을 들었다. 정말 참여하고 싶은 프로젝트였다. 앞서 말했다시피 피터는 그런 사안에 정통한 컴퓨터광이기에 자신이 프로젝트에 도움이 될 것이라고 생각했다. 하지만 그는 병원에서 시간제 가정의였을 뿐, 사람들이 EMR 시스템의 실행 문제에 대해 의견을 구할 만한 대상은 아니었다.

어느 날 피트는 상담시간에 데이브에게 이 문제를 언급하다가 자신은 EMR 실행 문제에 영향력이 없다며 안타까워했다. 데이브는 EMR 프로젝트뿐만 아니라 병원의 전반적인 상황을 설명해 보라고 말했다. 이런 상황에서 피트가 원하는 바를 이루기 위해서는 현재 병원 상황에 맞춰 움직여야 한다고 판단했기 때문이다. 조직의 가치관을 알아내고 이를 바탕으로 EMR과 관련된 결정에 영향을 미칠 방법을 모색해야 했다. 피트는 이렇게 대답했다.

"우리 병원은 성장하고 있어요. 하지만 더 큰 건물로 옮길 여유는 없어서 개원 시간을 연장하고 있죠. 전에는 몰랐는데 야간에는 사람들이 동네 병원을 즐겨 찾더군요. 그래서 야간근무 직원을 증원했어요. 약간 복잡한 상황입니다. 간호사들에게는 특히 그렇죠. 말이 나와서 말인데 요즘 눈여겨보는 사람은 에스더예요."

"아, 에스더가 누군가요, 피트?"

"병원 수간호사입니다. 그 병원에서 오래 근무했는데 계속 승승장구하고 있죠. 일이 정말 잘 돌아가요. 그녀가 병원을 운영하고 있다고 해도 과언이 아니에요."

데이브는 더 말해 달라고 했다.

"우리 병원은 3교대이기 때문에 여러 간호사가 여러 환자를 관리하죠. 그러니 교대할 때 업무를 정확하게 인계해야 합니다. 그렇지 않으면 환자가 위험해질 수 있으니까요. 그래서 전체적인 업무가 프로세스 중심으로 변했어요. 에스더는 이런 상황에 적합했습니다. 프로세스를 잘 처리하거든요. 그녀가 모든 사람이 규정을 따르는지 확인하죠. 그러다 보니 EMR 팀에 합류해서 간호사와 관련된 문제에 대해 건의사항을 전달하고 있습니다."

그러고 나서는 EMR 실행 문제에 대해 이야기했다.

"아시겠지만 병원 국장과 정보기술 담당자가 책임자예요. 그들이 결정을 내리죠. 그들은 진심으로 의료기록을 채택하고 싶어 합니다. 그러면 보험회사에서 돈을 지급받기가 한층 수월하거든요. 하지만 그게 환자 관리에 어떤 영향을 미칠지는 고려하지 않아요."

데이브가 이렇게 물었다.

"EMR이 실행되면 모든 사람이 환자를 돌보는 동안에 데이터를 입력해야 하는 거죠? 그러면 특히 간호사를 비롯해서 모든 사람에게 영향을 미치지 않나요?"

피트는 이렇게 대답했다.

"물론입니다. 사실 제가 알기로는 EMR이 간호사들과 전반적인 환자 관리의 질에 어떤 영향을 미칠지 몰라서 에스더가 살짝 답답해하고 있어요. 전문적인 방향으로 논의 주제가 바뀌면 사람들이 이따금 자기 말을 귀담아 듣지 않는다는 느낌이 들어서 약간 짜증이 난다고 제게 말한 적도 있고요."

그 순간 피트의 투시력, 다시 말해 정치와 영향력, 그리고 조직의 의사결정 방식에 대한 새로운 이해가 실력을 발휘했다.

에스더가 조직의 중요한 인플루언서이며(여러 차례 승진했다), EMR 실행 문제에서 영향력을 키우고 싶다는 그녀의 바람을 이미 표현했다는 생각이 떠올랐다. 데이브는 피트에게 다음과 같이 제안했다.

먼저 에스더에게 전화를 걸어 커피를 마시자고 초대한다. 그리고 피트도 그녀와 마찬가지로 간호의 질에 관심이 많다고 이야기한다. 그가 '컴퓨터를 잘 알고', 그래서 훌륭한 사용자 인터페이스와 사용하기 쉬운 소프트웨어를 EMR 실행에 포함시키라고 요구할 방법을 안다는 사실도 빼먹으면 안 된다. 아울러 (그녀의 관심사니까) EMR을 도입하면 간호사의 업무가 향상될 수 있다고 말한다.

2주가 지난 후 피트는 데이브를 다시 찾아와 말했다.

"마법 같은 일이 일어났어요. 당신의 조언대로 에스더와 만나서 EMR 프로젝트에 대해 이야기를 나누었습니다. 그 결과 전 지금 EMR 팀원으로서 다른 중요한 팀원에게 영향을 미치고 있어요. 에스더 말입니다. 에스더와 제가 협력해서 간호의 질을 높이고 있죠. 지금껏 제가 참여한 최고의 프로젝트 팀입니다."

일부 병원 사람에게 피트는 영향력이 없는 시간제 가정의일 뿐이었다. 그의 소프트웨어 전문지식에 대해 알고 있거나 관심이 있는 사람이 없었다. 하지만 피트는 에스더가 영향력이 있음을 깨닫고, 그녀가 어떤 가치에 관심이 있는지를 알아내어 그녀에게 가치 있는 존재가 되었다. 그는 에스더에게 도움이 될 만한 사람이었다. EMR 시스템에서 어떤 종류의 인터페이스가 사용자 친화적이고, 어떤 프로그램 언어를 실행하여 간호의 성과를 개선할 수 있는지 파악할 수 있는 사람이었다. 덕분에 프로젝트의 영향력 지대로 들어섰으며, 실제로 영향력을 얻었다. 피트는 정치적으로 움직였다. 그리고 이는 그와 조직에 이로운 결과를 가져왔다.

결론은 이렇다. 새롭게 발견한 투시력뿐만 아니라 조직의 영향력과 권위가 3차원으로 움직이는 지식을 활용하라. 건전한 조직에서 정치의 핵심은 조직 운영의 효율을 높이는 것이다. 일단 (벽을 꿰뚫고) 현재 상황을 볼 수 있다면, 권력과 정치의 원리를 이해할 수 있다면, 내가 어떤 유형의 인플루언서가 되고 싶은지 결정할 수 있다. 조직의 전략과 목표와 조화를 이루는 한편, 자신의 가치관을 나침반과 일치시켜라. 그러면 좋은 일이 일어날 것이다. 그것이 좋은 정치이기 때문이다.

좀 더 효과적으로 관계를 맺고 영향력을 행사하는 일에 익숙해지기 시작하면, 경력에서 가장 강력한 한 가지 과업, 즉 지금 현재 위치에서 일을 재설계하고 싶은 마음이 생길 것이다.

7장 버틸 것인가 나갈 것인가

잘못된 생각: 내가 다니는 직장은 좋지 않다. 그만둬야 한다!

생각의 재구성: 내게 맞지 않는 직장이 있을 뿐이지 나쁜 직장이란 없다. 지금 내가 있는 이곳을 '좋은' 직장으로 재설계할 수 있다.

이따금 이런 생각이 든다. '직장이 싫다', '따분하다', '더 이상 도전의식을 느끼지 못한다', '평생 다니고 싶은 것도 아닌데, 20년이 지난 지금 항상 하던 일을 하다 보니 여기에 발목을 잡혀 있다'

모두 당신이 처한 현실일 수 있다. 발목을 잡혔다는 대목만 제외하면 말이다. 디자이너는 벗어나는 방법을 알고 있으니 발목을 잡힐 일이 없다. 사표를 첫 번째 선택으로 삼는 일도 거의 없다. 따라서 우리는 단도직입적으로 말할 것이다.

그만두지 마라. 아직은.

지금 당신이 듣고 싶은 말이 아닐지도 모르겠다. 사표를 절대 쓰지 말라는 의미는 아니다. 무조건 지금 있는 그곳에 남아야 한다고 생각하는 것도 아니다(결국에는 누구나 직장을 그만둔다. 그래서 다음 장에서 잘 그만두는 문제를 다루었다). 하지만 우리가 관찰한 바에 따르면 사람들은 지금 자기가 있는 바로 그곳에서, 업무환경을 재설계해 대폭 개선할 수 있는 원료가 있는데도, 사표를 쓰고 새로 출발하는 고통과 위험을 무릅쓴다. 부모와 배우자, 친구와 같이 친밀한 모든 관계에서 그렇듯, 시간이 쌓이면 동료와 상사, 회사의 흠이나 결점이 보이기 마련이다. 물론 재설계하는 일이 쉽지는 않지만 새 출발보다는 월등히 쉽다.

좌절하고 조바심을 내며 지금 상태를 견디고 있다는 느낌은 누구에게나 진저리가 난다. 하지만 완전히 새로 시작해야 하는 새로운 장소에 뛰어들기 전에(그런 다음 완전히 새로운 온갖 결점을 발견하기 전에) 고용주를 갈아치우는 대가와 위험을 면하고 상황을 재설계할 수 있을지 살펴보자. 성급하게 결정하기에 앞서 최소한 재설계를 이해하고 몇 가지 개념을 시도해 보는 것이 좋다.

지금 내가 있는 직장과 나를 알고 있는 회사, 여기에는 당신에게 유리한 두 가지 요소가 있다. 오래 일한 회사라면 틀림없이 당신을 위한 탄탄한 내부 관계망과 지지 체계가 형성되어 있을 것이다. 게다가 당신은 지금 있는 그곳에서 무엇이 옳고 그른지를 정확히 알고 있다.

지금부터 직장생활을 변화시켜 영감과 도전의식을 다시 불러일으키고, 애착 청바지처럼 몸에 꼭 맞는 방법을 알려주겠다. 지금껏 우리는 당신에게 맞지 않는 것들을 개선하는 네 가지 재설계 전략을 제시했다. 워크 라이프를 재설계하고 싶을 때 이 전략을 시도하면 된다. 상황에 따라 다음 전략 가운데 한 가지가 원치 않는 상황을 벗어나는 데 도움이 될 것이다.

• 전략1: 재구성

조직의 우선순위에 맞춰 활동을 조정하고, 자신의 가치를 높임으로써 직장에 대한 스토리와 관계를 바꾸며, 직무를 재구성하고 다시 도전하라.

• 전략2: 리모델링

자신의 관심사에 더 어울리는 방향으로 외적 요소와 구조를 수정하는 한편, 자신의 독특한 장점을 더 적극적으로 발휘함으로써 직무를 리모델링하라. 그러면 성과가 향상되어 상사의 만족도가 높아지고 업무에 몰입할 수 있게 되면서 당신의 만족도도 높아질 것이다.

• 전략3: 재정착

처음에는 눈에 띄지 않더라도 당신의 사정거리 내에 있는 새로운 역할로 수평 이동하여 재정착하라. 기존에 있던 공석이나 당신을 위해 새로 마련한 직책을 찾아 이동하라.

• 전략4: 재창조

새로운 경력을 시작하라. 이는 일종의 새 직무 적응 프로그램으로, 회사를 옮기지 않아도 지금껏 준비하며 교육을 받았던 전혀 다른 종류의 역할을 수행하는 기회가 된다. 이 프로그램을 통해 여러분은 중요한 새 경력을 얻고, 고용주는 성실하고 소중한 팀원을 계속 보유할 수 있다.

잘못된 생각: 내가 맡은 일이 별로다. 회사를 옮겨서 더 좋은 일을 구해야 한다.

생각의 재구성: 사표를 쓰기 전에 현재 직장에서 활용할 수 있는 방법을 모두 동원했는지 돌아보자. 더 좋은 일(혹은 단기 과제)이 바로 곁에 있을지 모른다.

누가 새로운 회사에서 새로운 일이나 진로를 찾거나 자영업에 뛰어들었다는 말을 들으면(혹은 접으면) 솔깃해 보일 것이다. 지금의 일이 내게 맞지 않는다는 느낌이 들면 대부분의 사람이 이런 방법부터 떠올린다. 하지만 일과 삶의 그려 나가는 과정에서는 반복이 중요하다. 지금껏 우리의 도움을 받아 디자인 씽킹을 이용해 삶을 개선한 사람이 수십만 명에 이른다. 여러분도 이 네 가지 새로운 전략을 활용해서 직장생활에 새로운 활력을 불어넣을 수 있다. 시도해서 손해 볼 것이 없다. 결국 사표를 내고 직장을 옮기기로 결정했다 하더라도, 재설계 전략을 활용하면 한결 유리한 위치에서 구직해서 멋지게 직장을 그만둘 수 있다.

※ 경고: 노력할 가치가 없는 직장도 존재한다! 현재 불량 직장에서 일하거나 직장에서 존중받지 못하거나 괴롭힘과 학대를 받는다면 무조건 조속히 그만두어라. 단지 돈벌이를 위해 안전하지 못

한 직장을 견디는 일은 없어야 한다. 상사가 '또라이'라면 우리 동료인 밥 서튼Bob Sutton의 『또라이 제로 조직The No Asshole Rule』과 『참아주는 건 그만하겠습니다The Asshole Survival Guide』를 읽어보라. 서튼의 책들은 모두 불량 상사에 대한 연구를 포괄적으로 살펴보는 작품인 동시에(실제로 이 문제를 연구한 박사의 견해가 실려 있다) 불량 상사 대처법에 관한 실용 가이드다. 재미있을 뿐만 아니라 직장과 일상생활에서 만나는 '또라이'에 대처하는 방법에 관해 확실한 조언을 제시한다.

왠지 모르게 지금의 직장이 내게 해롭다는 느낌이 든다면 실제로 그런지 조사해 반드시 확인하라. 실제로 해롭다면 곧장 8장의 조언을 참고해 사표를 쓰고 다른 곳에서 새로운 삶을 시작하라.

이직을 결심한 당신의 비밀 병기

직원이 100명이 넘는 직장이라면 매우 다양한 직무가 존재할 것이다. 또한 추측컨대 회사의 성공을 위해 중요하지 않은 직무는 찾기 어려울 것이다. 중요하지 않은 직무라면 지금까지 존재할 리가 없다. 여러분은 그야말로 '내부자'이기 때문에(어쨌든 간에 그곳에서 일하지 않는가?) 누구보다 먼저 새로운 직무를 발견해 내 것으로 만들기 쉽다. 내부자의 연줄이 없는 가엾은 일반인에 비하면 확실히 그럴 것이다.

이왕 직무를 바꾸기로 결정했다면, 우선 내부에서 구할 수 있는 직무부터 시도해 보면 어떨까? 이미 관계망이 형성된 상태이기 때문에 대화를 통한 프로토타입을 만들기가 더 쉬울 뿐만 아니라, 이미 확보한 사회적·정치적 자본을 유리하게 활용할 수 있다.

외부 후보자에 비하면 당신에게는 불공평한 이점이 더 많다. 비록 현재 직무를 계속하기에는 너무 성장했지만 당신은 회사에서 이미 인정한 인재이며, 본질적으로 외부인에 비해 위험이 적은 후보자다. 게다가 뛰어난 라이프 디자이너로서 내부 관계망을 키웠으니 당신의 재능과 잠재력을 인정하는 사람이 분명히 있을 것이다. 이 모든 장점을 고려할 때, 당신이 새로운 직무에서 성공할 가능성은 누구보다 높다. 회사문화를 연구하고, 이해했으며, 순조롭게 적응할 방법까지 알고 있으니 말이다.

※ 경고: 이 모든 조언은 여러분이 현재 직위에서 어느 정도 성공을 거두었고 직장에서 응원과 지지를 받는다는 가정하에 제시한 것이다. 그러니 지금부터 자신의 직무성과를 철저하게 살피고 자산과 부채를 평가해 보자.

디자인 씽킹은 마법이 아니다. 현재 직무에서 최선을 다해 매진하지 않았다면 반드시 새로운 직무를 찾는 일을 잠시 멈추고, 자신을 돌아보며, 현재 상황에 대처해야 한다. 내부에서 새로운 직무를 찾을 생각이라면 먼저 현재 맡은 역할에서 가치 있는 직원이 되어야 한다. 관리의 한 가지 일반원칙은 이것이다. 문제를 떠넘기지 말고 먼저 바로잡아라. 혹시 당신이 문제 직원이라면 현재 위치에서 자신을 바로잡는 일을 가장 첫 번째 단계로 삼아야 한다. 걱정할 건 없다. 시간은 많다. 당신이 임무를 마치고 돌아올 때까지 우리는 이곳에서 기다리고 있을 것이다.

전략 1: 재구성

이 전략에는 쉬운 접근방식과 약간 더 어려운 접근방식이 공존한다. 우선 쉬운 접근방식부터 시작하자. 그냥 현재 직무를 훨씬 더 좋아하려는 노력을 계속하라. 15분마다 '마음에 든다, 마음에 든다, 마음에 든다'고 세 번씩 외치라는 말이 아니다. 이 방법은 그리 효과적이지도 않을 것이다. 몇 가지 변화가 필요하다. 무엇보다 중요한 것은 이 전략에서는 자기 자신이 스스로 변화해야 한다는 사실이다.

이제 더 어려운 접근방식으로 넘어가자. 직무를 재구성해서 성공적으로 재도전하고, 행복하게 앞으로 나아가라. 당신이 어떤 직무를 맡은 이후에 회사에서 변화가 일어났다면 이 접근방식을 적용해야 한다. 예전에는 해당 직무가 여러분에게 지금보다 어울렸는데 조직 안팎에서 변화가 쌓이면서 환경이 변했고, 그 결과 더 이상 어울리지 않는다는 뜻이기 때문이다.

야외 극한 체험 교육기업 아웃워드 바운드Outward Bound의 사훈은 '빠져나올 수 없다면 안으로 들어가라'다. 우리가 앞으로 할 일은 이것이다. 피할 수 없는 변화가 일어나서 당신에게 어울리지 않은 직무를 맡게 되었는가? 괜찮다. 그 변화 안에 직무를 재구성하고 직무에 대한 여러분의 태도를 재설계할 수 있는 원료가 들어 있다.

존은 테네시주에 위치한 항공기 제조 중소기업에 근무한다.

그는 기술학교를 졸업하자마자 조립라인 직원으로 입사해 제조 설비를 관리하는 라인기술자를 거쳐 품질관리자로 승진했다. 이제 존은 회사에서 제조하는 부품이 민영 항공기 비행에 적용되는 엄격한 애플리케이션의 요구조건을 모두 충족하는지 확인하는 책임자다.

존은 자신의 직무와 직장에 자부심을 느꼈다. 친구들에게 언제나 '우리는 비행기가 안전하게 비행하게 만드는 부품을 만든다'고 자랑했다. 16년 동안 근속한 그는 일과 가치관 사이의 일관성을 어느 정도 성취했다고 느꼈고, 평생 옳은 선택을 했다고 자부했다. 그런데 약 1년 전 어느 날 존은 '총원' 회의에 불려 갔다. 이 회의에서 아주아주 높은 사람이 자사를 '레버리지 매수'를 통해 한 사모펀드 기업에 매각했다고 발표했다. 존은 어안이 벙벙했지만 그 높으신 분이 "변하는 것은 없을 것"이며 회사의 상징인 긍정적인 업무문화를 계속 유지할 것이라고 장담했다.

하지만 이런 장담이 무색하게도 상황은 돌변했다. 긍정적인 방향도 아니었다. 새로운 생산 할당량이 도입되어 생산해야 할 부품이 18.5퍼센트 증가했다. 신임 경영진은 과거 경영진이 경쟁력 있는 성과를 거두지 못했기 때문에 구조조정이 필요하다고 판단했다. 존이 잘 아는 관리자들은 대부분 조기퇴직 제안을 받아들였지만, 그 제안은 존과 같은 직급의 직원까지 확대되지 않았다.

신임 기업주가 회사의 생산량을 증대하려는 것은 그리 놀랄 일이 아니다. 신임 기업주들은 대개 몇 가지 변화를 실시하여 성과를 향상시킬 수 있다고 생각하기 마련이다. 존은 조만간 상황이 진정되리라고 생각했다. 무리하게 생산량을 늘리면 품질에 영향을 미칠 것이고, 그러면 항공업계에서 용납하지 않을 것이다. 머지않아 신임 기업주도 사태의 심각성을 깨달을 것이다.

존은 대세에 따라 새로운 경영진의 요구에 적응하고자 노력했다. 늘어난 생산량을 맞추기 위해 연장근무를 하고 머지않아 토요일, 심지어 일요일에도 근무했다. 할당량 때문에 품질이 떨어질까 봐 걱정스러웠지만 품질관리 직원을 충원하기에는 시간이 부족했다. 존은 신임 관리자에게 문제를 제기했다. 하지만 새 일정에 적응하는 수밖에 없으며, 그렇지 않으면 "적응할 수 있는 다른 사람을 찾겠다"는 답변만 돌아왔다. 생산량을 늘리라는 요구는 철회되지 않았고 존은 진퇴양난에 빠졌다.

직장을 떠날 수는 없었다. 존에게는 만성질환 때문에 값비싼 면역요법 약품과 꾸준한 치료가 필요한 아들이 있었다. 아들의 치료비는 존이 받는 급여의 두 배에 가까웠다. 다행히도 존의 회사는 의료보험제도가 든든해서 자가 부담 비용은 존이 감당할 수 있는 수준이었다. 회사와 의료보험을 맞바꾸는 일은 재고의 여지가 없었다. 집에서 가까운 다른 항공기 제조회사도 없었을 뿐더러 직장을 옮기면 아들의 기저질환에 의료보험 혜택을 받기가 어려웠다. 아들의 병세는 호전되고 있었지만 최소한 1년은 더 기다려야 어려운 고비를 넘길 수 있다. 꼼짝달싹할 수 없었다. 존은 완전히 발목을 잡혔다.

당신도 이런 상황을 경험한 적이 있는가? 합당한 이유로 나쁜 직장에 발목을 잡힌 적이 있는지를 묻는 것이다. 이를테면 모험을 택해 새로운 일자리를 쫓아 다른 도시로 이사했는데 기대에 미치지 못할 수도 있다. 새 도시가 마음에 들어도 새 직장은 그렇지 않을 수도 있지 않은가. 아니면 새로운 상사와 사사건건 의견이 엇갈릴 수도 있다. 시장이 붕괴해 모든 사람이 스트레스에 시달리고, 이제껏 아주 좋아했던 일에 흥미를 잃을 수도 있다. 그것도 아니면 존과 마찬가지로 소유주가 바뀌는 바람에 회사가 완전 딴판이 되었을 수도 있다. 매일 같은 장소로 출근해 같은 책상에 앉아서 대체로 같은 직무를 수행하지만 익숙했던 모든 것이 변해버렸을 것이다.

누구나 일관성을 좋아하고 변화를 두려워한다. 나와 가족의 재정적 안정에 영향을 미치는 변화라면 특히 더 두렵다. 회사가 매각된 것은 존의 잘못이 아니었다. 성공 조건이 바뀐 것은 그의 잘못이 아니었다. 아들이 아픈 것도 분명 그의 잘못이 아니었다. 모든 상황이 좋지 않았을 뿐만 아니라 심지어 부당했지만 세상사는 원래 그런 것이다.

상황을 돌아보니 그에게 주어진 선택은 세 가지뿐이었다.

첫 번째로, 그의 눈에 불합리한 요구를 밀어붙이는 신임 상사에게 분통을 터트리며 부당하다고 맞설 수 있다. 새로운 경영진에게 불만을 늘어놓으며 상황을 (그가 행복했던 상태로) 정상화시켜야 한다고 주장하는 것이다. 이런 방법은 아마도 거의 효과가 없을 것이다. 해고당할 가능성도 있다. 최근 사태에 대한 그의 판단은 '옳을' 수 있지만 '미운털이 박혀서' 결국 해고당하기 십상이다. 존은 이 방법이 너무 위험하다고 생각했을 뿐만 아니라 원래부터 화를 내는 것을 싫어했다(아내와 아들도 마찬가지였다).

두 번째 선택으로, 일단 출근해서 일하는 시늉만 하자고 마음먹을 수 있었다. 어쨌든 간에 아들을 위해 월급과 의료보험이 필요했다. 해고당하지 않고 일자리만 지키면서 일에는 신경을 끄고 눈에 띄지 않게 지내면 된다. 갤럽 조사에 따르면 미국 직장인 가운데 65퍼센트가 이런 접근방식을 택해 직무에 몰입하지 않는다고 한다. 이런 경우가 비일비재하다는 뜻이다. 하지만 존의 직관은 이것이 바람직한 접근방식이 아니라고 말했다. 이 접근방식을 택하면 자기 자신이 철저하게 나쁜 쪽으로 바뀔 것이라는 느낌이 들었다. 일과 삶에서 그가 지켜왔던 일관성과 성실성을 온전히 지킬 수 없을 것이다. 그런 대가를 치르고 싶지 않았다. 일하는 좀비처럼 보이는 것은 그의 방식이 아니었다. 설령 잠시뿐일지라도.

그래서 존은 세 번째 접근방식을 택했다. 업무환경이 바뀌었으니 직무에 대한 접근방식을 재구성해 새로운 업무환경을 창조해야 할 때가 왔다고 판단했다.

그는 앞으로 2년 동안 직장에 머문 다음에 상황을 재평가하기로 결정했다. 가족의 안전과 안정을 위해, 다시 말해 아들에게 절실히 필요한 치료를 위해 그렇게 결심했다. 일단 그렇게 선택하고, 2년 동안은 '지금은 충분히 훌륭하다'는 전략을 사용하기로 결정하자 이내 마음이 놓였고(매시간 그만둘까 말까를 고민하면서 더 이상 자신을 들볶지 않았다), 약간 기운이 나는 듯했다(잠시만 머물 뿐이라고 생각하고 노력하며 상황을 최대한 활용하기로 결심했기 때문이다). 신임 고용주 또한 훌륭하게 업무를 수행하며 몰입하는 직원을 보유할 자격이 있다는 생각도 들었다. 그는 적어도

2년 동안 주말에도 최선을 다하는, 회사에 헌신적인 품질관리자로서 재도전하기로 마음을 바꿔 먹었다. '월요일부터 매일 성실히 출근해야지. 고용주의 니즈와 나 자신의 니즈를 존중하며 맡은 일을 훌륭하게 수행할 거야.'

그러려면 매일 자신의 '왜'를 마음에 새기고 경력 만족도를 극대화하겠다는 목표에서 가족의 안전과 건강을 극대화하겠다는 목표로 사고방식을 바꿔야 했다. 물론 적응하기까지 시간이 약간 필요했다('왜'를 바꾸는 것은 쉽지만은 않은 일이다). 하지만 조금씩 새로운 환경에 맞춰 업무전략을 수정했고 그 결과는 놀라웠다.

다시 도전하기로 마음먹고(물론 상사에게는 이 사실을 알리지 않았다) 몇 달이 지난 후 그는 새로운 동료 몇 사람과 새롭게 관계를 맺었다. 일이 힘들거나 스트레스가 많을 때면 포기하거나 화내기보다는 잠시 물러났다. 가족과 함께 보내는 시간과 힘든 일 사이의 경계를 합리적으로 조정하는 법을 배웠다. 그리고 마침내 품질 확인 과정의 속도를 높여 생산량을 15퍼센트 증대하고 유지할 방법을 찾아냈다.

존은 신임 기업주가 압박을 가하지 않았다면 더 열심히 개선책을 찾지 못했을 것이라는 사실을 인정할 수밖에 없었다. 그가 디자인한 새로운 품질 확인 조치를 통해 고객의 요구사항을 완벽하게 충족시키는 믿을 만한 제품이 생산되었고, 존은 과거보다 제품 생산 속도가 빨라졌다는 사실에 자부심을 느꼈다. 심지어 해고의 물결을 견뎌내고(상황이 변화하기 시작하면 대개 한동안 변화가 계속된다) 긍정적인 태도로 회사에 기여했다. 무엇보다 자신이 통제할 수 없는 일을 관리하려고 더 이상 애쓰지 않았다. 2

년이 지난 뒤 존은 2년 더 도전했다. 그 시간이 지나면 아들의 치료가 끝날는지 누가 알겠는가.

이따금 맡은 역할을 재구성하고 새로운 환경, 새로운 '왜'를 중심으로 활동을 조정하는 것이 큰 변화를 일으킬 수 있다. 존에게는 확실히 그랬다.

재구성하여 새롭게 도전하는 전략의 핵심은 어려운 상황을 최대한 활용하는 방식에 있다. 물론 그 방법이 항상 효과적인 것은 아니다. 어쩔 수 없이 안전 품질 수준에 미달하는 제품을 생산해야 한다면, 존은 의료보험 보상을 잃을 중대한 위험을 무릅쓰고라도 양심을 지켜야 할지를 결정해야 한다. 언제나 오랫동안 지속되는 것도 아니다. 2년이 지난 후 존은 다시 도전할 가치가 없다고 판단했을 수도 있다. 하지만 직장을 옮길 여건이 안 된다면 재구성과 재도전이 지금은 충분히 훌륭한 상황을 만드는 최선의 방법이다.

(1) 새로운 현실을 받아들인다.

(2) 직장에 머물 수 있는 새로운 '이유'를 찾아낸다.

(3) 직무와 회사와의 관계를 재구성한다.

(4) 재도전하고 헌신한다.

(5) 지금은 충분히 괜찮다고 생각할 수 있는 새로운 혜택과 만족감을 찾는다.

전략 2: 리모델링

현재 수행하는 직무를 철저히 분석하고, 외적 변화나 구조적 변화를 단행하여 완전히 새로운 삶의 기회를 얻어라. 외적 변화라고 해서 당신의 머리모양을 바꾸라는 의미가 아니다. 인테리어를 예로 들면, 페인트 색상, 카펫, 가구, 음향시스템 바꾸기 등한데 어우러지면 새로운 경험을 제공하지만 벽까지 허물지 않아도 되는 의미 있는 변화를 말한다. 대개 상부의 허락을 받으면 많이 힘들이지 않고 리모델링할 수 있다. 구조적 변화는 (벽을 허물어 부엌과 거실을 합쳐서 새로운 시선으로 뜰을 내다볼 수 있는 큰 공간을 만드는 일처럼) 규모가 더 크고 신경 쓸 일도 더 많다. 물론 대대적인 프로젝트지만 추가 대출을 받거나 트럭까지 동원할 필요가 없는 작업이다.

단 여덟 잔의 커피의 힘

앤은 외적 변화를 통해 자신의 워크 라이프에 완전히 새로운 활력을 불어넣었다. 그것도 누구의 허락을 받지 않고 혼자서 해냈다. 그녀는 중소기업에 대출상품을 판매하는 금융 서비스 기업의 선임 영업사원이었다. 회사는 성장하고 있었고, 앤의 영업실적도 좋았다. 그녀는 유능했고, 인정받았으며, 보수도 꽤 많았다. 그리고 불행하지 않았다. 정말이다. 약간 불안했고 이따금 조금 따분했을 뿐이다. 앤은 3년 전에 입사해서 10개월 전에 '선임'이라는 직함을 얻었다. 지금의 일이 좋았지만 그 이상의 무언가를 원했다. 승진을 원하는 것은 아니었다. 위로 올라갈수록 관리업무에 온 시간을 투자해야 하는데, 그것은 실제 판매와는 전혀 관계가 없는 일이었다. 그녀는 가망고객이나 기존 고객과 이야기를 나누고 판매하는 일이 좋았다. 회사 운영에 참여하는 것도 원치 않았다. 그렇다면…… 무엇이 문제일까?

앤은 자기 자신에게 '가능하다면 지금 하고 있는 일 중에서 더 많이 하고 싶은 일은 무엇인가?'라고 물었다. 곧바로 해답이 떠올랐다.

면담! 성장을 거듭하는 앤의 회사는 정기적으로 신입사원을 고용했다. 그녀는 회사에서 자신이 일하는 영업 부서나 다른 부서의 지원자들과 면담하는 것을 무척 좋아했다. 그들과 친분을 쌓으면서 적응하도록 돕는 일에 보람을 느꼈다. 실제로 입사 후에 그녀를 다시 찾아와 조언을 구하고 아이디어를 타진하는 사람도 적지 않았다. 그들은 그냥 앤과 이야기 나누기를 좋아했다. 그녀 역시 그런 대화가 무척 좋았고 이런 일들이 그녀의 리모델링에 영감을 주었다.

앤은 천부적인 인재개발자였다. 경청을 잘하고 공감능력과 직관이 뛰어났는데, 그녀가 현장 판매의 능력자인 것은 이런 장점 덕분이었다. 아울러 내부 코치 역할도 훌륭하게 수행했다. 몇몇 사람들이 성과를 개선하고 업무상 문제를 해결하도록 도우면서 '부업'에서도 이미 성공을 거두었다. 그렇다면 이따금 몇몇 사람을 돕는 대신 정기적으로 많은 사람을 돕지 못할 이유가 있을까? 그녀는 조용히, 그러나 효과적으로 프로토타입을 만들어 소규모 프로젝트를 시작했다.

먼저 그녀를 찾아와 도움을 청하고 그녀의 통찰력을 높이 평가했던 (부서가 각기 다른) 네 사람을 찾아갔다. 그러고는 정기적으로 모여서 성과 향상이나 문제해결을 의논하면 어떻겠냐고 제안했다. 그들은 하나같이 기회를 덥석 잡았다.

3주 후 앤은 업무를 시작하기 전에 네 사람과 차례로 커피를 마실 일정을 정했다. 한 달이 채 지나지 않아 8회의 코칭 세션을 마쳤다(물론 '세션'이라고 칭하지는 않았다). 그녀가 치른 대가는 커피 여덟 잔과 업무를 시작하기 전 약 30분씩의 추가 시간이 전부였다. 대수롭지 않은 대가였다. 상대방의 의사를 지켜보고 싶었던 앤은 후속 면담을 제안하지 않았다. 두 번째 세션을 마쳤을 때 그들 가운데 세 사람이 다시금 커피 면담을 요청했다. 앤은 그것으로 답을 얻었다. 그녀는 세 사람의 요청을 수락하고 그들의 동료들이 그녀와 대화를 나누고 싶어 하겠냐고 물었다. 그들은 물론 그렇겠지만 일단 확인해 보겠다고 답했다. 몇 주가 지나지 않아 다섯 개 부서에 근무하는 여덟 명이 그녀에게 시간을 내달라고 부탁했다.

이들과 약속을 잡기 전에 앤은 상사와 월간 정기 일대일 미팅을 가졌다. 미팅 중에 신입사원들과 함께 하는 커피 면담을 언급하고 면담을 늘려달라는 요청을 몇 번 받았다고 덧붙였다. 그리고 그 일이 매우 좋아서, 본업을 소홀히 하지 않는 한도에서 '부업으로' 삼고 있다고 밝혔다. 게다가 이 일을 통해 영업부가 개선된 것처럼 보인다면 상사에게 알려야 한다고 생각했다고 설명했다. 영업 이사는 다음과 같이 대답했다.

"음…… 괜찮은데요? 이런 새로운 시도에 더 많은 사람이 참여하기를 바랍니다. 앤, 훌륭해요!" (대부분의 관리자는 기존의 책임을 소홀히 하지 않고 부가가치를 창출하는 사람들을 좋아한다. 회사를 위해 더 많이 일하겠다는 데 마다할 사람이 있겠는가!)

앤은 잘해냈다. 일주일에 사흘만 30분 일찍 출근하면 되는데

이는 전혀 어렵지 않았다. 이런 방식으로 적극적인 내부 코칭 클라이언트 아홉 명을 한 번에 관리했다. 이 내부 코칭은 그녀의 일정에 미치는 영향은 미미했으나 그녀의 직장생활에는 지대한 영향을 미쳤다. 그녀는 매주 동료들의 삶에 영향을 끼쳤다. 회사의 모든 부서에 대한 이해도가 높아졌고, 덕분에 영업사원으로서의 능력 또한 향상되었다. 구내식당에서 그녀를 알아보는 사람이 점점 많아지자 안정감과 인정받는다는 느낌이 더욱 커졌다.

마침내 인력자원 담당 이사가 그녀를 점심에 초대했다. 그는 앤의 아침 커피 클럽에 대한 소문을 듣고 그간의 경위를 듣고 싶다고 말했다. 그러고는 앤과 같은 일을 할 능력을 가진 다른 사람들이 있을지, 앤이 사내 코칭 프로그램을 개발할 회사 프로젝트 팀에 참여할 의사가 있는지 물었다. 앤의 상사는 3개월 동안 일주일에 하루는 프로젝트 팀에서 일하도록 허락했으며, 프로그램은 성공적으로 출범했다. 그녀는 계속 행복하게 영업 업무를 수행했다(그녀는 영업이 무척 좋았다. 다만 그 밖의 무언가를 원했을 뿐이다). 그녀의 상사는 일주일에 반나절을 코칭을 위한 자유 시간으로, 그것도 무기한 허용하겠다고 제안했다.

앤은 허락을 구한 적이 없었다. 하던 일을 그만두지도 않았다.

그저 직장에서 소규모의 개조를 계획했고, 그 결과 그녀의 업무 만족도가 크게 향상되었다.

이런 방법이 여러분에게도 효과적일지 궁금한가? 그렇다면 앤처럼 직장에서 가장 즐거운 일을 찾아(고용주가 거부감을 느끼지 않을 선에서) 프로토타입을 만들어라. 이 프로토타입이 효과를 거두면 즐거운 직장을 향해 전진할 길을 계속 닦아나가라.

이따금 외적 변화만으로 충분하지 않을 때가 있다. 아무리 가구를 이리저리 옮겨도 방 자체의 모양이 바뀌지는 않을 테니 말이다. 그렇다면 벽을 허물어야 한다. 허물고 싶은 벽이 직무기술서의 한 요소라면 그 전에 해야 할 일이 있다. 현명하게 재설계하라.

벽을 허물자

사라는 언제나 괴짜였다. 고등학교 시절 그녀는 필드하키 팀보다는 전투 로봇 팀에 가입하는 편을 더 좋아했고, 코드를 작성해 로봇의 파괴력을 높이는 작업을 소셜 미디어 활동보다 더 재미있어 했다. 프로그래밍과 로봇공학을 공부하러 MIT에 진학했을 때, 그녀는 자기만의 특별한 천국을 발견했다고 굳게 믿었다. 그곳에는 그녀와 같은 종족이 있었다. 제어시스템과 피드백루프, 원하는 대로 기계를 조작하는 정교한 작업의 복잡성을 사랑하는 사람들이었다.

사라는 우수한 성적으로 MIT를 졸업하고 뭇사람이 선망하는 한 실리콘밸리 회사에 입사했다. 초기에는 코드를 작성하고 어려운 프로그램을 구축하며 행복한 시간을 보냈다. 그녀가 속한 소프트웨어 팀이 무척 좋았다. 코더를 비롯해 팀원 전원이 사라만큼 내성적이었다. 속도가 빠르고 엄격한 테스트에도 해독되지 않는 양질의 코드를 제때에 전달하기만 하면 그녀가 괴짜라는 사실에 아무도 신경 쓰지 않는 듯했다.

몇 년이 흘러 사라는 팀 리더로 승진했다. 그녀는 일이라고 생각했다. 승진과 함께 인상된 급여도 상당한 액수였다. 새로운 코드 설계 방법에 관한 토론을 이끌거나 새로운 오류수정 유틸

리티를 통해 코드 작성 속도를 높이도록 팀원들을 돕는 게 즐거웠다.

그런데 직책상 반드시 참여해야 하는 격주 회의는 전혀 즐겁지 않았다. 예산과 일정, 그 밖의 행정 업무를 의논하는 회의가 불편했다. 자기 차례가 오면 경영진 앞에서 담당 팀의 성과를 보고하며 팀 예산과 일정의 근거를 제시하고 갱신해야 했다. 모든 일이 어려웠지만 특히 일정과 예산 부분은 최악이었다. 불편한 그 회의에서 가장 큰 쟁점은 항상 그 부분이었다. 그러나 회의 시간은 어김없이 찾아왔다. 그것도 2주마다 한 번씩. 이 문제 때문에 그녀의 생활은 엉망진창이 되었다. 사표를 써야 할지 고민하는 지경에 이르렀다. 유능한 코더coder를 찾는 회사가 많았기 때문에 선택의 여지는 많았다.

방법은 확실히 몰라도 무언가 바뀌어야 한다는 확신이 들었다.

자신도 알다시피 그녀는 사람들과 일하기보다는 컴퓨터와 코드를 가지고 노는 편을 더 좋아했다. 사람들과 어울리는 일은 정신없고 감정적이었다. 관리하고 싶은 대상이 아니었다. 동료 코더와 일하는 것은 괜찮았지만(비슷한 종족이니까) 예산, 일정, 관리, 사람과 관련된 모든 일은 서툴렀다.

하지만 사라의 최대 장점은 호기심이었다. 코더들과의 회의는 괜찮은데 금융이나 관리 유형과의 회의는 왜 불편할까? 똑같은 인간인데 말이다. 이해가 되지 않았다. 그래서 사라는 실용적인 인간이자 데이터를 사랑하는 코더의 기질을 발휘해 '왜 자기가 어떤 일에는 능숙한데 다른 정신없는 사람들을 그토록 불편해하는지' 알아내기로 마음먹었다. 사라는 일반적으로 심리학 같은 것에는 회의적이었지만, 이런 고민에 관해 정보를 얻을 수 있는 테스트가 있다는 사실은 예전부터 알고 있었다.[1] 그녀는 스트렝스파인더StrengthsFinder라고 불리는 '클리프턴 강점 평가CliftonStrengths Assessment'를 해보기로 결정했다.

클리프턴 강점 평가는 긍정심리학의 대가 도널드 클리프턴의 연구에서 개인의 시그니처 장점을 알아보는 검사로, 온라인에서 시행할 수 있다. 마이어스-브릭스 유형 지표MBTI와 달리 성격검사가 아니다. 이 검사는 클리프턴이 업무성과나 직장인 만족도와 관련이 있다고 판단한 서른네 가지 유형의 강점 중에서 자신의 강점을 파악할 수 있게 설계되어 있다. 클리프턴의 강점 모형에서 객관적으로 검증된 강점은 재능(선천적인 것)과 지식(후천적으로 습득한 것), 기술(지식을 실천할 수 있는 경험과 숙련도)로 구성된다. '지적 사고Intellection'와 'WOOWinning Others Over(다른 사람들의 호감을 사는 성향)' 같은 재미있는 명칭의 강점도 있으나 모든 강점은 직장의 유용한 요소와 상관관계가 있다. 직장에서 특징적인 강점을 발휘하는 사람을 더 유능하게 생각한다는 데이터가 있으니 자신의 강점을 알아두면 쓸모가 있을 것이다.

클리프턴 강점 평가의 소유 조직인 갤럽에 따르면 '가장 잘하는 일을 할 기회'가 있는 사람은 맡은 직무에 몰입할 확률이 여섯 배,[2] 삶의 질이 매우 높다고 말할 확률은 세 배 더 높다. 대형 조직에서 이 정도의 차이는 수백만 달러 가치에 이른다.

이 데이터는 수많은 직장의 인력자원과 인재관리 분야에서는 믿을 만한 것으로 여겨진다. 우리는 대개 평가 검사를 받으라고 권하진 않지만, 이따금 자신에게 어떤 일이 어울릴지에 관한 객관적인 데이터를 많이 모아두면 유익할 것이다.

클리프턴 강점 평가는 당신이 자신만의 특별한 강점이 무엇인지 확인할 수 있도록 도와준다. 데이터에 따라 직무를 재설계해 강점을 최대한 활용하면 분명 더 행복해지고 즐거운 마음으로 조직에 이바지할 수 있다. 그 말은 당신이 자신의 일에서 의미를 찾을 가능성 또한 높아진다는 뜻이기도 하다.

한 직장에서 한 직무기술서만을 따르지 않고, 다양한 환경에서 다양한 프로젝트를 진행하는 독자적인 협력업자라면 이 평가가 특히 유용하다. 자신의 강점을 세부적으로 파악함으로써 새로운 프로젝트를 진행할 때마다 에너지를 생산적으로 집중하고, 창조적인 방향으로 노력할 수 있다.

나의 시그니처 강점 파악하기

클리프턴 강점 평가 검사를 치른 결과, 사라의 시그니처 강점은 다음과 같은 순서로 나타났다.

- **분석적**Analytical 이 주제에 특히 재능이 있는 사람은 이유와 원인을 찾는다. 어떤 상황에 영향을 미칠 수 있는 모든 요인을 고려할 능력이 있다.
- **탐구**Input 이 주제에 특히 재능이 있는 사람은 더 많이 알고 싶은 열망이 있으며, 대개 온갖 종류의 정보를 수집하고 정리하기를 좋아한다.
- **성취자**Achiever 이 주제에 특히 재능이 있는 사람은 정력이 넘치고 열심히 일하며, 바쁘고 생산적으로 움직일 때 큰 만족감을 얻는다.
- **심사숙고**Deliberative 이 주제에 특히 재능이 있는 사람을 가장 적절하게

표현할 수 있는 것은 결정하거나 선택할 때 진지하게 고려하는 태도다. 이들은 언제나 장애물을 만날 수 있다고 생각한다.

- **관계성**Connectedness 이 주제에 특히 재능이 있는 사람은 모든 사물은 연결되어 있으며, 우연은 극히 드물고 거의 모든 사건에는 이유가 존재한다고 믿는다.

관계성 부분의 결과는 의외였다. 그녀는 스스로 '관계성 같은 면'에는 그리 뛰어나지 않다고 여겼다. 그런데 팀원들과 그녀의 장점에 대해 이야기했을 때 그들은 하나같이 관계성이 그녀의 확실한 강점이라고 말했다(클리프턴 강점 평가의 한 단계에서는 다른 사람들과 적어도 다섯 번 검사 결과를 공유해, 그들이 나와 내 강점에 대해 어떻게 생각하는지 완벽하게 이해해야 한다. 세상 사람들이 나를 어떤 사람으로 볼 것이라는 예상이 항상 정확한 것은 아니기에 이 단계가 중요하다). 동료들의 피드백을 받아들인 사라는 그간 줄곧 찾고 있던 통찰을 얻었다. 그녀는 소프트웨어 팀을 관리하는 대인관계에서는 유능했다. 그들이 팀으로서 일하는 방식과 양질의 코드를 작성하는 방법 사이의 관계를 이해하고 있기 때문이었다. 덕분에 관계성 장점이 발휘되어 내성적인 팀 리더라는 한계를 충분히 극복할 수 있었다.

사라는 기업 운영에 일정과 예산이 필요하다는 사실을 알고 있었다. 하지만 그 일은 소프트웨어의 품질에 직접적으로 영향을 끼치지 않았다. 코딩 활동과는 전혀 무관한 순전히 행정적인 업무다. 일정과 예산은 사라와 '단절'되어 있으니 그녀의 관계성은 이를 상쇄시키는 데 도움이 되지 않았다. 격주로 열리는 경영

회의가 불편했고, 이 회의에 참여하는 일이 불행하다고 느낀 것은 이런 단절과 내성적인 성격 때문이었다. 그녀의 직무에서 예산과 일정 부분을 제거하고 코드 설계를 늘릴 방법이 있을까? 그러려면 대대적인 변화가 필요할 것이다. 벽을 몇 개 부수고 지원을 받아야 할 것이다. 무엇보다 일정과 예산 문제를 처리할 사람을 찾는 것이 어려웠다. 어느 누가 그런 일을 좋아하겠는가?

그 순간 불현듯 떠오른 사람들이 있었다. 생산 엔지니어!

그녀는 대체로 일정을 수립하며 시간을 보내는 소규모 엔지니어 집단이 있다는 사실을 알았다. 생산설계 부서였다. 그들은 완성된 소프트웨어가 전달되면 (다운로드 사이트, 안전한 방화벽, 버전 번호, 업그레이드 가격, 그 밖에 단순하면서도 매우 전문적인 단계를 모두 처리해서) 외부 세계에 그것을 선보이는 사람들이었다. 그들은 개발 팀의 임무가 끝난 다음에 비로소 시작되는 일정 수립에 생사를 걸었다. 일정 수립에 능숙할 뿐만 아니라 심지어 좋아하는 사람도 있었다. 예산 수립 작업은 일정 수립과 같은 종류이니 그들이 쉽게 배울 수 있을 것이다. 더구나 생산 팀은 언제나 다음과 같은 질문을 쏟아내며 개발 팀을 귀찮게 했다.

"언제 작업이 끝나나요?"

"테스트 버전은 언제 준비됩니까?"

"업데이트 수정이 발표되려면 얼마나 걸릴까요?"

도무지 끝이 없었다. 생산 팀에게 개발 팀의 일정 수립을 맡겨보면 어떨까? 물론 그들의 업무량은 늘어나겠지만 사라에게 일정을 물을 일은 더 이상 없을 것이다. 이미 일정이 그들 손에 있으니 말이다. 게다가 생산 팀은 이미 격주 경영 회의에 참석하고 있어 추가 조치도 필요하지 않았다. 어쩌면 이 방법이 효과적일 수 있겠다.

사라는 선임 생산 엔지니어 세스를 점심 식사에 초대해 의견을 타진했다. 그는 사라의 제안이 괜찮을 수도 있겠다고 생각했다. 하지만 그러려면 개발 팀과 생산 팀 사이의 '벽을 허물어야' 하니 두 팀의 상사를 설득해야 하는 문제가 남았다. 세스가 그녀를 지원하는 것은 가능하나 제안은 사라 측에서 해결해야 했다.

사라는 자신의 직무기술서를 리모델링하고 자신(그리고 생산 팀 동료들)의 시그니처 강점을 더 효과적으로 활용할 수 있는 역할을 설계하기로 결정했다. 그녀는 상사에게 직원을 추가로 고용하지 않고 효율성 제고를 위한 제안서를 준비하고 있으며, 그것이 개발 팀과 생산 팀에게 모두 이로울 것이라고 말했다. 상사는 최소한 제안서를 작성해서 제출하는 과정은 지원하겠다고 답했다(뛰어난 관리자라면 최우수 직원이 제시하는 개선 방안을 외면하지 않는 법이다). 사라는 열다섯 개 슬라이드로 구성된 파워포인트를 준비해서 개발 팀과 생산 팀의 핵심 관리자에게 발표했다. 처음 다섯 개 슬라이드에서는 상세한 도표와 통계를 이용해 소프트웨어 관리 팀이 얼마나 효과적으로 코드 품질을 향상시키고 개발 기간을 단축했는지 보여주었다. 다음 다섯 슬라이드에서는 모든 관리자에게 익숙한 시간-시장 측정법을 이용해 코드의 품질과 개발 속도를 개선할 때 회사가 얻을 수 있는 혜택을 설명했다. 그녀는 경영진이 중요하게 생각하는 측면을 중심으로 자신의 주장을 전개해 '관리자들의 고민에 공감한다'는 뜻을 전달했다. 그녀가 자신의 문제가 아니라 그들의 문제를 해결하고 있다는 인상을 준 것이다.

마지막 다섯 슬라이드에서는 일정 및 예산 수립 작업을 개발팀 업무에서 생산설계 부서의 업무로 재구성해 코딩을 향상시키고 두 집단 사이의 마찰을 줄이는 방안을 대략적으로 설명했다. 이 과정에 세스가 제작한 새로운 통합 일정 대시보드 모형을 포함시켰다. 현행 일정 보고보다 확실히 개선된 형태였다. 약 45분간의 토의와 어려운 질문이 오간 끝에 관리자들은 3개월 동안 시험운행을 실시하기로 결정했고, 물론 결과는 성공적이었다. 이후의 이야기는 굳이 덧붙이지 않겠다.

약간의 작업과 창의성(그리고 몇 차례 불편한 추가 회의)이 필요한 일이었으나, 사라는 개발과 생산 사이의 벽을 성공적으로 허물어 자신의 역할을 리모델링하고 직무를 재설계했다. 그녀는 지금도 직무에 상응하는 급여와 책임하에 코딩 팀을 이끌고 있다. 격주 회의에는 분기별로 한 번만 참석하면 된다(그리고 미리 상세한 개발 보고서를 보내기 때문에 굳이 발표할 필요가 없다). 그 결과 사라는 고급 소프트웨어 아키텍처 문제에 시간을 더 많이 투자할 수 있었고, 이제는 개선된 오류수정 도구(사라는 오류를 싫어한다)를 개발하는 새로운 코딩 팀을 이끌고 있다.

그녀는 상사들의 문제(빠른 속도에 오류가 적은 양질의 코드를 적절한 시기에 시장에 출시하는 일)에 공감하는 강점을 활용했고, 나아가 생산 엔지니어의 문제까지 해결했으며(이제 일정 때문에 사람들을 괴롭힐 필요가 없다), 그 과정에서 그들의 가치를 높였다.

결과적으로 회사의 모든 사람이 좀 더 행복하게 생활하게 됐다. 이게 핵심이 아닐까?

전략 3, 4: 재정착하거나 재창조하거나!

우리는 이 두 가지 전략을 한데 묶었다. 사실 '기존 직장 안에서 구직하기'라는 동일한 주제의 두 가지 변형이기 때문이다. 이는 조금 더 수월하고 덜 위험할 뿐이지, 지금 다니고 있는 직장 밖에서 구직하는 전략과 비슷하다. 성공하면 새 직무를 얻을 수 있는 동시에 다니던 직장을 그만두지 않아도 된다. 이미 근무하는 회사가 곧 새로운 직장이 되는 셈이다.

마지막 단계에 갈림길이 나온다는 점만 빼면 두 전략의 접근 방식은 본질적으로 동일하다. 재정착과 재창조 전략은 모두 새로운 분야에서, 새로운 직무를 찾기 위한 것이다. 기존 역할의 직접적인 연장이 아니다(이것은 2번 리모델링 전략일 것이다). 재정착 전략은 대대적인 준비나 재교육을 거치지 않고 현재 위치에서 빠져나와 옆으로 움직인다. 그리 어렵지 않은 동작이다. 반면에 재창조에서는 사실 큰 변화가 수반된다(이전 경험을 활용할 수 없는 데다가 준비나 재교육에 상당한 투자가 필요하기 때문이다). 재창조가 월등히 어렵다. 그렇다 해도 직장과 진로를 완전히 바꾸기보다는 이미 나를 좋아하고 신뢰하는 회사에서 재창조하는 편이 한결 더 쉽다.

재정착과 재창조의 출발점은 동일하다. 현재 일이 따분하거나 일하고 싶은 다른 분야를 발견했는가? 그렇다면 다른 종류의 직무를 둘러보고 더 많은 정보를 수집하며 옆으로 움직여 다른 종류의 업무로 옮기기로 결정하라(이 지점까지는 두 접근방식이 동일하다). 옮기고 싶은 곳이 손을 뻗치면 닿는 데 있다면 그것은

'재정착'이다. 만일 그렇지 않다면, 그리고 매우 다른 종류의 직무에서 유력 후보자가 되기까지 힘든 과정이 필요하다면 그것은 '재창조'다. 재정착과 재창조 역시 우리의 새로운 사고방식에 기초한 단순한 네 단계 과정을 이용한다.

- 호기심을 가져라.
- 사람들에게 이야기하라.
- 시도하라.
- 당신의 스토리를 전하라.

카산드라와 올리버, 두 회계사 이야기

기억하라. 재정착과 재창조는 똑같은 접근방식을 사용해 기존 회사에 존재하는 직무를 찾는다. 사실 이런 재설계 경로를 거쳐 성공하기 위해 필요한 것이 무엇인지 알아내기까지는 재정착과 재창조를 구별하기 어렵다. 우리는 카산드라와 올리버의 스토리로 이 두 가지 전략을 각각 설명할 것이다. 카산드라와 올리버의 스토리는 중대한 시점에 이르기까지 거의 똑같다. 이 시점에 이르면 카산드라는 재정착 전략을, 올리버는 재창조 전략을 쓸 수 있다는 사실을 깨닫게 된다(스토리를 읽다 보면 언제가 그 시점인지 알게 될 것이다).

카산드라와 올리버는 모두 30대 초반이며 꽤 큰 회사(각각 텔레커뮤니케이션 제조회사와 보험회사)의 회계 부서에 근무한다. 두 사람 모두 일류 대학에서 회계학 학사학위를 취득했고(대학원 교육은 받지 않았다), 약 3년간 회계 업무를 담당하며 슬슬 따분함을 느끼기 시작했다. 전반적으로 업무에 능숙했지만 몇 년이 더 지나야 금융 담당 경영진으로 승진할 자격을 얻을 수 있다. 그들은 다음에 무슨 일을 해야 할지, 그리고 금융 분야에서 장기적인 경력을 쌓을지 말지를 고민했다. 대학교 재학 시절에는 회계를 꽤 좋아했고, 부모님들도 평판이 좋은 안정적인 직장을 찾으라고 권했다. 회계보다 안정적인 일은 없었다. 그러나 사실을 말하자면 카산드라와 올리버는 앞으로 20년 동안 계속할 만큼 금융 업무에 열의가 없었다. 그들은 회계보다는 마케팅이 더 흥미로워 보인다고 생각했다.

마케팅 직원들은 즐거워 보였다(금융 부서 직원회의보다는 마케팅 부서 직원회의에서 웃음소리가 훨씬 더 많이 들렸기 때문이다). 그들은 광고와 홍보, 멋진 영상 제작 같은 창조적인 일을 했다. 마케팅은 현장 판매 행사에 파견되며, 신제품 발매 기간에는 고객을 직접 방문하기도 했다. 그래서 항상 흥미진진한 도시로 출장을 다녔다(회계사들은 출장을 다니지 않는다). 어쩌면 마케팅이 바람직한 선택일 수 있겠다는 생각이 들었다. 하지만 어디서부터 시작해야 할까? 두 사람은 올바른 길을 택했다. 마케팅에 대해 호기심을 가지고, 사람들에게 이야기하며, 시도하기 시작했다.

카산드라의 경쟁력

카산드라는 일찍이 마케팅 직원들과 친분이 있었다. 이들의 맞은편에 카산드라의 자리가 있었고, 대학 동창이 마케팅 부서에 근무하고 있었기 때문이다(애초에 이 동창의 소개로 입사 면접을 보았다). 그래서 카산드라는 동창 마시와 맨 먼저 면담하면서 프로토타입을 의논했다. 마시는 일반적인 마케팅 업무, 제품 마케팅과 마케팅 커뮤니케이션(무슨 뜻이건 간에)의 차이, 그리고 말을 붙이기 쉬운 사람들을 일러주었다. 그리고 여러 마케팅 직원과 얘기를 나누다가 마음이 동하면, 다가가기에 편한 마케팅 담당 부사장 데렉을 찾아가 보라고 권했다. 카산드라는 친구의 조언을 따랐다. 업무를 시작하기 전에 데렉과 커피를 마시며 세 번 얘기를 나누고, 퇴근한 후에 와인 바에서 두 번 만나고, 두어 번 같이 점심을 먹고 나자 마케팅에 마음이 더 끌렸다. 그녀는 마시의 조언을 마음에 새기고(의지할 만한 조력자의 말을 믿어서 손해 볼 것은 없다) 데렉에게 진로 상담을 부탁한다는 내용의 이메일을 보냈다. 그는 카산드라의 부탁을 흔쾌히 수락했다.

데렉의 집무실 문을 두드릴 때 그녀는 약간 떨렸지만, 데렉이 따뜻하게 맞아주자 마음이 놓였다.

"안녕하세요! 언제 전화를 하실지 궁금하던 참입니다. 그동안 당신이 마케팅 직원들과 얘기를 나눈다는 소식을 듣고 언젠가는 찾아오실 거라고 짐작했어요. 궁금하신 게 뭔가요?"

카산드라는 호기심을 가지고 사람들과 이야기를 나누는 단계를 훌륭하게 마쳤다. 그러고는 다음 순서인 자신의 스토리를 전하는 단계에서 미리 준비한 대답을 끌어냈다. 그녀는 이렇게 말했다.

"저는 우리 회사에 근무한 지 3년이 넘었고, 제 회계학적 지식을 금융 부서에서 효과적으로 활용하고 있습니다. 그런데 제가 창조적인 일에 관심이 많아요. 이 점이 회사에 도움이 될 수 있지만 금융 부서에서는 필요하지 않다는 생각이 들었습니다. 이미 들으셨듯이 제가 그동안 마케팅 직원들과 만났는데 마케팅 얘기를 들을 때마다 가슴이 정말 설렙니다. 지금 마케팅 쪽으로 진로를 바꿔야 할지 고민하는 중입니다. 어떻게 생각하세요?"

※ 주목하라. 카산드라는 데렉에게 일자리를 부탁하거나 자신에게 훌륭한 마케터가 될 소질이 있다고 생각하는지 묻지 않았다. 다만 진로 변경에 관해 조언을 구했을 뿐이다. 그다지 저돌적이지 않은 부탁이니 데렉은 마음이 내키는 대로 답변할 수 있는 여지가 많다. 그녀는 그를 몰아붙이거나 아직 자격도 없는 상황에서 무언가를 얻어내려고 애쓰지 않았다.

데렉은 이렇게 물었다.

"얘기 상대를 잘 고르셨네요. 그런데 마케팅 업무를 해본 경험은 전혀 없으신 거죠? 맞습니까?"

"네, 없습니다."

"그럼 이렇게 합시다. 마케팅 부서에서 당신이 시험 삼아 진행할 수 있는 몇 가지 프로젝트를 찾아보겠습니다. 본업에 피해가 가지 않는 선에서 매력적으로 보이는 일을 먼저 시험해 보시는 게 좋겠어요. 지금은 건너편에서 바라보고 계시니 마케팅이 재미있어 보일 겁니다. 하지만 날이면 날마다 이 일을 하면 어떨지는 전혀 모르시잖아요."

2주가 채 지나지 않아 데렉은 카산드라에게 맞는 프로젝트를 발견했다. 마케팅 팀에게 필요한 경쟁분석이었다. 마케팅을 전공하지 않아도 되는 데다가 회사 데이터베이스에 대한 그녀의 지식이 매우 유용한 일이었다. 데렉은 회계 관리자와 의논해 약간의 시간을 얻어냈다. 덕분에 카산드라는 일주일에 몇 시간가량 경쟁분석 프로젝트를 진행할 수 있었다. 카산드라의 프로젝트는 매우 순조롭게 진행되었고, 6주 후에 데렉은 그것을 정규 업무로 만들 수 있겠다고 판단했다. 그렇게 그녀는 금융에서 마케팅으로 자리를 옮겼다.

경쟁분석 프로젝트는 카산드라의 리더십하에서 성장했으며, 몇 달 지나지 않아 카산드라는 마케팅 팀에서 없어서는 안 될 존재로 자리를 잡았다. 그녀는 직장에서 행복하게 재정착했다. 그러기까지 고작 몇 달밖에 걸리지 않았다.

하지만 올리버는 달랐다.

올리버의 시도

비록 부모님의 조언을 따르긴 했지만 올리버는 예전부터 늘 스스로 창조적인 사람이라고 여겼고, 좀 더 창조적인 일을 할 방법이 있을지 남몰래 궁금해했다. 상사에게 이 문제를 의논하려고 했으나 상사는 그의 궁금증을 묵살했다.

"창조적인 회계사를 원하는 사람은 없습니다, 올리버. 그런 사람들은 결국 교도소 신세를 지게 되죠."

상사는 올리버의 의중을 헤아리지 못했다. 올리버는 회계사를 그만두고 싶었다. 다른 일을 시도하고 싶었다. 그는 소심한 편이었기 때문에 완전히 새로운 회사에서 전혀 새로운 일을 찾으려니 겁이 났다. 그래서 다니는 보험회사에서 창조적인 인재를 높이 평가하는 다른 직무를 찾기 시작했다. 직장 동료들과 이야기를 나누는 일은 그리 겁나지 않았기 때문이다. 마케팅 부서에서 창의성을 높이 평가하는 것 같기에 사내 볼링 동아리 회원인 마케팅 직원 몇 명을 만났다. 몇 번 커피를 마시고, 점심을 함께 먹고, 경력 프로토타입을 만들면서 실제로 마케팅이 회계보다 창조적인 일이라는 사실을 발견했다. 하지만 이런 프로토타입 면담에서 볼링 파트너 세레나는 올리버에게 단도직입적으로 말했다.

"이봐요, 올리버, 당신은 괜찮은 사람이지만 마케팅 업무에 필요한 기술이 없고 교육도 못 받았잖아요. 우리 부서 업무에 당신을 추천할 방법이 없어요."

올리버와 카산트라의 스토리에는 중대한 차이가 있다. 카산드라의 경우에는 경쟁분석 데이터베이스를 관리하고 영업부를 지원하는 '마케팅' 업무가 있었다. 그녀의 회계 행정 기술을 쉽게 활용할 수 있는 업무였다. 그리고 책임자가 그녀에게 모험을 걸겠다는 마음이 어느 정도 있었다(경쟁분석 데이터베이스가 큰 주목을 받지는 않았으니 사실 그렇게 위험한 모험도 아니었다). 카산드라는 데렉에게 비교적 사소한 '부탁'을 했고, 회계 부서에서 상당한 지원을 받았다. 이와 대조적으로 올리버는 실질적인 마케팅 업무를 원했다. 다시 말해 브랜딩, 신제품 메시징, 커뮤니케이션 같은 그야말로 창조적인 일을 하고 싶었으나 이런 일에 그의 회계 경력은 전혀 보탬이 되지 않았다. 게다가 올리버 회사의 마케팅 경영진은 위험 회피 성향이 더 강했다. 따라서 올리버의 '부탁'은 큰 것이었다.

두 회계사 이야기에서 배울 점은 이것이다. 자신의 상황을 공정하게 판단하라. 사전조사를 실시하고, 호기심을 가지고, 사람들과 이야기를 나누어라. 그렇게 해서 다른 사람들에게 기회를 달라고 부탁하기 전에, 하고 싶은 직무의 필수조건을 알아내라. 자신이 원하는 새로운 직무를 부탁할 순간이 오면 상대방의 마음을 움직일 스토리가 준비되어 있어야 한다. 이 사례에서 올리버는 재정착 전략을 이용할 수 없었다. 자신을 재창조하거나 아니면 회계로 돌아가야 했다. 이제…… 올리버와 그의 볼링 친구, 세레나에게 돌아가자.

올리버는 세레나의 답변을 듣고 처음에는 낙담했다. 하지만 이내 용기를 내어 마케팅 업무의 경쟁력 있는 후보자가 되기 위해 배워야 할 것을 전부 목록으로 작성해 달라고 부탁했다. 목록을 건네받고 계획을 세웠다(목록과 계획은 올리버의 전공 분야였다). 보다 창조적인 직무를 원한다면 완전히 다른 교육을 받아야 했다. 올리버는 고민 끝에 다시 공부해서 MBA를 따기로 결정했다(전문지식과 그에 따르는 '간판'을 돈으로 사기로 선택한 것이다).

그는 인근의 우수 대학교에서 제공하는 훌륭한 프로그램을 찾았다. 직장인들을 위한 프로그램이라 야간과 주말 강좌가 있었다. 올리버는 마케팅과 커뮤니케이션에 집중하기로 마음먹었다. (회계 부서에서 정규직으로 일하면서) 학위 과정을 마치려면 얼추 3년이 걸리겠지만, 그렇게 해서 장차 더 창조적인 일을 할 수 있다면 시간을 투자할 의향이 있었다. 그래서 세레나에게 비공식적인 자문위원이 되어 그의 진로 변경을 도와달라고 부탁했다. 그녀는 부탁을 받았다는 사실에 우쭐해져서 승낙했다.

MBA 프로그램에 등록하고 1년쯤 지났을 때, 올리버는 소셜 미디어 마케팅 개론이라는 흥미로운 강의를 들었다. 이 강의의 데이터 주도 창의성 접근방식은 놀라웠다. 본래 창조적 마케팅의 한 유형이지만 그의 수치 처리 능력도 높이 평가되는 분야였다. 소셜 미디어의 주된 표적은 젊은 인구집단이기 때문에 이 접근방식을 배워두면 매우 쓸모가 있을 터였다. 마침 그의 회사는 구태의연한 보험 마케팅 방식으로는 주요 신규 고객 집단인 밀레니얼 세대와 접촉할 수 없다는 사실을 서서히 깨닫고 있었다.

기말고사에 대비해 소셜 미디어 사이트를 개설하고 과제를 작성해야 했던 올리버는 최종적으로 밀레미얼 세대를 위한 보험 마케팅을 주제로 잡았다. 그리고 밀레니얼 세대를 겨냥한 마케팅 캠페인의 몇몇 아이디어를 시험하기 위해 페이스북 페이지를 개설했다. 이 페이스북 페이지는 프로토타입에 불과했는데 며칠 만에 1,000개가 넘는 '좋아요'를 받았다. 그는 과제에서 A학점을 받았으며 페이스북에서 (합법적으로) 수집한 데이터에서 흥미로운 트렌드를 발견했다.

다니는 회사에서 후보자로서 입지를 강화할 수 있는 프로젝트에 학교 과제물을 포함시킨 것은 올리버의 현명한 결정이었다. 그는 비공식 자문위원인 세레나에게 과제물과 페이스북 데이터를 보여주었다. 매우 감명을 받은 세레나는 마케팅 경영진에게 프레젠테이션을 해보라고 제안했다.

"밀레니얼 세대가 우리 회사의 전략적 우선순위로 떠오르고 있어요. 솔직히 말해 우리가 지금껏 제시한 방안들은 이 페이스북 프로토타입의 반만큼도 매력적이지 않아요."

좋았어! 올리버는 방금 언젠가 마케팅 일자리를 제안할 수 있는 사람들 앞에서 '시도할' 기회를 제안받은 것이다. 기회였다. 올리버는 밤샘 작업을 마치고 다음 날 프레젠테이션을 매우 성공적으로 끝냈다. 며칠 후 세레나가 전화를 걸어 한 가지 제안을 내놓았다.

"경영진에서 특수 부대를 꾸려서 밀레니얼 문제를 공격하기로 결정했어요. 당신이 디자인과 데이터 분석가로 합류해 주면 좋겠네요. 그리고 우리와 일하는 동안 MBA 과정을 계속할 수 있도록 손을 써놓았습니다."

올리버는 뛸 듯이 기뻤다. 그는 제안을 수락했으며 더할 나위 없이 행복했다. 현재 올리버는 창의력을 발휘해 젊은 세대를 겨냥한 새로운 보험 마케팅 방식을 제시하고, 자신의 소셜 미디어 페이지에 접속해서 어마어마하게 많은 분석용 데이터를 수집한다. 그야말로 그가 꿈꾸던 일이다. 지금은!

올리버는 6개월이 지나 새로 맡은 자리에서 처음 급여가 인상되었을 때 부모님에게 사실을 털어놓았다. 부모님은 약간 놀랐지만 벌써 급여까지 올랐으니 아들의 앞날은 걱정할 필요가 없다고 생각했다. 부모님의 생각이 옳았다. 올리버는 승승장구하며 결코 뒤를 돌아보지 않았다. 성공적으로 재창조해 낸 것이다.

대학원은 도피처가 아니다

재창조 전략에서는 흔히 다음 단계를 위해 교육을 받아야 한다. 학업에 전념하거나 직장과 학업을 병행하는 것은 대대적인 프로젝트다. 대학원에 진학하기로 결정하면 대학원을 선택하고, 필요한 학위를 확인하고, 입학전형을 준비하고, 입학시험을 치르는 등등의 일에 주의를 기울여야 한다.

시간이 많이 걸린다. 하지만 흥미진진하다.

새롭게 경영학 학위나 교사 자격증을 취득하거나 로스쿨에 지원한다고 계획을 세우면 어쨌든 흥미진진하다. 그러나 이따금 '대학원 진학'에 초점을 맞추다 보면 애초에 자신이 왜 불행했는지를 잊곤 한다. 당신이 직면한 문제를 정확히 파악해야만 대학원이 한 가지 해결책이 될 수 있다.

우리는 조심스럽게 대학원을 추천하지만, 이에 앞서 중대한 변화에 대비해 만반의 준비를 마쳐야 한다. 대학원 진학은 대개 마칠 때까지 지속적으로 엄청난 돈과 시간, 준비가 요구되는 일이다. 그리고 직장을 다니지 않고 학업에 전념한다면 몇 년 동안 벌지 못할 급여까지 감안해야 한다. 더구나 그러고도 효과가 없을 수도 있다! 일류 대학원에 입학해서 석사학위를 취득하며 갖은 고생을 다했는데 새 학위가 그다지 도움이 되지 않는다는 사실을 뒤늦게 깨달은 사람도 적지 않다. 값비싼 대가를 치르고 얻은 몹시 가슴 아픈 깨달음이다.

올리버처럼 직장에 다니면서 야간에 공부하든, 아니면 직장을 그만두고 1~2년 동안 학업에 전념하든 간에 대학원 진학은 중대한 결정이다. 따라서 대학원에 진학하기 전에(혹은 대학원 입학전형을 시작하기 전에) 한 가지 중요한 질문에 답을 찾아볼 것을 권한다.

Q. 무엇을 위한 대학원인가?

이미 짐작하겠지만 이 질문에는 몇 가지 답이 있다. 사람들이 대학원에 진학하는 이유는 다음 네 가지 요소와 관련이 있다.

A1.전문지식: 대개 전문지식을 쌓는 것이 대학원의 목적이라고 말한다. 대학원에서는 전에는 몰랐던 많은 것을 배울 것이다. 실행, 이론, 금융, 마케팅, 창업 등 학교마다 중점적으로 가르치는 분야는 다르다. 학교마다 이름난 전문분야와 저만의 교수법이 있으니 직접 조사하는 것이 좋다. 당연히 내 관심분야에 초점을 맞추고, 내가 좋아하는 방식으로 가르치며, 내가 추구하는 분야에서 평판이 좋은 대학원을 선택하고 싶을 것이다.

A2.관계망: 대학원은 전에는 만나지 못한 사람들을 소개한다. 그러면 경력에 보탬이 될 만한 사람들로 구성된 새로운 공동체가 생길 것이다. 이런 인맥은 그 자체로 대학원에 진학하는 완벽하게 합리적인 이유가 된다. 일류 학교에는 가장 우수한 관계망이 있으며, 당사자들은 인정하지 않겠지만 최고 엘리트 학교에 아주 비싼 등록금을 당연하게 내는 것은 이 관계망 때문이다. 우수한 학교일수록 관계망의 영향력이 더 크다(2018년 미국의 모든 대법관이 하버드나 예일 로스쿨 출신이었던 것은 이 때문이다. 대법관이 되고 싶다면 이 관계망의 일원이 되어야 한다).

A3.변화의 축: 대학원에서 재교육을 받을 때 여러분은 다른 부류의 사람이 되어도 좋다는 허가를 얻는다. 이것이 올리버가 원했던 것 중에 한 가지였다(카산드라에게는 필요하지 않았다). 올리버는 유능하게 마케팅을 실행하는 것뿐만 아니라 '새로운 일자

리에 부수적으로 따르는 전문가의 정체성'이 필요했다. 올리버가 마케팅으로 이직한다는 이야기를 들으면 언제나 직원들 중에는 이렇게 묻는 사람이 있었다.

"근데…… 당신은 회계사 아닌가요? 마케팅에서 무슨 일을 하시는데요?"

그러면 올리버는 자신의 새로운 정체성에 대해 다음과 같이 말하곤 한다.

"내 출발은 금융이었지만 언제나 비즈니스 분야에서 폭넓게 경력을 쌓겠다는 계획이 있었죠. 그래서 마케팅 석사학위를 땄습니다. 대학원에서 공부하는 내내 세레나나 마케팅 팀과 협력했으니까 완전히 마케팅으로 옮기는 것이 내겐 자연스러운 수순이었어요."

이따금 대학원을 거치지 않고 자리를 옮길 수 있지만, 그래도 세상은 대학원 학위가 있어야 신뢰할 만한 사람이라고 생각한다. 학위를 통해 추가 허락을 받는 것이다. 이를 '권력 변화의 축 Power Pivot'이라고 부르자.

교육은 매우 중요하다. 어쩌면 필요 이상 중요할 것이다. 하지만 규칙을 만드는 것은 우리가 아니다. 우리는 여러분이 그 규칙을 따르고 승리하도록 도울 뿐이다.

A4.간판: 대학원은 이렇게 말할 수 있는 간판을 준다.

"나는 경영학 석사학위가 있어." "나는 공중보건학 석사학위가 있어." "나는 법학 학위가 있지."

여러분은 간판을 얻었으며, 이 간판은 골드나 실버, 플래티넘 등급으로 분류된다. 졸업한 대학원의 순위를 아주 중요시하는 분야가 있다. 따라서 '간판'을 따러 대학원에 다시 진학할 생각이라면, 순위가 얼마나 중요한지 알아보고 전문직 취업률을 확인하라. 법조계와 건축계처럼 종사자가 지나치게 많고 수요보다 공급이 많은 전문직에서는 취업률이 특히 중요하다. 이 두 직종에서 급이 낮은 학교의 취업률은 20퍼센트에도 미치지 못한다. 대학원 졸업생 가운데 80퍼센트가 개업 변호사나 건축가로서 이 간판을 활용하지 않는다는 뜻이다. 대놓고 간판을 요구하는 전문직도 있다. 의학 학위가 없으면 의료계에 종사할 수 없다. 심리학 학위가 없으면 심리상담을 할 수 없다. 대학 강단에 서는 사람에게 박사학위가 필수조건은 아니지만 학위가 있다면 교수가 되기가 더 쉬울 것이다.

결국 새 학위를 따기 위해 시간과 돈을 투자할 가치가 있는지 판단해야 한다. 전문지식, 관계망, 변화의 축, 간판 등 본인이 원하는 것의 가치를 평가할 방법을 알고 있는지 확인하라.

오로지 간판을 따기 위해 모든 비용과 시간을 투자하는 사람도 있다. 변화의 축을 위해, 또는 관계망을 위해서도 마찬가지다. 그런가 하면 이 가운데 서너 가지 요소를 동시에 목표로 삼는 사람도 있다. 본인에게 그만한 가치가 있다면 어느 편이든 상관없다. 하지만 대학원이 당신의 미래를 바꿀 것이라고 확신하기 전에 모쪼록 많은 대화를 통해 프로토타입을 만들고 그중 몇 가지를 경험하기 바란다. 그런 다음에도 그만한 가치가 있다고 느껴진다면 도전하고, 좋은 학교를 선택하고, 새로운 일에 필요한 재료를 완벽하게 익히기 위해 열심히 노력하라. 그것이 여러분에게 맞는다면…… 도전하라!

카산드라의 후일담: 예상이 빗나갈 때

카산드라의 스토리는 마케팅 분야에서 새로운 직무를 구한 것으로 끝나지 않았다. 그 후의 이야기는 예상과 달랐다.

1년이 흐른 후 카산드라와 데렉은 다시 점심을 함께 먹으며 성과 고과를 매기는 시간을 가졌다. 데렉은 그녀에게 어떻게 지내느냐고 물으며 '환상적'이라는 답변을 기대했다. 그녀가 대학원에 진학하지 않고도 마케팅 분야에서 성공을 거두면서 경력을 쌓고 있었기 때문이다. 그런데 카산드라는 한숨부터 내쉬었다.

"글쎄요. 그다지 행복하지 않아요. 솔직히 대부분 불안한 시간을 보내면서 잠을 제대로 못 잡니다."

카산드라는 데렉에게 영업부 지원 업무에서 고전하고 있다고 말을 이었다. 영업사원들은 경쟁사의 현황 정보를 줄기차게 원했다. 그러나 경쟁사에 대해 알아내는 것은 한계가 있기에 영업사원들은 언제나 100퍼센트 만족하지 못했다. 그들은 카산드라의 도움에 고마워했지만 주야장천 더 많은 것을 요구했다. 끊임없이 전화를 걸어 도움을 요청했다.

카산드라는 매일같이 더 많이 돕고 싶다고 생각했지만 무엇을 도와야 할지 몰랐다. 퇴근길에도 이에 대해 고민했지만 아무리 노력해도 부족했다. 그래서 미칠 지경이었다.

"제가 뭘 잘못하고 있는지 모르겠어요."

데렉은 이렇게 답했다.

“당신은 잘못한 게 없습니다. 원래 마케팅 세계가 그런 거예요. 마케팅에서 고객은 당신을 아낌없이 사랑하는 법이 없죠. 경쟁사는 잘하고 있는지 알 수도 없고요. 끝이 없어요. 그게 이 일의 본질입니다. 흥미롭고, 창의적이고, 융통성이 있지만 항상 불확실성에 대처해야 하죠. 끝이 없어요!”

카산드라는 불확실성을 좋아하지 않는다고 말했다. 그녀는 끝이 없다는 느낌이 마음에 들지 않았다.

“글쎄요, 일과가 끝나면 정답을 얻고 모든 일이 마무리되어 걱정할 문제가 전혀 남지 않는, 그런 종류의 일을 원하신다면 여기 그런 일을 하는 사람은 아주 많습니다. 바로 금융 부서라고 불리는 곳이죠. 기억하시죠? 마케팅 분야에서 일하는 재미와 동반된 불확실성이 당신에게는 그만한 가치가 없을 수 있습니다. 당신 생각은 어떻습니까?”

카산드라는 일과가 끝나면 일을 마무리하면서 얻는 만족감과 마음의 평화에 비하면 약간의 따분함은 아무것도 아니라는 사실을 깨달았다. 인정하기는 싫었지만 그녀는 금융 부서로 돌아가는 편이 더 낫겠다고 결론을 내렸다. 공석이 생기기까지 몇 달이 걸렸을 뿐만 아니라 카산드라는 후임자를 구할 때까지 경쟁 데이터베이스를 관리하기 위해 한동안 연장근무를 해야 했다. 하지만 결국 모든 일이 해결되었고, 그 후로 모든 사람이 행복하게 살았다. 아, 영업사원은 빼고. 그러나 그분들은 결코 행복한 법이 없다.

상황은 변한다, 카산드라와 당신처럼

카산드라는 무엇을 잘못했을까? 도대체 왜 그녀의 재정착이 실패한 걸까?

그녀에게는 아무런 잘못이 없다. 그녀의 재정착은 '대성공'이었다. 이 점을 반드시 이해해야 한다.

카산드라는 살아서 숨 쉬고, 성장하고, 변화하고, 끊임없이 진화하는 '인간'이다. 그녀는 기계가 아니고 그건 당신도 마찬가지다. 카산드라, 데렉, 마시…… 그 누구도 카산드라가 마케팅 부서로 자리를 옮긴 이후의 결과를 예측할 수 없다. 그것은 오로지 시간이 흐르고 경험이 쌓여야만 알 수 있는 일이다.

카산드라는 이 사실을 이해하기까지 1년이 걸렸다. 마케팅 부서로 옮긴 후 4~8개월 동안 그녀는 모든 것의 새로움에 가슴이 무척 설렜고, 배우는 재미에 푹 빠져서 스트레스를 깨닫지 못했다. 그녀가 밤잠을 제대로 이루지 못하는 이유를 어렴풋이 깨달은 것은 10개월 남짓 지나서 237번째로 영업사원 여섯 명의 질문에 답하지 못한 채 퇴근하던 날이었다.

인생을 디자인한다는 것은 본디 그런 것이다. 일은 우리 삶의 일부이며 당신의 삶과 직장생활을 새롭게 만들기 위해서는 수많은 프로토타입을 만들고 반복해야 한다. 우리가 끊임없이 성장하고 변화한다는 것은 좋은 소식이다. 잃을 것은 없다.

금융 부서로 돌아왔을 때 회사의 운영방식에 대한 카산드라의 통찰은 한층 깊어졌다. 마케팅과 다른 부서 관리자들의 비즈니스 개념에 대한 이해도 높아졌다. 실제로 마케팅 부서에서 얻은 경험 덕분에 회계 업무를 더욱 능숙하게 처리했다. 게다가 이제 자신을 더 정확하게 파악했다. 상황이 따분해지면(누구에게나 이따금 그렇듯이) 자신의 스토리를 재구성할 능력이 생겼다. '음…… 확실히 난 밤에 자는 게 좋아!'

그녀는 언제든 영업 부서나 마케팅 부서 직원들과 커피를 마실 수 있었고, 이것이 그들과 일하는 것만큼이나 재미있고 스트레스도 거의 없다는 사실을 깨달았다. 자기 자신과 자신의 업무를 새롭게 이해함에 따라 예전에 하던 회계 업무가 충분히 괜찮아졌다. 지금은.

어떤 시점에 이르면 당연히 우리는 맡은 직무에 비해 웃자란다. 디자이너의 사고방식(똑똑하고 창조적이며 호기심과 행동 지향적인)을 가지고 있는 사람들의 기술과 능력은 그들의 직무보다 더 빠른 속도로 성장한다. 다시 말해 몇 년마다(때로는 이보다 빠르거나 늦은 속도로) 직무에 비해 웃자랄 수 있다는 소리다.

이제 경력을 계속 쌓기 위한 다음 단계를 살펴보자. 건전한 조직은 직원의 능력을 인정하고, 직원과 협력해서 직원을 위해 도전의식을 불러일으키는 새로운 역할을 찾을 것이다. 물론 그런 방식이 항상 효과적인 것은 아니다. 어쩌면 상사가 어떤 직원에게도 관심이 없거나 혹은 직원을 지지하지 않을 수 있다. 만일 그렇다면 당신이 먼저 움직여야 한다.

현재 당신이 있는 바로 그곳에서 자리를 바꾸는 것이 최선의 조치다. 우리가 앞서 설명했던 네 가지 전략 가운데 한 가지를 선택할 수 있다. 단언컨대 존, 앤, 사라, 카산드라, 올리버에게 그랬듯이, 적어도 한 가지 전략은 사표를 쓰지 않고 업무환경에 활력을 불어넣는 방법을 찾는 데 효과적일 것이다.

퇴사하지 말고 재설계하라

하지만 만일 그렇지 않다면, 이 가운데 어떤 전략도 효과가 없다면, 그것은 다른 곳으로 옮길 때가 왔다는 의미일 수 있다. 다행히 호기심을 가지고, 사람들과 이야기를 나누고, 자신의 스토리를 전하는 과정은 회사 내부와 마찬가지로 외부에서 새로운 일자리를 찾을 때도 효과적이다. 다만 더 많이 노력하고, 더 적극적으로 관계망을 형성해야 할 뿐이다. 이직을 잘하기 위한 조언은 9장에 실었다. 새로운 일자리를 진지하게 찾아 나서려면 진심으로 현재 직장을 그만두어야겠다는 결심이 선행되어야 한다. 그리고 이 과정을 성공적으로 수행하려면 무엇보다 '잘 그만두어야' 한다.

8장 품위 있게 퇴사하는 최고의 방법

모든 것에는 이유가 있다. 모든 것은 변하고, 모든 것에는 끝이 있다. 데이터에 따르면 여러분은 평생 동안 직장을 여러 번 바꾸게 되고 심지어 경력까지 바꿀 것이다. 다시 말해 직장을 최소한 한 번쯤은 그만둘 것이라는 소리다. 직장을 그만둘 때는 잘 그만두는 것이 중요하다. 그만두는 방법은 많지만 일반적으로 돌아올 다리를 불태워버리는 방법과 2주 레임덕, 두 가지 전형적인 유형으로 나뉜다.

돌아올 다리를 불태우는 사람

퇴사를 결심한 모든 이들이 한 번쯤은 꿈꿔본 유형이다. 주기적으로 영화에 등장하는 이 유형은 문 쪽으로 향하면서 어깨 너머로 사직서를 던진다. 이들이 고래고래 소리를 지르는 상사를 뒤로하며 주차장을 나설 때 그들의 주제가가 울려 퍼진다. 조니

페이첵의 1977년 히트곡 〈이 일은 너나 가져Take This Job and Shove It〉라는 노래다. 이런 모양새가 노래나 영화의 한 장면으로는 재미있거나 인상적일 수 있지만 전략으로는 끔찍하다. 이런 전략은 피하라. 순간적으로 기분은 좋을지 몰라도 장기적으로 보면 아주 형편없는 전략이다. 결코 분노에 휩싸여 그만두지 마라. 당신이 떠난 이후의 대책을 강구할 시간을 회사에게 주어라. 훗날 그 선택에 뿌듯해할 것이다.

동료 직원들이 박수갈채를 보내고, 고위 경영진이 당신의 달변에 감탄하며 입을 다물지 못하는, 정당한 분노의 연설로 온 지구를 초토화시키는 퇴사의 환상이 깨졌는가? 그렇다면 미안하다. 하지만 오해하지 마라. 온 지구를 초토화시키고 돌아올 다리를 불태우고 멋있게 떠나는 환상이 얼마나 달콤한지 우리도 알고 있다. 누구나 적어도 한 번쯤은 상상 속에서 이런 전략을 떠올리지만, 그런 전략일랑 아무런 해를 끼치지 않는 상상 속에 고이 남겨두어라(상상 속에서라도 다리를 불태우는 장면을 너무 여러 번 재생하는 일은 경계해야 한다).

2주 레임덕

2주 레임덕(임기 만료를 앞둔 공직자를 '절름발이 오리'에 비유한 말. 여기에서는 퇴사를 앞둔 직원이 일을 하지 않고 대충 회사에 출근 도장만 찍는 것을 의미한다)은 매일 수천 번씩 이용되는 가장 대중적인 유형이다. 확실한 통계치는 모르지만 장담하건대 압도적 다수의 사직이 다음과 같은 패턴을 따른다.

(1) 직원이 마침내 사직하기로 결정한다.

(2) 날짜를 정한다.

(3) 퇴사 2주 전에 다음과 같은 짧고 안전한 사직서를 전달한다.

수신: 상사

발신: 래리

사안: 사직

저는 다른 진로를 찾아 오리털 뽑기 책임자라는 제 직책을 사직하려 합니다. 제 사직은 오늘 날짜로부터 2주 후에 효력이 발생해 3월 28일 금요일이 제가 럭키 덕 엔터프라이즈Lucky Duck Enterprises에 근무하는 마지막 날이 됩니다.

럭키 덕에서 일할 기회를 주신 점에 감사드리며 귀하와 회사의 안녕을 빕니다.

래리 드림.

이 직원은 다음 2주 동안 출근도장을 찍고 직장 동료들과 몇 차례 어색한 대화를 나눈 후에 조용히 잊힐 것이다.

래리는 2주 전에 통보하는 것이 관례임을 알고 이와 같은 방식으로 사직한다. 사직서는 '덜어낼수록 더 좋다'는 원칙을 염두에 두고 쓰는 것이 가장 바람직하다. 간결하게 써라. 깔끔하게 떠나라. 래리는 회사를 그만둘 것이라고 발표한 후에는 (설령 할 일이 있어도) 자기가 일을 많이 하지 않으리라는 사실을 모든 사람이 안다고 생각한다. 실제로 사람들은 래리가 일할 것이라고 기대하지 않는다. 운이 좋다면 회사에서 2주 동안의 급료를 지급할 테니 그냥 집에 가라고 말할 것이다. 적어도…… 사회적 통념으로는 그렇다.

2주 레임덕 접근방식은 잘못이 없다. 딱히 옳은 방식이 아닐 뿐이다. 상황을 완화시킬 방법이 이것뿐이라면 이 방법도 괜찮다. 우리는 이 방법을 쓴다고 해서 비난하지 않을 것이다. 레임덕 퇴사법은 대개는 (돌아올 다리를 불태우는 방식과는 달리) 해롭지 않을 것이다. 어쨌든 간에 래리는 럭키 덕에 근무하는 동안 수천 마리의 오리에서 털을 뽑았고, 그래서 이 노력을 바탕으로 좀 더 밝은 미래를 맞이할 자격이 있는 사람이다. 우리가 이와 다른 세 번째 방식, 생성적 퇴사를 추천하는 것은 이 때문이다.

생성적 퇴사

직무를 재설계하는 방식이 존재하듯이 퇴사하는 방식도 존재한다. 사람들은 대부분 퇴사를 부정적인 일로 생각하지만 우리는 퇴사가 기회라고 생각한다. 퇴사는 지금껏 잘해온 일을 마무리하고 새롭게 시작하는 전환점이다. 예전 직무를 위한 장을 멋지게 마무리하고, 다음 직무를 위한 첫 장을 멋지게 장식할 기회로서 퇴사를 재구성하라. 다시 말해 보다 '생성적인' 퇴사를 준비하라.

이제부터 생성적 퇴사가 얼마나 위력적인지 살펴보자. 생성적 퇴사를 앞으로의 일하는 삶을 멋지게 그려 나가는 기회로 삼아보라. 그러면 나는 어떤 사람이고, 무엇이 내게 동기를 부여하는

지 더욱 정확하게 이해할 수 있다. 생성적 퇴사에는 다음과 같은 조건이 필요하다.

전제조건

1. 먼저 재설계를 시도하라.
2. 상사에게 물어라.
3. 퇴사를 선택하라.
4. 새 직장을 먼저 찾아라.

생성적 퇴사의 4단계

1. 뒷정리를 잘하라
2. 관계망을 향상시켜라.
3. 후임자가 잘 적응하도록 도와라
4. 보기 좋게 퇴장하라.

여러분은 이렇게 말할 것이다.

"이봐요! 이런 전제조건이 왜 필요합니까? 난 당장 그만둘 준비가 됐어요!"

무슨 말인지 이해한다. 하지만 끝까지 들어보라. 보기 좋게 직장을 떠나는 것이 얼마나 중요한지 아는 생성적 퇴사자는 이 전제조건에 주의를 기울인다. 전제조건을 충족시키면 퇴사라는 힘든 작업의 생산성이 월등히 높아진다.

퇴사하기 전에 반드시 먼저 해야 할 일

먼저 재설계를 시도하라

더 이상 참을 수 없는 지경에 이르러 오늘, 지금 당장 그만두고 싶은가? 그렇다면 당신은 다른 모든 장을 건너뛰고 곧장 이 장을 펼쳤을 것이다. 그러나 7장(퇴사하지 말고 재설계하라)을 읽어보고 그 장에 담긴 개념들을 시도해 보길 추천한다. 부디 현재 직장에서 '직무를 바꾸면' 큰 이점이 따를 수 있음을 고려하여 좋은 선택을 하면 좋겠다.

재설계가 여의치 않다 해도 도전해서 투자한 시간은 결코 헛되지 않을 것이다. 디자인 씽킹으로 문제에 접근하면 자신과 회사(그 결과 업계 전체)에 대해 많은 것을 배우게 된다. 그 결과 새롭게 구직을 시작할 때 더 나은 스토리를 전달할 수 있게 된다.

상사에게 물어라

어쩌면 정말 떠나야 할 때가 왔을 수도 있다. 직장에서의 시간이 불행하고 따분하다. 현재 위치에서 문제를 해결하기 위해 노력했으나 그마저도 여의치 않았다. 잔소리꾼 상사가 밤 9시에 문자를 보내는 바람에 잠을 제대로 자지 못하고, 당신이 해야 하는 일은 끝도 없다. 그렇다면 어떻게 해야 할까?

앞서 우리가 말한 네 가지 전략을 한두 가지 시도했는데 효과가 없었다고 하자. 그래도 한 가지만 더 시도해 보라. 상사에게 한 가지 간단한 질문을 하고 결과를 지켜보는 것이다.

샘은 누구나 선망하는 실리콘밸리 대기업의 젊은 엔지니어다

(어떤 회사들을 말하는지 알 것이다). 그는 입사해서 처음 몇 년 동안 소프트웨어 제품용 시험 전략을 설계하고 실행하면서 정말 즐거웠다. 그런데 상황이 나빠졌다. 그것도 지독하게. 어느 날 갑자기 상사가 샘을 못살게 굴기 시작했다. 괴롭힘은 하루가 멀다 하고 계속됐고 상사는 샘을 제대로 하는 일이 하나도 없는 사람처럼 취급했다. 그가 아무리 애를 써도 갈수록 까다롭게 굴며 흠만 잡는 상사를 만족시킬 수 없었다. 이런 상황이 몇 달 동안 계속되자 샘은 회사를 그만두는 수밖에 없겠다고 판단했다. 그는 사직서까지 미리 써놓은 상태에서 빌을 찾아왔다. 빌의 옛 학생으로서 '평생 상담' 카드 가운데 한 장을 쓰기로 결심한 것이다.

회사를 그만두겠다는 샘의 계획을 듣고 빌은 이렇게 말했다.

"황당한 소리처럼 들리겠지만 상사에게 면담을 청해서 당신의 업무에 왜 그렇게 불만이 많은지 물어보면 어떨까요? 물어봐서 손해 볼 것도 없고, 어차피 당신은 그만두기로 작정했으니 그의 피드백이 쓸모가 있을지 모르잖아요."

처음에 샘은 빌의 제안이 탐탁지 않았다. 그는 상사와 허심탄회하게 대화를 나누느니, 차라리 마취제를 쓰지 않고 치과 치료를 받는 편이 낫다고 생각했다. 그래도 간신히 용기를 내서 일대일 면담을 잡았다. 샘은 심호흡을 한 다음 아주 짧게 질문했다.

"제가 뭘 잘못하고 있습니까(당신도 반드시 해야 할 질문이다)?"

상사는 놀란 표정으로 잠시 잠자코 있더니 다음과 같이 대답했다.

"자네가 하는 일에는 전혀 잘못이 없네, 샘. 사실 자네는 우리 부서에서 가장 생산성이 뛰어난 엔지니어지. 문제는 자네가 아니라 내게 있어. 집안에 힘든 일이 있다네."

그러고는 자신의 결혼생활이 파경으로 치닫고 있고, 볼썽사나운 이혼을 피할 길이 없으며, 한 달 동안 아이들을 만나지 못해 가슴이 아프다고 말했다. 그는 다음과 같은 말로 끝을 맺었다.

"자네에게 화풀이를 해서 미안하네. 자네는 아무 죄도 없는데 말이야. 하지만 지금은 자네나 다른 누구를 관리할 만한 여력이 없군. 그냥 가서 자네가 우리에게 필요하다고 생각하는 일을 하게나. 어떤 프로젝트를 들고 오든 승인하겠네."

샘은 새삼 상사의 입장에 공감하며 그의 말에 귀를 기울였다. 그런 다음 퇴근해서 가장 어려운 몇 가지 실험을 자동화할 제안서를 작성했고, 상사는 아무 말 없이 승인했다.

6개월 후 샘의 상사는 회사를 그만두었다. 현재 샘은 부서의 선임 엔지니어로 일하며 그 어느 때보다 행복하다. 그는 직장에서 큰 재량권을 행사하고, 맡은 직무의 기술적인 난제들을 완벽하게 처리하는 것이 즐겁다고 말했다. 그러면서 퇴사 직전, 그 한 번의 면담이 아니었다면 일생일대의 큰 실수를 저지를 뻔했다고 덧붙였다.

직접 묻지 않으면 지금 정말 무슨 일이 일어나고 있는지, 무엇이 진정으로 사람들에게 동기를 부여하는지 결코 알 수 없다.

회사를 그만두기 전에 상사와 대화를 나누어라.

"제가 뭘 잘못하고 있습니까?"

그런 다음 그냥 경청하라. 방어적인 태도를 취하거나 말싸움을 할 필요는 없다. 상사의 입장에 최대한 공감하고(물론 어려운 일이다) 경청하라. 상사의 상사에게도 똑같은 방법을 쓸 수 있을 것이다. 무엇을 발견하게 될지 누가 알겠는가?

퇴사를 선택하라

우리가 퇴사를 선택하라고 말하면 여러분이 이렇게 되물을지 모른다.

"뭐라고요? 전 이미 회사를 그만두기로 마음먹었습니다. 그런데 퇴사를 '선택'하라니. 무슨 말인가요?"

좋은 질문이다. 우리의 요지는 '등 떠밀려서 퇴사하지 말라'는 것이다. 퇴사를 긍정적이고 생성적인 선택으로 만들어라. 마치 최후의 수단이나 원치 않은 결과, 부당행위, 혹은 정해진 숙명인 것처럼 퇴사를 당했다는 듯이 행동하는 사람이 많다. "그게 내가 할 수 있는 마지막 수단이었어" "어쩔 수 없었어" "사는 게 원래 그런 거지" 같은 이야기를 늘어놓지 마라. 마치 자신의 선택과는 무관하게 떠밀려서 퇴사한 것처럼 보일 뿐이다.

퇴사를 선택으로 재구성하라. 퇴사하기로 선택하는 것이다. 긍정심리학과 자기결정이론에서는 이렇게 말한다.

"인생에서 스스로 선택한 행동이 삶에 의미와 목적을 부여한다."

목적을 가지고 퇴사하기로 결심하라.

새 직장을 먼저 구해라

퇴사하기 전에 새 직장을 먼저 구해야 하는 데는 두 가지 합당한 이유가 있다. 첫째, 그래야 새 직장을 구할 가능성이 높아진다. 둘째, 재정이 보다 안정된다.

근로자 신분을 유지하라. 고용주는 실업 상태인 지원자에 비해 고용 상태인 지원자에게 네 배 더 많이 반응하고, 두 배 더 많은 면담 기회를 제공하며, 세 배 더 많은 제안을 내놓는다.[1] 고용 상태인 사람이 실업자에 비해 더 매력적이다. 더 이상 덧붙일 말이 없다. 공정하지는 않겠지만 확실한 논리에 따른 결과다. 미래의 고용주는 당신에게 이런 궁금증을 가지기 쉽다.

'음…… 다른 회사들은 이 사람의 어떤 면을 알고 있기에 그를 고용하지 않았을까?'

내가 형편없는 직원이라서 실업자가 되었다는 오해를 피할 가장 효과적인 방법은 실업자가 되지 않는 것이다. 물론 모든 일은 항상 마음대로 되지 않고, 설령 실업 상태라 해도 치명적인 것은 아니다. 하지만 퇴사하기 전에 새 직장을 구하는 것이 좋다. 물론 새 직장을 구하는 일은 대형 프로젝트다. 우리도 이를 모르지 않다. 그렇기 때문에 다음 장을 이 주제에 할애한 것이다. 그러나 먼저 '잘 그만두는' 더 좋은 방법부터 마무리하자.

돈을 잊지 마라. 실업 상태가 되면 돈이 많이 든다. 새 직장을 찾기까지 얼마나 많은 시간이 걸릴지 모른다(통계적으로 대부분의 노동시장에서 3~6개월이 걸린다). 더구나 오랫동안 실업 상태가 계속되면 두려운 마음이 생기고 경제적 타격이 커진다. 그러니 현 직장을 떠나기 전에 새 직장을 찾아라.

물론 얼마나 어려운 일인지 안다. 독자들에게 털어놓자면, 우리도 직장을 다니면서 새 직장을 구한 것이 스무 번은 족히 될 것이다. 그래서 현재 직장에서 풀타임으로 일하는 동시에 시간을 내어 새 직장을 구하는 것이 쉬운 일이 아님을 익히 알고 있다. 또한 새 직장을 구하러 다닌다(머지않아 회사를 그만둘 것이다)는 사실을 현 고용주에게 들키지 않고 구직활동을 하는 것도 결코 쉽지 않다. 그렇다 해도 회사를 그만둘 때 장차 성공을 거둘 수 있는 발판을 확실히 마련하는 것이 우리가 알기로 최선의 전략이다.

좋다. 이제 제대로 회사를 그만둘 준비가 되었다.

품위 있는 퇴사를 위한 행동 조언

뒷정리를 잘하라

현명한 캠핑객은 캠핑을 마무리할 때 이 원칙을 잊지 않는다. '뒷정리를 잘하라.'[2]

이는 일과 삶에서도 효과적인 규칙이다. 떠나기 전에 뒷정리를 잘하면 여러모로 이롭다. 일단 동료들이 상황을 제대로 추스를 수 있고, 고용주의 신뢰를 지킬 수 있다. 그러면 분명히 고용주의 추천서 내용이 더 좋아질 것이다. 무엇보다 떠나기 전에 올바른 일을 했다고 자부하면서 떠날 수 있다. 굳이 더 많은 이유를 들지 않아도 뒷정리를 잘하는 것이 바람직하다. 이 조언을 따르면 뭇사람 사이에서 돋보이는 존재가 될 것이다.

빌에게 애플에서 근무하던 시절은 좋은 경험으로 남았다. 여간 힘들지 않았지만 좋은 경험이었다. 하지만 입사한 지 6년이 지날 무렵, 아무리 마음을 새롭게 다져도 일이 더 이상 매력적이지 않았다. 찬란한 봄날의 어느 월요일 아침, 너무나 짧게 느껴졌던 주말을 보내고 출근하는 길에 빌은 의심의 여지가 없는 깨달음의 순간을 맞이했다. 어딘지 알 수 없는 곳에서 이런 목소리가 들려왔다.

'직장에서 진심으로 행복하지 않으면 그냥 그만둬도 돼.'

그는 이런 생각이 들었다는 사실(이 목소리가 들렸다는 사실)에 흠칫 놀라서 갓길에 자동차를 멈춰 세웠다.

빌은 자신이 마치 수감자처럼 생각하고 있다는 갑작스러운 깨달음을 얻었다. 그는 애플에 '머물러야만 한다'고 생각하면서 자율성을 잃어가고 있었다. 그리고 현재의 직장생활이 불행하다면(실제로 불행했다) 무언가 손을 써야 한다는 사실을 깨달았다. 그러자 왠지 모르게 갑자기 자유로운 느낌이 들었다.

그는 생성적 퇴사를 시작했다.

우선 (이 책의 제안처럼) 애플에서 자신을 재창조하고자 노력했지만 결국 효과를 거두지 못했다. 그래서 전문적인 관계망을 가동해 사람들과 이야기를 나누고 시도하며 다른 곳에서 조용히 새로운 기회를 찾기 시작했다. 주변을 둘러보고 바삐 뒷정리를 시작했다. 빌이 가장 유념했던 것은 그가 떠나더라도 팀에게는 피해가 없어야 한다는 점이었다. 그는 눈에 띄지 않게 움직여야 했다.

빌은 핵심 인물 두 사람을 승진시켰다(진작 승진했어야 마땅한 사람들이었다). 그리고 그가 신뢰하고 존경하는 프로젝트 리더에게 다음번 대규모 랩톱 프로그램을 인계할 준비를 했다. 인계 작업을 갈무리하기까지 몇 달이 걸렸지만 그만한 가치가 있었다. 프로젝트 리더는 함께 일하는 사람들에게 진심으로 관심을 기울였다. 빌은 만일 자신이 하는 일이 애플 직원들의 경력에 도움이 된다면 그것이 모든 사람에게 최선의 결과라고 생각했다.

또한 빌은 그 시간을 활용해서 신중하게 외부 기회를 모색했다. 그의 비공식적 관계망 덕분에 마침내 이직 기회들이 수면 위로 올라오기 시작했다. 그 가운데 두 가지 기회, 즉 최초의 전자책 스타트업과 신제품 디자인 자문회사와 관련된 기회가 특히 흥미로워 보였다. 이 가운데 한 곳이 자신의 다음 직장이 될 것이라는 확신이 들었다. 그러던 중에 원하던 일자리 하나가 다른 사람에게 넘어갔다. 빌은 더 이상 미루지 말고 결단해야 한다고 판단했다. 그는 애플에서 7년간 근무하며 11종의 랩톱을 연구했다. 12번째 랩톱을 연구하고 싶지 않았다.

빌은 디자인 자문회사로 향했다. 그는 좋은 경험을 선사한 모든 사람에게 감사하며 정중한 사직서를 작성하고, 상사에게 전달하고, 퇴근했다. 3주가 지나 마지막으로 회사에서 걸어 나올 때, 그는 그가 향하는 곳은 물론이고 남겨두고 떠나는 모든 것에 매우 흡족했다. 그 봄날의 월요일 아침 '출근길의 깨달음'에서 시작해 사직하기까지 거의 1년이 걸렸다. 그 1년은 잘 그만두기 위해 빌이 투자한 한 해였다.

관계망을 향상시켜라

파격적 협력, 즉 '도움 청하기' 사고방식은 모든 디자이너에게 반드시 필요한 것이지만 잘 그만둘 때 각별히 중요하다. 떠나기 전에 모든 수단을 동원해 직장 안팎에 있는 친구와 동료의 관계망을 유지하고 확대해야 한다. 앞서 언급한 모든 이유를 접어두더라도 현재 직장의 팀원과 동료 직원으로 구성된 관계망은 장차 소개와 이직 기회를 제공할 수 있는 금광과도 같다. 퇴사를 앞둔 지금은 이 관계망을 강화하기에 절묘한 시기다.

당신의 레스토랑 일선에서 일하는 재미있는 사람, 이달의 최우수 사원을 놓치지 않는 현장 판매원, 아들의 축구 결승전에 맞춰 일정을 조정해 주는 인정 많은 출납 담당자와 친분을 쌓아라. 지인들을 확실하고 단단한 기반으로 만들어라. 시간이나 도움을 제공한 사람에게 감사 편지를 손수 쓴다면 언제나 효과적이다(손 편지는 매우 귀하다). 더 중요한 지인에게는 점심으로 한턱을 내고 커피와 함께하는 '출구 면담' 프로토타입의 일정을 잡을 수 있다. 연락하고 관계를 맺는 사람이 많을수록 더 좋다.

직장을 옮긴다고 발표하기에 앞서 몇 주 동안 이 사실을 먼저 알리고 싶은 대상자가 있을 수 있다. 조심하라. 누군가가 얘기를 흘리는 바람에 계획보다 먼저 상사의 귀에 들어갈 위험이 있다. '내가 곧 떠날 것'이라는 정보는 일급비밀이니 되도록 최후의 순간까지 미루어 반드시 알아야 할 사람에게만 살짝 알려야 한다. 굳이 그럴 필요가 없다면 알리지 마라. 그래도 누군가와 비밀을 털어놓는 사이가 되면 관계가 돈독해질 수 있으니 신중하게 전략적으로 비밀을 알려라.

후임자가 잘 적응하도록 도와라

이는 뒷정리하기의 동반 조치다. 뒷정리의 핵심은 당신이 떠난 다음, 현재 직장에서 함께 일해온 사람들(친구와 직장 동료)이 더 편하게 생활하도록 만드는 것이다. 그런데 이때 당신이 큰 도움을 줄 수 있는 의외의 인물이 있다.

바로 당신의 후임자다.

당신이 떠나 곧 공석이 될 그 자리를 인수하는 사람 말이다.

이 준비 과정에는 두 가지 작업이 포함된다. 첫째, (여러분의 이름표가 달린 채) 남기고 싶지 않은 쓰레기를 모조리 제거해 후임자에게 깔끔한 출발점을 물려주는 작업과 둘째, 원활한 업무수행에 필요한 핵심적인 정보와 절차, 연락처를 문서로 정리하는 작업이다. 이미 뒷정리에 주의를 기울이고 있다면 첫 번째 임무는 훌륭하게 마친 셈이다. 그러면 두 번째 임무가 남는다. 현재 직무를 위한 간편 참고 매뉴얼을 정리하는 일 말이다.

보기만큼 어려운 일은 아니다. 128페이지에 달하는 매뉴얼을 손수 작성하는 그런 일이 아니라 그저 그간 직무를 잘 수행하면서 수집한 내부 정보를 편리한 장소에 정리해 두면 된다. 이를테면 다음과 같은 내용이 매뉴얼에 포함된다.

- 직무 수행에 필요한 정기적인 회의와 활동, 보고
- 특정한 종류의, 특별한 문제를 해결할 만한 지식이 있어서 믿을 만하고 도움이 되는 사람들
- 현재 처리 중인 시급한 사안
- 해결되었지만 이따금 점검하지 않으면 다시 불거질 수 있는 고질적인 문제
- 부하 직원이 있다면 모든 직원의 장점을 추린 요약서(그러면 후임자가 새로 만난 직원들에 대해 긍정적인 인상을 받고 일을 시작할 수 있다)

데이브는 그만두기 전에 직무에 대한 매뉴얼을 작성한 적이

있다. 어렵지 않았다. 약 20페이지 분량이었는데 여섯 시간이 걸렸다. 그는 상사에게 사직서를 제출할 때 이 매뉴얼을 함께 첨부했다. 상사는 그야말로 입을 다물지 못했다.

"와! 이런 건 처음 봅니다. 내 평생 본 것 중에 가장 멋진 퇴사군요. 퇴사에 대한 책을 써도 되겠습니다!"

앞으로 퇴사할 때면 간편 참고 매뉴얼을 작성해 상사에게 넘기도록 하라. 그러면 상사가 여러분에게 반할 것이다(그리고 후임자가 전화를 걸어 고마움을 전할 것이다).

보기 좋게 퇴장하라

영화에서 가장 중요한 순간은 언제일까? 만약 당신이 영화감독이라면 절정과 파국이라고 대답할 것이다. 퇴사는 직장이 주제인 영화 시나리오의 마지막 장면과도 같다. 당신의 회사와 회사 사람들에게 남길 가장 강렬한 추억이다. 반드시 사람들의 기억에 남기고 싶은 근사한 장면을 만들어라.

그들이 웃음 띤 얼굴로 아쉬워하게 만들어라.

사직에 대한 이야기, 즉 퇴사 스토리를 통제하는 사람은 자기 자신이다. 아마 퇴사 스토리를 최소한 두 번 전하게 될 것이다. 사직서에서 한 번, 사람들에게 직접 전달하는 형태로 두 번. 때가 되어 퇴사를 발표하면 사람들은 떠나는 이유를 궁금해할 것이다. 일관적이고 긍정적인 스토리를 전해야 한다. 부정적인 요소를 깊이 생각지 마라(굳이 말하지 않아도 모르는 사람이 없다). 이때 절대로 과거에 초점을 맞추지 마라. '복수하고' 싶은 유혹에 굴복하면 안 된다. 미래의 도전에 관한 긍정적인 요소를 분명하고 간결하게 전달하고 강조하라.

- 다리를 불태우는 사람의 나쁜 예: "우리 상사는 시시콜콜한 일까지 관리하고 회사에는 장기 전략이 없어. 경영진이 효율적으로 일하지 못해서 내가 착수한 프로젝트가 계속 취소되는 건 이제 신물이 나. 게다가 상사는 또라이야. 내가 말했던가?"

- 생성적 퇴사자의 좋은 예: "경력을 한 단계 높일 수 있고, 새롭고 흥미진진한 것을 배울 기회가 생겨서 회사를 그만둘 거야. 이 회사를 무척 좋아할뿐더러 멋진 동료들을 떠나야 한다고 생각하니 애석하지만, 다음번 도전을 향해 움직일 때가 왔어."

제대로 퇴사하기가 그리 어렵지는 않다. 좋은 대본을 쓰고 무엇보다 충실히 따라라. 훌륭하게 해낸 자신이 기특할 것이다.

훌륭한 퇴사자들이여, 뭉쳐라!

요약하자면……

- 피치 못할 상황이 아니면 퇴사하지 마라.
- 퇴사할 예정이라면 생성적으로 퇴사하라.
- 누구나 언젠가는 퇴사자가 될 것이다. 그러니 잘 그만두는 법을 배우자.
- 잘 그만둘 계획을 세웠으니 이제 4번 전제조건에서 언급한 디자이너의 구직 방식을 되새길 때가 왔다. 효율적이고 성공적인 구직활동 방법을 자세히 살펴보자.

9장 하고 싶은 일을 찾아 떠날 용기

잘못된 생각: 지난번 직장은 실패다. 처음부터 다시 시작해서 새 직장을 찾아야 한다.

생각의 재구성: 가장 좋은 것만 가지고 나머지는 남겨둔 채 내가 지금 있는 곳에서 다음 장소로 도약할 것이다.

새로운 일을 찾는 일은 스트레스가 될 수 있다. 어렵게 느껴질 것이다. 치과 치료를 받는 것과 비슷한 스트레스를 느낄 수 있다.

이해한다.

'진심으로' 이해한다.

직무를 바꿀 생각이거나 혹은 직장을 그만두고 다른 일을 찾는 일이 정말이지 한참 만이라면, 이번 구직활동은 단단히 준비해야 할 대형 프로젝트일 것이다. 반면에 마음에 둔 일이 있고, 인근 지역에 위치한 그런 회사를 알고 있으며, 적절한 경험과 자격, 연줄이 있는 사람이라면 이 장에 필요한 것들이 준비되어 있다. 우리는 자기 자신과 현재 고용시장에 대해 당신이 아는 내용을 활용해 외부 조사를 시작할 것이다.

이것은 단순하지만 심오한 재구성이다. 일자리를 구하는 최고의 방법은 일자리가 아니라 '스토리'를 요청하는 것이다. (많고 많은) 스토리를 요청하라. 그러면 일자리를 찾을 것이다.

이 조언은 7장에서 다룬 재설계, 재정착, 재창조 전략의 핵심이다. 모든 것의 출발점은 '호기심을 가지고 사람들과 이야기 나누기'였다. 우리가 아는 한, 당신이 관심 있는 분야에서 일하는 전문가와 진지한 호기심을 가지고 프로토타입에 대해 대화를 나누는 것이 새로운 고용기회를 추구하고 정착하는 가장 효과적인 방법이다.

구직활동의 다음 단계는 1~3개월 동안 (대부분 지금은 사람을 구하지 않는) 수많은 흥미로운 사람과, 수많은 흥미로운 대화를 나누라. 그러다 보면 언젠가 숨겨진 일자리에 대한 대화를 나눌 수 있다.

전작에서 우리는 커트의 구직활동을 소개했다. 이후 그는 두 차례 일자리를 옮기며 우리의 접근방식을 훌륭하게 활용했다.

표준 구직 모형으로는 성공할 수 없다

커트의 첫 번째 주요 구직활동은 커트 부부가 조지아주 애틀랜타로 이사 갈 무렵에 시작되었다. 당시 커트는 스탠퍼드 디자인 프로그램의 4년 과정을 막 끝낸 참이었다. 그는 석사과정 2년과 대학원 특별 연구 과정에서 다시 2년을 공부했다. 예일대학교의 지속 가능한 건축학 석사학위에 이어서 그가 두 번째로 취득한 석사학위였다.

그러던 중에 커트와 그의 아내 샌디는 첫아이가 생겨서 애틀랜타에 사는 조부모님 댁 근처로 이사하기로 결정했다. 커트는 마침내 일류 대학 학위라는 빛나는 간판의 가치를 수확할 준비가 되었다. 자기 마음에 쏙 들 뿐만 아니라 생활비를 충당하며 가족까지 부양할 수 있는 직업을 구할 것이다. 빠른 시일 내에 일자리를 구할 수 있다고 굳게 믿고 조지아에 입성했다. 커트는 취업 게시판에서 마치 맞춤옷처럼 자신의 학력에 꼭 맞는 채용공고를 발견했다. 그는 일류 대학 학위, 인상적인 이력서, 정성을 들여 제각기 다르게 작성한 서른여덟 개의 자기소개서를 첨부해 입사 지원서를 서른여덟 번 제출했다.

당신은 그의 학벌이라면 일자리 제안이 셀 수 없이 많으리라고 짐작할 것이다. 하지만 뚜껑을 열어본 결과는 예상과 달랐다.

커트는 여덟 곳에서 불합격을 통보하는 짤막한 이메일을 받았고, 나머지 서른 곳에서는 회신조차 전혀 받지 못했다. 여덟 번의 거절과 서른 번의 묵묵부답. 면접이나 제안, 후속 전화 따위는 없었다. 예일과 스탠퍼드에서 교육받은 사람에게 말이다.

커트는 이른바 '표준 구직 모형'에서 실패했다. 그는 인터넷이나 기업 웹사이트에 실린 일자리를 찾아 직무기술서를 읽고 그것이 정확한 기술서라고 생각했다. 그래서 자신이 적임자라고 판단하고 이력서와 자기소개서를 제출한 다음 채용 담당자가 전화하기를 기다렸다. 계속 기다렸다. 지금도 기다리고 있다.

그러나 52퍼센트의 고용주가 밝혔듯이, 그들이 회신하는 지원자는 전체의 절반에도 미치지 못한다. 표준 모형을 이용한 구직의 성공률은 약 5퍼센트다. 커트는 혼신의 힘을 다했지만 돌아온 것은 전혀 없었다.

전통적인 표준 모형의 구직활동 실패율이 이처럼 높은 이유는 수많은 착각에 뿌리를 두기 때문이다. 이를테면 누군가 지원자의 자기소개서를 읽는다고 생각한다. 천만의 말이다. 대기업은 대부분 이른바 '인재관리' 소프트웨어를 이용해 지원자의 이력서를 스캔하고 키워드를 찾는다. 인간이 이력서를 읽지 않는다. 만일 이력서와 자기소개서에 그 키워드가 없다면 그 지원자는 인재 데이터베이스에서 투명인간이 된다.

또 다른 착각은 인터넷의 직무기술서가 정확하다고 생각하는 것이다. 대개 그렇지 않다. 직무기술서는 기껏해야 어떤 직무에서 성공하기 위해 반드시 필요한 요소들의 요약서일 뿐이다.

마지막으로 인터넷에서 공시된 직무, 다시 말해 수천 명의 유능한 후보자가 지원하는 직무에서는 고용주가 확실히 유리하다. 고용주가 몇 시간 동안(애플이나 아마존 같은 회사라면 몇 분 동안) 받은 유자격자의 이력서는 수백 통에 이를 것이다. 유능한 후보자가 무수히 많으니 늦게 도착하는 나머지 이력서를 읽을 필요가 없다. 폭주하는 이력서 속에서 여러분이 눈에 띌 가능성은 매우 희박하다.

숨겨진 고용시장 뚫기

미국에서 '공개되는' 일자리는 전체의 20퍼센트에 지나지 않는다. 대부분의 고용시장은 표준 구직 모형을 이용하면 다섯 개 일자리 가운데 네 개는 보이지 않는다. 이 보이지 않는 일자리는 대부분 근사하고 창조적이다. 따라서 경쟁해 볼 가치가 있는 것이다.

그렇다면 숨겨진 고용시장을 어떻게 뚫고 들어갈 수 있을까? 힘들기는 해도 불가능한 일은 아니다. 숨겨진 고용시장은 일자리가 존재하는 전문적인 관계망에 이미 연결된 사람들의 눈에만 보인다. 우리가 외부 조사를 시작하기 전에 현재 직장의 관계망부터 파보라고 강력하게 제안한 것은 바로 이 때문이다.

현재 직장에서 새로운 일자리를 찾을 경우, 당신은 이미 숨겨진 고용시장에 접근할 수 있는 '내부자'다. 내부자 구직은 기본적으로 당신에게 유리하다. 반면 외부 구직활동이라면 당신은 미지의 구직자이니 관계망에 진입하기가 어려울 수밖에 없다. 그렇지만 호기심과 스토리 찾기라는 재구성을 이용하면 관계망을 뚫을 수 있다. 진심으로 호기심이 있는 구직자라면 스토리를 청하면서 관계를 맺어 내부자가 될 수 있다. 그런 다음 일단 '고용 커뮤니티' 대화의 일원이 되면(기억하라. '관심을 가지면 흥미롭다') 사건이 일어나기 시작한다. 이미 커뮤니티 내부에 진입한 '지역 주민'이 그때껏 숨겨져 있던 고용기회에 접근할 수 있는 길을 열어준다.

새로운 방법으로 구직에 성공하다

커트는 표준 구직 모형으로 구직에 실패하자 상심했다. 그리고 이제 구직활동에 디자인 씽킹을 적용할 때가 되었다고 생각했다. 커트는 입사 지원은 그만두고 '호기심을 가지고 사람들과 이야기를 나누기' 시작했다. 프로토타입 대화를 시작한 것이다.

그의 관계망 형성 실력은 상당히 뛰어났다. 커트는 다음 몇 달 동안 진심으로 만나고 싶은 쉬여섯 번의 대화를 나누었다. 그 수많은 대화는 일곱 개의 멋진 일자리 제안으로 이어졌고, 이 가운데 하나는 꿈의 일자리였다. 환상이 아니라 현실에 존재하는 '꿈의 일자리' 말이다. 그는 이 일자리 제안을 수락했다. 환경적으로 지속 가능한 분야에서 의미를 찾을 수 있는 멋진 일자리였다. 근무시간이 유연하고, 출퇴근시간이 짧았으며, 급여도 많았다. 단순한 구직활동의 결과가 아니라 여러 사람에게 쉰여섯 번이나 인생 스토리를 요청한 결과였다.

현장에서 '스토리를 구할 때' 당신은 단지 호기심을 가지고 관심 분야에서 이미 흥미로운 일을 하고 있는, 흥미로운 이들과 이야기를 나누는 사람일 뿐이다. (아직) '구직자'가 아니기 때문에 쉽게 이야기를 나눌 상대가 된다. 대화를 나누는 동안에는 '일자리'가 아니라 그저 스토리를 원하는 사람이다. 만일 변장한 구직자의 냄새를 풍긴다면, 결국 발각되고 구직 과정은 효과를 거두지 못할 것이다. 진심으로 호기심을 품어라(대화에 결코 이력서를 들고 가지 마라).

당신은 이렇게 말할 것이다.

"그런데 잠깐만요. 방금 커트가 쉰여섯 번의 대화에서 일곱 번이나 제안을 받았다고 말하셨는데 어떻게 하면 그럴 수 있을까요? 어떻게 스토리가 일자리로 바뀌는 겁니까?"

의외로 답은 간단하다.

대부분의 경우 대화를 나누는 상대방이 당신을 현재 위치에서 원하는 위치로 옮겨놓는다. 다시 말해 '스토리 구하기'에서 '제안 구하기'로 상황이 바뀌는 것이다.

"커트, 우리 일에 관심이 매우 많은 것 같군요. 지금까지 말씀하신 걸 보면 우리 회사에 필요한 재능이 있으신 것 같습니다. 혹시 우리 회사 같은 곳에서 함께 일할 생각이 있나요?"

우리가 추천하는 접근방식을 이용하면 일자리를 제안받을 가능성이 50퍼센트가 넘는다. 상대방이 먼저 손을 내민다. 당신이 먼저 손을 내밀 필요는 없다.

그런데 어째서인지 상대방이 먼저 손을 내밀지 않을 수 있다. 당신이 이미 7~10번 프로토타입 대화를 끝냈고, 정말 관심이 가는 조직을 발견했다고 가정하자. 그렇다면 이제 한 가지 질문을 던져서 스토리에서 일자리 제안으로 대화의 방향을 바꿀 때다.

"당신네 회사에 대해 많이 알아보고 이곳 직원을 만날수록 더욱 매력적인 회사처럼 보입니다. 궁금하군요. 앨런, 나 같은 사람이 이런 조직의 일원이 되려면 어떤 단계를 거쳐야 할까요?"

바로 그거다. '나 같은 사람이 이런 조직의 일원이 되려면 어떤 단계를 거쳐야 할까요?'라고 묻자마자 앨런은 이제 방향을 바꿔 당신을 후보자로 생각해야 할 때가 왔음을 직감한다.

기억하라. '와, 이곳은 근사하군요! 혹시 빈자리가 있습니까?'라고 말하지 않았다. 마음만 너무 앞선 채 이런 질문을 던진다면 답변은 아마도 '없다'일 것이다. 대신 방법을 묻는다면 이는 (예/

아니요로 답하지 않는) 열린 질문이며, 따라서 당장 구할 수 있는 일자리뿐만 아니라 미래의 가능성까지 열린다.

우리의 가상인물 앨런과 어느 정도 관계가 형성된 상태라면 좋을 것이다. 그러면 앨런이 솔직하면서도 우호적인 답변을 해줄 것이다. 어쩌면 이렇게 대답할 수도 있다.

"지금 우리 회사에는 빈자리가 전혀 없지만 우리 제휴 회사에는 당신이 적임자일 수도 있겠군요. 그린 스페이스Green Space의 직원을 만나본 적이 있습니까? 제 생각에는 당신이 그 회사에서 하는 일을 좋아할 것 같네요."

가능성은 열려 있다. 언제나.

커트가 제안받은 일곱 개 일자리 가운데 여섯 개에서는 공석을 물을 필요가 없었다. 그저 상대방의 스토리를 듣고 싶다고 했을 뿐인데 그들이 먼저 대화의 방향을 바꾸어 제안한 것이었다. 일곱 개 가운데 하나를 제외한 모든 일자리는 공개 채용공고도 내지 않았다. 다시 말해 숨겨진 고용시장에 속한 일자리였다. 채용공고가 발표된 것은 커트가 수락한 일자리뿐이었다. 하지만 채용공고가 공개된 것은 그가 이미 CEO와 면담을 약속한 다음이었다. CEO와의 면담이 매우 순조로웠기 때문에 채용공고가 공개된 무렵에 커트는 이미 가장 유력한 지원자였다.

커트의 구직활동이 끝나갈 무렵, 그가 쾌재를 부른 순간이 있었다. 커트가 최종 선택한 회사에서 이사 다섯 명과 최종 면접을 했을 때, 그들은 마지막으로 이렇게 물었다.

"당신은 이 지역의 지속 가능한 건축 공동체에서 효과적으로 파트너 관계를 형성할 수 있다고 생각하십니까? 어쨌든 조지아로 이사 온 지 얼마 되지 않았으니까 이 지역 비즈니스계에 아는 사람이 전혀 없으시잖아요."

면접관들을 둘러보던 커트는 뜻밖의 사실을 발견하고 깜짝 놀랐다. 다섯 명 가운데 세 명이 이미 그와 커피를 함께 마시며 스토리를 나누었던 사람이었다. 커트는 다음과 같이 답변했다.

"글쎄요. 전 이미 여기 계신 세 분과 성공적인 관계를 맺었습니다. 이 조직을 대표해서 효과적인 활동을 계속할 수 있다면 영광스럽겠습니다."

그렇다. 그는 면담에서 결정타를 날렸다. 하지만 커트는 그보다 먼저 수많은 대화를 나누었다는 사실을 기억하라.

애틀랜타에서 몇 년을 보낸 후 커트의 가족은 다시 인디애나폴리스 근처로 이사했다. 아버지로서 어린 딸의 교육에 집중하고 싶었기 때문이다. 그는 정규직을 구하지 않고, 긱 경제에 참여해 컨설팅에 도전하기로 결심했다. 커트는 10장에서 다룰 여러 개념을 채택해 일인기업을 설립했고, 대단한 성과를 거두었다. 새롭고 흥미로운 프로젝트를 진행하며 꽤 높은 컨설팅 수임료를 청구할 수 있었고, 그 결과 원하는 만큼만 바쁘게 지낼 수 있었다.

1년 남짓 지났을 때 커트의 가족은 또다시 이사했다. 이번에는 시카고였다. 커트는 적응기간을 끝내고 다시 정규직으로 일할 준비가 되었다. 짐작하겠지만 그는 먼저 사람들과 이야기를 나눔으로써 구직활동을 시작했다. 그 무렵에는 구직활동에 꽤 이력이 붙어서 인디애나폴리스를 떠나기 전부터 시카고에 사는 사람들에게 연락하기 시작했다. 샌디도 나름대로 새로 부임할 대학의 직원들에게 자기 남편과 이야기를 나눠보고 흥미로운 스토리가 있는 사람들에게 소개해 줄 수 있겠냐고 물었다. 샌디의 새 동료들은 기꺼이 발 벗고 나섰다. 시카고의 숨겨진 고용시장을 뚫고 들어가기 위해 커트에게 필요한 것은 초기에 형성한 몇몇 관계가 전부였다.

커트의 표적이 바뀌었다. 그는 애틀랜타에서 일하면서 환경적으로 건실한 건축과 도시개발에는 여러 참여 집단의 협력이 필요하다는 사실을 배웠다. 그리고 그가 여러 참여 집단을 한데 모으고 '파격적으로 협력'하도록 만드는 데 소질이 있음을 발견했다. 잠시 컨설턴트로 일하는 동안에는 (도움은 필요해도 커트에게 정규직을 제안할 여유가 없는) 수많은 창업회사와 협력하면서 창업가의 창의성을 높이 평가하게 되었다. 그래서 이 두 가지 관심사를 결합한 무언가를 찾고 있었다.

시카고에서 면접을 보는 동안 커트는 한 집단을 접하게 되었다. 사회사업 분야의 차세대 창업가들을 위해 인턴십 프로그램을 운영하는 집단이었다. 이 중에는 커트가 매우 높이 평가하는 멋진 디자인과 진보적인 환경 아이디어 쪽으로 방향을 잡은 기업이 많았다. 그는 이런 기업에는 보기 드문 다양한 조합의 역할을 수행할 인재가 필요하다고 의견을 내놓았다. 다시 말해 젊은 이들을 가르치고, 영감과 동기를 불러일으키며, 수많은 세부 작업과 활동을 진행하고, 차세대 사회적 창업가들과 파격적으로 협력하는 인재였다. 그러고는 자신이 우연히도 그들이 찾고 있는 '보기 드문 인재'라고 밝혔다.

석 달가량(인디애나폴리스에서 첫 이메일을 발송한 지 다섯 달)이 지난 후에 그는 어떤 프로그램의 운영 관리자 자리를 수락했다. 시카고 지역의 한 투자그룹에서 후원하는 창업가 인턴십 프로그램이었다. 참가자들을 모집하고, 파트너 조직과의 관계와 일부 강의, 수많은 현장 행사를 관리하는 직책이었다. 조직 전체에 파격적인 설계와 협력이 필요한 일이었다. 사실 처음 구직활동에 나섰던 3~4년 전이었다면 '결코' 원치 않았을 법한 일이었다. 하지만 지금은 그의 특징적인 장점(강의하기, 조정하기, 중재하기, 마케팅 등)을 조합한 이 일이 안성맞춤이었기에 그는 가슴이 벅찼다.

직장을 구하기 위한 이 여정에서 커트는 '스토리 전달 능력'이라는 특별 기술을 개발했다. 이 기술은 커트가 생각했던 것보다 한층 위력적이었다.

준비하라, 호기심을 가져라, 그리고 밖으로 나가라

커트의 일화는 언제든지 당신의 이야기가 될 수 있다. 모든 사람의 이야기가 되어야 마땅하다. 밖으로 나가 근사한 새 일자리에 맞춰 스스로를 설계하며 멋진 시간을 가져라. 호기심을 가지고, 사람들과 이야기를 나누고, 시도하고, 만나는 모든 사람에게 자신의 스토리를 전하라.

만일 당신의 다음 일자리가 '회사'라면 말이다. 하지만 경력 모험을 향한 당신의 행보가 회사로 향하지 않는다면, 다시 말해 자영업이라면 당신은 이제 이 책의 다음 장을 향하면 된다.

10장 언제까지 회사를 위해 일할 것인가

잘못된 생각: 경력을 쌓으려면 '누군가 나를 고용해'서 회사를 위해 일하는 수밖에 없다.

생각의 재구성: 커다란 자율성을 가지고 경이로운 경력을 쌓고, 내가 좋아하는 직장을 가지는 한 가지 방법은 그것을 창조하는 것이다.

디자이너처럼 생각할 때 유연하고 민첩해지며 변화에 적응할 준비가 된다.

준비하라. 세상을. 세상이 변하고 있다(미국 가수 밥 딜런이 1964년에 발표한 노래 'The times, they are a-changin'의 제목을 인용한 문구—옮긴이).

지역 커뮤니티 칼리지(자체 학생들뿐 아니라 성인인 지역주민들에게도 수강을 허용하는 교육기관) 학생인 토머스는 최근 차량공유 서비스에서 운전기사로 일하기 시작했다. 등록금에 보탤 돈을 벌기 위해서다.

미드커리어(정식 조직에서 최소한 10~15년 정도 경력이 있는 사람을 일컫는 말) 대상 마케팅 이사인 샤론은 스타트업을 설립한 친구에게 마케팅 자문을 제공했다. 기술 특화 컨설팅이 아주 마음에 든 샤론은 부업으로 다른 클라이언트 두 명을 맡기로 결정했다. 누군가를 돕는 일이 즐거웠으며 추가 수입이 생긴다는 것도 괜찮은 혜택이다.

전기 엔지니어 조지는 이른바 '적정 구조 조정Right-Sizing' 때문에 17년 동안 근무한 회사에서 해고당했다(조지에게는 결코 '적정해' 보이지 않았다). 비록 조지 같은 엔지니어링 경력자를 찾는 일자리는 많았지만, 그가 생각하는 흥미로운 일자리를 찾기가 그리 쉽지 않았다. 그러던 중에 조지는 한 기술 대기업에서 면접을 보았는데 채용 담당자가 회사에서 급하게 처리해야 하는 프로젝트에서 컨설턴트로 일하면 어떻겠냐고 물었다. 기술적인 요소가 필요한 프로젝트에 흥미가 생긴 조지는 깊이 고민하지 않고 '좋다'고 답했다. 그러고는 부리나케 인터넷에 접속해 고용계약서를 구하고 프로젝트 제안서를 작성했다. 제안서가 통과되어 조지는 본의 아니게 컨설턴트라는 임시 직함을 얻었고, 월요일부터 금요일까지 그 기술기업에 출근했다.

토머스와 샤론, 조지는 모두 더 많은 자유와 자신의 경력에 대한 통제권을 얻고자 시간제나 정규직 컨설턴트로 일하는 사람들이다. 그들은 직접 근무시간을 정하고, 원하는 시간에 일하며, 스스로 자기 자신의 상사가 된다. 이 장에서는 이 새로운 업무방식을 탐구하고, 매장을 열거나 자기 회사를 운영하거나 좋아하는 일을 창조할 수 있는 맞춤 아이디어와 생각 도구를 제시할 것이다.

우선 '돈을 벌기 위한 프로토타입 만들기'로서 임시직과 부업, 컨설팅 활동을 재구성하고, 나아가 단순한 사업계획을 세울 방법을 제시할 것이다. 이는 더 많은 시간과 자유를 제공해 의미 있는 일을 수행하는 한편, 컨설팅 수입을 극대화하는 데 효과적인 사업계획이다. 프로젝트별로 효과적인 일과 삶을 그려 나가도록 돕는 것이 우리의 목표다.

우리는 기술 전문가이자 애플의 연구원이었던 앨런 케이Alan Kay의 열렬한 팬이다. 그는 "미래를 예측하는 최선의 방법은 미래를 창조하는 것"이라고 말했다. 이제 이 장에서 미래를 창조할 방법을 알아보자.

잘못된 생각: 나는 진정한 의미의 직장이 없다. 임시로 컨설팅을 하고 있을 뿐이다. 이는 내가 생각했던 경력이 아니다.

생각의 재구성: 나는 지금 임시직에 종사하는 것이 아니다. 돈을 벌기 위해 일하며 스스로의 상사가 되는 새로운 방식의 프로토타입을 만들고 있다.

프로토타입 만들기는 호기심을 가지고 시도하며 자신의 워크라이프를 통제하기 위한, 위험이 적은 방법이다.

돈을 벌기 위한 프로토타입 만들기

라이프 디자이너는 자신에게 일어나고 있는 일을 무턱대고 받아들이지 않는다. 이미 정해진 현실이라며 포기하거나 하지 않는다는 소리다. 대신 앞길을 개척한다.

경제는 계속 변화하며, 간혹 자동화가 도입되거나 일자리가 사라지는 변화를 맞이한다. 외주에 맡기거나 정규직에서 프로젝트별 작업으로 바뀐 일자리도 있다. 변화는 계속해서 일어나고 있다. 멈출 수 없다. 그렇기 때문에 그것은 '중력 문제'다.

하지만 당신은 이 새로운 경제의 희생양이 아니다.

디자이너처럼 생각할 때 당신은 유연하고 민첩해진다. 어떤 중력 문제라도, 우선 문제를 수용하고 더욱 세분화되고 새로워진 직장의 당면한 현실에 맞게 전략을 조정한다.

이 시나리오의 긍정적인 면을 보자면, 잦은 이직과 정규직의 '9시 출근–6시 퇴근'이라는 제약에서 벗어난 직무가 그 어느 때보다 자연스러운 현상으로 받아들여진다. 급변하는 새로운 경제의 성공을 좌우하는 열쇠는 인공지능과 자동화의 공격을 견디고 살아남을 포트폴리오를 개발하는 것이다. 그러면 자유를 비롯한 새로운 업무방식의 혜택을 한껏 누리면서 바람직하고 즐거운 삶을 설계할 수 있다.

이 책의 전반에서 우리는 당신의 발목을 잡는 직무와 직장에 대한 잘못된 믿음을 재구성하라고 제안했다. 확신하건대, 이런 재구성이야말로 여러분을 해방시키고 다시 올바른 방향으로 나아가게 만들 열쇠다. 아래와 같이 재구성해야 한다.

고정형 사고방식에서 성장형 사고방식으로

몰입하지 못하는 직장인에서 자신의 삶과 경력을 설계하는 디자이너로

보호 장치가 없는 임시직원에서 장기 계획이 있는 컨설턴트로

고정형 사고방식에서 성장형 사고방식으로 변화할 때, 당신은 삶과 일에는 생각보다 더 많은 가능성이 존재함을 깨닫는다.

갤럽 조사에서 일에 환멸을 느끼고 몰입하지 못한다고 답했던 69퍼센트의 직장인에 속했던 당신이 자신의 삶과 일을 설계하는 디자이너로 변화할 때, 환경을 바꿀 힘은 대개 자신의 손에 있음을 깨닫는다.

임시직이라는 개념, 다시 말해 오늘날 일각에서 긱 경제라고 부르는 개념에 디자인 씽킹을 적용할 때, 결국 예전의 일반 직장보다 나은 '일하는 삶'을 창조할 수 있다. 비로소 일과 경력, 인생을 책임지는 창업가처럼 생각하고 행동하기 시작한다.

이런 접근방식을 택해 도전적이고 흥미로운 일, 기분 좋은 자유와 자율성, 가족이나 친구와 함께 보낼 수 있는 더 많은 시간, 그리고 자신에게 진정으로 어울리는 삶을 얻길 바란다.

미래에 한걸음 다가가기

컨설턴트가 되거나 사업체를 설립해 자신의 운명을 책임지면 어떤 느낌일지 궁금한가? 스스로 창조한 미래 속에 사는 느낌 말이다. 우리의 조언은 간단하다. 원하는 변화의 프로토타입을 만들어라!

거듭 말하지만 여섯 가지 새로운 사고방식 가운데 '행동 지향성'과 '프로토타입' 만들기가 당신을 소파에서 일으키고 무언가

를 실천하게 만든다. 또한 이런 사고방식은 당신이 꿈꾸는 미래에 살며시 다가갈 수 있는 힌트를 제공한다.

단순하고 간편한 프로토타입을 만들어라. 우연한 기회에 마케팅 컨설턴트의 길로 들어선 샤론처럼 부업으로 컨설팅을 하면서 기존 직장에서 안정적인 수입을 얻고, 선택방안들을 탐구할 시간을 벌 수 있기를 바란다. 필요에 의해 졸지에 컨설턴트로 들어선 조지와 비슷한 상황도 프로토타입 만들기 전략이 효과적일 것이다. 하지만 샤론에 비하면 약간 더 절박한 상황이니 컨설팅의 사업 규모를 신속하게 키워야 한다. 돈을 벌 수 있는 프로토타입을 두 가지 정도 제시하는 전략이 필요하다.

당신의 미래는 이미 세상에 존재한다. 당신이 원하는 컨설팅에 이미 종사하고 있는 사람들이 있으니 말이다. 호기심을 가지고 그들과 이야기를 나누어라.

이제 첫 번째 컨설팅 프로토타입을 만드는 과정을 살펴보자. 프로토타입은 만들기에 간단하고 흥미로운 질문을 제시해야 한다는 점을 잊지 마라.

첫 번째 프로토타입은 '컨설턴트가 되면 어떤 느낌일까?'라고 질문하는 것이다. 빠른 답변을 얻기 위해 다른 사람의 세일즈 및 마케팅 플랫폼을 이용해 당신을 위한 첫 번째 프로젝트를 찾아보도록 하자.

호기심을 가지고 시작하라. 미래의 내가 무슨 일을 할지, 세상에 어떤 기술을 제시할 수 있을지, 그리고 무엇을 자문할 수 있을지, 시작하는 과정에서 무엇이 필요할지에 호기심을 품어라. 이미 방법을 알고 있는 것들, 다시 말해 '제시할 수 있는' 것들은 브레인스토밍을 이용해 목록으로 작성하라.

호기심을 밑거름 삼아 다음 단계(프로토타입 대화 만들기)를 추진하라. 당신과 비슷한 다른 컨설턴트와 이야기를 나누고 그들에게 스토리를 부탁하라. 서비스를 어디에 게시하고, 어떻게 고객을 찾고, 어떻게 보수를 받는지, 대가를 지불하지 않는 클라이언트가 있는지 등을 물어라.

컨설팅 실무에 대해 의견을 구하는 것이다. 장단점을 알려달라고 부탁하라. 알게 되겠지만 대부분의 사람은 자신과 자신의 일에 대해 이야기하기를 좋아한다. 당신이 원하는 것은 일과 관련된 스토리뿐이지 프로젝트를 소개해 달라는 부탁이 아님을 확실히 전달하라. 그렇지 않으면 상대방은 여러분이 자기 분야에 비집고 들어오려 한다고 느낄 수 있다. 상대방이 가장 좋아하는 주제, 즉 상대방에 대해 이야기를 나누어라.

앞서 작성한 '컨설팅을 제시할 수 있는 기술'의 선택방안을 좁혀라. 나만의 '제안'과 나와 일하는 것이 독특하고 매력적인 이유가 담긴, 나만의 '컨설팅 스토리' 버전을 선택해야 한다. 이를 근사한 스토리로 만들고 250자 이내로 간추려라. 그러고는 친구와 동료 컨설턴트를 상대로 이 스토리를 시험해 보라. 사람들이 스토리를 이해하는가? 여러분의 서비스가 무엇인지, 무엇을 전달하겠다고 약속하는지 이해하는가? 짧은 시간 내에 스토리가 정확히 전달된다고 생각이 들 때까지 되풀이하고 다듬어라.

클라이언트가 프로젝트를 공시하는 여러 디지털 플랫폼 가운데 하나를 선택해 가입하라. 수많은 클라이언트가 한데 모인 플랫폼이기 때문에 (한동안은) 직접 무작위로 전화를 걸거나 서비스를 광고할 필요가 없다. 그들이 공시한 프로젝트를 둘러보고 내게 적합한 것이 있는지 확인하라(모든 범주의 일반 컨설팅 프로젝트라면 Freelancer.com과 Upwork.com, 소프트웨어 프로젝트라면 Toptal.com, 그리고 모든 규모의 프로젝트라면 거주지의 온라인 벼룩시장까지 시험해 보라). 그러면 신속하게 시작해서 단기간에 평판을 쌓을 수 있다. 선택 가능한 프로토타입이 넘치도록 많다. 이런 사이트에서 눈도장을 찍고, 서비스를 소개하는 스토리를 게시하여 시동을 걸어라.

규모가 작은 간단한 프로젝트에 입찰하라. 당신은 프로젝트를 맡은 경험이 없으니 당연히 거래 후기도 없다. 낙찰을 받기까지 수차례 입찰을 반복해야 할 수 있다.

낙찰받은 후에는 입찰할 때보다 더 많은 시간을 투자해 반드시 성공을 거두어라. 이 프로토타입의 핵심은 돈을 버는 것이 아니라 배우면서 평판을 쌓는 것이다. 컨설팅에서 평판보다 중요한 것은 없다. 첫 프로젝트에서는 과하다 싶을 정도의 결과물을 전달하고 반드시 긍정적인 후기를 받아라. 프로젝트가 끝나고 후기를 얻으면 성찰의 시간을 가져라.

기억하는가? 이 프로토타입의 목적은 '컨설턴트가 되면 어떤 느낌일까?'였다.

한 걸음 물러나 어땠는지를 스스로에게 물어보라. 경험을 돌아보고 서비스에 대한 클라이언트의 후기와 별점을 확인한 다음 성과를 돌아보라.

- ‘프로젝트의 어떤 점이 마음에 드는가?’
- ‘마음에 들지 않는 점은 무엇인가?’
- ‘클라이언트의 피드백에 동의하는가?’
- ‘어떻게 하면 더 적은 노력으로, 더 단시간에, 더 훌륭하게 프로젝트를 수행해 시간당 수입을 높일 수 있을까?’

첫 경험이 좋았거나 적어도 나쁘지 않았다고 생각되면 다시 시도하라. 그냥 연습 삼아 다시 한번 쉬운 프로젝트를 선택하거나 아니면 더 몰입해야 하는 더 큰 규모의 프로젝트를 선택해 다양한 프로젝트 단계의 클라이언트 관리를 경험해 보는 것이 좋다. 반드시 고객의 입장에서 전문 컨설턴트에게 기대할 정도의 질 높은 작업성과를 거두고, 과하다 싶을 정도의 결과물을 전달해야 한다.

몇몇 클라이언트에게 긍정적인 후기를 몇 번 받았다면 이제 다음 단계로 넘어갈 준비가 되었다. 통합 사이트에서 얻은 프로젝트를 수행하는 일은 비교적 쉽지만, 클라이언트의 질(저렴한 컨설팅을 찾는 사람들)과 프로젝트 작업을 둘러싼 치열한 경쟁으로 말미암아 높은 수수료를 책정하기는 어렵다. 어느 시점에 이르면 독자적으로 마케팅과 세일즈 활동을 관리해 서비스를 차별화하고 돈을 더 많이 벌고 싶은 마음이 들 것이다. 이제부터 그 방법을 알아보자.

1. 프로젝트를 몇 차례 완수한 다음 스토리를 다듬어 내가 무슨 일을 하고, 왜 나의 서비스나 제품이 유쾌하고 특별한지를 전달할

더 효과적인 방법을 구상하라. 다시 한번 250자 이내로 간결하고 효과적으로 작성하라.

2. 프로토타입의 페이스북이나 링크드인 페이지를 만들어(자신의 단순한 웹사이트라면 더 좋다) 온라인에서 새로운 이야기를 전하라. 100달러 정도의 표적 광고 두 편을 구매해 당신을 고용할 가능성이 있는 특정한 집단에 서비스를 설명하라. 직접 만든 페이지나 사이트에 몇 명이 방문했고 방문객 가운데 몇 명이 이메일과 연락 정보를 남겼는지 확인하라.
3. 모든 문의에 답변하고, 얼마나 많은 문의가 제안으로 바뀌는지 지켜보고, 얼마나 많은 제안이 실제 컨설팅 작업으로 바뀌는지 평가하라. 이는 중요한 수치다. 이른바 이 '세일즈 깔때기Sales Funnel'를 거쳐 실제 컨설팅 프로젝트에 도달해야 한다. 어렵더라도 실망하지 마라. '깊은 인상'을 열 번 남겨야 한 번의 문의를 얻을 수 있고, 열 번의 문의가 한 번의 제안으로 이어질 것이다. 아마도 제안 가운데 약 50퍼센트가 실제 작업으로 바뀔 수 있을 것이다. 그래서 표적 광고가 위력적인 것이다. 이렇듯 컨설팅으로 수입을 거두려면 적극적으로 세일즈 활동을 전개해야 한다. 이것이 컨설팅 프로젝트 통합 사이트가 큰 성공을 거두는 이유다. 하지만 통합 사이트는 입찰액 가운데 일정 비율을 수수료로 받아가는 구조이기 때문에 이런 사이트에서 일류 컨설턴트가 되는 것은 불가능하다.
4. 스토리(마케팅 메시지)와 서비스 상품(클라이언트를 위해 작업해서 전달하는 것)의 프로토타입을 한 번 이상 만들어라. A/B 테스트(사뭇 다른 두 가지 마케팅 메시지를 고른다)를 실시해서, 어떤 버

전일 때 사이트와 페이지의 방문객이 가장 많았고, 어떤 메시지가 제안으로 많이 이어졌는지 확인한다.

5. 프로젝트를 수주할 때마다 시간당 또는 프로젝트별 비용의 기준을 바꾸어라. 당신은 이미 제대로 된 클라이언트가 서비스에 특정 액수를 지불한다는 확실한 증거를 얻었다. 충분한 프로젝트를 확보해서 제안서를 제출할 때마다 컨설팅 수임료를 올리겠다는 목표를 세워라. 그러면 모든 새로운 거래의 가치가 이전 거래보다 더 커질 것이다.
6. 몇 달 동안 활동해서 프로젝트를 몇 차례 성공시킨 다음에는 잠시 과정과 결과물을 돌아보고 다시 시도할 것인지 결정하라.

이때 작용하는 또 다른 디자이너 사고방식은 '자각'이다. 가령 여태껏 컨설팅 작업을 즐겼고, 프로토타입으로부터 긍정적인 데이터를 얻어 자영업 경제에 더 깊숙이 뛰어들 준비가 되었다고 하자. 이 새로운 업무방식으로 번창하고 싶다면, 앞으로 우리가 이 비즈니스의 '업무흐름workflow'이라고 표현할 요소와 탄탄한 사업계획을 살펴보아야 한다.

업무흐름을 타라

독자적인 컨설턴트가 될 생각이라면 계획이 필요하다. '사업계획' 말이다. 이의를 제기하는 목소리가 아주 또렷하게 들린다. "그건 너무 어려워요" "경영대학원을 안 다녔어요" "돈이 없습니다" "계획을 어떻게 세우는지 몰라요" "잠깐만요, 뭐라고요?"

첫 사업계획을 너무 복잡하게 세울 필요는 없다. 누구라도 완벽하게 익힐 수 있는, 매우 단순한 사업계획 템플릿을 소개하겠다. 여섯 단계면 끝난다.

1. 처음으로 돌아가 자신이 무엇을 잘하는지(자신의 입장에 공감한다), 세상이 무엇을 필요로 하는지(잠재적인 클라이언트의 입장에 공감한다) 파악하고 다음과 같이 물어라. '클라이언트에게 필요한 것과 내가 잘하는 것 사이에 스위트스폿(골프채나 라켓, 야구 배트 등에서 공이 가장 효과적으로 맞는 부분)이 있는가? 만일 있다면 내 컨설팅 상품으로 이 스위트스폿을 공략할 수 있을까?'
2. 당신의 '업무처리' 버전이 특별한 이유를 판단하라. 빠른 속도인가? 높은 정확도인가? 아니면 높은 신뢰도나 풍부한 창의성인가? 나머지 컨설팅 집단에 비해 내 제품이나 서비스를 돋보이게 만들 점이 무엇인지 파악해야 한다.
3. 반복과 조정, 그리고 측정이 가능한 업무흐름을 작성하라(그러면 발전 상황을 파악할 수 있다).
4. 서비스에 높은 수임료를 청구하고 싶다면 세일즈와 마케팅에 통달해야 한다. 그래야만 지속 가능한 기업을 세울 수 있다. 나머지 업무흐름을 최적화해 서비스를 효율적으로 전달하기 위해 노력한다.
5. 컨설팅 업무흐름에 통달해서 단골 클라이언트를 안정적으로 확보하고 좋은 후기와 소개를 많이 받으면 수임료를 높일 수 있다.
6. 비즈니스에 익숙해지면 업무흐름에서 나보다 수임료가 적은 '임시직원'을 고용할 부분이 있는지 확인하라. 반드시 필요하지

않은 활동을 외주에 맡기고, 이런 서비스의 비용을 (일반적으로 10~30퍼센트) 높여서 추후 제안서에 포함시켜라. 그러면 수주를 더 많이 받고 시간당 가치를 높여서 돈을 더 많이 벌 수 있다.

모든 컨설팅 기업의 업무흐름은 동일하다. 기본적인 업무흐름은 일곱 단계(이 과정을 계속할 계획이라면 '비누칠하고, 헹구고, 되풀이하는' 단계를 추가해서 여덟 단계)로 구성되는데 형태는 다음과 같다.

이 흐름은 차량공유, 개인 코칭, 프리랜스 디자인 서비스, 그 밖의 모든 업무흐름에 해당된다. 그림에서 나타나듯이 컨설턴트는 자신의 서비스나 제품에 정통한 것만으로는 충분치 않다. 몇 가지 역할을 동시에 수행해야 한다. 이를테면 클라이언트를 유치할 방법을 파악하고(마케팅), 클라이언트의 니즈를 정확하게 이해해야 하며(디자인 연구원), 돈을 모아야 하고(최고재무관리자), 후기와 소개를 받는 데 뛰어나야 한다(고객 서비스). 그리고 이보다 앞서 자기만의 특별한 제품이나 서비스를 제공해야 한다.

한 가지 예를 들어 이 업무흐름을 설명해 보자. 가령, 당신이 새로운 라이프 코칭 실무를 처음에는 부업으로 진행하다가 되도록 빨리 정규직으로 바꾸기로 결정했다고 하자. 그러려면 초기 투자로 수천 달러를 들여 몇 달 동안 교육을 받은 뒤 인증기관에서 라이프 코치 자격증을 취득해야 할 것이다. 양질의 교육을 받고 자격증을 취득하면 코칭 세션에 높은 비용을 청구할 수 있다(일반적으로 전화 상담이나 내담 세션 15분당 50~150달러를 청구한다). 이따금 자격증을 교부하는 기관에서 첫 클라이언트를 찾고

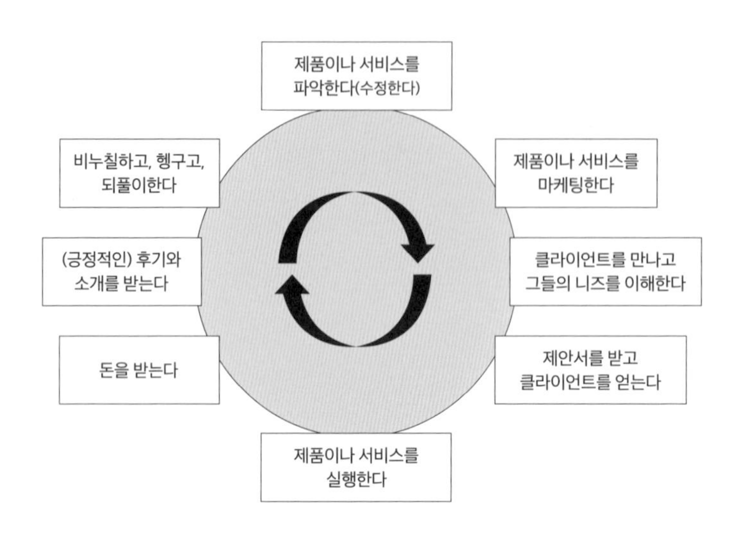

라이프 코칭 인명부(판매수수료를 부가하는 클라이언트 집합소)에 이름을 올리는 데 도움을 줄 수 있으나 결국 마케팅과 소개를 통해 대부분의 클라이언트를 얻을 것이다.

이 과정을 진행하려면 아마 페이스북과 링크드인 같은 소셜 네트워크를 통해 개인적으로 마케팅과 접촉 활동을 활발하게 진행해야 한다. 가망고객을 만나면 대가 없이 일정 기간 당신의 서비스가 유용할 것이라고 설득해야 한다. 그런 다음 그들의 니즈를 이해하고, 그들에게 효과적인 코칭 프로그램을 디자인하는 과정이 시작된다. 어쩌면 그들이 몇 주나 몇 달 동안 당신의 곁에 머물겠지만, 어느 시점에 이르면 당신은 그들의 문제를 '바로잡을' 테고(그렇지 않으면 그들이 돈과 시간을 낭비한 셈이 된다) 그러면 그들은 전前 고객이 된다. 그동안 당신은 자신이 투자한 시간의 대가를 청구해서 받아낼 수 있다. 우리의 바람은 옐프Yelp(미국의 지역 비즈니스 정보를 제공하는 크라우드소싱 리뷰 플랫폼—옮긴이)에 좋은 후기가 올라오고 당신의 노력이 새로운 클라이언트의 소개로 이어지는 것이다.

라이프 코칭(혹은 컨설팅 인테리어 디자이너, 조경사, 엔지니어, 개인 비서 등)은 사실상 창업가가 되어 자신의 독창력을 발판으로 발전하는 일이다. 마케팅 지식, 클라이언트에 대한 공감, 현재 클라이언트를 소개의 원천으로 변화시키는 능력이 성패를 좌우한다. 당신은 여전히 자영업자로서 업무일정을 스스로 세워야 하고, 이 작업을 잘해내려면 기술과 훈련이 필요하다. 그래도 당신은 투자한 시간에 대한 대가로 큰돈을 벌 수 있다. 서비스를 훌륭하게 차별화시킬수록 소개를 더 많이 받고, 세션당 코칭 수임료를 더 많이 청구할 수 있다. 세션당 50달러와 300달러는 큰 차이다. 물론 일하는 지역이 한 가지 요인으로 작용하지만(도시마다 코칭 비용이 다르다) 시간당 수임료를 좌우하는 가장 중대한 요인은 평판과 전문적인 소개 관계망이다.

그렇다면 어떻게 시간당 가장 높은 수임료를 청구할 수 있을까? 핵심은 '스토리'다.

초보 자영업자는 대부분 똑같은 실수를 저지른다. 그들은 '일'이 핵심이라고 생각한다. 사실 그렇지 않다. 되풀이하건대, 핵심은 스토리를 전하는 것이다. 마케팅, 마케팅, 또 마케팅이다. 따라서 스토리를 전하는 것이 마케팅의 전부이며, 유능한 '상사'가 되는 한 가지 방법임을 인식해야 한다.

비범해져라

평범한 사람은 평범한 수입을 거둔다. 하지만 어느 누가 평범한 수준에 그치고 싶겠는가? 어떤 일에서든 말이다.

데이터에 따르면 평범한 자영업자의 수입은 대개 정규직 직장인에 비해 적다. 컨설팅이 부수입이고, 그래서 수입을 극대화할 절실한 이유가 없다면 평범한 수준에 그친다 해도 괜찮을 것이다. 혹은 창의력을 발휘해 차별화된 제품이나 서비스를 디자인하고 싶지 않다면 평범한 수입을 거두는 데 만족할 것이다.

하지만 여러분이 재능이 있고(실제로 그렇다), 자신의 기술에 대한 대가로 다른 사람들보다 더 많은 돈을 받을 가치가 있다면(확실히 그렇다), 고액의 수임료를 받을 방법을 찾아야 한다. 그러려면 클라이언트에 대한 공감이나 마인드 맵핑(일인기업이라면) 혹은 브레인스토밍(보탬이 되고 싶어 하는 팀원들이 있다면)을 통해 수많은 프로토타입을 만들고, 무엇이 클라이언트에게 가장 효과적인지 파악해야 한다.[1] 이는 모든 사람이 할 수 있는 일이고, 모든 일에 창의로 접근할 수 있는 방법이다.

진실을 말하자면 비범한 제안을 내놓는 사람이 결국 비범한 클라이언트를 얻는다. 거듭 말하겠다. 비범한 제안을 내놓는 사람이 결국 비범한 클라이언트를 얻는다.

그리고 비범하고 유쾌한 고객 경험을 얻는 방법을 만들었다면, 고객이 당신과의 협력을 만족스러워할 것이다. 몇 가지 사례를 살펴보자.

차량공유 서비스 운전기사 아마드는 다양한 고객의 '페르소나'를 생각하며 다섯 가지 맞춤 음악 플레이리스트를 만들었다. 그중에는 자신이 매우 좋아하는 음악을 다른 사람에게 소개할 때 이용하는 볼리우드Bollywood 사운드트랙도 있다. 아마드는 놀라운 공감 능력을 발휘해 승객의 성격에 맞는 플레이리스트를 선택한다. 그러면 자동차 안에서 온라인 댄스파티가 이어진다. 그는 고객을 목적지까지 모시는 데서 그치지 않고, 미네랄워터와 그의 고향 뭄바이에서 공수한 향긋한 사탕과 세상에서 가장 환한 웃음을 무료로 제공한다. 그뿐만 아니라 옛날 운전기사 모자를 쓰고 대시보드에는 머리를 까닥이는 인형을 놓아 복고풍의 분위기를 낸다. 그렇게 해서 감동스러운 후기와 후한 팁, 정규직 제안까지 수차례 받았다. 아마드는 그 지역에서 가장 수입이 많은 운전기사일 것이다.

신디는 운동에 필요한 모든 장비를 들고 고객을 방문하는 개인 트레이너다. 언제나 그날의 첫 고객을 만나듯이 생기가 넘치고 준비된 모습이다. 고객의 몸을 조목조목 사진으로 찍고 운동할 때마다 비교하며 발전 상황을 최대한 활용한다. 또한 체지방과 근력, 체형 변화 등 운동과 관련된 모든 것을 꼼꼼히 기록해 직접 만든 웹사이트의 비공개 개인 페이지에 올린다. 아울러 신형 피트니스 웨어러블 기기나 만보기, 비타민워터를 항상 무료로 제공해 고객이 다음 세션까지 동기를 유지하도록 돕는다.

톰은 아트센터디자인칼리지ArtCenter College of Design 졸업생이자 순수미술 사진작가다. 뛰어난 사진들을 발표했지만 유명 작가의 반열에는 아직 오르지 못했다. 그는 사람들과 사진이나 카메라 정보를 즐겨 공유한다. 또한 얼마 전 모든 기능이 장착된 값비싼 디지털 일안 반사식 카메라Digital Single-Lens Reflect Cameras, DSLRs를 구입하고도 사용법을 모르는 사람이 많다는 사실을 깨달았다. 자동초점 모드로만 작동하도록 기본값을 맞추는 바람에 이 경이로운 기술 제품이 제공하는 창조적인 잠재력을 제대로 활용하지 못하는 것이다. 그래서 그는 포토 트레이너Photo Trainer라는 이름으로 DSLR 강좌를 시작했다. DSLR 사용법과 이 카메라를 개인 창의성의 연장으로 생각하는 법을 만들었다. 인기도 많고 인내심이 강한 강사인 톰은 수강생들의 잠재된 창조력을 강조한다.

초급 강좌에서 포토콤퍼지션Photo Composition(인쇄물을 제작하는 전자출판 기술 응용의 한 방법–옮긴이)을 소개하고, 고급 강좌에서는 인물 사진 찍는 법을 가르친다. 모두 수강생의 건의에 따라 디자인한 강좌였다. 아울러 일대일 멘토링을 통해 수강생들이 그가 '시각적 사진 어휘'라고 표현한 요소를 발견하도록 돕는다. 톰의 강의는 독특하다. 그는 HTML 전문가가 아니라 사진작가이기 때문에 웹 디자인 전문가를 고용해 맞춤 웹사이트를 만들어 업데이트하고, 자신은 마케팅을 담당한다. 아직은 유명 순수예술 사진작가가 아니지만 돈을 벌고, 사람들이 각자의 창의성에 자신감을 가지도록 도우며, 멋진 삶을 살고 있다.

이 자영 컨설턴트들은 즐겁게 서비스를 제공하는 방법을 안다. 신디는 단순히 개인 트레이너가 아니라, 운동의 효율성을 극대화하는 데이터 과학자이자 첨단 건강 기술의 전문가다. 톰은 카메라 작동법을 가르치고, 수강생들이 내면의 예술적 기질과 시각적 창조성을 재발견하도록 돕는다. 이들은 입소문을 통해 감당하기 어려울 만큼 많은 고객이 생겼다. 덕분에 신규 고객이 가입할 때마다 수강료를 올려 시간당 수입을 극대화하고, 더 많은 자유를 덤으로 얻었다. 매월 첫째, 셋째 금요일에 쉴 수 있는 자유, '최고'의 고객 하고만 일하며 모든 사람의 행복도를 높일 수 있는 자유, 훨씬 더 매력적인 서비스 상품(무료 애플 워치 필요한 분 혹시 계십니까?)을 창조할 수 있는 자유가 생긴 것이다.

기업을 키우는 고객 여정 지도

애플과 스냅챗Snapchat 같은 기업의 디자이너는 어떻게 고객에게 기쁨을 주고 그들을 만족시키는 놀라운 서비스를 제공할까? 어떻게 하면 (아마드나 신디, 톰 같은 사람이 되어) 가망고객을 위한 놀라운 경험, 다시 말해 충성스러운 고객과 멋진 후기, 소개를 창조하는 서비스를 디자인할까?

이제 이 디자인 도구를 소개할 때가 온 것 같다. 고객 참여를 극대화하고 남다른 서비스 제공 방법을 파악할 수 있는 이 도구는 바로 '여정 지도Journey Map'다.

여정 지도는 제품이나 서비스를 발견하고 경험하는 고객의 여정을 지도로 옮긴다. 지도가 있으면 마찰 지점을 확인하고 디자인을 이용해 해결할 수 있다. 훌륭한 여정 지도는 마찰을 제거하고 게임의 판도를 바꾸어 고객에게 기쁨을 전할 수 있는 지점을 보여준다. 우리는 이를 '마법의 순간'이라고 일컫는다. 이처럼 유쾌하게 여정을 설계하면 고객을 만족시켜 단골로 만들 수 있으며 그러면 모든 관련자가 이익을 얻는다.

여정 지도의 형태와 규모는 매우 다양하다. 따라서 완벽하게 일치하는 지도는 존재하지 않지만, 포맷과 상관없이 모든 여정 지도는 특정 제품이나 서비스를 발견하고 사용하는 고객의 경험을 담고 있다. 이 주제를 더욱 깊이 살펴보고 싶다면 인터넷에 '여정 지도'를 검색하거나 사용자 경험 디자인 사이트인 UXMastery.com을 방문해 자세한 내용과 사례를 참고하라.[2] 하지만 조금 더 쉽고 단순하게 시작하고 싶다면 우리의 단순한 템플릿을 사용해 고객 여정을 작성하라.

우리의 단순한 여정 지도는 고객의 여정을 세 개의 종대로 나누어 시간별로 시각화한다.

'이용 전'은 고객이 제품이나 서비스를 발견한 경위,

'이용 중'은 이를 이용하는 동안 일어나는 경험,

'이용 후'는 고객의 목표가 달성된 이후 제공되는 서비스와 지원을 설명한다.

또한 간편 여정 지도는 세 개의 횡대로 구성된다. 상단에 나열하는 '활동'은 서비스나 경험을 전달하기 전과 전달하는 동안, 그리고 전달한 후의 모든 활동을 상세히 나열한다. '감정'이라고 표제를 붙인 중간 횡대에는 고객의 감정 변화를 기록한다. 이따금 이를 '공감'이라고 일컫는데, 제품이나 서비스 여정을 거치며 경험할 때 고객이 느끼는 감정을 기록하는 부분이다.

'마법의 순간'이라고 일컫는 하단에는 고객의 경험에 포함시키고 싶은 순간을 기록한다. 바로 마법을 통해 평생 고객을 얻을

고객

	이용 전	이용 중	이용 후
활동			
감정			
마법의 순간			

수 있는 순간이다. 이를테면 여성 대상 컨설팅 서비스의 디자인을 구상할 때, 우리의 개인 트레이너 신디는 초창기 고객인 데보라의 여정 지도를 다음과 같이 작성했다.

먼저 신디는 데보라와 협력한 과정 전체를 지도로 작성했다. 잠재고객은 인스타그램에서 광고를 본 순간부터 전화 상담, 중요한 진단 약속, 주간 운동 세션, 사진 평가 등을 거친다. 그리고 마침내 건강 습관을 길러 역량이 강화된 고객이 일정을 끝내는 과정 역시 이 지도에 모두 담겨 있다.

신디는 고객의 목표를 묘사한 지도에 구체적으로 메모를 달았다. 아울러 훈련을 재미있고 생산적으로 만드는 고가치 마법의 순간을 만들었다. 이를테면 신규 고객이 찾아오면 첫 세션과 첫 목표를 달성한 다음에 열두 송이 장미와 스파 쿠폰을 각각 제공했다. 신디는 운동이 유지하기 힘든 습관임을 알고 있었다.

데보라
11월 10일 가입

고객 정보: 40대 중반, 기술기업 임원, 자녀 세 명, 정규직. 대학 시절 육상 선수였으나 10년간 규칙적으로 운동하지 않음. 체중감량과 체형교정을 원함. 또한 유산소 능력과 유연성을 높이고 싶어 함. 복부와 골반을 특히 강조. 새벽과 화, 목 퇴근 후에만 가능.

	'이용 전'	'이용 중'	'이용 후'
활동	인스타그램 광고 전화 상담	진단 약속 운동 사진 평가	최종 약속 운동 멋진 소개자
감정	시작할지 여부 고민 신디가 마음에 든다	발전 기대 이하 고통! 훌륭해!	트레이너가 마음에 든다 모든 친구에게 소개 목표 달성
마법의 순간	열두 송이 장미 평가 거북 출발상!	절망의 계곡 트로피 중간 스파 패키지	축하 2차 평가: 샴페인 건배! 소개에 감사 표시

그래서 모든 고객이 신디가 '절망의 계곡'이라고 일컫는 고비에 이르면 이를 인정하는 순간을 만들었다. 운동이 고통스러워 더 많은 격려가 필요한 시점이기 때문이다. 이 순간을 넘겨 마침내 목표를 달성하고 운동하는 습관이 몸에 배면 고객은 떠난다. 그러면 신디는 작은 케이크에 초를 꽂아 고객에게 선사하며 목표 달성을 축하한다. 그녀가 언제나 감동스러운 후기와 소개를 받을까? 물론이다.

이것이 여정 지도의 원리다. 고객이 서비스를 경험하는 개인 여정을 그려낸 다음, 지도에 포함된 '마법의 순간' 프로토타입을 만들 수 있다. 한 번에 하나씩 대처하며, 고객을 관찰하고, 고객만족도를 측정한다. 고객 전환 횟수와 고객만족도, 소개 횟수를 높이는 최선의 방법은 '고객의 경험을 정확하게 이해하는 것'이다.

고객을 기쁘게 하는 일은 끝없는 과정이지만 하다 보면 재미가 있다. 고객을 이해할수록 새로운 니즈가 출현해 새로운 제품이나 서비스 상품이 등장할 것이다. 따라서 이는 매너리즘에 빠질 틈이 없고, 잠재적으로 수익성이 높으며, 창의적인 과정이다. 창의적인 프로토타입을 만들어 내가 사랑하고 존경하는 사람들과 함께 일하는 삶을 영위하는 것, 그것이야말로 훌륭하게 설계한 직무와 만족스럽고 즐거운 인생의 청사진이다.

세상이 변하고 있다

저명한 비즈니스 컨설팅 회사 맥킨지McKinsey에서 직장의 미래에 관해 연구를 실시했다. 이 연구는 자동화와 인공지능, 소프트웨어화가 수많은 일자리를 삼켜버릴 것이라는 가설을 세우고 대대적인 파괴를 예고했다. 반면에 창조적인 사고방식을 업무에 적용하는 사람들과 디자이너들의 일은 줄어들기보다는 오히려 늘어날 것이라고 지적했다. 이런 '창조적인 일'을 자동화하기가 불가능하지는 않겠지만 분명 만만치 않을 것이다.

> 창의성과 감정 인지 같은 능력은 인간 경험의 핵심이며…… 자동화하기 어렵다.[3] 연구 결과에 따르면 앞으로는 더 많은 양의 의미 있는 업무를 창출할 가능성이 존재한다. 일상적이거나 반복적인 업무를 자동화가 대체함에 따라 직원들이 창의성과 감정을 활용하는 업무에 더 초점을 맞출 수 있기 때문이다. 예컨대, 금융 자문은 고객의 금융 상태를 분석하기보다는 그들의 니즈를 이해하고 창의적인 선택사항을 이해하는 데 더 많은 시간을 할애할 수 있다.

인테리어 디자이너는 수치를 측정하고 일러스트레이션을 개발하며 원자재를 주문하는 일보다, 고객의 니즈를 토대로 혁신적인 디자인 개념을 개발하는 데 더 많은 시간을 투자할 수 있다.

맥킨지 연구는 미래에는 공감과 창의성처럼 우리를 인간으로 만드는 핵심적인 요소의 가치가 더 커질 것이라고 결론을 맺는다. 창의성과 사회적·정서적 대인관계 기술을 기르는 것이 새로운 창조경제의 핵심이다. 따라서 컨설턴트와 창업자로서 성공하려면 이와 같은 소프트 기술에 통달해야 한다.

딜런의 말이 지금만큼 진실로 와닿은 적이 없다. 세상. 세상이 변하고 있다. 이 사실을 인정하고 시류에 합류해 창조적으로 생각하고 행동함으로써 변화를 일으키는 요인을 유리하게 이용하자. 우리 모두는 모든 사람에게 효과적인 미래와 자기 자신이 행복해지는 일과 삶을 구상하고 창조할 능력이 있다.

3부

뉴노멀 시대, 새로운 일의 세계에서

어떻게 위기를 기회로 만드는가

11장 전례 없는 대혼란의 시대

젊은 미혼모 다니는 홀로 가족을 부양하기 위해 열심히 일하고 있다. 그녀는 쌍둥이 아들과 함께 샌프란시스코의 미션 디스트릭트에 살고 있는데 요즘 들어 살기가 더욱 어려워졌다. 팬데믹으로 말미암아 지역 초등학교가 휴교하는 바람에 아들들이 일주일 내내 온종일 집에만 있기 때문이다. 아이들은 랩톱 한 대로 번갈아 가며 온라인 학교 수업을 들어야 했고 인터넷 연결 상태는 날마다 오락가락했다. 그러다 보니 주요 국가보험 기관에서 손해사정인으로 일하는 다니에게 담당 업무가 하나 더 생겼다. 그녀는 지금 시간제 4학년 교사이자 IT 관리자로서 온종일 압박감을 느낀다.

데릭은 스탠퍼드대학교의 졸업반이다. 흑인인 그는 스터디를 마치고 늦은 시간에 귀가하는 도중에 대학 경비원이 그냥 '드라이빙 와일 블랙(음주운전driving while intoxicated에 빗대어 흑인 운전자에 대한 인종 프로파일링을 비꼬는 표현-옮긴이)'이라는 이유로 자동차를 멈춰 세우는 일에 익숙하다. 1960년대에 마틴 루터 킹 목사와 함께 행진했던 데릭의 부모님은 데릭이 신입생 때 학교의 블랙 테마 하우스인 우자마Ujamaa('대가족'이라는 의미의 스와힐리어)에 거주하라는 요청을 받을 만큼 자랑스러운 흑인으로 키웠다. 그런데 조지 플로이드 사건의 동영상을 보았을 때 데릭의 내면에 있던 무언가가 폭발했다. 플로이드가 숨이 넘어갈 때까지 그의 목을 무릎으로 누르고 앉은 경찰관의 도를 넘은 냉담한 무관심은 도무지 용납할 수 없었다. 그날 밤 데릭과 몇몇 친구는 전교의 학생 단체들을 대상으로 온라인 회의를 조직했으며, 모든 학생이 방관할 수 없다는 데 뜻을 모았다. 그들은 즉시 '흑인의 목숨도 소중하다Black Lives Matter' 운동의 스탠퍼드 지부를 결성하고 인스타그램을 통해 전국 지도부와 연계했다. 하지만 이것만으로는 부족했다. 팬데믹 전이었다면 시위를 조직하고 총장 집무실인 10호관을 접수하기가 쉬웠을 것이다.

예전에도 이미 이런 경험이 있었지만 학생들이 그야말로 세계 곳곳에 퍼져 있는 지금, 그들은 어떻게 자기 목소리를 낼 수 있을까? 그날 밤 데릭은 아버지에게 전화를 걸었고 아버지 또한 격분했다. 두 사람은 압박감과 무력감을 느꼈다. 미국에서 경찰의 손에 흑인들이 죽어나가는 것을 막기 위해 그들은 각자의 침실에서 무엇을 할 수 있을까?

레지나는 세계야생생물재단에서 근무하는 젊은 기후 활동가다. 그것은 의미 있는 일이며 그녀는 그 일을 하라는 소명을 받았다. 팬데믹 기간 동안 그녀는 목적의식을 가지고 매일 회사의 화상회의에 참석했다. 그런데 최근 그녀는 점점 더 두려움을 느끼고 있다. 기후 재난이 지구 전역에 걱정스러운 속도로 발생하고 있는 것이다. 북부와 남부 캘리포니아에서 일어난 기록적인 화재들과 마찬가지로 오스트레일리아 오지의 대형 산불은 전례를 찾아볼 수 없는 일이다. 올해는 카리브해의 열대성 폭풍과 허리케인이 너무 빈번한 탓에 붙일 이름이 모자랄 지경이다. 폭풍의 규모 역시 날이 갈수록 커지고 있다. 인도와 중국에는 이른바 '100년 만의 최대 홍수'가 일어났고, 계절이 바뀌면 매해 훨씬 더 큰 홍수가 이어진다. 아이러니하게도 전 세계에 전례 없는 가뭄까지 발생했다. 모든 것이 날조라고 주장하는 기후변화 부정주의자의 글을 읽을 때면 레지나의 두려움은 더욱 커진다. 그녀는 야생생물계를 긍정적으로 변화시키고자 재단에서 열심히 일하고 있지만, 그것만으로는 부족하다는 생각에 밤잠을 이루지 못한다. 요즘 이런 이유로 그녀는 벗어날 수 없는 압박감과 우울함을 느끼기 시작했다.

벤은 캘리포니아 지역구의 한 진보적인 민주당 의원을 위해 일하는 젊은 의회 보좌관이다. 그는 동세대의 여느 젊은이와 마찬가지로 어떤 쟁점에 대해서는 진보적이지만 또 다른 쟁점에 대해서는 보수적이고, 대부분의 경우 두 진영 간의 큰 차이점을 발견하지 못한다. 그럼에도 벤은 변화를 일으키고자 노력하는 중이며, 내부로부터 시스템을 변화시키는 일이라면 큰 대가가 없어도 기꺼이 일할 생각이다. 게다가 중대한 선거를 앞두고 의사당 휴게실에서 민주당 전당대회를 참관하는 일이 근사하다고 생각한다. 그야말로 무대 뒤에서 민주주의가 작동하는 모습을 지켜보는 셈이다. 벤은 경청할 사람이라면 누구와도 정치에 대해 이야기 나누는 것을 즐겼는데, 최근에는 토론이 금세 건잡을 수 없게 변한다는 사실을 깨달았다. 매우 보수적인 공화당 지지자인 그의 삼촌 스티브가 대표적인 사례다. 그는 삼촌과 대화를 나눌 때마다 언성을 높이며 서로 맞서게 됐다. 벤은 답답하다. 나라가 너무 양극화되고 사람들이 정보 거품에 빠져 있다 보니 어떤 사람과도 품위 있는 대화를 나눌 수 없는 것 같다.

"팩트에도 합의할 수 없다면 어떻게 미국의 당면 과제를 해결하겠습니까? 결국 모든 대화가 결렬된다면 어떻게 중요한 쟁점에 대해 토론할 수 있을까요?"

이 모든 혼란을 나열하는 것만으로도 압박감과 피로감이 밀려온다. 게다가 전례가 없는 혼란들이다. 최근 '전례가 없는'이라는 단어가 숱하게 등장한다. 전례가 없는 이동제한, 전례가 없는 도시 불안, 전례가 없는 폭풍과 화재, 전례가 없는 정치적 난제……. 모든 것이 전례가 없는 것처럼 느껴진다. 하지만 한편으로는 여러모로 변함이 없는 것 같은 느낌도 든다.

혼란과 압박감은 어디에나 존재한다. 누구에게나 존재한다. 코로나19 바이러스에 의해 유발된 세계적인 팬데믹이 현대의 다른 어떤 사건과 견줄 수 없을 만큼 세상을 뒤흔들었지만 원래부터 이 세상은 혼돈으로 가득했다.

기후는 세계 곳곳에서 갈수록 불안정해진다. 홍수와 거대한 폭풍이 일부 지역을 강타한다. 말라버린 땅, 가뭄, 이어지는 농업의 붕괴와 그에 따른 기근은 여전히 큰 문제다. 열다섯 살의 환경운동가 그레타 툰베리가 대단하지만, 어린 소녀가 우유부단한 우리의 지도자들보다 더욱 설득력 있게 대의명분을 대변한다면 이는 우리에게 분명 문제가 있다는 뜻이다.

우리는 어려운 문제에 관해 실질적이고 품위 있는 대화를 통해 모든 사람에게 효과적인 해결책을 함께 모색할 수 있다. 그러나 분열된 정치와 인터넷 거품, 반향실echo chamber(밀폐된 방안에서 소리를 내면 자신에게 돌아오듯이 인터넷상에서 끼리끼리 모여 같은 정보를 주고받다 보면 특정한 정보에 갇히는 현상을 일컫는 용어-옮긴이)이 우리의 능력을 무력화시키고 있다.

우리는 미래학자들이 다중위기 티핑포인트multi-crisis tipping point라고 일컫는 지점에 서 있다. 하나의 위기가 다른 위기를 유발하면서 수많은 자연적·인공적 시스템이 감당할 수 없을 만큼 압박을 받고 도미노처럼 무너진다. 우리는 농담처럼 이렇게 말한다. 다음 차례는 불을 몰고 오는 토네이도일까? 캘리포니아에는 이미 일어났다. 메뚜기일까? 아프리카에서는 17년 만에 최악의 메뚜기 해였다. 살인 말벌인가? 이미 이곳에 있다. 우주 폭발일까? 가능성이 높다. 첨단 LIGO 중력파 탐지기는 얼마 전 두 블랙홀의 대규모 충돌을 탐지했으며, 충돌로 말미암은 충격파가 시공간에 파동을 일으켰다.

팬데믹을 계기로, 급속한 혼란의 시기에는 계획을 세우고 실행하는 것이 효과가 없다는 사실이 분명해졌다. 6월에 교회에서 성대하게 결혼식을 치를 계획이었는가? 안타깝지만 성사되지 않았을 것이다. 7월에 현장 판매를 계획했는가? 불발되었으리라. 예약하기 어렵다는 특별한 레스토랑을 예약했는가? 안타깝지만 그 레스토랑은 영업이 중지됐을 것이다.

혼란은 어디에나 있지만 언제나 개인적이다. 그래서 이 책의 초점을 개인에게 맞추기로 했다. 긱 워커, 사무실 직원, 홈스쿨링을 하게 된 부모, 새로운 사회 흐름에 따라 변해야 하는 관리자, 더 이상 실존하지 않는 중역실의 옛 주인 등 다시 말해 엄마, 아빠, 직원, 상사 그리고 바로 여러분을 위한 책이라는 소리다. 우리는 기업 구조조정, 조직 재설계, 하이브리드 직원(집이나 회사 어디에서든 일할 수 있는 직원을 일컫는 말)을 위한 보상 전략, 혹은 다른 중대한 총괄적인 쟁점에 초점을 맞추지 않을 것이다. 그런 주제들은 비즈니스 컨설턴트와 경제학과의 종신 교수에게 맡기면 된다. 그들의 전문분야이니 말이다. 우리는 사람이 중심이 되는 디자인 씽킹을 이야기하며 새롭게 도래한 세상의 변화가 여러분의 현재와 미래에 미치는 영향에 초점을 맞출 것이다.

모든 변화에는 인간적인 요소가 들어 있다. 그런데 정작 변화의 과정에서 이 등식을 구성하는 수많은 사람들이 우리 곁을 떠나거나 상처받고 있다. 혼란은 힘겹고, 상실은 뼈아프다. 따라서 우리는 모든 사람이 처한 상황의 고통과 희생을 존중한다. 만일 팬데믹 때문에 사랑하는 사람을 잃었다면 당신의 슬픔에 함께하는 우리의 마음이 닿길 바란다. 우리는 이 감염병으로 너무나 많은 사람을 잃었다. 감당하기 어려울 만큼 힘들고 말로 형언할 수 없는 비극이다.

2020년부터 2021년까지의 여러 변화가 개인에게 제각기 다른 방식으로 영향을 미치고 있으며, 그 충격을 일반화할 수 없다는 사실을 인정한다. 호텔과 관광 같은 산업에 종사하거나 레스토랑의 종업원이나 소유주라면 거의 대부분 일자리나 사업체를 잃었을 것이다. 코로나바이러스가 만연한 상황에서 출근해야 하는 공장 직원이나 식품 가공업 직원이라면 목숨을 걸고 출근해야 한다.

반면에 넷플릭스Netflix나 줌Zoom 같은 스트리밍 서비스나 애플, 페이스북 같은 거대 기술기업에 종사한다면 여러분의 사업은 어느 때보다 호황을 맞았을 것이다. 집에서 스트리밍하고, 댓글을 남기고, 그들의 디바이스에 '좋아요'를 누르는 사람들이 많아진다는 것은 이용자와 스크린타임(휴대폰, PC, TV 등 전자기기의 화면을 응시하는 시간–옮긴이), 새 스크린을 구매하는 사람이 증가한다는 뜻이다.

데이터에 따르면 팬데믹의 여파는 저소득 가정과 노인에게 가장 큰 타격을 입혔다. 식품점 점원과 아이오와주의 대형 가금류 공장에서 닭을 손질하는 직원이 '필수 직원'으로 선언되어 이 위기의 최전선에 나설 줄 누가 알았겠는가?

변화가 우리에게 힘든 이유는 세상이 변했고 그 속도가 빠르다는 사실뿐만 아니라, 어떤 면에서는 우리가 다시 이전과 같은 과거로 돌아갈 수 없을 것임을 알고 있기 때문이다. 그것은 변화가 아니라 혼란이다.

결코 예전으로 돌아갈 수는 없다

혼란은 변화, 그것도 중대한 변화다. 어떤 변화를 마주하든 인간은 결국 어느 정도 적응하게 되겠지만, 예전과 같은 상태로 돌아가고 싶다고 해도 삶을 온전히 제자리로 돌려놓지는 못한다.

당신이 정치인이라고 생각해 보자. 양극화된 정치에 몹시 실망하고 모든 정당이 도무지 탐탁지 않아서 여러분이 무소속으로 전향한다면, 그것은 큰 '변화'지만 그래도 여러분은 여전히 같은 사람이다(전문 정치가로서 이제 유권자들로부터 항의 메일을 받지 않는 한 말이다). 그러나 조국을 등지고 다른 문화와 언어를 택해 영원히 해외로 이주하기로 결정하는 것은 '혼란'이다.

중증 기관지염에 걸렸는데 노쇠한 숙모를 감염시키지 않으려고 휴일의 가족 저녁 식사에 어쩔 수 없이 빠진다면 그것은 '변화'다. 어쨌든 두 달 후면 가족의 생일 파티에 참석할 것이고 모든 일은 잊힐 것이다. 하지만 1년 동안 직계가족 이외에는 껴안을 수 없고 외출할 때마다 마스크를 쓰는 것은 '혼란'이다.

내가 아주 다른 사람이 되었거나 내가 사는 세상이 달라졌다고 느끼게 만드는 모든 것은 혼란이다. 혼란은 개인적이거나 지역적이거나 세계적일 수 있다. 데이브는 지난해에 세 가지 혼란을 한꺼번에 겪었다. 2020년 3월 아내 클라우디아는 말기암 진단을 받았다. 암 진단은 2020년 12월 4일 클라우디아가 세상을 떠날 때까지 두 사람의 삶을 완전히 바꿔놓았고, 그날 이후부터 데이브의 삶은 영원히 바뀌었다. 2020년 8월 북부 캘리포니아를 강타한 화염 폭풍이 집에서 4킬로미터 떨어진 곳까지 불어닥쳤다. 다행히 데이브의 집은 화를 면했지만 친한 친구들은 집을 잃고 이재민이 되었으며, 몇몇 친구는 자기 땅을 버리고 떠나 돌아오지 않았다. 그리고 데이브와 친구들은 모두 전 세계의 다른 모든 사람과 마찬가지로 코로나바이러스로 인한 팬데믹을 겪었다.

개인과 지역, 세계적 차원에서 2020년 이후 우리의 삶은 결코 예전과 같은 상태로 돌아갈 수 없다.

변화를 마주할 때 공동체는 중요한 요인이 된다. 다양한 유형의 혼란에 대응하는 방식이 달라지기 때문이다. 혼자서 외로이 혹은 당신 가족만 혼란을 겪고 있는가? 모든 지역주민이 함께 겪고 있는가? 아니면 지구상의 모든 사람이 함께 겪고 있는가? 혼란의 유형에 따라 저마다 다른 경험을 하겠지만, 예전으로 돌아갈 수 없을 것이라는 생각은 모두가 갖고 있다. 하지만 우리에게는 그런 경험을 헤쳐나갈 길을 설계할 수 있는 도구가 있다.

어차피 우리는 모든 해답을 알지 못한다. 획일적인 대응책으로 대처하기에 혼란은 너무나 중대한 일이며, 설령 경험을 공유하더라도 모든 사람에게 저마다 다른 방식으로 충격을 준다. 다른 사람들에게 효과적이었던 이런 개념이 여러분에게도 도움이 되기를 바란다.

2020년 이후의 세상으로 이동하면서 우리가 내린 결론은, 혼란이 뉴노멀new normal(시대 변화에 따라 새롭게 떠오르는 기준-옮긴이)로 자리 잡을 뿐만 아니라 혼란의 발생 빈도 또한 증가한다는 점이다. 세계가 좁아지고 자원에 대한 제약이 어느 때보다 심해짐에 따라 과부하 상태에 놓인 시스템이 많아졌다. 기후변화, 소득불평등, 인종차별, 인공지능, 세계적인 포퓰리즘과 민족주의, 물 부족, 화석연료에서 재생에너지로의 전환 등 모든 일의 큰 변화(파괴적인 변화)가 가속화되고 있다.

옛날 옛적에는 평생 동안 지역이나 세계의 혼란을 한 번도 목격하지 않았을지 모른다. 그런 안정성이야말로 사랑하는 사람들의 탄생과 죽음이라는 피할 수 없는 개인적인 혼란에 대처하는 큰 재산이 되었을 것이다. 하지만 그런 시절은 막을 내렸다. 2020년 이후 인생 전체를 뒤흔드는 혼란은 모든 사람에게 확실하게 작용하고 있고, 점점 확산되는 미래의 특징으로 자리 잡았다. 혼란이 가져오는 변화의 규모나 변화가 일어나 해결되기까지 걸리는 오랜 시간을 생각해 보면 혼란 속에서도 흔들리지 않을 특별한 마음가짐이 필요하다. 이제부터 우리는 이를 '혼란 속의 디자인'이라고 부를 것이다. 오늘날 현실에서 즐겁게 생활하고 직장에서 성공하고 싶다면, 혼란 속에서 내가 할 수 있는 일과 없는 일을 구분하고 행복과 불행을 분명하게 정의내릴 수 있는 기준을 세워야 한다.

나쁜 소식과 좋은 소식

나쁜 소식을 전하자면(더 많은 혼란이 닥칠 것이라는 예상보다 더 나쁜 소식이 남아 있다니!) 혼란은 일률적이지 않다. 혼란은 평등하게 태어나지 않는다. 2020년 팬데믹 이후의 삶을 그려 나가려면, 예컨대 갑작스럽게 세계 전역에 깨끗한 물이 부족해지는 경우와는 다른 대응책이 필요하다.

좋은 소식을 전하면 어떤 혼란이든 간에 이를 대하는 우리의 마음가짐은 똑같다는 사실이다. 즉 대대적이고 원치 않는, 어떤 도전적인 변화일지라도 받아들일 수 있는 마음가짐 말이다. 또한 우리가 앞서 전한 일하는 사람의 마음가짐과 직면한 문제를 해결하는 전반적인 과정은 모든 상황에 동일하게 적용된다.

혼란을 돌파하는 과정의 첫 단계는 중립지대The Neutral Zone라고 일컫는 작은 공간에 익숙해지는 것이다.

12장 당신은 지금 어디에 서 있는가

중립지대에 온 것을 환영한다. 혼란의 한 가지 특이한 속성은 사실 이 안에서 인생 계획을 세우기란 '불가능하다'는 점이다. 말하자면 전통적인 의미에서의 계획이 불가능하다. 문제는 혼란이 오래된 세계(나와 내 이웃, 혹은 어쩌면 모든 사람)의 종말을 야기하지만, 그것을 대체할 세계는 아직 존재하지 않는다는 사실이다.

일단 공감 단계를 통해 사용자의 상황과 고충을 폭넓게 이해해야 한다. 그런 다음 어떤 문제를 해결할 것이며, 무엇을 개선하기 위해 노력할 것인지를 결정함으로써 정의 단계를 완료한다. 이는 아이디어를 개념화하고 프로토타입을 제작해 성공적인 방향으로 향하는 길을 반복할 준비가 끝났다는 뜻이다. 그러나 혼란 속에서는 다른 방법을 사용해야 한다. 이런 방식이 가능하지 않기 때문이다.

혼란의 뒤를 잇는 새로운 세계가 결정되거나 적어도 안정화

될 때까지 여러분은 자신이 그려 나가는 것이 무엇인지 자신 있게 결정할 수 없다.

짐작은 가능할지 모르지만 당신이 상상하는 그 멋진 새로운 세계는 아직 도래하지 않았으며, 따라서 현재로서는 그곳까지 가기란 불가능하다.

그렇다면 어떻게 할 것인가? 좋은 질문이다. 우리가 윌리엄 브리지스[1]를 만나 변환과 변화에 관련된 몇 가지 사실을 배우고자 하는 이유가 바로 여기에 있다. 쉽지 않겠지만, 그의 업적을 통해 변환과 변화의 차이점과 변화 과정을 관리하는 방법에 대해 알 수 있기 때문이다.

브리지스는 하버드와 컬럼비아, 브라운대학에서 수학하고 미국 문명학으로 박사학위를 취득했다. 1960년대 북부 캘리포니아의 밀스 칼리지에서 교수로 재직하는 동안, 그는 인간의 경험과 심리학에 대한 전체론적holistic인 이해에 깊은 관심을 가졌다. 브리지스는 특히 사람들이 삶의 중대한 변화에 대처하는 방법에 초점을 맞추었다. 이 덕분에 그는 마침내 인본주의심리학학회의 초대 회장을 맡았으며, 이 학회는 북아메리카에서 규모가 가장 큰 심리학 전문 학회인 미국심리학협회의 '디비전 32'로 오늘날까지 이어지고 있다. 전인적인 인간을 위해 평생을 헌신한 그는 자연스럽게 인간 중심 디자이너의 동맹자이자 협력자가 되었다.

브리지스 박사의 공헌은 두 가지였다. 우선 그는 '변화change'와 '변환transition'이 동일한 게 아니라는 사실을 밝혔다.

변화란 우리의 삶을 바꾸는 외적인 전환이다.

변환은 변화에 대응하는 인간의 내적인 경험이다.

대다수의 변화는 무의식적이다. 다시 말해 변화는 우리의 의지와 상관없이 일어난다. 사실상 모든 혼란은 이런 식이다. 우리의 통제권을 넘어서는 일이다. 그러나 변화나 혼란에 어떻게 반응하고 대응하는지는 통제할 수 있다.

그의 두 번째 공헌은 변환 과정을 3단계로 나누어 상세하게 설명한 것으로, 이 덕분에 우리가 변환 과정을 적절하게 탐색할 수 있게 되었다.

우리에게 변환을 요구하는 변화의 흐름이 무엇이든 간에, 변화에 효과적으로 대응하고 마무리한 다음 바람직하고 즐거운 삶을 자유롭게 영위하기 위해서는 우리 모두 '변환의 3단계'를 거쳐야 한다. 왕도는 없다.

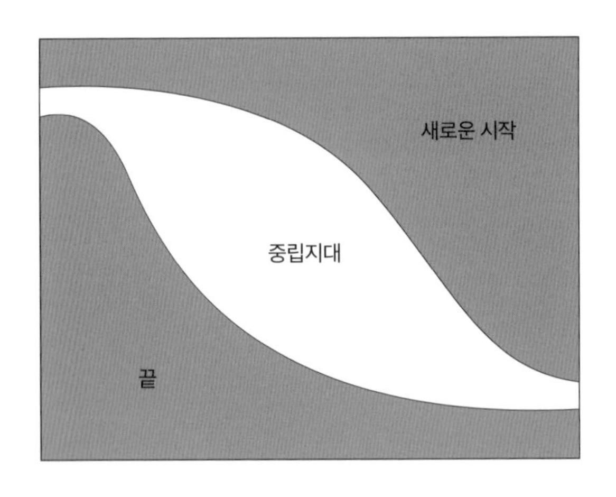

변환의 3단계[2]

- **끝:** 변환은 끝에서 시작한다. 역설적이지만 사실이다. 변환 과정의 1단계는 사람들이 무엇을 잃고 있는지 확인하고, 상실을 관리하는 법을 배울 때 시작된다. 무엇이 끝났고, 무엇을 남기는지, 그리고 본인은 무엇을 지킬 것인지 결정하라. 이를테면 인간관계, 프로세스, 팀원, 위치 등이 여기에 포함될 수 있다.
- **중립지대:** 두 번째 단계는 포기한 다음에 시작한다. 이것이 중립지대다. 사람은 누구나 오래된 것이 사라지고 새로운 것이 완벽하게 작동하지 않는 과도기를 겪는다. 이때 중대한 심리적 재정비와 재구성이 일어난다. 이것이 변환 과정의 핵심이다. 오래된 현실과 정체성을 보내고, 새로운 현실과 정체성을 기다리는 시기인 것이다. 우리는 새로운 프로세스를 창조하고 자신의 새로운 역할을 배운다. 유동적인 상태에 있기에 혼란과 고통을 느낄 수 있다. 그러나 중립지대는 새로운 시작을 위한 온상이라는 사실을 기억하라.
- **새로운 시작:** 시작에는 새로운 이해와 가치관, 태도가 포함된다. 시작의 특징은 새로운 방향으로 방출되는 에너지와 새로운 정체성의 표현에 있다. 변환 과정을 잘 관리할 때 우리는 자신의 목적과 역할, 가장 효과적으로 공헌하고 참여할 방법을 이해하고 새로운 역할을 정립할 수 있다. 그 결과 새로운 방향을 발견하고 비로소 새로워졌다고 느낀다.

변환 과정이 2단계가 아니라 3단계로 구성된다는 사실은 중요한 통찰이다. 우리는 끝에서부터 곧바로 새로운 시작에 도달하지 못한다. 중립지대를 통과해야 한다. 이는 인간적인 모습의 단면으로, 변화의 본질과는 무관하다. 아내가 세상을 떠났는지,

동네가 불에 완전히 타버렸는지, 코로나바이러스가 일의 세계를 영원히 바꿔 놓았는지는 중요하지 않다. 여러분은 미래로 향하는 여행의 중립지대에 놓여 있다. 이는 여러분이 인간이기 때문이다. 우리는 그 사실이 못마땅하고 중립지대를 견딜 수 없다.

누구에게나 변화는 어렵다. 끝을 향해 가는 무언가를 포기하기란 (특히 자발적으로 선택한 끝이 아니라면) 무척 힘들다. 그렇다 하더라도 어차피 겪어야 하는 일이라면 적어도 하루빨리 새로운 일을 시작하고 더 행복한 삶으로 돌아가자.

어떤 미래가 기다리고 있을지, 심지어 내가 어떤 미래로 가기 위해 노력하고 있는지조차 알지 못한 채 오랜 시간 중립지대라는 혼돈 속에서 방황하고 싶은가? 예전의 삶으로 다시는 돌아갈 수 없는 엄청난 파괴적 변화를 지금 겪고 있다는 사실을 일단 인정했다면, 가장 피하고 싶은 결과는 어디에도 가지 못하는 중간지대에 꼼짝 없이 갇히는 일일 것이다.

하루빨리 어딘가로 '떠나자'고 소리치고 싶지 않은가? 당신의 다리가, 그리고 인터넷이 데려갈 수 있는 최대 속도로 그곳에서 벗어나고 싶을 것이다. 하지만 그럴 수 없다. 설령 중립지대를 건너뛰고 곧바로 새로운 시작으로 도약할 수 있다고 스스로를 속인다 해도, 결국 실패해서 처음으로 돌아가 다시 시작해야 할 가능성이 높다. 그런데 다시 시작해야 할 때는 극복해야 할 상실이 한층 더 많아져서 더 어려운 출발점에서 시작해야 한다.

우리는 그러지 않을 것이다. 지금 내가 중립지대에 있다는 사실을 받아들이고 길을 탐색할 수 있다.

지금 당장 중립지대로 향해야 하는 이유

2020년 중반 우리가 팬데믹에 대응하고자 고군분투하는 수많은 사람의 이야기에 귀를 기울일 때 일관되게 반복되는 문구가 들리기 시작했다.

"이 일이 끝나서 빨리 '정상적인 생활'로 돌아가고 싶어요!"

"난 완전히 지쳤다고요! 언제쯤 '다시 시작할' 수 있어요?"

우리가 깨달은 바에 따르면, 이렇게 말하는 수많은 사람이 이용하는 모형은 윌리엄 브리지스의 모형과 달랐다. 코로나19의 혼란에 대비하기 위한 그들의 모형은 다음과 같은 모습으로, 매력적일지 모르지만 현실을 반영하지 않는 모형이다.

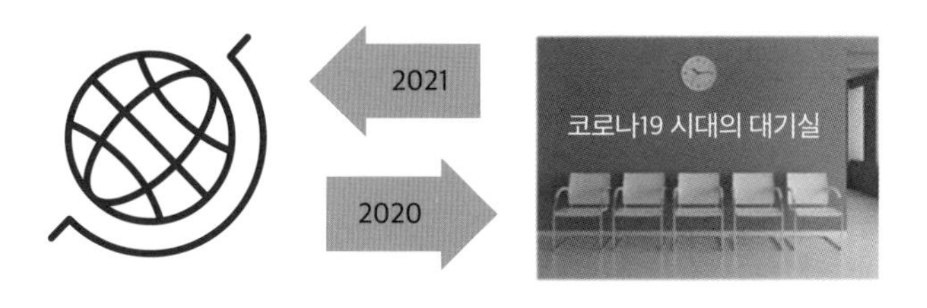

많은 사람과 이야기하며 우리는 대부분의 사람이 대기실에 머물고 있다는 사실을 깨달았다. 비상사태가 발생하면 사람들은 자연스럽게 대기실로 향한다. 사이렌 소리가 들리면 자동차를 길가에 대고 문제가 끝날 때까지 기다린다. 그런 다음 다시 안전해지면 가던 길을 계속 간다. 잠시 늦어질 뿐이다.

대기실에서 일어나는 일은 오직 한 가지, 기다림뿐이다. 이대로는 결코 변화할 수 없다. 상황을 재평가할 수도 없다. 시대에 뒤떨어진 생각이나 효과가 없는 믿음을 버릴 수 없고, 계획을 조정할 수도 없으며, 성장할 수도 없다. 그저 다시 시작하기를 기다리는 시계의 째깍거림만 있을 뿐이다.

살다 보면 대기실이 머물기엔 완벽하게 적절한 장소인 때가 많지만, 혼란의 시기에 대기실에 머무는 것은 재앙이다. 대기실에서는 혼란 속에서 서서히 등장하는 미래를 위한 프로젝트가 설 자리가 없다. 기대치가 잘못 설정되고 편견이 굳어지기 때문에 어느 때보다 새로운 시작으로 진입하기가 어려워진다.

혼란 속에서 디자인 씽킹의 첫 단계는 대기실에서 벗어나 중립지대로 들어가는 것이다. 물론 중립지대에 머물기란 쉬운 일이 아니다. 일단 지금 내가 혼란을 겪는 중이고 예전으로 돌아갈 수 없을 것이라는 사실을 받아들이면 중립지대로 들어가게 된다. 마침내 새로운 시작이라는 미래의 해변에 상륙할 수 있는 출발점에 서게 된 것이다.

이 첫 단계가 매우 중요하다. 필요한 것은 마음가짐의 변화뿐이니 실행하기도 간단하다. 큰 변화가 진행 중이고, 오래된 세계는 끝을 향하고 있으며, 새로운 세계는 아직 도착하지 않았다는 사실을 받아들이기만 하면 된다.

받아들인다는 것

'디자인 유어 코로나라이프Designing Your Covid Life'라는 우리의 가장

인기 있는 동영상은 생성적 수용에 관한 것이며, 이 동영상의 중요한 개념은 대기실에서 벗어나 중립지대로 들어가는 것이었다.

수용은 단순하지만 쉬운 것은 아니다. 수용에는 세 종류가 있다.

- 강제적 수용
- 억제적 수용
- 생성적 수용

우리는 여러분에게 생성적 수용을 실천하라고 말하고 싶다. 그러기 위해서는 먼저 다른 수용의 형태를 인식할 수 있어야 한다. 일반적이기는 하지만 그다지 도움이 되지 않는 다른 수용법 말이다.

강제적 수용은 불행한 희생자의 방식이다. '오, 안 돼! 내 세상이 끝나가고 있어! 그들이 내게 이런 짓을 하다니 믿을 수가 없군. 왜 항상 나한테 이런 일이 일어나지? 난 망했어. 이제 어떻게 해야 해?'

이때는 혼란에 압도당하기 쉽다. 지금까지 이해해 온 세상의 원리가 종말을 고하기 시작했다는 것을 깨달을 때, 우리는 가장 먼저 새로운 세상의 원리가 무엇인지 묻는다. 그러나 이 질문에 대한 해답은 존재하지 않기 때문에 혼란에 휩쓸리고 압도당할 심각한 위험을 마주한다. 지금껏 우리는 대상을 이해하고 상황을 통제하는 느낌에 익숙했다. 그런데 새로운 것을 마주하면 그런 느낌은 사라지고 망연자실함을 느낀다. 이때의 두려움은 아마 모두가 충분히 이해할 것이다. 하지만 피해자의 사고방식은 문제를 과장하고 스스로를 무력한 존재라고 인식함으로써 점점 더 꼼짝달싹하지 못하게 된다.

억제적 수용은 금욕적인 영웅의 방식이다. '음, 곧 큰 폭풍이 닥칠 것처럼 보이는군. 하지만 걱정할 것 없어. 이미 겪어봤거든. 감당할 수 있어. 이런 일은 강인하게 해결해야 해. 다행히도 난 그만한 강인함을 가졌지.'

이 접근방식은 희생자의 동전을 뒤집은 것에 지나지 않는다. 영웅은 문제를 과소평가함으로써 바보들이 발걸음을 내딛기를 두려워하는 곳으로 돌진하다가 사태의 심각성에 금세 진압당하고 만다. 패배한 영웅은 잔뜩 주눅 들고 대개 혼란과 분노에 휩싸이는데 이는 앞으로의 길을 설계하는 데 도움이 되지 못한다.

희생자와 영웅은 모두 제대로 된 수용을 하지 못한 채 현실을 잘못 인식함으로써 회피하고 있다.

생성적 수용이야말로 디자이너가 사용하는 방식이다. 디자이너는 상황을 있는 그대로 받아들이고 앞으로 나아갈 길을 디자인하는 법을 안다. '워워, 이건 정말 대단한 변화군. 머지않아 분명히 혼란이 일어날 것 같아. 이 길의 끝이 어디일지는 확실하지 않지만, 지금은 상황이 진정되는 동안 관망하고 적응할 때야. 어떤 것이 어떻게 가장 크게 영향을 받을지 궁금하군.'

혼란 속에서 디자이너의 마음가짐은 수용으로 시작해 곧바로 호기심으로 옮겨간다. '궁금하다'는 중립지대에서 머물 수 있는 멋진 상태다. 호기심은 여러분을 몰입시키고 계속 움직이게 하게 하는 한편, 선불리 상황을 해결하려고 애쓰지 않는다. 우리의 첫 번째 목표는 수용함으로써 중립지대에 진입해 적극적인 호기심을 통해 계속 몰입하고 가로질러 가는 것이다.

슬픔이 성장을 만나는 곳

혼란의 끝에는 커다란 상실이 수반되며 이는 커다란 슬픔이 따른다는 뜻이다. 전 세계 호스피스 운동의 선구자 엘리자베스 퀴블러 로스의 연구는 슬픔의 과정을 이해하는 표준 모형을 제시한다. 그녀가 말하는 과정은 경험의 다섯 단계, 즉 부정, 분노, 타협, 우울, 수용을 비연속적으로 거친다.

디자인 씽킹을 활용한 인생 설계 과정에서 우리는 수용을 0단계로 정해서 다음 그림처럼 여섯 단계로 설명한다.

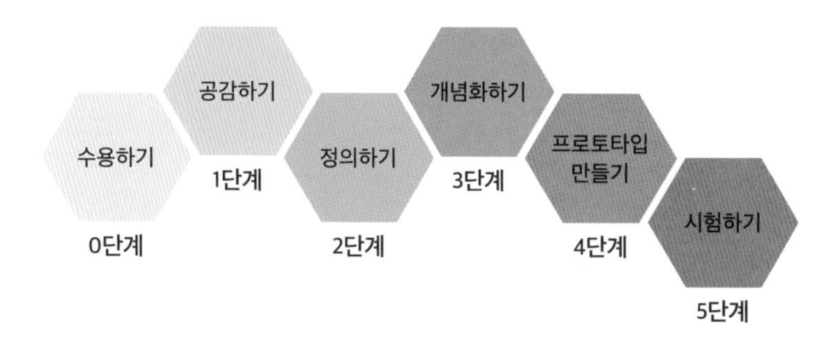

혼란과 마주할 때 문제를 받아들이지 않으면 해결할 수 없으므로 우리는 수용을 출발점으로 생각한다. 디자인 씽킹은 전통적으로 1단계인 '공감'에서 시작하고, 수용은 당연한 것으로 여겨진다. 하지만 우리는 혼란의 시대에서 필요한 디자인 씽킹은 '수용이 0단계'라고 분명하게 밝히고 있다. 수용은 매우 힘든 단계이기 때문에 사람들이 대체로 이 단계를 건너뛰곤 한다. 하지만 기억하라. 모든 것이 시작되는 단계는 수용이다. 여러분은 '슬픔은 변화가 시작되는 지점, 즉 수용에서 끝난다'는 사실에 주목해야 한다.

혼란에서 슬픔은 필수조건이다. 2020년 팬데믹으로 말미암아 온 세계가 사람, 관계, 장소, 전통, 직업과 경력의 상실에 슬퍼하고 있었다. 어마어마한 상실이 일어났고, 그 과정에서 슬픔은 피할 수 없는 경험의 일부가 되었다. 그런데 슬픔이 끝나면 우리는 어디로 가야 할까? 슬픔을 어떻게 끝내야 할까?

데이브의 아내는 이 장의 초안이 완성되기 불과 8주 전에 세상을 떠났다. 그 당시의 데이브는 그가 그 일을 '극복할 것'이라는 믿음은 없었지만, 그 일을 '뒤로 하고' 완전히 새로 태어날 것을 희망했고 심지어 확신했다.

완벽하게는 아닐지언정 상실을 뒤로할 수 있는 강력한 촉매제는 바람직하고 즐거운 비전으로 새로운 삶을 향한 길을 닦는 것이다. 새로운 삶을 설계할 때까지 충분히 슬퍼하고, 그다음에야 비로소 슬픔을 넘어서는 길을 찾을 수 있다.

엘리자베스 퀴블러 로스의 오랜 협력자였던 데이비드 케슬러는 그녀가 세상을 떠난 후에 두 사람의 연구를 수정하여 슬픔의 마지막 단계, 의미 창조하기Meaning-Making[4]를 추가했다. 그는 수용에 이르는 것이 필수조건이지만 충분조건은 아니라는 사실을 깨달았다. 바람직한 방식으로 나아가려면 상실에서 의미를 창조해야 하며, 의미를 창조하는 과정은 일반적으로 상실에서 얻은 교훈을 미래의 자아에 통합하는 식으로 이루어졌다.

케슬러는 2021년 1월에 PBS 〈뉴스아워〉와 인터뷰를 진행했다.

지난해 코로나바이러스에 감염되어 사망한, 40만 명이 넘는 미국인과 200만 명이 넘는 전 세계 사람들을 추모하는 전국적인 추모식을 바이든 대통령이 주관한 직후였다. 그는 회복이라는 도전과 전 세계가 경험하는 큰 슬픔에 대해 이야기했다. 나아가 새로운 의미를 창조하는 방법에 대해 말할 때는 팬데믹이 '외상 후 스트레스Post-Traumatic Stress'의 중대한 원인이 될 수 있다고 인정하며, 팬데믹에서 벗어나기 시작하면 모든 사람이 외상 후 스트레스를 어느 정도 경험할 것이라고 덧붙였다. 아울러 이를 해결하기 위한 방법으로, 최대한 생성적으로 슬픔을 처리하면 수용을 넘어 '외상 후 성장Post-Traumatic Growth'을 경험할 수 있음을 잊지 말라고 일깨웠다. 이 방법을 위한 몇 가지 아이디어와 도구를 제공하는 것이 이 책의 핵심 목표다.

여러분은 2021년 팬데믹 말기나 훗날 자신이나 세계의 새로운 혼란이 일어나는 시기에 이 장을 읽게 될지도 모른다. 그때가 언제이든 간에 우리는 여러분이 슬픔 과정을 끝맺으려고 노력하며 생성적 수용을 시작할 때, 의미 있고 새로운 삶을 경험하며 인류라는 가족의 일원이 되기 위한 길을 설계할 수 있기를 진심으로 바란다. 팬데믹이 교훈을 남겼다면 그것은 우리가 이 모든 과정을 함께 겪고 있으며 서로 필요한 존재라는 사실이다.

또한 중립지대는 기준을 낮게 설정하고 소소하지만 활기차게 노력을 기울임으로써 그 기준을 통과할 수 있는 멋진 장소다. 우리는 이런 노력을 통해 계속 전진하고 성장하며, 대기실에 꼼짝없이 갇혀 있는 일을 피할 수 있다.

더 먼 곳을 향한 길 찾기 연습

'이곳'에서 출발해 '그곳'에 도착하기 위한 두 가지 전략이 있다. 바로 경로 탐색과 길 찾기다. 이 두 전략은 매우 다르므로 반드시 각자의 상황에 효과적인 올바른 전략을 선택해야 한다.

경로 탐색이란 현재 위치(지점 A)와 목적지(지점 B), 그 사이의 모든 지형에 대한 정확한 정보를 바탕으로 최적의 경로를 개발하는 것을 의미한다. 휴대폰이 위성에서 송출되는 GPS 정보와 엄청난 인터넷 데이터베이스의 지도 데이터를 이용해 수행하는 작업이 바로 경로 탐색이다. (미래를 향한 길을 설계할 때도 이런 정보를 얻을 수 있다면 얼마나 좋겠는가.) 우리는 어떤 상황에서든 항상 경로 탐색을 이용한다. 신장개업한 레스토랑을 찾아가거나 공인 장거리 트럭 기사 교육을 완수할 계획을 세울 때는 경로 탐색이 효과적이다. 이제는 이러한 능력이 아주 보편화되다 보니 어딘가에 갈 때면 우리는 자동적으로 경로 탐색을 떠올린다.

하지만 우리가 언제나 현재 위치와 목적지를 아는 것은 아닐뿐더러 그 사이의 공간에 대한 데이터가 없는 탓에 매번 순조로이 경로 탐색을 할 수 있는 것은 아니다. 인생도 이와 별반 다르지 않고 혼란 또한 마찬가지다.

우리가 변화와 변환의 중립지대에 있고 새로운 시작(이른바 팬데믹 이후의 뉴노멀)이 아직 도래하지 않았을 때는 경로 탐색을 이용할 수 없다. 회사가 업무를 100퍼센트 온라인으로 전환한 이후 생활비를 줄이려고 중서부로 이사한 경우라면 가족의 생활방식과 인간관계 네트워크를 재창조할 최적의 경로를 찾겠지만 이는 존재하지 않는다. 아이들에게 하루에 네 시간 동안 모니터를 보라고 강요하는 대신 홈스쿨링을 시키려고 직장을 그만둘 때, 어떤 교육법이 여러분과 아이들에게 가장 적합한 조합인지 파악할 지름길이나 빠른 길은 존재하지 않는다. 중립지대에서 인생의 GPS를 켜려고 노력할 때, 여러분의 위치 신호는 잡히지 않고 이용할 만한 지도도 없다는 사실을 발견할 것이다. 이런 상황에서는 길 찾기가 선택할 수 있는 최선의 방법일 뿐만 아니라 '유일한' 방법이다.

'길 찾기'란 어떤 목적지에 도착할 것인가가 아니라 어떤 방향으로 시도할 것인가에 대해 가장 효과적으로 추측한 다음, 다소 조심스럽게 전진하다가 멈추어 서서 현재 위치와 그 시점에 눈에 보이는 것을 기록하는 방식이다. 예컨대, 서로 다른 3학년 종합 교과과정 여섯 가지를 다운로드하고 각 교과과정 가운데 한 강좌를 선택해 들어보라. 가장 효과적으로 보이는 한 교과과정을 선택해 아이들의 특수한 필요성에 맞춰보라. 그런 다음 마침내 멋진 목적지에 도달하거나(홈스쿨링이 정말 효과적이구나!) 나머지 경로를 탐색하기에 충분한 정보를 얻을 때까지(지역의 멘토를 소개받아 현재 그녀로부터 확실히 성공할 수 있는 계획에 대해 지도를 받는 등) 그 과정을 반복하라.

디자이너는 언제나 지금껏 존재하지 않았던 무언가를 창조하고자 노력하고 있으니 대개 길을 찾고 있는 셈이다. 잘 알려진 해결책이나 경로는 이용할 수 없다. 따라서 그들은 결코 '효율성 통념'의 제물이 되지 않는다. 효율성 통념이란 왔던 길로 되돌아가거나 직선으로 움직이지 않는다면 그때마다 시간과 에너지를 낭

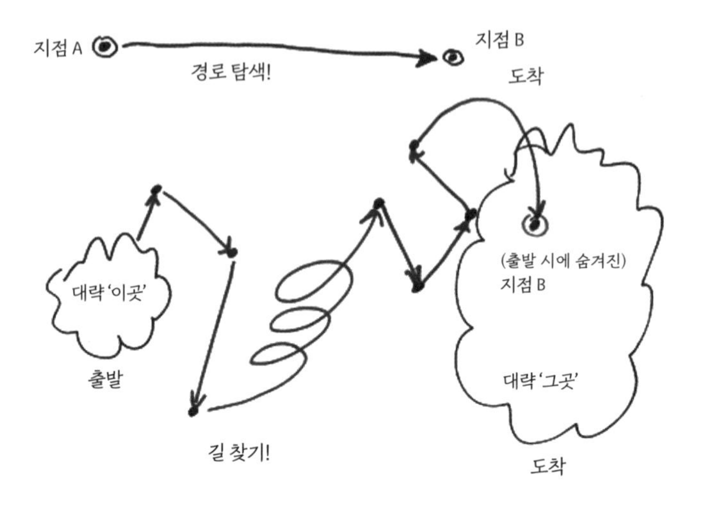

비하여 일을 망친다는 이야기다. 이 통념은 최적의 경로란 효율적인 경로이며, 가장 효율적인 경로는 당연히 직선이라는 잘못된 가정에 뿌리를 두고 있다.

이쯤에서 중대한 통찰을 짚고 넘어가자. 어쩌다 (앞서 '이곳'이라는 이름의 일반적인 지역으로 표시된) 미지의 땅에 들어서서 저 너머 어디엔가 아직 확인되지 않은 목적지로 향하고 있다면, 앞서 언급했듯이 당신이 시작한 그 길이 출발점과 도착점 사이의 최단거리다. 정말이다! 긴 꼬부랑길처럼 보이지만 길을 찾고 있을 때는 그 경로가 최단거리다. 킬로미터가 아니라 발견과 프로토타입의 반복을 단위로 측정할 때 최단거리인 것이다.

한 번에 한 걸음씩 내딛어야 한다. 한 걸음이 끝날 때마다 이전에는 결코 알 수 없었던 것들을 알게 된다. 앞으로 나아가는 과정에서 이런 점진적인 경험과 통찰은 매우 중요하다. 그렇다. 물론 돌아보면 (적어도 직선 경로 탐색에 비해) 비효율적으로 보이겠지만 결코 그렇지 않다. 앞서 언급한 것처럼, 길을 찾는 여정에서 직선 경로는 머리에서 떠올리는 이미지에서만 존재할 뿐이다.

맴돌기와 되돌아가기를 포함해 여기에서 소개한 8단계 과정은 효율적이고 효과적인 접근방식이다. 작은 단계를 마칠 때마다 결국 목적지에 가까워질 것이다.

앞의 사례에서 홈스쿨링 여정에 나선 디자이너가 자신을 속이고 단 한 번의 도약으로 '그곳'에 안착할 수 있다고 생각했다고 가정하자. 그녀는 (자신이 구입한 '수상 경력이 있는' 교육법의 교과 과정을 시도하면서) 첫 번째 구간에 나타난 것과 똑같은 궤적으로 용감하게 나아간다. 한 번 힘껏 도약한 끝에 '홈스쿨링을 받은 행복한 아이들'이라는 목적지에 도착하기를 바라면서, 자기 아이들에게 어떤 효과가 있는지는 아랑곳하지 않고 똑같은 자료와 강좌를 줄기차게 이용한다. 그러면 이내 경로에서 크게 벗어나게 되고, 그 결과 올바른 장소에 도달하기가 여간 어렵지 않을 것이다. 한 걸음을 내딛은 다음(한 강좌를 들어본 다음) 멈추었다가 배운 점을 곧바로 적용해 경로를 조정함으로써 (그녀의 아이들은 읽기를 줄이고 체험 프로젝트를 늘려야 할지도 모른다) 최단 시간에 원하는 곳으로 갈 수 있을 것이다.

적절한 상황이라면 길을 찾는 사람이 되어라. 그리고 길을 찾는 데 적절한 장소가 있다면 그곳은 바로 중립지대일 것이다.

새로운 시작을 맞이할 준비를 하라

중립지대에서 '새로운 시작'을 확실히 알 수 없다면 우리는 과연 무엇을 향해 가는 길을 찾고 있는 것일까? 어떻게 생산적인 발걸음을 내딛을 수 있을까? 이를 위해 여러분은 '끝'이 호기심을 이끌도록 맡겨두고 앞서 자세히 설명한 4단계 과정(호기심을 가져라, 사람들에게 이야기하라, 시도하라, 당신의 이야기를 전하라)을 이용해 앞으로 나아갈 길을 개척해야 한다.

중립지대가 특별한 점은 여러분이 이 과정을 실행하는 목적이 미래의 워크 라이프를 위한 새로운 해결책을 만드는 것이 아니라는 사실이다. 중립지대에서의 목적은 그 지대를 지나면서 변화한 미래에 준비된 상태로 새로운 시작을 맞이하는 것이다.

2020년에 팬데믹이 전개되는 동안 거의 모든 사람들이 지대한 영향을 받았다. 많은 사람이 일자리를 잃었고, 수많은 직업이 변했다. 사람들은 집으로 향할 수밖에 없었고, 출근한 사람들을 맞이한 것은 바뀌어 버린 장소와 프로세스였다. 수백만 명이 회의실이 아니라 화상회의를 통해 미팅을 진행한다. 공동 작업과 사회생활의 형태도 바뀌었다. 그러는 동안 우리는 유행병학과 질병 감염, 위생에 대해 부담스러울 만큼 많이 배웠다. 이 모든 것은 세상이 스스로 문제를 해결하는 동안(다시 말해 세계적인 2020년의 중립지대에 있는 동안) 길을 찾아야 할 가치가 있는 것이 무엇인지를 암시하는 실마리였다.

일련의 변화들은 호기심을 가지라는 권유였으며 지금도 그렇다. 온라인 커뮤니티가 구축되는 방식에 관해 더 많은 것을 배울 수 있고, 원격 업무가 가능한 작업을 어떻게 수용할 것인지 다양하게 실험할 기회가 생겼다. 직장을 잃었는가? 그렇다면 아직 직장에서 근무하는 모든 친구와 함께 원격 직업 탐방을 하면서 그들의 일과 세상이 어떤 모습인지 체험할 수 있다. 여러 가지 다양한 방식을 시도해 코로나바이러스에 대해 더 많이 배우고, 아울러 학습자로서 자신에게 효과적인 것과 그렇지 않은 것을 이해하며 다른 사람의 경험과 비교할 수 있다. 정보의 이동 방식과 정보를 제공하는 사람에 대한 지식과 분별력을 키우는 한편, 새로운 작업을 수행하는 사람과 그렇지 않은 사람을 탐구하는 것이 이런 시도의 목적이다. 이를테면 고용주가 어떻게 업무 프로세스를 조정하는지 관찰함으로써 그의 사고방식과 우선순위가 어떻게 변화하는지 파악할 수 있다.

중립지대에서는 상황이 어떤 식으로 끝날지 알 수 없지만, 어떤 변화가 일어날지는 알 수 있다. 일단 자신이 혼란을 겪는 중이라는 사실을 인식하고, 예전으로 돌아갈 수 없다는 사실을 수용하라. 그러면 예전으로 돌아갈 수 없는 것들이 무엇인지 이해할 수 있다. 그것이 출발점이다. 지금 변화하고 있는 것들에 호기심을 가져라. 그것들이야말로 미래를 가리키는 지침이다. 그러니 계속해서 열정적인 디자이너의 호기심을 품고서 따라가라. 이 과정을 반복한다면 가장 훌륭하게 미래를 준비한 사람들, 중립지대가 언제 끝나고 그 반대편에 무엇이 있는지를 가장 먼저 인식하는 사람들 가운데 당신이 있을 것이다.

이것이 바로 2020년을 보내는 대부분의 시간 동안 우리가 했던 일이다. 2021년 초반 우리는 탈脫 코로나바이러스 세계가 어떤 식으로 작동할 것이며, 어떤 직장 개념이 가장 유용할지를 조금씩 파악할 수 있었다. 다음 두 장은 그런 노력의 결과물이다. 우리는 2021년 이후 세계의 제약과 기회를 십분 활용할 수 있는 특정한 개념과 도구를 말할 것이다. 이는 단순히 변환을 위한 도구가 아니다. 앞으로 길이길이 우리 곁에 머물 미래, 즉 넥스트 노멀Next normal(코로나바이러스 팬데믹 이후 기준이 바뀐 시대를 일컫는 말-옮긴이)을 위한 새로운 핵심 도구들이다.

앞서 10장까지 설명한 여러 도구는 새로운 세계에서 계속 마주하는 직장 문제와 여러 도전에도 여전히 유효하다. 이제 넥스트 노멀이 자리를 잡고, 마침내 그야말로 노멀이 될 때 발전하고 변화할 수 있는 직장생활을 구축하기 위한 추가적인 도구를 소개하겠다. 적어도 다음번 혼란이 우리를 덮칠 때까지는 활용 가능하다.

13장 변화에 휩쓸리지 않기 위한 일의 철학

그렇게 해서 우리는 지금 이곳에 다다랐다. 세계적인 팬데믹이 일으킨 변화가 여러분 자신, 여러분의 일, 가족, 생활방식에 어떤 영향을 미칠지 확실하게 예측할 수 있는 사람은 없다. 그래도 괜찮다. 디자이너들이 애매모호함에 대처하는 방법을 알고 있으니 말이다. 그들은 항상 알 수 없는 미래를 설계하고, 새로운 제품과 서비스를 세상에 내놓고 있다. 따라서 우리가 강조하는 사고방식과 이 장에서 소개할 도구는 팬데믹 시대에도 적용되며, 예측할 수 없는 급속한 변화의 시기라면 언제든지 똑같이 유용하다.

대부분의 사람들은 (팬데믹 시기든 아니든 상관없이) 우리의 일자리가 변할 수 있다는 사실을 알고 있다. 세계화는 일자리를 빠른 속도로 재분배하고 있으며, 우리는 그런 변화에 '대처하는' 것 외에 다른 도리가 없다. 인공지능과 머신러닝 같은 분야에서 10

년 전에 존재하지 않았던 새로운 일자리가 어떤 사람에게는 기회를 창출하지만, 그 때문에 일자리를 잃는 사람도 있다. 인건비 상승과 더불어 생산성을 지속적으로 향상시켜야 할 필요성은 모든 산업의 변화를 촉진하는 끊임없는 힘이다. 대기실 개혁과 혼란 문제에 접근할 때 창의적이고 개방적인 사고방식을 채택하는 것의 중요성은 이미 살펴보았다.

코로나바이러스로 인한 대혼란에 한줄기 빛이 있다면, 중립지대에 머무는 동안 모든 사람이 어쩔 수 없이 새로운 작업방식, 새로운 협업방식, 프로젝트 팀과 기업문화를 구성하는 새로운 방식을 배웠다는 점이다. 이 모든 것은 팬데믹 이후의 미래를 향해 나아갈 때 그 유용함이 입증될 것이다.

이 책을 관통하는 반복된 주문은 '기준을 낮게 설정하고 통과하라'였다. 우리는 원하는 변화를 향해 조금씩 선제적으로 발걸음을 내딛는 것이 성공의 비결이라고 믿는다. 당연하게도 하룻밤 사이에 사고방식이 바뀌지는 않는다. 호기심이나 행동 성향 같은 새로운 사고방식을 만들어가는 과정에는 출발점과 휴지기가 있을 것이다. 새로운 시간관리 도구를 비롯해 이 장에서 다루는 도구를 한동안 이용하다가 중단할 수도 있다. 문제를 신중하게 선택하라. 변화에서 중요한 것은 변화하겠다는 의지와 끈기, 그리고 '그릿'이다.

스트레스가 심한 시기에 수많은 변화가 급속도로 밀려들어오면 먼저 노력을 투자할 우선순위를 정해야 한다. 만사에 똑같은 힘을 써서 대응할 수는 없다. 이 조언은 코로나바이러스로 인한 팬데믹 시기에도 적용된다. 아이가 태어나거나 직장에서 해고당하거나 사랑하는 사람과 사별하는 등 중대한 변화가 일어났는가? 사실 그런 변화는 여러분의 통제권 밖의 일이다. 그러니 우리 모두에게는 다음에 일어날 일에 대비하기 위한 위기관리 도구가 필요하다. 이때 실질적인 문제를 선택하는 일이 중요하다. 문제 발견은 디자인 씽킹의 첫 단계이며, 세계의 영향력을 통제할 수 없을 때 가장 적절한 문제, 가장 시급하거나 해결해야 할 중요한 문제를 발견하는 일이 더더욱 중요해진다. 지금은 3장의 재구성 기술을 익히고 여러분의 세계에서 MAP(최소 조치 문제)와 BDO(실행 가능한 최고의 선택)을 찾을 때다. 최대한의 노력을 다하고, 문제를 가장 단순하고 최소한의 형태로 해결할 수 있는지 확인하라. 지금이나 앞으로나 문제를 자초할 필요는 없으므로 문제와 대응의 우선순위를 정하는 것이 현재와 미래의 현실에 대처하기에 가장 바람직한 방법이다.

일의 미래와 그것이 여러분의 생활방식에 미칠 영향을 조사한 결과, 우리는 여러분이 다음과 같은 쟁점에 대해 생각하고 추적해야 할 것이라고 예측한다.

- 하이브리드 근무: 간헐적인 재택근무의 장단점 관리하기
- 신뢰받는 직원으로의 중대한 변화: 그리고 그에 따르는 책임
- 커뮤니케이션 개선하기: 자신의 공헌을 반드시 인정받기
- 업무 리모델링: 일하는 장소와 방식
- 팀 구성하기: 팀의 필요성이 어느 때보다 중요해졌다. 팀원과 지지자, 친밀한 사람들과의 협업은 생성적이고 재미있는 파격적인 협업의 한 형태다.

짐작하겠지만 우리에게는 다섯 가지 쟁점에 대처할 관점과 한두 가지 도구가 있다.

사무실의 종말

여러 CEO와 COO, 대기업과 중소기업 소유주와 대화를 나눈 결과, 우리는 팬데믹 이전의 '정상적인' 사무실로 돌아가지는 못하리라는 데 뜻을 모았다. 혹시 칸막이 공간과 로비, 휴게실, 그리고 큰 중역실이 딸린 전통적인 사무실에서 근무하는가? 음…… 관리해야 할 건물이 있는 업무방식은 이제 거의 종말을 맞았다. 2020년에 코로나로 말미암아 여러 사건이 일어나기 전부터 대부분의 기업은 일부 지식근로자에게 일주일에 며칠, 혹은 어쩌다 한 번씩 재택근무를 허용하고 있었다.

확신컨대 돌아갈 사무실은 존재하지 않을 것이다. 설령 돌아간다 해도 최소한 예전과 똑같은 규모의 사무실은 아닐 것이다. 세계 정상급 사무용 가구와 칸막이 제조업체의 책임자와 이야기를 나누었을 때, 우리는 최고급 비품을 사용하더라도 사무실 설비가 차지하는 비용이 전체의 5퍼센트에 불과하고 나머지 95퍼센트는 임대 비용이라는 사실을 알게 되었다. 멀지않은 미래에 여전히 이처럼 고액의 임대 비용을 부담하는 기업이 있다면, 그 비용의 타당성을 주주들에게 입증해야 할 것이다. 대기업 회계사들은 모든 직원을 재택근무로 돌려 사무실 문을 닫고 임대를 해지하면 거액을 절약할 수 있다는 사실을 놓치지 않았다. 심지어 일부 거대 기술기업은 본사에서 멀리 떨어진 곳으로 이사하는 직원들에게 현금 인센티브를 제공함으로써 이런 새로운 미래에 대비하고 있다.

항공사에서 탑승권을 출력하던 시절을 기억하는가? 어느 날 항공사는 승객이 자신의 종이와 잉크를 이용해 탑승권을 직접 출력하면 자기 회사가 거액을 절약할 수 있다는 사실을 깨달았다(혹자는 항공업계 전체가 많게는 10억 달러까지 절약할 수 있다고 추정한다). 이와 같은 일이 현대식 사무실에도 일어날 것이다.

실제로 2020년에 상장된 인터넷 스타트업 핀터레스트Pinterest는 2020년 8월 20일 샌프란시스코에 위치한 세계 본사 사옥의 임대 계약에 단 90만 달러(약 10억)만 지불하면서[1] 앞으로는 그렇게 넓은 공간이 필요치 않을 것이라고 생각한다고 밝혔다. 이것은 그리 멀지 않은 미래 추세의 시작일 뿐이다. 설령 예전 사무실로 돌아가기를 원하는 회사라도 경쟁에서 뒤처지지 않아야 하는 경제적 현실을 고려하면 십중팔구 돌아갈 수 없을 것이다.

시장 분석가들에 따르면 CEO가 널찍한 중역실을 요구하고 그가 감시할 수 있는 칸막이 공간에서 모든 직원이 일해야 한다고 고집하는 기업은 줄어들 것이다. 우리가 그런 모습의 '정상 상태'로 돌아갈 가능성은 희박하다. 사무직을 주로 고용하는 기업은 결코 예전의 업무방식으로 돌아가지 않을 것이란 뜻이다. 공간을 대폭 축소하고 일주일에 한두 번 사무실에 출근한다는 규약을 마련해 직원들이 원하는 만큼 재택근무를 허용할 가능성이 더 높다. 우리와 인터뷰를 나눈 많은 기업은 3 대 2 근무제(재택근무 3일, 사무실 근무 2일) 혹은 심지어 4 대 1 근무제를 실시할 계획을 세우고 있었다. 이런 방식이 모든 사람에게 더욱 효과적일 것이고, 그러면 여러분은 새로운 방식에 적응되어 홈 오피스를 최적화하기 시작할 것이다. 이 주제에 대해 좀 더 살펴보자.

만일 지식근로자에게만 이 방식이 효과적이고 현장 직원들은 여전히 사무실로 출근할 것이라고 믿는 사람이 있다면 다시 생각하라. 무언가를 만들기 위해 사람이 몸소 출근해야 하는 제조회사는 팬데믹을 빌미로 공장을 전면 자동화하는 변화에 박차를 가하고 있다. 이런 변화는 예전부터 일어나고 있었을 뿐만 아니라 팬데믹을 계기로 가속화되고 있다. 로봇은 병에 걸리지 않는다(의료보험이 필요하지 않고 노조를 결성하거나 파업도 하지 않는다. 물론 그것은 별개의 문제다). 로봇은 팬데믹 중에도 멈추지 않고 일할 수 있다. 여러분이 몸담은 산업에서 이런 일이 일어난다면 큰 혼란으로 다가올 것이다. 아울러 이런 일은 자신의 일자리와 기술을 재설계하는 일을 창의적으로 고민하기 시작해야 하는 타당한 이유가 된다.

양날의 검, 디지털 노마드

거대한 인터넷 집단이주Great Internet Diaspora라는 트렌드의 극단적인 한 가지 형태는 '모든 곳이 일터'가 된다는 것이다. 특히 Z세대 또는 아직 담보대출이나 아이들의 학교를 걱정하지 않아도 되는 젊은 직원들은 재택근무를 실제 생활방식으로 삼기로 결정했다. 그들은 서핑과 스노클링을 위해 하와이나 발리로 이주하고, 요세미티에서 여름을 난 뒤 캐나다의 스키 리조트에서 겨울을 보낸다. 심지어 바베이도스, 버뮤다, 에스토니아 같은 나라에서는

'팬데믹 취업비자'를 제공해[2] 재택근무로 일하는 직장인임을 증명할 수 있는 사람에게 원하는 만큼 자국에 머물도록 허용한다.

자, 이제 모든 것을 재설계하고 싶은 마음이 간절할 것이다. 당사자는 낙원의 어딘가에 있는 아주 근사한 장소를 '사무실'로 선택하고, 회사는 비싼 사무실 공간과 가구에 돈을 들일 필요가 없으며, 에스토니아는 자국의 동네 식품점에서 기술직의 두둑한 급여를 소비할 고객이라는 혜택을 누린다. 모든 사람에게 이롭다.

키보Kibbo라는 실리콘밸리 스타트업은 심지어 디지털 유목민의 완벽한 이동 커뮤니티를 후원한다. 이들은 스프린터 밴 캠핑카를 구입해 커뮤니티 센터에서 농촌을 돌아다니다가 어쩌다 한 번 출근한다. 이는 KOA라는 이름으로 더 알려진 캠프그라운드 오브 아메리카Kampgrounds of America의 현대판으로, '모든 곳이 일터'라는 트렌드와 유비쿼터스 글로벌 고속 인터넷에 의해 실현되었다.

다음 차례는 무엇일까? 미국 영해 밖에 떠 있는 인공 섬, 파티를 즐기고 랩톱을 두드리는 긱 워커가 모인 '디지털 해적' 커뮤니티의 본거지일까? 우리가 보기에는 이것이 차세대 스타트업을 위한 대단한 아이디어 같은데…… 여러분에게 선물하겠다. 아무런 대가 없이!

만일 캠핑카에서 생활할 의사가 없거나 담보대출과 아이들의 학교 때문에 재택근무를 택한다면, 어떤 면에서 이것은 1900년대 초반 마을의 생활상으로 돌아간다는 뜻이다. 빵집 주인은 빵집 위층에서, 구두장이는 구둣방 위층에서 사는 마을 말이다. 산업혁명이 일어나기 전, 다시 말해 사람들이 공장에서 일하려고 산업의 중심지로 이주하기 전에 '재택'근무는 모든 사람이 택한 방식이었다. 펜데믹으로 말미암아 '백 투 더 퓨처'가 일어났고, 이제 우리는 모두 '상점 위에서' 살고 있다. 이 현상이 사람들에게 긍정적인 영향을 끼치고 있지만 매우 중대한 한 가지 단점도 있다.

우선 긍정적인 면은 사람들이 출퇴근하지 않고 더 짧은 시간에 동일한 양의 업무를 처리하며, 교통이 혼잡한 출퇴근길에서 벗어나 여분의 시간이 생기니 생산성이 훨씬 더 높아질 수 있다는 점이다. 게다가 일반 직원들이 '근무시간'을 다른 방식으로 관리할 수 있다. 아이들의 아침 식사를 챙겨주고 늦게 집을 나서야 할 날에는 근무시간을 조절할 수 있다. 낮에 볼일을 보고 싶다면 그냥 카메라를 끄고 나서라. 소포 배달시간을 낮으로 정하는 것도 문제없다. 어차피 하루 종일 집에 있으니 말이다. 당신은 '신뢰받는 직원'이니까 일정을 옮기기 위해 허락을 구할 필요가 없다. 하루를 설계하고 생활방식에 맞게 시간을 관리할 수 있는 이런 자유는 학교와 놀이방이 정상적인 기능을 수행할 때 더더욱 좋다.

단점은 '모든 곳이 일터'라는 이런 생활방식이 새로운 종류의 압박감을 유발한다는 사실이다. 우리는 이를 '무경계 압박감'이라고 일컫는다. 건너편의 예비 침실이나 원룸 아파트의 식탁에 일거리가 놓여 있다면 물리적이나 정신적인 면에서 일과 삶 사이에 경계가 존재하지 않는다. 우리는 지금껏 장소를 이동하는 방식으로 일과의 형태를 구분했다. 이제 그런 것이 모두 사라졌다. 한 형태가 언제 끝나고 나머지 형태가 언제 시작하는지 구분하기가 어려워졌다.

팬데믹이 일어나기 전에 빌의 일과는 상당히 유쾌했다. 샌프란시스코의 도그패치(왜 이런 이름으로 불리는지 여전히 의문이다) 지역에 거주하는 그는 매일 아침 아내에게 작별 키스를 하고 단골 커피숍까지 네 블록을 걸어가 라테와 머핀을 사서 기차역으로 향한다. 그리고 40분 후에 스탠퍼드대학교에 도착해서 그의 사무실까지 걸어간 다음 일과를 시작하곤 했다. 근무하는 시간과 집에 있는 시간이 확실하게 구분되었다. 준비시간, 기차 통근시간, 휴식시간이 어우러져 하루의 리듬을 이루었다.

그러나 팬데믹이 한창일 때 빌과 모든 사람에게 이런 시공간의 구분선과 물리적인 구분선이 모조리 사라졌다. 업무와 비업무 사이의 변환이 사라진 것이다. 이렇게 되면 시공간의 경계가 흐릿해지고 물리적인 이동이 부족해져 건강에 해를 끼친다. 이런 일이 우울증과 그 밖의 건강에 해로운 압박감을 유발한다는 증거가 있다. 이와 같은 하이브리드 생활방식이 거의 뉴노멀로 자리 잡을 테니 정신과 육체의 건강을 책임지려면 좀 더 확실한 계획을 세워야 한다.

하루의 시작과 끝을 설정하라

의학계와 심리학계는 신체적인 운동, 다양한 종류의 인지적 작업, 그리고 사회적 접촉으로 일과를 구분해야 한다는 데 동의한다. 건강을 위해서 반드시 그래야 한다. 하이브리드 직원이라면 자신이 책임지고 이 세 가지를 확보해야 한다.

이때 자율성 문제를 성공적으로 해결하고 싶다면 매우 계획적으로 시간을 관리해야 한다. 디자이너는 언제나 경험을 디자

<table>
<tr><th>22일</th><th colspan="2">23일</th><th colspan="2">24일</th><th>25일</th><th>26일</th></tr>
<tr><td>am7~8
신시아와 아침 식사</td><td colspan="2">am7~8
신시아와 아침 식사</td><td colspan="2">am7~8
신시아와 아침 식사</td><td>am7~8
신시아와 아침 식사</td><td>am7~8
신시아와 아침 식사</td></tr>
<tr><td></td><td colspan="2">am8~9:30
HITS 프로젝트 관리</td><td rowspan="2">am8~11
업무시간</td><td rowspan="2">약속:
am11~pm1
ME디자인 그룹(ME Design Group) 회의</td><td>am8~9:30 빌 타임</td><td>am8:30
빌과 데이브 일대일</td></tr>
<tr><td>am9~10:30
PD 주간 회의</td><td colspan="2">am9:30~10:30
ME216 준비</td><td>am9:30~10:30
ME216 준비</td><td>am9~pm6 빌 타임
(약속을 정하지 않음)</td></tr>
<tr><td>am10~pm12
업무시간</td><td colspan="2">am10:30~pm12:20
ME216B</td><td colspan="2"></td><td>10:30~pm12:20
ME216B</td><td></td></tr>
<tr><td>12~pm1 점심시간</td><td colspan="2">12:15~pm1
점심시간</td><td colspan="2"></td><td>12:15~pm1
점심시간</td><td>12~pm1 점심시간</td></tr>
<tr><td>pm1~3
DYL 행정회의</td><td rowspan="3">pm1~4
상담시간</td><td rowspan="3">pm2~3
약속:
로트먼
(Rotman, 캐나다)</td><td colspan="2">pm1~3 업무시간</td><td>pm1~2 르네와 일대일</td><td>pm1~2 산책 40분</td></tr>
<tr><td rowspan="2">pm3~4 산책 40분</td><td colspan="2" rowspan="2">pm3~4 산책 40분</td><td>pm2~3 업무시간</td><td rowspan="2"></td></tr>
<tr><td>pm3~4
케이시와 주간 일대일</td></tr>
<tr><td>pm4~5 팀 점검</td><td colspan="2">pm4:30~5:50
ME316B</td><td colspan="2">pm4~5 빌 타임</td><td>pm4:30~5:50
ME316B</td><td></td></tr>
<tr><td>pm5~5:45 퇴근</td><td colspan="2">pm6 신시아와 빌의 징 프로그램(Cynthia & Bill Zing Program)</td><td colspan="2">pm5~6:15
중국과의 통화</td><td>pm6~6:45 퇴근</td><td></td></tr>
<tr><td></td><td colspan="2">pm7
퇴근</td><td colspan="2">pm6:15~7 퇴근</td><td></td><td>pm6~6:45 퇴근</td></tr>
</table>

인하는 사람이며, 새로운 무경계 상황에서는 건전한 경험 디자인이 요구된다.

지면이나 온라인의 하루 일정표를 꺼내 네 가지 경험, 즉 시작하기와 멈추기 순간, 지속적인 근무시간, 사회적 시간, 운동시간으로 구분해서 표시하라.

다음은 스탠퍼드대학교 봄 학기 동안 빌의 일반적인 주간 일정을 앞에서 제시한 대로 표시한 실제 예다. 빌이 언제나 아내와의 아침 식사를 굵은 글씨로 표시하고, 일정표에 '퇴근'이라는 항목이 있다는 점에 주목하라. 이것이 그의 분명한 '시작하기'와 '멈추기' 순간이다.

또한 그는 '출근'과 관련된 소소한 사회적·물리적 의식을 디자인했다. 빌은 아내에게 키스하며 "안녕 여보, 나 출근해"라고 말하고 아래층으로 내려간다. 예비 침실에 마련한 사무실로 들어가 문을 닫는다. 이제 그는 '근무 중'이다. '퇴근'과 관련된 유사한 의식도 만들었다. 랩톱을 덮고 사무실을 나서서 침실 문을 닫는다. 위층으로 올라가서 아내에게 키스하고 "안녕 여보, 나 퇴근했어"라고 말한 다음 좀 더 편안한 티셔츠와 바지로 갈아입는다. 이렇게 그가 설계한 일상 속에서, 빌은 업무를 시작하는 순간과 멈추는 순간을 분명히 한다.

아내에게 키스하는 사회적 의식과 함께 층계를 오르내리고 옷을 갈아입는 물리적 의식으로 '일'의 시작과 끝을 구분했다. 이런 순간들이 일과의 시작하기와 멈추기 순간을 표시한다.

첫 주에는 이런 연극 같은 의식이 약간 우스꽝스러워 보였지만, 이제는 빌은 물론이고 그의 아내 신시아까지 의식을 기대한다. 그것은 그녀의 일과를 시작하고 멈추는 데도 도움이 된다.

이렇게 계획적인 방식으로 설계된 순간들은 빌의 일과에 경계를 설정한다. 그의 하루 일정도 마찬가지다. 그는 반드시 짧게나마 점심 식사를 위해 쉬는 시간을 가진다. 이따금은 식사하면서 형이나 누나와 화상통화 일정을 잡고, 두 사람이 여가시간이 날 때 안부를 묻고 친목을 쌓는다. 그리고 항상 40분 동안 빠른 걸음으로 샌프란시스코의 유명한 언덕을 오른다. 산책시간이 끝나면 약 5,000보를 걸을 수 있다. 여러 번의 오전 회의를 마치고 머리를 식히기 위해 오후 중반에 걷기 일정을 잡는다. 최고의 조수 르네가 '빌 타임'이라고 부르는 시간도 있다. 최신 유행어로 '심층 작업'이라고 부르는 이 시간은 빌이 실제로 글을 쓰거나 과제를 채점하거나 새로운 강의를 준비하는 시간이다. 이 시간을 반드시 일정에 넣되, 어떤 방해도 허용되지 않는 계획된 시간이어야 한다. 그렇지 않으면 당연히 '일'이 끝나야 하는 밤중이 되어서야 방해받지 않는 시간을 낼 수 있을 것이다.

일과의 리듬을 기록해야 한다는 사실을 명심하라. 우리는 이미 전작에서 여러분의 에너지를 관찰할 수 있는 한 가지 도구를 소개했다. 하지만 재택근무의 자유를 누리면서 발전하고 싶다면 시작하기와 멈추기 순간에 각별히 주의를 기울이는 기본적인 시간관리가 반드시 필요하다.

아이들은 어떻게 할 것인가

이미 언급했듯이 여러 연구에서 팬데믹이 건강에 미치는 영향이 노동자 계층과 여성, 유색인종에게 불공평하게 부담을 지운 것으로 밝혀졌다. 이 감염병을 계기로 미국의 소득과 관련된 의료 불평등이 부각되었고, 모든 사람이 공평하게 자신의 삶을 설계할 수 있는 특권을 가진 것은 아니라는 현실을 직시하게 되었다. 육아와 일을 병행해야 하지만 배우자나 가족의 지원을 가까이서 받을 수 없는 젊은 부모에게는 특히 그렇다.

앞에서 살펴본 젊은 여성 다니가 그런 엄마 가운데 한 명이다. 그녀에게는 우리가 이야기한 시간관리 도구가 반드시 필요하다. 일주일은커녕 하루를 넘기려면 분 단위까지 관리해야 한다.

다행히도 그녀는 원래부터 재택근무였던 좋은 직장이 있어서 월급 걱정을 덜었다. 다니와 비슷한 다른 양육자들에게 지금은 '계획된 압박감'의 시기다. 우리는 '기준 낮추기' 방법을 명심하면서 중요한 일을 먼저 처리하고, 다른 일은 포기하는 것을 목표로 삼기를 권한다. 아이들이 학교로 돌아가면 상황이 나아질 것이다. 그때까지 다니는 아이들을 위한 시간과 사회적 시간을 최대한 효율적으로 만들어 자신의 능력과 통제력을 발휘할 수 있다.

연구에 따르면 자원이 제한적일 경우에도 스스로 책임감 있는 선택과 적절한 자원 배분 능력이 있다고 느낀다면 세상을 변화시킬 수 있다. 어려운 제약이 있어도 훌륭한 선택을 하는 것, 이것이 우리가 정의하는 통제력이다.

물론 아이들이 잠든 후에 근사한 와인 한잔도 빼놓을 수 없다.

신뢰를 향한 중대한 변화

솔직하게 말하면 2020년 이전에 재택근무가 단지 소수의 고위 직원에게 국한되었던 한 가지 이유는, 상사와 관리자가 직원들을 '감독'해야 한다고 생각했기 때문이다. 다시 말해 그들은 직원들을 사무실에 두고 지켜보고 싶어 했다. 신뢰가 중요했으나 그리 돈독하지는 않았다. 서론에서 말했듯이 미국 직원 가운데 69퍼센트, 세계 직원 가운데 85퍼센트가 '자신이 직장 비몰입이나 적극적인 비몰입 상태'라고 보고한다. 우리는 이때 신뢰 부족이 한몫을 한다고 생각한다. 신뢰받지 못한 사람들은 몰입하지 않는다.

그러나 팬데믹이 발생한 이후 상사들은 '감독'에 크게 의존하지 않고 직원들에게 일을 믿고 맡길 수밖에 없었다. 그 결과 전반적으로 생산성이 향상되었다.[3] 대부분의 사람들이 재택근무가 자신에게 매우 효과적임을 발견했다. 예전과는 달리 앞으로 생산성이 높아지고 역량이 강화된 직원들은 신뢰를 요구하며 하이브리드 근무 일정에 따르는 유연성을 원할 것이다. 우리가 인터뷰한 결과, 자신에게 효과적인 재택근무 방식을 발견한 사람들 가운데 일주일에 5일씩 출근하고 싶다고 말한 사람은 없었다. 그들은 더 큰 신뢰와 유연성을 원하며, 이번 혼란이 지나고 나면 더욱 직접적으로 이를 요구할 것이다.

구급대원, 식료품점 직원, 제조 조립 노동자, 또는 일선 의료 종사자라면 이런 변화에 큰 영향을 받지 않을 것이다. 그러나 이러한 하이브리드 근무에 대한 예측이 일부분이라도 현실로 바뀐다면 물리적으로 출근할 필요가 없는 대부분의 직원은 일주일에 며칠만이라도 재택근무를 할 수 있다. 이는 우리가 더 많은 (강제적인) 신뢰의 시대로 접어들고 있다는 것을 의미한다. 효과적인 근무방식에 대해 더 많은 능력과 통제력을 자동적으로 얻는 시대 말이다. 이 새로운 현실에 대비해 일을 재설계하는 과정은 단번에 끝나지 않는다. 이는 역동적인 과정이며 하루 일정이 발전함에 따라 변화할 것이다.

하이브리드 근무방식에는 의무와 책임이 따른다. 여러분에게 '무엇'을 시킬지의 결정권은 여전히 상사에게 있지만, 이제 '어떻게'를 결정하는 여러분의 책임이 어느 때보다 커졌다.

이는 생산적이고 즐거운 인생을 만들 수 있는 새로운 기회이며 아주 바람직하다! 관리자의 감독에서 벗어나 재택근무의 길로 들어서면 직원의 자율성이 커지며, 자율성은 ARC(자율성, 관계성, 숙련도)의 긍정적인 한 요소다. 관리자는 직원을 신뢰하는 법을 배워야 한다. 다른 대안이 없다. 그 신뢰를 받을 만한 가치와 책임감을 키워라. 그러면 효과적인 방식으로 일주일을 만들 수 있는 자유를 얻을 것이다.

자유에는 더 큰 책임이 따른다

감독 모형(일명 마이크로 매니지먼트 모형)에서 책임 모형으로 전환하면 개인적 자율성이 커진다. 멋진 일이다. 하지만 변화에는 여러분이 대비해야 할 결과가 따른다.

시스템의 변화로 말미암아 책임이 커진다면 업무성과를 더욱 눈에 띄게 만들어야 한다. 프로젝트 마감일을 확인하고(이것은 관리자가 아닌 여러분의 책임이다), 효율적으로 일정을 세워서 마감 시한을 100퍼센트 지켜야 한다. 만일 사정이 생겨서 마감이나 중간 목표를 지킬 수 없다면 마감 시한에 이르기 전에 미리 실토해야 한다.

사실 대부분의 마감 시한은 타당한 이유가 있는 경우에 재협상이 가능하며 미리 손을 써서 사람들을 실망시키지 않는 것이 중요하다. 문제에 정면으로 투명하게 대처해야 한다. 그 어느 때보다 더 많이 소통하고, 모든 팀원에게 여러분이 일을 완수할 것이라는 사실을 알려야 한다. 무엇보다 사람들이 여러분을 (문제를 일으켜 팀이나 상사를 놀라게 하지 않는) 믿을 만한 사람으로 인식해야 한다. 그것이 책임이다.

새로운 하이브리드 노동인구 모형에서는 모든 일을 스스로 계획해야 하며 이는 바람직한 일이다. 재택근무 환경에서는 기대치를 더욱 명확하게 전달하고, 쌍방향 의사소통과 피드백이 더욱 분명하게 이루어져야 한다. 이 모든 일은 긍정적인 변화다.

직원들은 상사에게 눈도장을 찍는 시간뿐만 아니라 그들이 생산하는 결과물에 따라 보상을 받는다. 어떤 성과도 거두지 못하는 쓸모없는 화상회의는 '동영상 피로감'을 유발하고 갈수록 인내심을 시험하게 되며, 따라서 효율적인 시간관리가 더욱 중요해질 것이다. 일하는 직원을 감독하는 사람이 없을 경우에는 '무엇을 하는가'가 그 일을 '어떻게 하는가'보다 훨씬 더 중요하다.

이는 리더들이 (어차피 그다지 효과가 없었던) '직원관리'에서 '성과관리', 즉 프로젝트를 성공시킬 수 있는 생산물과 유형적인 결과물을 관리하는 방향으로 변화할 것이라는 뜻이다. 높은 성과를 거두는 리더들은 이미 이런 관리방식을 택했다. 이제 시대의 요구에 따라 모든 관리자와 리더가 그 뒤를 따를 것이다. 이 새로운 책임의 세계에서는 유형적인 결과물이 무엇보다 중요하며, 이는 두 가지 형태로 전달된다. 요즘에는 대개 이메일이나 현황 보고서를 위한 글쓰기와 프레젠테이션으로 나타난다.

눈에 보이는 결과를 만들어라

효과적으로 의사소통하려면 분명히 글쓰기 실력을 향상시켜야 한다. 업무성과의 많은 부분이 이메일과 현황 보고서로 기록되기 때문이다.

이메일을 간단명료하게 작성하는 것은 귀한 능력이라 이런 능력을 갖춘 사람이라면 상사의 눈에 띄기 마련이다. 부연 설명이 필요 없도록 이메일이나 메모의 제목을 작성할 수 있다면 바쁜 사람들이 당장 열어 보아야 할 문서와 보관해야 할 문서를 파악하는 데 도움이 된다. 명확한 결론이나 원하는 조치를 담아 이메일을 간단명료하게 작성하는 것은 중요한 능력일 뿐만 아니라 받은 편지함이 넘치는 사람(누구나 그렇다)에게는 선물이다. 슬랙Slack이나 마이크로소프트 팀즈Microsoft Teams처럼 더 현대적인 디지털 팀관리 소프트웨어를 사용하는 업무 집단이라면 파워 사용자가 되기 위해 시간을 투자해야 한다. 그러면 상사의 눈에 띌 것이다.

문법이나 맞춤법이 정확한지 자신이 없으면 즉시 서점에 가서 윌리엄 스트렁크와 E.B. 화이트의 『글쓰기의 요소Elements of Style』를 구입하라. 이 책은 글 쓰는 사람에게 문법과 관련된 모든 것을 위한 참고 서적이다. 이 책을 읽어라. 아니 외워라. 여러분의 글쓰기 실력이 괄목할 만큼 향상될 것이다.[4]

일상적인 비즈니스 커뮤니케이션은 대부분 이메일로 이루어지지만, 중요한 내용과 중대한 중간 목표, 그리고 프로젝트는 회의에서 결정된다. 일반적으로 이 회의에서는 누군가가 '슬라이드'로 발표를 한다. 이때 비즈니스 프레젠테이션 기술에 투자를 할 의향만 있다면 100배 이상의 성과를 거둘 수 있다.[5]

일의 세계에서 '파워포인트에 의한 죽음Death by PowerPoint'이라는 문구가 난무하는 데는 그만한 이유가 있다. 대부분의 프레젠테이션은 두렵다. 프레젠테이션은 언제나 너무 길고, 구성이 엉성하고, 설계가 형편없고, 따분하고, 그냥 보기 싫다. 믿어달라. 우리도 안다. 연구원들의 슬라이드 프레젠테이션은 사상 최악이다. 기술 컨퍼런스에 참석할 때 우리는 읽을 수 없는 글꼴과 끔찍한 그래픽, 글자가 너무 많은 슬라이드, 대체로 판독할 수 없는 도표의 공격을 받는다. 거기에다 웅얼거리는 음성 해설이나 슬라이드에 쓰인 글자를 빠짐없이 읽는 발표자까지…… 청중이 잠들 수밖에 없다.

개인이나 팀의 작업을 발표할 기회가 생기면 프레젠테이션을 이해하기 쉽고 매력적이며 효과적으로 만들어야 할 의무가 있다. 무언가를 발표하기 위해 모든 사람의 소중한 시간 중에서 단 10분이라도 뺏을 때는 그만한 가치가 있는 일이어야 한다. 자신을 창의적인 사람으로 표현할 수 있도록 신중하고 세심하게 프레젠테이션을 디자인해야 하는 것이다.

빌은 언제나 학생들에게 '프레젠테이션은 하나의 공연'이라고 가르친다. 발표자로서 무대에 오르면 무대 위의 시간을 기억에 남겨야 할 책임이 있다. 일반적으로 사람들은 귀로 듣는 것이 아니라 눈으로 보는 것을 기억한다. 따라서 제시하는 그래픽과 발표자의 보디랭귀지가 말보다 더 중요하다. 게다가 사람들은 오직 세 가지만 기억할 수 있다. 그러니 가장 중요한 세 가지 결론을 중심으로 공연을 구성하라.

모든 훌륭한 프레젠테이션은 스토리를 전한다. 프랑스 영화감독 장 뤽 고다르의 명언처럼 "스토리에는 시작과 중간, 끝이 있어야 하지만 반드시 이 순서일 필요는 없다."[6] 그러니 순서를 뒤섞어 스토리를 재미있게 만들어라.

크리스토퍼 부커는 『일곱 가지 기본 플롯The Seven Basic Plots』에서 플롯은 일곱 가지뿐이며 이것이 모든 인간 스토리의 기본이라고 말했다.[7]

1. **괴물 물리치기**(『빨간 모자Little Red Riding Hood』, 〈죠스Jaws〉)
2. **인생역전**(『신데렐라Cinderella』, 『데이비드 코퍼필드David Copperfield』, 〈록키Rocky〉)
3. **원정**(『오디세이The Odyssey』, 〈스타워즈Star Wars〉, 〈반지의 제왕Lord of the Rings〉)
4. **여행과 귀환**(『이상한 나라의 앨리스Alice in Wonderland』, 『로빈슨 크루소Robinson Crusoe』)
5. **희극**(셰익스피어의 희극들, 〈행오버The Hangover〉 시리즈)
6. **비극**(『햄릿Hamlet』, 『로미오와 줄리엣Romeo & Juliet』)
7. **다시 태어나기**(『크리스마스 캐럴A Christmas Carol』, 〈사랑의 블랙홀

Groundhog Day〉)

그의 말이 옳은지 그른지는 중요하지 않다. 분명한 것은 이 일곱 가지 플롯이 훌륭한 프레젠테이션을 만든다는 사실이다.

빌은 연습 삼아 학생들에게 현재 연구 중인 주제에 대해 간단한 프레젠테이션을 구성하라고 시켰다. 파워포인트 기본 글꼴인 '칼리브리Calibri'를 사용해 도표나 그림을 넣지 않고 총 12~15개의 슬라이드로 구성해야 한다. 그러고 나서 모든 수강생 앞에서 실시간으로 5분짜리 프레젠테이션을 한다.

결과는 예상대로 따분하다.

빌은 학생들에게 일곱 가지 기본 플롯 가운데 하나를 사용해 스토리 중심으로 프레젠테이션을 재설계하라고 말했다. 슬라이드 개수는 30퍼센트, 단어 개수는 50퍼센트 줄여야 한다. 이 부분이 매우 중요하다. 청중이 슬라이드를 읽는 것이 아니라 발표자인 여러분에게 주의를 기울이길 원한다면 말이다.

아울러 학생들은 프레젠테이션에서 세 가지 논점을 분리해서 정의해야 한다. 빌은 학생들에게 자신이 선택한 글꼴과 슬라이드의 그래픽 구성을 구체적으로 밝히라고 덧붙였다. 또한 그림이 스토리를 더 효과적으로 전달할 수 있는 부분이라면 단어를 의미 있는 차트와 이미지로 대체해야 한다. 프레젠테이션에서 단어 개수를 절반으로 줄이려면 이 단계가 반드시 필요하다.

빌은 보디랭귀지와 비언어적인 표현에 집중하며 거울 앞에서 프레젠테이션을 다섯 번 연습하라고 조언했다. 이때 동영상으로 자기 모습을 찍으면 검토하고 비평할 수 있으니 더욱 좋다. 그런 다음 친구나 동료에게 프레젠테이션을 하고, 친구에게 프레젠테이션에서 강조한 세 가지 요점을 적어 달라고 부탁한다. 친구가 세 가지 요점을 말하지 못하면 프레젠테이션을 재설계해야 한다. 이 과정이 끝난 후에 학생들은 다른 수강생들 앞에서 같은 내용을 다시 발표했는데, 결과는 예상대로 환상적이었다.

- 이 프로젝트는 기술 문제라는 거구의 털북숭이 '괴물을 극복했고' 이제 다시 일정에 따라 성공을 향하고 있습니다.
- '구매' 버튼을 재설계하기 위한 이 단순한 아이디어는 장바구니에 담기 버튼을 클릭하는 사람들이 증가함에 따라 '인생역전'의 성공담을 낳았습니다.
- 아직 목적지에 이르지는 못했지만 우리가 진행 중인 환상적인 프로젝트에 대해 이야기하겠습니다. 우리는 여러 가지 일을 시도하고, 여러 곳을 다녔으며, 우리의 '근사한 프로젝트'는 언젠가 모든 사람이 좋아하는 해결책에 도달할 것이라고 확신합니다. 몇 가지 주요 내용을 전하겠습니다.

요즘 빌은 적어도 학생들의 지루한 프레젠테이션을 들으며 앉아 있지 않아도 된다. 학생들은 이제 빌의 프로그램이 없어도 자기의 아이디어를 효과적이고 품위 있게 전달한다. 그들은 프레젠테이션을 디자인하고, 자신감 넘치는 보디랭귀지로 내용을 전달하며, 청중(그리고 상사)에게 본인이 업무를 훌륭하게 수행하고 있다는 확신을 심어준다.

끊임없는 직무 리모델링

어떤 혼란을 겪든 간에 중립지대에 머무는 동안, 또는 넥스트 노멀이 자리 잡기 시작할 무렵에 자신의 직무를 리모델링할 기회를 잡아라. 일을 리모델링한다는 것은 7장에서 설명한 재설계 전략의 제2전략이다. 재설계 전략은 '외적' 개조(소파의 덮개를 바꾸거나 새로운 그림을 걸기)와 '구조적' 개조(뜰의 접근성을 높이기 위해 뒤 창문을 유리문으로 바꾸기)가 모두 가능하다는 사실을 기억하라. 어느 편이든 리모델링의 목표는 직무에 새로운 생명을 불어넣는 변화를 실행하기 위한, 소소하고 쉬운 방식을 찾는 것이다. 관리자의 승인이나 새로운 비용 예산(돈이 들지 않는 일이 언제나 더 쉽다)이 필요 없는 방식이라면 더욱 좋다.

중립지대에 머무는 동안에도 혼란으로 말미암아 일어난 변화에 여러 가능성이 산재해 있을 것이다. 데이브는 뉴욕에 본사를 둔 프랙시스 랩스Praxis Labs라는 사회적 창업가 인큐베이터에서 시간제로 일한다. 그의 일차적인 역할은 다음번 스타트업을 구상하고 있는 초빙 창업가EIRs, Entrepreneurs in Residence가 하고 싶은 일을 결정하도록 멘토링하는 것이었다. 프로그램의 핵심인 연간 세 차례의 직접적인 수련회에서는 EIR 집단이 2~4일 동안 모임을 가졌다. 데이브는 클라우디아와 함께 1년에 4~6회씩 뉴욕(그들이 지구상에서 가장 좋아하는 도시)을 방문할 수 있었기 때문에 그 일을 무척 좋아했다. 그런데 팬데믹으로 직격탄을 맞았다.

사람들이 여행을 다니지 못하자 뉴욕 사무실은 썰렁해졌다. 프랙시스는 온라인으로 전달할 수 있는 새로운 프로그램 쪽으로 활동 방향을 조정했다. 이 새로운 프로그램은 경이로울 만큼 빠른 속도로 성장했고 EIR 프로그램은 보류되었다. 표면적으로는 데이브가 일자리를 잃은 것처럼 보였다. 하지만 그는 약간의 호기심을 발동시킴으로써 리모델링을 통해 자신의 직무를 재구성하기로 선택했다. 먼저 회사 경영진에게 EIR 프로그램에서 누락되어 가장 안타까운 부분이 무엇인지 물었다.

'EIR를 위해 구축한 자산 가운데 지키고 싶은 것은 무엇인가?'

그런 다음 성장하는 프로그램의 팀 리더들과 이야기를 나누며 구성원들이 그런 자산을 이용할 수 있는지 혹은 비슷한 니즈를 가지고 있는지 살펴보았다. 데이브는 자진해서 그 가운데 일부 자산을 손질하고, 이를 위한 온라인 사업의 프로토타입을 만들었다. 새로운 사용자 집단으로 방향만 조정했을 뿐인데 그 결과 몇몇 사용자가 생겼고, 덕분에 그 회사에서 그의 역할을 지킬 수 있었다. 똑같은 일을 했지만 다른 방향을 바라본 것이다. 사실 그 일은 거실 맞은편에 소파를 놓는 일보다 크게 어렵지 않았다. 일자리를 지켰을 뿐만 아니라 그 공동체 전체와 지속적으로 교류하고, 자신의 경험이 매우 높이 평가되는 분야의 새내기 창업자들과 더 활발하게 교류할 수 있었다.

그러니 당신도 현재 직무를 돌아보고(변화를 알아차리고) 호기심을 발휘함으로써 실행하기 쉬운 직무 리모델링으로 어떤 변화를 재구성할 수 있을지 살펴보라. 분명 삶의 질이 향상되는 한편, 일단 중립지대를 건너기만 하면 미래에 더 유리한 위치를 점할 수 있으며, 자신의 일자리가 사라지지 않도록 지킬 수 있다.

혼란에 대응해 끊임없이 당신의 직무를 리모델링해야 한다.

(데이브가 프랙시스에서 이끌어낸 것 같은) 거창한 '고가치 리모델링'은 많으면 많을수록 좋은 소소한 리모델링과는 다르다. 계속해서 벽을 허물고자 하는 것이 아니다. 그러려면 에너지와 비용이 많이 든다. 가구를 재배치하고 장식용 쿠션을 바꾸기만 해도 완전히 새로운 공간과 비슷한 분위기를 얻을 수 있다.

우리의 목표는 여러분이 중립지대를 무탈하게 통과하여 새로운 시작에 대비하도록 돕는 것이다. 한 가지 난관이 있다면 중립지대에 머무는 동안 누구나 흔히 '무력감'을 느낀다는 사실이다. 무엇을 해야 할지 전혀 모를뿐더러(거대한 혼란이 일어나는 동안에는 누구든 그렇다) 넥스트 노멀이 언제 나타날지도 알 수 없다. 특히 그런 상태가 오랫동안 지속되면 용기를 잃기 쉽다.

2020년에 우리가 거듭 목격했듯이 사람들이 점점 지쳐가고 있었다. 4~6주가 지날 때마다 "이제 신경 끌래!"라는 사람들의 말이 다시 들리곤 했다. 불확실성은 언제나 힘들다. 물론 오랫동안 계속되는 불확실성은 진을 쏙 빼놓는다. 그런데 '진이 빠지는 것'은 디자이너의 바람직한 마음가짐이 아니다. 여러분은 언제든 상황을 통제할 특별한 힘을 가지고 있으며, 그 힘으로 어렵ㄴ 상황을 개선할 수 있다는 사실을 되새겨야 한다.

그것이 우리가 말하는 '끊임없는 직무 리모델링'의 의미다. 한 번, 또 한 번, 그리고 다시 또 한 번……. 그렇게 빈번하게 일으키는 소소한 변화인 것이다.

직무 리모델링의 핵심은 변화할 수 있는 힘을 스스로 일깨우는 개인의 능력을 발휘하는 것이다. 원하는 물건이나 힘을 모두 얻지는 못하겠지만 지금 가진 힘을 활용하는 데 초점을 맞출 수는 있다. 사소한 것일지언정 끊임없는 리모델링은 활력과 생명력을 불어넣는다.

일주일 동안 평소보다 90분 일찍 일을 시작하면 다른 시간대에 사는 사람들의 전화를 바로 받을 수 있다. 지금 전화기에 있는 일정관리애플리케이션을 '해야 할 일' 목록이 더 우수한 애플리케이션으로 바꾸거나, 하루에 10분씩 집중에 좋은 명상 애플리케이션을 시험 삼아 써볼 수 있다. 다양한 예술작품 인쇄물들을 편집해서 화상회의의 배경으로 설정하고, 누가 어떤 그림에 대해 언급하는지 관찰하면 예술을 함께 감상할 온라인 친구를 발견할 수 있을지 모른다. 소소한 변화를 통해 일상적인 업무경험에 긍정적인 영향을 미칠 방법이 무수히 많다. 이것이 바로 기준을 아주 낮게 정해서 자주 성취를 맛보는 프로그램이다.

아무리 소소해도 모든 리모델링은 의미가 있다.

일단 시도해 보면 직무 리모델링을 실행에 옮기는 일이 그리 어렵지 않고 심지어 중독성이 높다는 사실을 발견할 것이다. 아주 바람직한 일이다. 기분이 좋아지고, 자신감이 생기고, 머리 회전이 빨라지고, 주목받을 기회가 많아지고, 이 모든 것을 통해 다가오는 넥스트 노멀에서 더 좋은 기회와 성과를 얻을 수 있다. 실제로 우리는 여러분이 끊임없는 리모델링에 매력을 느끼고 헌신적인 워크 디자이너가 되어 이를 영원한 습관으로 삼기를 바란다.

건강한 업무공간 설계하기

여러분은 지금 업무방식을 끊임없이 바꾸고 있으며, 앞으로 적어도 일주일에 며칠은 재택근무를 할 가능성이 있다. 그러니 이제 업무공간에 약간의 투자를 할 때가 왔다. 몇 주만 지나면 팬데믹 사태가 진정될 것이라고 생각했던 시기에 취했던 임시 조치들을 재설계해야 한다.

일례로 스탠퍼드대학교에 이동제한이 처음 실시되어 원격수업을 시작해야 했을 때, 빌은 높이를 조절할 수 있는 다리미대에 랩톱을 놓았다. 허리와 손목의 통증을 예방하려면 키보드를 일반 탁자 높이보다 약간 아래에 놓고 팔뚝을 중간이나 약간 낮은 위치에서 움직여야 한다. 물론 이것은 장기적인 해결책이 아니고 식탁에서 일하는 것과 별반 다르지 않다. 부엌의 아일랜드 식탁 둘레에 놓는 높고 둥근 의자는 장시간 일하기에 효과적이지 않다. 카드놀이용 책상에 맞춰 용도를 변경한 부엌 의자 역시 적합하지 않을 것이다.

이제 여러분은 다른 새로운 책임과 더불어 홈 오피스의 '시설관리자'라는 책임을 맡았다. 편안하고 다소 개인적이며 내 몸에 알맞은 소박한 업무공간을 만들어야 한다. 가장 중요한 투자는 좋은 사무용 의자다. 허먼 밀러Herman Miller의 에어론Aeron처럼 디자인이 훌륭한 사무용 의자는 온라인에서 중고품을 찾을 수 있다. 척추 지압을 받지 않아도 될 만큼 제값을 한다(그리고 사무실 축소가 진행되는 지금, 다음 몇 년 동안 사용할 수 있는 저렴하고 훌륭한 의자가 많이 필요할 것이다).

여러분을 성가시게 하는 사람이 없는 집에서(우리도 집안사람들을 성가시게 하지 말아야 한다) 화상회의를 진행하는 일은 편할 것이다. 배경소음이 지나치게 심하거나 지나다니는 사람이 너무 많지 않은 장소를 찾는 것도 좋은 방법이다. 물론 손님용 침실을 반영구적인 사무실로 용도 변경할 수 있다면 훨씬 더 좋을 것이다. 사람과 사물이 가장 효율적이고 안전하게 상호작용할 수 있도록 사용하는 물건들을 설계하고 배열하는 인체공학[8]은 신체와 정신 건강에 매우 중요한 영향을 끼친다(불량한 의자에 하루 8~10시간씩 앉아 있다가 허리가 비틀어지면 우울해지기 쉽다). 인터넷에는 건강한 업무공간 설계에 대한 정보가 많다. 시간을 투자해 조사하고 자신에게 적합한 공간을 설계하도록 하자. 현실에서든 가상에서든 멋진 배경을 만들면 영상통화를 할 때마다 전문가다운 면모를 보일 수 있는 덤까지 얻는다. 물론 영상에 등장하는 고양이는 언제든 환영이다![9]

가능하다면 인터넷 연결 상태를 개선하는 데 투자하는 것도 좋다(여러분의 명함에 'IT 관리자'라는 직책을 추가하라). 유선 시스템은 일반적으로 전화선이나 DSL 시스템보다 속도가 빠르고 신뢰도가 높은 인터넷을 제공한다. 도시 지역에 거주하는 사람은 광섬유 링크를 직접 집에 연결할 수 있는지 알아보아야 한다. 빌은 링크 하나를 연결했는데 거의 기가비트로 속도를 높이거나 낮출 수 있을뿐더러(광섬유는 대칭적이다) 연결이 끊어지는 법도 없었다. 이때 고용주에게 서비스 개선 비용의 일부를 부담하도록 요청하는 것이 합당하다. 어쨌든 회사를 위해 더 효율적이고 효과적으로 일하는 것이 목적이니 말이다. 영상통화가 멈추거나 연결이 끊어지면 단순히 짜증나는 데서 그치지 않고 중요한 회의의 품질에 실제로 영향을 미칠 수 있다. 고객 대면 업무를 자주 수행하는 직원의 경우에는 인터넷 연결의 품질이 회사의 전문성을 반영한다. 가능한 경우라면 업그레이드하는 것이 그만한 가치를 하고도 남을 것이다.

일의 철학을 재정비하라

2020년 팬데믹은 단순히 워크 라이프에 변화나 혼란을 일으키는 데서 그치지 않았다. 완전히 끝내버렸다. 너무나 많은 사람들이 일자리뿐만 아니라 몸담고 있던 산업 전체를 잃었다. 식당, 여행, 그리고 호텔 등 사람들이 한곳에 모이는 것과 관련된 거의 모든 산업이 치명타를 입었다. 심지어 일부 산업은 영구적인 혼란이 일어날 가능성에 직면하고 있다. 현재 뉴욕시의 식당 가운데 3분의 1이 팬데믹 때문에 문을 닫았고 다시 돌아오지 못할 것으로 추산된다. 코미디 클럽, 극장, 스포츠 행사, 강연회 등 수많은 엔터테인먼트 현장이나 관련 업종의 손실은 말할 것도 없다. 행사를 주관하는 곳이 직원들과 마찬가지로 공연자와 운동선수, 연사는 행사 수입의 대부분을 잃었다.

가슴 아픈 현실이지만 2020년과 그 이후에 사라질 직종 가운데 다수가 회복하지 못할 것이다. 팬데믹으로 발생한 혼란의 규모는 모든 경제 분야에 돌이킬 수 없는 영향을 미치고 있고 심지어 남김없이 쓸어버리고 있다. 만일 예전과 달라지거나 예전으로 돌아갈 수 없는 상황에 처했다면 여러분은 이제 업그레이드된 '재창조'를 맞이해야 한다.

재창조는 7장에서 살펴본 재설계의 제4전략이다. 재창조는 네 가지 전략 가운데 가장 어렵고 속도가 느리며 비용이 많이 들지만, 특정 상황에서 효과를 볼 수 있는 유일한 전략이다. 일반적으로 업무를 재창조할 때 사람들은 현재 몸담은 산업을 떠나지 않는다. 예컨대 사람들은 보험 통계 분석에서 소셜 미디어 마케팅으로 옮기기는 하지만, 지인과 믿을 만한 신원보증인이 있는 생명보험 산업을 떠나지 않는다. 혹은 회계에서 행사관리로 직무를 옮기지만, 본인의 이력이 알려져 있는 대학 분야를 떠나지 않는다.

이와 달리 개인의 일자리뿐만 아니라 경제 전반에 영향을 미치는 혼란 때문에 재창조가 필요한 경우라면, 다양한 직무 역할과 업계 시장을 총망라해서 재창조를 시작해야 한다.

애나는 대형 호텔에서 시설관리 업무를 관할했다. 그녀는 십대 시절부터 12년 넘게 호텔업계에 종사했다. 대학 진학에 관심이 없었던 그녀는 고등학교를 졸업하자마자 곧바로 취직했다. 상사들이 그녀가 믿음직하고, 잘 배우고, 쾌활하다는 사실을 알아보기까지는 오랜 시간이 걸리지 않았다. 누구라도 함께 있으면 기분이 좋아지는 훌륭한 직원을 좋아하지 않겠는가? 그녀는 대학졸업장이 있는 경쟁자들을 물리치고 고속으로 승진했다. 기회가 있을 때마다 승진한 것은 아니었지만 누군가 리더의 역할을 맡을 기회를 주면 그녀는 반드시 기회를 잡았기 때문에 애나의 경력은 날로 화려해졌다.

팬데믹 때문에 호텔이 큰 타격을 입을 무렵, 그녀는 큰 부서를 운영하고 있었고 부하 직원만도 수십 명에 달했다. 호텔에서는 규모를 줄이면서 고비를 넘기려 했지만 애나는 살아남았다. 한동안. 이후에 상황이 아주 심각해지자 호텔에서는 그녀 부서의 모든 직원을 포함해 전체 직원의 90퍼센트를 해고했다. 애나는 난생처음 실업수당을 받았다.

지금은 상황이 어떨까? 그녀는 호텔 영업이 재개되더라도 그렇게 위험한 상황으로 돌아가기를 원치 않는다. 다시 생긴 몇 안 되는 일자리를 놓고 경쟁이 아주 치열할 것이다. 그녀는 그런 직종에서 다시 일하고 싶은지 확신이 서지 않았다. 애나는 자신을 재창조해야 하는 순간을 맞았다.

그녀는 본인이 가진 능력과 과거에 거둔 성과를 완전히 새로운 관점으로 돌아보기 시작했다. 호텔산업이 아닌 총괄적인 관점에서 확인해야 했다. 애나가 그동안 한 일은 단순히 스물다섯 명이 넘는 관리 직원의 업무일정을 조정하는 것이 아니었다. 비영어권의 신입 관리자를 위해 거의 그림으로 이루어진 훈련 매뉴얼을 제공하는 것은 더더욱 아니었다. 유연한 일정에 따라 움직이는 대규모 노동 인력 자원을 배분하는 것이었다. 그것은 업무흐름 프로세스와 신입사원 교육 시스템을 바탕으로 그래픽 사용자 인터페이스GUI, graphic user interface를 개발하고 성공적으로 실시하는 일이었다.

애나는 수년 동안 자신이 개발한 필수 업무 프로세스와 도구, 역량을 파악하여 자신을 호텔산업 종사자라고 규정하지 않고 누구나 이해할 수 있는 설명 방식을 찾았다. 그런 다음 새롭게 개선된 자신의 스토리에 귀를 기울여줄 누군가를 찾아 나섰다.

완전히 새로운 일의 세계를 돌파하는 힘

완전히 새로운 분야로 진출하는 특별한 도전은, 어떤 분야에 접근할지를 파악하고 이야기를 나눌 사람을 찾는 것이다. 지인이 없는 새로운 분야에서 새로운 일자리를 찾겠다는 목표를 한 번에 이뤄내기란 쉽지 않다. 따라서 당신이 가장 처음 세워야 할 목표는 일자리 구하기가 아니다. 기준을 더 낮게 설정하라.

첫 번째 목표는 흥미로운 분야를 찾고 새로운 스토리를 만드는 것이다. 해당 분야로 진출하고, 스토리를 이용해 새로운 일자리를 얻기 위한 네트워크를 형성하라.

흥미로운 한두 가지의 분야를 찾아라. 지금 당장은 옮겨가면 좋을 표적 산업이나 경제 분야를 찾기만 하면 된다. 우선 그동안 전체적으로 재구성한 기술이 쓸모가 있을 만한 다양한 종류의 업무와 경제활동을 떠올려라. 그런 다음 목록을 정리해서 흥미로워 보이는 상위 두 가지만 남겨라.

애나는 그동안 수많은 시간제 노동인력의 일정을 정하고, 업무흐름 프로세스에 대해 끊임없이 신입 직원을 훈련시켰다. 그녀는 이 기술이 쓸모가 있을 만한 분야를 떠올려 다음과 같이 목록을 만들었다.

- 건설
- 농업
- 조경과 조경관리

- 배달 서비스 → 2020년 이후 폭발적으로 성장하는 산업!
- 콜센터
- 홈 헬스케어와 호스피스 서비스

애나는 목록을 훑어보면서 건설(그녀의 삼촌은 목공 전문가였고, 그녀는 삼촌과 함께 일하던 사람들을 항상 좋아했다)과 홈 헬스케어와 호스피스(이 두 산업은 성장 중이었고, 그녀는 할머니가 돌아가실 때 도움을 주었던 호스피스들에게 깊은 인상을 받았다)에 끌렸다.

그녀의 첫 번째 단계는 모든 지인과 적극적으로 네트워크를 형성해 이 두 분야의 종사자를 개인적으로 소개할 수 있는 사람을 찾는 일이었다. 그녀는 9장에 설명한 옮겨가기 기법을 정확하게 활용했다. 유일한 차이점은 그녀가 아직 일자리를 구하는 것이 아니라는 사실이다. 당장은 이 두 산업에 호기심을 가지고 해당 산업과 그 원리에 대해 더 알고 싶을 뿐이었다. 그녀는 모든 지인에게 다른 지인을 소개해 달라고 부탁해야 한다는 사실을 기억하고, 현장에서 조사할 때마다 다음과 같은 파워 질문으로 마무리했다.

"시간 내주셔서 정말 감사합니다. 마지막으로 한 가지 질문이 있어요. 당신이 제 입장이라면 지금부터 어떻게 하시겠습니까?"

이런 접근방식을 통해 그녀는 총 여덟 번의 대화를 나누었다. 건설과 홈 헬스케어 분야에서 각각 세 번, 호스피스 분야에서 두 번이었다. 대화를 통해 해당 분야의 원리를 더 정확하게 이해하게 되었다.

그녀는 온라인 조사에 초점을 맞추고 해당 산업이 어떻게 성장하고 있는지, 어떤 도전에 직면하고 있는지, 자기에게 적합한 역할들이 어떻게 변화하고 있는지에 대한 이해도를 높이기 위해 충분한 정보를 얻으려고 노력했다. 대화 노트를 이용해 조사한 내용을 정리하면서 해당 분야에서 자기가 할 수 있는 일과 궁금한 점을 조금씩 떠올리기 시작했다.

그런 다음 이미 만났던 사람들을 다시 찾아가, 해당 분야에서 관심이 가는 특정 주제에 초점을 맞추고 후속 대화를 나누었다. 콘크리트 협력업체의 총괄 관리자에게 연락하여, 실내 도포를 위한 장식적인 맞춤형 콘크리트의 상승 추세와 그로 인해 일어나는 사업의 변화에 대해 이야기했다. 한 호스피스 단체의 운영 관리자에게도 다시 연락해, 영리 호스피스 업체의 최근 유입과 이것이 전통적인 비영리단체에 미친 영향에 대해 논의했다. 애나가 정보에 입각해 적절한 질문을 한 덕분에 후속 대화를 나눌 기회를 얻었고, 이는 다시 더 많은 인맥과 대화로 이어졌다. 그렇다 해도 이 모든 활동은 해당 산업과 사업 유형을 탐색하는 일이었을 뿐 구직활동은 아니었다.

이제 애나는 자신이 이런 종류의 조직에 어떻게 기여할 수 있는지를 효과적이고 의미 있게 설명할 수 있을 만큼 충분한 지식을 얻었다. 그녀는 자신이 했던 호텔 업무에서 실질적인 사례를 선택해 사람들이 이해하고 신뢰할 만한 방식으로 명확하게 설명할 수 있었다. 콘크리트 회사에서 만난 한 사람은 “애나, 저는 당신이 생각하는 방식이 정말 마음에 듭니다. 언제든지 제게 전화하세요”라고 말했다. 그뿐만 아니라 그녀와 이야기를 나누었던 한 호스피스 간호사는 다음과 같이 말했다.

"그런데 여기에서 일정을 계획하는 과정은 끔찍합니다. 전면적인 쇄신을 고려하는 중이라고 들었는데, 지금 내가 설명하는 내용이 앞으로도 사실일지는 확실히 모르겠군요."

애나는 두 사람을 다시 찾아갔다. 콘크리트 업계 사람에게는 회사에서 그녀의 능력을 이용할 수 있는 사람이 누구인지, 그리고 그 사람에게 자기를 소개시켜 줄 수 있는지 물었다. 시스템이 바뀌면 새로운 사고방식과 업무방식을 갖춘 사람에게 새로운 일자리와 길이 생길 수 있다는 사실을 알았기 때문에 호스피스에게는 이렇게 물었다.

"일정 수립 개편 프로젝트의 책임자는 누군가요? 절 소개시켜 주시겠어요?"

그녀가 호기심을 가지고, 사람들에게 이야기하고, 시도하고, 자신의 스토리를 전하는 2차 라운드를 시작한 것은 그 무렵이었다. 하지만 이번에는 훨씬 구체적인 이야기를 요구했다(일자리를 구하는 가장 좋은 방법은 스토리를 전하는 것임을 기억하라). 그녀는 적절한 때가 오면 그들에게 필요한 업무에 자신이 어떻게 기여할 수 있는지 전달할 멋진 스토리를 미리 완성한 상태였다. 이 방법이 효과를 거두어 마침내 그녀는 두 가지 제안을 받았고, 건설회사로 가기로 결정했다. 건설회사에서는 외근을 나갈 기회가 많았을 뿐만 아니라 현장 직원들의 다채로운 성격도 마음에 들었기 때문이다.

그녀는 '옮겨가기'를 위한 스토리 기반 네트워킹 접근방식을 이용하여, 두 번의 재창조 전략의 네 단계(호기심을 가져라, 사람들과 이야기를 나누어라, 시도하라, 자신의 스토리를 전하라)를 실행했다. 그렇게 해서 새로운 분야에서 새로운 경력을 시작하기에 최적화된 기회를 얻고 새로운 직장을 구할 수 있었다. 호텔업계에서 새 직장을 구할 때보다 50퍼센트 정도의 시간이 더 걸렸지만, 그녀의 인내심과 끈기, 집중력과 유쾌한 호기심은 그만한 보상을 받았다.

애나가 그녀의 워크 라이프를 효과적으로 디자인하는 과정을 살펴보았으니 분명 여러분에게도 효과가 있을 것이다.

'원 맨 팀'이 아니라 '원 팀'

우리는 첫 번째 책에서 전문적인 업무와 인생 여정을 지지할 '팀'을 만드는 과정이 얼마나 중요한지 이야기했다. 이를 '우리는 누구나 다른 사람들과 협력해 인생을 설계하고 살아간다'는 생각을 재구성하고, 팀원들을 플레이어와 서포터, 그리고 친한 사람들이라는 세 가지 부류로 나누어 살펴보자.

'플레이어'는 여러분의 인생 설계 프로젝트(특히 현재 진행 중인 업무 관련 재설계 프로젝트와 프로토타입)에 적극적으로 가담한다. 새로운 업무환경에서 그들은 분명 하이브리드 또는 원격 참여자일 것이고, 따라서 플레이어들을 이해하고 신뢰하기 위해서는 각별한 노력이 필요하다.

'서포터'는 여러분의 삶에 관심이 있는 조력자다. 여러분을 격려하고, 계속 움직이게 할 만큼 가까운 사람들이다. 아이디어에 대한 의견을 구하기에 특히 적절한 사람이며, 양질의 피드백을 제공하는 믿음직한 원천이다. 팬데믹 동안에 이들은 거의 대부분 멀리 떨어져 지낼 것이고, 여러분이 경력을 쌓기 위해 여기저기 많이 옮겨 다닌다면 앞으로도 멀리 떨어져 지낼 사람들이다. 따라서 계속 연락하려면 여러분 쪽에서 약간의 시간과 노력을 들여야 한다.

'친한 사람들'은 직계가족이나 확대된 형태의 가족 구성원, 또는 가까운 친구가 포함된다. 이들은 아마 여러분의 인생과 그로 인한 변화에 가장 직접적인 영향을 받는 사람들일 것이다. 인생에서 가장 큰 영향력을 행사하고, 가장 거대하고, 그래서 많이 소통하고 싶은 사람이다. 이런 친밀한 사람 가운데 '울타리 안에' 있어서 직접 연락하는 사람이 많기를 바란다. 그러면 그들의 존재가 여러분의 행복에 더욱 중요한 영향을 미친다. 그들에게 다정하게 대하라. 여러분에게 스트레스와 고립감을 줄 수도 있는 사람이니 말이다.

이렇게 구성된 하나의 팀은 여러분을 포함해 두 명보다 많고 여섯 명을 넘지 않는 편이 좋다(우리가 전작에서 권했듯이 엑스라지 피자 한 판으로 팀 전체가 끼니를 때울 수 있어야 한다). 가장 바람직한 팀원 수는 3~5명일 것이다.

특히 우리의 인생이 아이데이션ideation 단계에 있을 때는 이런 팀이 반드시 필요하다. 여러분과 여러분의 스토리를 아는 사람들을 모아 신속하게 브레인스토밍을 할 수 있는 '팀'은 진정한 자산이자 갈고닦아야 할 능력이다. 팀이 코로나바이러스에서 벗어난 세계에서 여러분을 돕고 짐을 나누어 질 때, 그 중요성이 더욱 커진다.

네트워크를 형성하고 지속적으로 연락하면서 살아가려면 시간뿐만 아니라 심리학 용어로 이른바 '감정노동'이 많이 필요하다. 반드시 완수해야 할 과업을 함께함으로써 팀이 약간이나마 이 노동을 덜어줄 수 있다. 이를테면 한 팀원이 잠재적인 프로토타입의 면접 후보자에게 '진심 어린 소개서'를 보낸다면 네트워킹이 조금 순조로워진다. 이미 기준을 낮게 설정하고 그것을 통과하기 위해 최선을 다하고 있을 때라도, 팀에서 누군가가 여러분에게 그 책임을 맡긴다면 목표 달성 가능성이 두 배로 커진다. 무슨 말인지 이해했을 것이다. 신뢰할 수 있는 팀이 있으면 어느 때보다 성공에 필요한 지원을 많이 받을 수 있다. 두려워하지 말고 필요한 것을 요구하라. 그것이 바로 여러분이 팀에 존재하는 이유다. 그리고 여러분도 가능할 때 팀원들을 돕겠다고 제안함으로써 보답하라.

마음을 열 수 있는 몇몇 플레이어와 서포터, 친밀한 사람들로 팀을 꾸리는 것은 스트레스가 밀려드는 변화가 많은 시기에 특히 중요하다. 사정상 동료들로부터 고립되었을 때, 팀의 중요성은 더더욱 커진다. 팬데믹으로 말미암아 고립의 중요성 강조되지만 사실 우리가 목격했듯이, 사람들이 스타트업에 참여하거나 직장을 잃거나 아픈 가족을 갑작스럽게 돌봐야 할 때 이와 똑같은 스트레스와 변화, 고립의 상황이 발생한다. 이때 팀은 여러분의 구세주가 된다. 시간을 투자해 팀을 구성했다는 사실이 스스로 흐뭇할 것이다.

여러분의 일(그리고 삶)은 단거리경주가 아니라 마라톤이며, 성공하고 번창하려면 창조적인 팀의 지원이 필요하다.

라이프디자인연구소와 모든 교육 팀에서 (10분짜리 스탠딩 회의라 해도) 모든 회의는 지난번 회의 이후에 일어난 개인사에 대한 '점검'으로 시작한다. 월요일 아침 회의는 이야깃거리가 많은 주말을 보낸 다음이라 언제나 살짝 더 길어진다. 구글에서 실시한 연구에서는 팀원들이 심리적인 안정을 느낄 때 가장 좋은 성과를 거두는 것으로 나타났다. 팀원들이 불안해하거나 당황하지 않고 팀에서 모험을 할 수 있기 때문이다.[10] 판단하지 않고 격려하며 공유함으로써 심리적인 안정감을 조성할 수 있는 팀은 인간적인 차원에서 매우 중요하다.

우리는 사람들의 이야기를 끌어내고 돕기 위해 점검용 자극제를 항상 이용한다. 효과적인 자극제의 몇 가지 예를 들자면 다음과 같다.

- (오늘, 어제, 주말의) 가장 중요한 사건은 무엇인가?
- 최근에 배운 한 가지는 무엇인가?
- 오늘의 기분을 세 단어로 표현하라.

무슨 뜻인지 이해했을 것이다. 자극제는 지나치게 개인적이지 않으면서, 구체적이고, 일과 무관한 것이다.

나와 함께 걸어갈 사람들

전작에서 지적했듯이 건전한 공동체에는 언제나 '구심점'이 있다. 공동체는 공통 관심사나 협력을 중심으로 모인다. 데이브에게는 삶의 모든 면에서 신앙을 실천하려고 노력하는 돈독한 공동체가 있다. 빌은 더 나은 아버지, 더 참된 남자가 되기 위해 약 30년 동안 서로 도왔던 멘즈 그룹Men's Group의 일원이다.

빌은 팬데믹 때문에 멘즈 그룹과의 모임을 온라인 화상 채팅으로 전환했는데 예상치 못한 놀라운 일이 일어났다. 이사를 가는 바람에 그룹에서 탈퇴한 몇몇 사람이 다시 회의에 참석할 수 있었던 것이다. 그리웠던 특별한 목소리들이 다시 등장하자 모임이 더욱 풍요로워졌다. 직접 만날 때와는 달리 '서성거리는 시간'이 없기 때문에 구성원들은 모임을 시작하기 전에 항상 조심스럽게 점검을 한다. 하지만 마음가짐이 새로워진 결과 그들의 공동체는 어느 때보다 돈독해졌다. 빌은 대면 모임으로 다시 돌아갈 경우 구성원의 절반이 참석하지 못하는데 그들이 그런 모임을 원할지 의심스럽다.

온라인이 아니면 모일 수 없는 공동체라면 배려와 격려가 필요하다. 빌과 데이브는 공동체의 정의를 확대해 새로운 디지털 구성요소를 포함시켰다. 데이브는 이제 뉴욕의 동료들과 쉽게 만날 수 있으며, 빌은 몇 년 전에 졸업한 학생들과 상담시간을 가지고 있다.

그렇다. 우리는 모두 지금껏 수많은 공동체로부터 여러모로 고립되었다. 하지만 공동체에 대한 개념을 재구성함으로써 공동체가 앞으로 나아갈 길을 계획, 가장 중요한 방식으로 연결되는 가상 공동체를 구축할 수 있다.

이런 공동체의 재구성은 '가족'에게도 해당된다. 온갖 혼돈 속에서 한줄기 빛이 있다면, 여러 가족들이 동영상이나 다자간 음

성통화를 이용해 새로운 의사소통 방법을 이미 찾았고, 이런 방법을 통해 어느 때보다 많은 모임을 갖고 있다는 점이다. 이미 다 커버린 빌의 자녀들은 2020년 이전에는 어쩌다 한 번씩 전화를 걸곤 했다. 빌의 가족은 일주일에 한 번씩 영상통화를 하면서 안부를 묻자는 계획을 세웠고, 요즘 들어 통화를 할 때면 거의 온가족의 얼굴을 볼 수 있다. 그의 가족뿐만 아니라 디지털 도메인이 좀 더 의미 있는 방식으로 다시 관계를 맺을 수 있는 풍요로운 공간이라는 사실을 깨달은 가족이 많다.

그렇다면 온라인 커뮤니티와 가족 간의 화상 채팅은 일의 세계와 어떤 관련이 있을까? 이제 우리는 일과 삶이 별개의 것이 아님을 어느 때보다 잘 알고 있다. 감정적으로 지원을 받고, 관계를 맺고, 의지할 수 있는 공동체와 팀의 일원이 될 때 여러분은 더 훌륭하게 업무를 수행할 것이다.

훌륭한 팀원이 되기 위해서는 먼저 온전히 건강한 사람이 되어야 한다. 바꾸어 말하면 온전한 자아를 갖고, 어느 때보다 더 직장에 몰입해야 한다. 사실 여러분은 이미 새롭게 태어난 '방 안의 인간Human in the Room'이며 이것이 무슨 의미인지 다음 장에서 자세히 살펴볼 것이다.

14장 방 안에서만 일하는 직원들과 소통하는 법

코로나 시대에 방 안에 있는 사람들은 여러분만이 아니다. 함께 일하는 모든 사람이 자신의 온전한 자아를 직장에 몰입하고 있으며 방 안에 있는 모든 인간이 어떤 식으로든 고군분투하고 있다. 혼란이 가속화되는 변화의 시기에 우리는 모두 미지의 상황에 직면하고, 어떻게 대처해야 할지 스스로에게 질문을 던진다.

'나는 새롭고 변칙적인 노멀에 어떻게 대처해야 할까?'

이는 우리가 모두 어떤 식으로든 해답을 찾아야 할 중요한 질문이다. 해답을 찾아야 할 중요한 질문이 하나 더 있다.

'우리가 이런 상황에 대처할 때 과연 나는 어떤 도움을 줄 수 있을까?'

이 질문에서 '우리'란 직장 동료나 혹은 부하 직원까지 포함된 집단을 말한다. 우리는 대부분 어떤 종류의 조직에서 일한다. 소프트웨어 스타트업에서 일하는 세 사람, 캘리포니아대학교에서 일하는 20만 명, 병원에서 일하는 수백 명, 혹은 난방 수리 서비스에서 일하는 십여 명 등 어떤 집단이든 간에 '우리'가 일하는 방식은 혼란스러워졌고, 이는 '여러분'의 혼란에 큰 영향을 미쳤다.

앞서 밝혔듯이 우리는 기업 개혁에 관한 결정적인 책을 쓰려는 게 아니다. 이 주제에 관해서라면 더 제격인 수많은 사람의 연구가 진행되고 있다. 그렇지만 우리는 다양한 환경에서 도움이 될 법한 몇 가지 사항을 발견했다. 이제부터 이야기할 것은 중소기업주, 기업 관리자, 팀 리더, 아니면 운 나쁘게 차출되어 오늘 오후부터 책임자가 되어야 하는 사람 등 누구에게나 유용한 몇 가지 생각 도구다.

리더십의 판도가 바뀌었다

모든 사람이 직장에서 맡은 역할이 자신의 정체성(나는 인력개발 책임자, 나는 프로젝트의 통계를 담당하는 품질 기사, 나는 4학년 교사)인 것처럼 행동하던 시절은 끝났다. 화상회의를 비롯한 많은 변화로 인해 여태껏 공개하지 않았던 아이들이나 애완동물, 지저분한 침실 등 개인적인 모습이 드러났고, 이런 문화는 직원 자신과 리더의 많은 것을 바꾸어놓았다.

자, 이제 새로운 리더십이 필요한 과제에 직면했다. 하이브리드 직원 모형으로 변환할 조직이나 이미 변환한 조직이나 마찬가지다. 대부분의 직원과 일주일이나 한 달에 며칠만 직접 만날 수 있는 이 시기에, 직원들이 프로젝트 팀에서 함께 일하는 것을 즐기며 몰입하는 '긍정적인 기업문화'를 어떻게 조성할 수 있을까? 직원들과 회의를 하기 위해 서로의 집을 화상으로 연결하는 혼란스러운 현실을 어떻게 관리할 수 있을까? 실제로 우리가 원하는 정도나 익숙한 정도를 넘어 서로의 개인생활을 더 많이 들여다볼 수 있는 이 현실 말이다.

우리는 이 새로운 현상을 '방 안에 있는 사람'이라고 부른다. 처음에는 당황스러울 수 있으나, 우리는 이것이 조직의 리더십을 더 바람직한 방향으로 변화시킬 하이브리드 근무방식의 한 요소라고 생각한다.

새로운 업무문화는 쌍방향으로 작용한다. 직원들 또한 여러분의 집을 볼 수 있다. 생활방식, 수입 수준을 보여주는 신호, 가족 상황이 온라인에서 공유된다. 개인적인 일이 직원들의 입에 오르내리게 되고, 모든 사람이 예전에는 짐작만 하던 것을 알게 됐다(직장 내 뒷담화는 코로나바이러스 감염을 용케 피했다). 이렇게 현대 직장의 역사에서 처음으로 우리는 '맡은 역할을 넘어서는 존재'라는 사실이 드러났다. 마침내 우리가 '인간'이라는 사실이 드러난 것이다.

우리가 항상 주장했듯이 훌륭한 직장생활은 훌륭한 인생에서 시작한다. 사람들은 '직장'에 포함된 '인생'이 아니라 '직장'이 포함된 '인생'을 원한다.

요즘 시대에는 실시간으로 모든 사람의 집과 개인이 처한 상황을 볼 수 있다. 정서적인 면이 직장의 일부가 된 셈이다. 앞으로 우리는 한 인간의 전체를 볼 수밖에 없다. 여러분의 고양이와 개, 어머니와 할아버지가 모두 우리와 함께 방 안에 있다. 단순한 집이 아니라 뒤편의 소파에 고양이가 있고 아이들이 화면에 난

입하는 집에서 방송하는 신임 앵커의 모습이 텔레비전에 등장했을 때, 우리는 게임의 판도가 바뀌었다는 사실을 깨달았다.

직장에서 '더 인간적인' 사람이 된다고 해서 업무 자체나 혹은 업무와 관련된 대화 내용이 바뀌는 것은 아니다. 사진 속 기자들이 보낸 보도 내용은 예전과 다르지 않지만 그들의 동료와 시청자는 이제 그들을 다르게 느낄 것이다. 이처럼 직장에서 일하는 다른 사람(동료, 직원, 상사, 고객 등)을 보는 방식의 변화가 사람들을 이끄는 방식을 바꿀 기회를 창출한다. 다시 말해 좀 더 인간적으로 사람들을 이끌 기회, 방 안에 있는 인간을 향한 연민과 인간성을 더욱 발휘해 사람들을 이끌 기회를 창출한다.

리더와 직원이 가까워지는 줌아웃 대화법

직장에서 공유하는 인간적인 모습이 갑작스럽게 변화함에 따라 리더는 직원들과 대화를 나눌 멋진 기회를 얻었다. 이 기회에 제대로 대처한다면 직원들의 몰입도가 높아질 것이다. 그들이 어디에 있든 말이다.

큰 변화를 단행해야 한다거나 사업이나 업무와 관련된 모든 대화에 감정적인 요소를 많이 담아야 한다고 말하는 것은 아니다. 그런 일은 솔직하지도, 적절하지도 않을 테니 말이다.

먼저 사소하지만 보상이 큰 몇 가지 조치부터 시작하는 것이 좋다. 우선 대화를 시작하고 끝낼 때 개인적인 내용을 가미하는 일부터 시작하라.

앞서 언급했듯이 기자들의 보도 내용은 변함이 없었지만 그들이 보도를 마무리할 때 이야기를 이어가는 앵커의 말에는 새롭고 개인적인 감성이 담겨 있었다.

"멋진 보도 감사합니다, 리사. 내일 만납시다. 당신이 저 사랑스러운 고양이와 포옹할 시간을 가진 후에 말이죠."

이와 같은 말은 분위기를 바꿀 뿐만 아니라 어렵지도 않다. 선을 넘지만 마라. 화상회의는 대면할 때와 똑같은 보디랭귀지와 시선 신호를 포착할 수 없기에, 대면회의에 비해 화제 전환을 촉진시키는 수단이 더 명시적이다. 그렇기 때문에 회의 리더가 다음 발언자와 주제를 지정하는 경우가 더 많다.

화제를 전환하는 순간이 많아지면, 인간적인 감성을 가미할 소소한 기회가 많아진다. 전문적인 효과성(진행과 체계가 훌륭한 회의)과 개인적인 관심도(좀 더 인간적인 회의)를 모두 갖춘 회의가 만들어진다. 이때 연결 문구와 화제 전환은 큰 위력을 발휘한다.

좀 더 인간적인 감성을 전달하는 데 익숙해지면 단계를 높일 수 있다. 이런 후속 기회에서는 대개 일대일 대화에 초점을 맞춘다. 일대일로 대화를 나눌 때는 '줌아웃'을 시도하라. 다시 말해 잠시 일과 무관한 이야기가 포함된 더 넓은 영역으로 대화를 이

끌어가야 한다는 소리다.

데이브는 이 장의 초안을 쓸 무렵에 보험 대리인으로부터 서류를 공증받을 일이 있었다. 그 과정에서 대리인의 다섯 식구가 침실 두 개가 딸린 상당히 좁은 아파트에서 산다는 사실을 우연히 알게 되었다. 사업체를 운영하면서 온라인 수업을 듣는 세 아이를 키우는 일은 여간 힘든 게 아니었다. 대리인이 업무일지를 꺼내는 동안 데이브는 이렇게 물었다.

"집에서 지내시기가 어떻습니까? 여전히 모두가 서로를 잘 통제하고 있나요?"

대리인이 아들을 제외하고 모두 잘 지내지만 열 달 동안 학교와 사무실이 문을 닫다 보니 생활이 엉망진창이고 온 가족이 많이 지친 상태라고 말할 때 비로소 그의 어깨에 긴장이 약간 풀렸다.

1년 전이었다면 이런 종류의 질문은 주제넘은 것일 테지만, 지금은 사정이 달라졌다. 모든 사람이 함께 특정한 상황(팬데믹 혼란을 비롯한 모든 혼란)에 처해 있을 때에는 서로간에 공유한 인간성을 표현할 기회가 많아진다. 이런 단순한 관계와 인간적인 인정을 허용하면 신뢰와 진정성이 향상된다. **줌아웃**(가족의 안부를 묻는 것)을 통해 **줌인**(일을 처리하는 것)의 효과가 높아지고, 모든 사람이 그것을 더 의미 있게 받아들인다. 줌인을 통해 일은 고립되고 단절된 활동이 아니라 분리되지 않은 삶의 일부에 가까워지기 때문이다.

관리자와 직원 모두에게 적절한 경우라면 줌아웃에서 줌인으로 더 깊숙이 들어갈 수 있다. 이를테면 관리자가 단순히 화제를 전환하는 발언에 그치지 않고 직원과 안부를 묻는 대화를 나누는 식이다. 직원의 전체(직장과 개인) 생활과 하이브리드 근무 상황을 '책임'지기보다는 '관심'을 가지도록 하라. 어떤 영역은 업무상 책임과는 무관하기 때문에 안부를 물을 때 지나치게 세부적인 사항까지 알 필요가 없다. 직원들을 단순한 일꾼이 아니라 직장을 가진 인간으로 대하라. 이것이 직장을 넘어 더 큰 그림을 보기 위한 줌아웃이다.

리더의 역할에 부합하고, 조직문화와 어울리며, 직원들이 원한다면 이런 대화를 형식적으로 체계화하라. 인생의 방향을 정하는 나침반 연습(이 장의 마지막에서 다루고 있다)을 직원들에게 권하는 방법도 있다. 이 방법이 너무 부담스러우면 1장에서 공유한 '직장 행복 일기'를 시작해도 좋다. 직장 행복 일기는 아무에게도 위협적이지 않으며, 개인의 몰입과 만족을 높이는 촉매제가 된다. 직원이 나침반 에세이나 직장 행복 일기를 쓰더라도 그것은 리더와는 상관없는 일이니 리더에게 제출할 필요는 없다.

하지만 리더는 직원이 직장과 자신의 생각이 조화를 이룬다고 느끼는지, 어떻게 하면 직원이 역할을 수행하며 일관성과 몰입을 경험하도록 리더가 도울 수 있을지 직원에게 물을 수 있다. 대화가 지나치게 개인적이어서 상사와 공유하기 어렵다는 생각이 들어도 문제될 것은 없다. 그냥 팀 전체가 나침반 연습을 실천한 뒤, 각자의 통찰과 도전을 두세 사람끼리 공유하게 하라. 모든 사람이 비밀을 유지할 것이다. 각자 작성한 내용을 상사에게 제출하거나 대화에 관한 보고서를 쓰라고 지시하지 않는다.

직원들이 자신의 가치관에 지장을 주거나 프라이버시를 침해하지 않고, 직장에서 몰입하고 일관성을 유지하며 의미를 찾을 방법을 더욱 명확하게 파악하도록 경영진이 돕는 것은 아무런 문제가 되지 않는다. 경영진이 세부 사항을 모두 파악하려 들거나 판단하지 말고, 그 방법을 파악할 도구와 프로세스를 제공하도록 하자.

이런 기회가 지금껏 항상 존재했지만 2020년 이후에 크게 증가한 데는 두 가지 이유가 있다. 첫째, 하이브리드 근무 모형과 화상회의가 확대되면서 이런 대화를 위한 토대가 강화됐다. 둘째, 모든 사람이 팬데믹 때문에 어쩔 수 없이 나약함을 절실하게 느끼게 됐고, 이에 따라 일과 삶의 통합과 일관성을 높이겠다는 소망이 커져 더욱 철저하게 준비하게 됐다.

방으로 들어오라고 초대하려는 의도가 있었든 없었든 간에 우리는 모두 '방 안의 사람들'이다. 훌륭한 리더는 이 점을 인식하고 모든 사람의 이익을 위해 적응한다.

어떻게 리더십을 보여줄 것인가

중역실과 큰 책상 없이 어떻게 리더십과 권위를 보여줄 것인가? 전문가의 면모를 창조하기 위해 리더가 역사적으로 의존했던 많은 요소들(대형 책상, 옷, 중역실, 완벽한 설비의 매장이나 주방, 대형 자동차, 자세, 보디랭귀지)은 이제 더 이상 효과가 없다. 기존의 요소들이 모두 한꺼번에 자취를 감추는 것은 아니지만, 과거 어떤 이미지를 창조했던 것들의 위력은 크게 축소되었다. 아무도 여러분이 화상회의에 어떤 자동차를 타고 왔는지 궁금해하거나, 여러분의 사무실 창밖 풍경이 얼마나 좋은지 알고 싶어

하지 않는다. 그렇다면 이제 무엇이 기준인가? 새로운 기준은 회의 진행 능력이나 성과, 결과물로 옮겨갔다.

앞장에서 우리는 '자기 관리하기'에서 '결과물 관리하기'로 옮기는 문제를 다루었다. 이 변화는 관리의 객체인 직원들뿐만 아니라 관리의 주체인 리더에게도 동일하게 적용된다. 상사 노릇을 잘해야 할 책임과 더불어 적절한 시기에 해야 할 책임 역시 맡겨지는 셈이다.

예를 들어 실리콘밸리는 어처구니없는 근무시간으로 유명하다. 그런 문화를 단적으로 보여주는 예가 대부분 회의에 5~8분씩 늦는 상사들이다. 어쨌든 그들은 아주 중요한 인물이고, 직원들보다 업무량이 훨씬 더 많다. 그래서 정신없이 바쁘게 돌아가는 중요한 업무들을 처리하다 겨우 짬을 내서 회의에 참석하는 식이었다. 그런데 온라인 업무환경으로 바뀌자 그런 터무니없는 행태가 하룻밤 사이에 사라졌다. 화상회의는 정시에 시작해서 정시에 끝난다. 자동차를 타고 이동하거나 엘리베이터를 기다릴 필요도 없으니 지각의 핑곗거리가 없다. 더 이상 변명의 여지가 없는 셈이다. 우리는 이미 원하는 것보다 훨씬 더 많은 시간을 화상회의에서 보내고 있다. 그러니 상사를 기다리며 계속 앉아 있을 필요도 없다.

일단 여러분이 정시에 도착하고 나면 회의 준비에도 핑곗거리가 허용되지 않는다. 명확한 의제를 준비하고, 현재 자신이 수행하는 업무를 파악하고, 토론 진행을 도울 준비를 하고, 모든 참석자와 효과적으로 협력해야 한다. 이 모든 것은 예전에도 중요했지만 팬데믹 이후에 기대치가 엄청나게 높아졌으며 그렇게 높아진 기대치는 다시 떨어지지 않을 것이다. 결코.

인위적인 중요성은 모두 사라졌다. 이제 중요한 것은 '자산'이다. 리더십 자산에는 다음과 같은 유형의 요소가 포함된다. 이미 몇 가지 자산을 가지고 있고 지금껏 순전한 권력과 겉모습(혹은 심지어 화려한 자동차와 더 화려한 신발)에 지나치게 의존했다면, 이제 다음과 같은 자산을 비축할 때가 왔다.

- 생산 자산

  매출, 보고서, 계획 및 예산, 프로그램, 제품과 서비스,

- 프로세스 자산

  업무흐름, 절차, 승진 경로와 전문적인 성장,

- 인간 자산

  친밀성, 솔직함, 진지함, 진정성, 신뢰성, 비밀 유지, 적절한 경계가 있는 동정심, 가용성과 라포rapport(상담이나 교육을 위한 전제로서 신뢰와 친근감으로 이루어진 인간관계-옮긴이), 신용, 정서지능, 자제력,

이 모든 자산이 중요하므로 꼼꼼하게 목록을 작성하고 필요한 자산을 갖춰야 한다.

쉬워진 일

자산을 비축하는 시기는 네트워킹과 공동체를 재구성하기에

도 좋은 시간이다. 여러 다양한 조직의 리더, 특히 100명 이상의 조직에서 일하는 사람들과 이야기를 나눌 때, 우리는 팬데믹이 초래한 네트워킹과 공동체 형성의 변화, 하이브리드 근무라는 새로운 현실에 대응하는 방식에 관해 꾸준히 질문을 받는다.

결론부터 말하면 새로운 워크 라이프에서 더 쉬워지는 일이 있는 반면에 더 어려워지는 일도 있다.

먼저 '더 쉬운' 일부터 살펴보자. 친목 행사나 대규모 컨퍼런스에서 모이는 것은 이제 (불가능하지는 않더라도) 어려워졌다. 하지만 일대일로 모이는 것은 어느 때보다 쉬워졌다. 공식적이든(예정된) 비공식적이든(예정에 없었거나 우연한) 상관없이 언제나 일대일 대화는 업무수행의 근간이었다. 개인 맞춤형 상호작용과 주의를 집중한, 사람 대 사람의 대화에 견줄 것은 아무것도 없다. 상사와 직원, 동료 직원, 사업상 지인, 우연한 협력자, 그 밖에 상상할 수 있는 모든 조합 사이에 일대일 대화가 이루어질 수 있다.

지금까지는 사람들이 내내 바쁘고 대개 서로 만날 수 없는 곳에 있었기 때문에 우연히 일대일 대화를 나누기는 어려웠다. 그런 시절은 이제 막을 내렸고, 일대일 대화는 이 어려운 시기에 한 가지 선물이 되었다. 거의 모든 사람이 집에 있을 때 계속은 아니어도 자주 온라인에 접속한다. 출퇴근하지도, 17층에서 근무하지도, '외근'을 나가지도 않는다. 그들은 컴퓨터 앞에 앉아 있으며, 브라우저 탭 한 번으로 지구상의 다른 모든 사람과 온라인으로 연결된다. 그런데도 대부분의 사람이 일과 삶에서 과거 어느 때보다 훨씬 외로워졌다. 동시에 흥미롭거나 가치 있는 인간적인 접촉을 반가워한다. 따라서 이처럼 성공적으로 직접 인간관계를 맺기가 쉬웠던 적은 지금껏 없었다. 사람들은 기꺼이 일정을 조정해주거나 어쩌면 여러분과 대화를 나누고 싶어 할지도 모른다. 그러니 그들에게 말을 걸어라!

2020년까지는 여느 관리자가 직원들과 일대일 대화를 나눌 시간과 상황을 마련하기는 힘들었을뿐더러 엄청난 비용이 들었다. 하이브리드 근무가 돌려준 출퇴근 시간과 지나치게 길었던 회의시간의 일부를 재배치하라. 일상적인 일대일 대화에 시간을 쏟을 기회가 생긴 것이다. 한 연구 결과에 따르면 대학 시절의 긍정적인 경험은, 여러분 개인이나 당신의 학업에 관심을 보였던 교수 혹은 직원들과의 직접적이고 규칙적인 교류와 가장 밀접한 관련이 있는 것으로 나타났다. 대학이 아니라 사람을 관찰한 결과이니 이는 일의 세계에도 적용된다.

사람들은 자신에게 관심을 보여주는 상사를 위해 일할 때 더 열심히 일하고 더 몰입한다. 또한 단둘이 함께 보내는 시간만큼 '관심의 증거'가 되는 것은 아무것도 없다. 그 기회를 잡아라.

관리자를 비롯한 모든 사람이 일대일 상호작용을 위한 이 황금 같은 기회를 잡아야 한다. 문제가 생겨 해결책이 필요할 때뿐만 아니라 상대방의 일에 호기심이 생길 때 동료들에 다가가겠다고 결심하라. '호기심을 가지고 사람들에게 이야기하라'를 효과적인 도구로 삼아라.

일대일 상호작용은 대개 미리 일정을 정해야 하겠지만, 구내식당에서 '우연히' 마주쳐 대화를 나눌 수도 있다. 옛날처럼 문자 그대로 우연한 대화는 아니어도 예정에 없던 대화를 나눌 수 있는 것이다. 성공적인 상호작용을 위해 한 가지 좋은 팁을 알려주자면, 먼저 전화를 걸었다가 즉흥적으로 영상통화로 바꾸는 것도 좋은 방법이다. 대부분의 업무환경에서 상대방에게 페이스타임Facetime이나 왓츠앱WhatsApp으로 예정에 없던 영상통화를 시도하는 것은 지금도 적절치 않다고 생각된다. 그러나 예정에 없었더라도 예의 바르고 정중하게 요청하는 것은 무방하다. 누군가에게 예정에 없던 전화를 걸어서 실시간으로 연결할 때는 당연히 자신이 누구인지, 왜 대화를 나누려는지 밝히고 다음과 같이 질문해야 한다.

"조앤, 15분 정도 이야기를 나누면 좋겠는데 괜찮으신가요?"

상대가 괜찮다고 대답하면 다행이다. 그렇지 않다면 약속을 정하거나 나중에 전화를 걸어라. 괜찮다는 대답을 받았다면 한 걸음 더 나아간다.

"저기, 지금 온라인에 접속한 상태인가요? 혹시 화상으로 통화하는 건 어떤까요?"

승낙을 받으면 우연찮게도 이미 준비가 되어 있는 화상 링크를 재빨리 보내거나 아니면 상대방이 선호하는 플랫폼으로 다시 전화를 걸 것이다. 다시 전화를 거는 데는 기껏해야 2분 정도 걸릴 뿐이지만 전화 대신 화상으로 통화를 하면, 좀 더 개인적인 상호작용을 하고 훨씬 더 강력한 인상을 남길 수 있다.

예정에 없던 전화를 거는 것이 너무 주제넘거나 공격적이라고 느껴진다면 하지 않아도 괜찮다. 진심에서 우러나는 일이 아니면 시도하지 마라. 하지만 아직 마음을 정하지 못한 상태라면 이 아이디어를 버리기 전에 몇 번 시도해 보라. 모든 직원이 사무실이나 현장에 있던 시절에 '아무 일도 하지 않는' 사람은 없었다. 하지만 하이브리드 근무환경에서는 휴식의 유혹이 도처에 널려 있다. 하루 종일 짧은 휴식시간도 없이 일하거나 바쁘기도 하지만, 사실 전혀 한눈을 팔지 않는 것은 아니다. 따라서 하이브리드 근무환경에서는 누군가 과도한 여유를 부릴 때 관리해 줄 사람도 필요하다. 영상통화를 할 때는 예의를 차리고, 다른 사람의 시간을 존중하며, 미리 요청한 시간을 넘기지 않도록 하라. 꼭 시도해 보길 바란다. 의외로 성공 확률이 높다는 사실을 발견할 것이다.

어려워진 일

원격근무의 폭발적 증가로 말미암아 직접적인 만남이 더 쉬워졌을 수 있다. 그러나 반대로 신입사원 온보딩onboarding(조직에 새로 합류한 사람이 빠르게 조직문화를 익히고 적응하도록 돕는 과정—옮긴이)이나 사내 공동체와 문화를 구축하는 일은 훨씬 더 어려워졌다. 이유는 간단하다. 원격통신 기술은 이미 알고 지내는 사람들 사이의 관계를 유지하고 강화하는 데 매우 효과적이지만, 새로운 관계 형성을 촉진시키고 새로운 사람들을 기존의 관계 네트워크에 통합하는 데는 그만큼 효과적이지 않다. 우리가 실제로 한 장소에 모여 있을 때 온라인에서는 기대할 수 없는 독특한 어떤 일이 일어나며, 이 독특한 어떤 일은 공동체와 문화 형성에 기여하는 중요한 요소다.

온보딩은 신입사원을 조직에 공헌하는 팀원으로 자리 잡게 만드는 과정이다. 이 과정에 신입사원들은 법률이나 회계와 관련된 서류 작업을 처리하고, 맡은 역할에 필요한 도구와 정보를 얻고, 기업 정책과 제품 및 서비스에 관한 훈련과 교육을 받고, 무엇보다 동료 직원과 관계를 맺어 효과적으로 협력한다.

하이브리드 근무 모형에서 변화한 지점은 이 중요한 마지막 단계다. 나머지 단계는 컴퓨터나 원격으로 충분히 처리할 수 있지만, 인간은 신석기시대 이후로 줄곧 직접 관계를 맺고 공동체를 형성했기 때문에 이 단계를 원격으로 전환하는 일은 낯설고 어렵다. 성공하는 모든 기업에서 효과적인 인사관리는 가장 중요한 기능 중 하나로 손꼽힌다. 신입사원을 성공적으로 온보딩시키고 기업의 협력 공동체에 통합시키지 못하면 기업은 큰 문제에 직면하게 된다.

한 컨트리웨스턴(미국의 초기 이주민들이 고향의 민요를 바탕으로 만든 백인계의 민속음악–옮긴이) 노래의 가사는 확립된 네트워크에 비집고 들어오기 위해 노력하는 새로운 사람이 직면한 도전을 다음과 같이 정확하게 묘사했다.

"때로 당신은 바람막이 창이 되고 때로는 벌레가 된다."

새로운 사람에게 기존 네트워크는 뚫고 들어갈 수 없는 바람막이 창이며, 그는 유리에 부딪칠 때 나가떨어지는 벌레가 된 것처럼 느낀다는 뜻이다. 확실히 모든 사람이 매일 사무실이나 연구실, 대학이나 건설 현장에 출근해 하루 종일 함께 지내던 시절에는 이 도전이 더 단순했다.

2020년 이전에는 출근 첫날에 상사가 신입사원을 전 직원에게 소개하고, 그의 역할과 그를 팀에 합류시키는 중요한 의미를 공개적으로 상기시키곤 했다.

"아네트와 엘로이즈에게 제품 출시 팀의 모든 사람을 소개시켜 주세요. 결국에는 그녀가 우리 고객이 가장 먼저 읽는 문서를 작성하게 될 테니 업무 내용을 파악해야 합니다."

좋은 상사를 만났다면 신입사원은 첫 주에 네트워크 중재자를 소개받을 것이다. 신입사원이 적절한 관계를 형성했는지 확인할 임무가 있는 중재자는 이렇게 말한다.

"자, 엘로이즈, 하란을 만나 보세요. 그는 관계 형성 문제를 의논할 수 있는 사람이에요. 하란은 모든 사람을 알고 있고, 모든 사람이 하란을 신뢰합니다. 누구에게 도움을 구할지 아니면 어떤 사람의 업무가 당신 업무에 영향을 미칠 수 있는지 모를 때 하란에게 물어보세요. 그가 알려줄 겁니다."

그렇게 사람들을 팀에 통합시키는 방식은 한자리에 함께 있다는 점에 크게 의존했다. 소개가 끝난 후에 신입사원이 할 수 있는 가장 현명한 일은 하란과 함께 건물을 돌아다니면서 한두 시간 동안 그가 우연히 나누는 다양한 대화에 잠자코 귀를 기울이는 것이다.

하지만 화상에서는 이런 방식이 통하지 않는다. 새로운 환경에 적응해야 한다. 새로운 팀원을 통합시키는 어려운 임무를 위한 최선의 방법은 정면 돌파하는 것이다.

온라인 회의의 의외의 효과

원격 온라인 통신은 중대형 집단(6명 이상)의 상호작용을 '덜' 개인적으로 보이게 만들 수 있지만, 사실 소규모 집단(3~6명)에서는 상호작용을 '더' 친밀하게 만들 수 있다. 우리는 스탠퍼드 수업과 온라인 전문 워크숍에서 이 사실을 직접 확인했다.

워크숍에서는 60명에서 100명이 넘는 사람들을 온라인으로 한꺼번에 교육하고, 소집단 상호작용을 위해 동영상 '브레이크아웃 룸'을 포괄적으로 이용한다. 영리기업, 비영리단체, 서비스 조직 등 떠올릴 수 있는 사실상 모든 업무환경의 관리자와 리더가 우리에게 보고한 내용은 한결같았다.

온라인 소집단 환경에서 좌중의 얼굴은 모두 동일한 정도로 눈에 들어온다. 발언하는 사람이 무대를 독점하는 셈인데, 바로 이 점이 집단 역학을 극적으로 변화시킨다. 시끌벅적하게 외향적인 사람의 지배가 줄어들고, 과묵하고 내향적인 사람이 쉽게 묵살당하는 일이 적어지기 때문이다. 또한 소수 인원의 화상회의는 팀의 신입에게 매우 유리하도록 공평한 경쟁의 장이 만들어진다. 소집단 브레이크아웃 룸에서 신입사원은 금세 시선을 끌어 중요한 동료에게 개인적으로 노출되며, 강한 인상을 심어줄 기회를 얻는다. 과거 시스템에서는 몇 달씩 걸려야 했던 것과 달리 금세 주목을 받을 수 있는 것이다.

관리자와 신입사원 모두 이 기회를 활용하기 위한 조치를 취할 수 있다. 관리자는 대규모 집단의 온라인 행사를 진행하는 동안 3~6명이 '브레이크아웃 룸'에 들어가야 하는 활동을 마련하면 된다. 많을수록 좋다. 학생이나 고객 60명이 참여하는 2시간 수업에서 한 번에 7~20분씩, 여러 번 반복해서 마법 같은 3~6인조 브레이크아웃에 들어간다. 한 시간 남짓 회의가 진행되는 동안

정식 집단과 브레이크아웃 집단 사이를 오가며 좋은 리듬을 형성하면, 직장에서 공동체를 구축하는 데 매우 효과적이다.

만약 관리자가 주도하지 않는다면 신입사원이 직접 나설 수도 있다. 온라인 회의에 참석할 때 수면으로 떠오르는 사안과 그 사안에 대한 어떤 사람의 견해가 자신의 업무에 영향을 미칠 수 있는지 주의를 기울여라. 회의가 끝나면 곧바로 어떤 소집단에 심층 보고를 해야 한다. 이어지는 고려 사항에 대처할 때 효과적일지 확인하고, 그 집단을 짧은 회의에 초대해 조정하라. 3~6명으로 인원을 제안해 개인적으로 관계를 맺고 회의를 짧은 시간에 마침으로써(20분 이내에 아주 구체적인 문제나 조치 항목에 대처한다), 그들의 관심을 얻을 가능성이 높아진다.

이런 식으로 브레이크아웃을 이용해 단시간에, 그러나 탄탄하게 개인적인 관계를 맺도록 하라. 그렇게 하면 더욱 성공적으로 브레이크인하여 공동체에서 제구실을 톡톡히 하는 구성원으로서 효과적인 입지를 굳힐 수 있다.

그럼에도 우리가 모여야 하는 이유

조직의 리더들은 원격의, 동시에 집약적인 새로운 하이브리드 근무 모형에 그들이 대응한 방식을 대단히 긍정적으로 이야기했다. 그들은 사람들이 어디에 있든지 상관없이, 모든 사람이 같은 장소에서 동시에 일하기 위한 막대한 시설 비용이 없어도 효과적으로 협력하고 일을 완수할 수 있다는 사실에 감탄했다. 그들은 다음과 같이 덧붙였다.

"하지만 모든 일을 원격으로 처리할 수는 없습니다. 그건 불가능해요. 우리가 함께 있지 않으면 분명 잃는 것이 있고, 그 손실을 감당하려면 사업에 중대한 영향을 미칠 수밖에 없습니다."

소규모 기업주와 관리자, 컨설턴트와 CEO 들은 하나같이 다음 질문에 대한 해답을 찾기 위해 노력하고 있다고 말했다. '반드시' 물리적으로 함께 있어야 하는 업무는 무엇일까? 간단히 답하자면 이렇다.

"상황에 따라 다르다."

확실한 것은 함께 있는 일이 중요하다는 사실이다. 사람들이 얼굴을 맞대는 것이 언제 중요한지에 대한 정답은 없다. 사업이나 임무에 따라, 조직구조에 따라 언제, 누가 모이는 것이 중요할지는 달라진다. 분명한 사실은 경영진이 반드시 이를 파악해 지원해야 한다는 점이다.

이를테면 아이디어 구상을 위한 것일 수 있다. 사람들은 높은 성과를 내는 팀의 힘을 경험하게 된다. 서로의 아이디어를 비약시키고 '몰입' 상태에 빠지며 큰 변화를 일으키는 경이로운 아이디어를 내는 팀 말이다.

축하를 위해 모일 수도 있다. 집단이 한자리에 모여 다양한 팀과 개인의 노고, 특정한 공헌, 그리고 중요한 성과를 인정하라. 이 과정에서 사람들이 보수를 넘어 자신이 진정으로 원하는 것, 즉 동료와 상사가 있는 자리에서 '인정'과 '존중'을 얻게 된다.

'소통'과 '지지'를 위한 것일 수도 있다. 정기적으로 모든 사람을 한곳에 모아 질문과 우려, 지연 상황에 대한 정보를 주고받는 공개 무대를 포함하여, 현재 상태와 보류 중인 우선사항에 대해 완벽하게 정보를 제공할 수 있다. 그런 오프라인 공청회를 직접 주관하는 경험을 통해 조정 작업과 상호의존성을 확보할 수 있다는 사실은 그리 놀랍지 않다.

고객의 '인정'을 위해 모일 수도 있다. 제품의 공급자와 구매자, 혹은 사용자가 한데 모임으로써 직원들이 자신의 일상 업무에 실제로 영향을 받는 사람들을 직접 보고 느낄 수 있다.

우리가 직접 모이기 위해 노력해야 할 타당한 이유는 무수히 많다. 여러분은 아마도 조직을 대신해서 자신에게 타당한 이유를 찾아낼 방법을 이미 짐작했을 것이다. 그 방법은 네 단계로 구성된다.

호기심을 가져라. 사람들에게 이야기하라. 시도하라. 자신의 스토리를 전하라.

겸손한 경청에서 시작해서 반복적인 프로토타입 만들기로 변환하는 이 접근방식을 이용하면 '우리가 언제 반드시 직접 모여야 할까?'라는 어렵고 비용이 많이 드는 질문에 효과적인 답을 찾을 수 있다.

하이브리드 조직 설계가 실제로 성과로 이어질 수 있을지 걱정인가? 빌의 교육 담당 동료인 엘리는 전통적인 사무실을 둔 적이 없고, 모든 사람이 출근 첫날부터 원격으로 근무하는 한 회사와 협력한다. 인비전InVision은 소프트웨어 도구를 만들어 디지털 제품(소프트웨어를 위한 소프트웨어)의 디자인을 개선하는 선도적인 기업이다. 이 회사의 기업문화는 사무실이나 지위를 나타내는 전통적인 사무실 장식이 없어도 날로 발전한다. 인비전은 미국, 유럽,

아시아 등 세계 각지(총 28개국)에서 훌륭한 인재를 발견할 수 있는 곳이라면 어디에든 직원들을 두고 있다. 그들은 계층구조가 거의 없는 '수평적인' 조직과 프로젝트 지향적인 팀을 구성하고, 직원들에게 철저한 책임을 기대한다. 소규모 집중 팀, 전통적인 의미의 '감독' 폐지, 일과를 시작하는 팀 점검용 10분 스탠딩 회의, 격식을 차리지 않는 수많은 일대일 대화, 프로젝트 목표를 기준으로 현재 위치를 알리는 훌륭한 소통과 성과 도구 등 여러 가지 마이크로테크닉을 이용해 문화를 조성한다. 또한 1년에 한 번 'IRL 컨퍼런스'라는 명칭의 회의를 연다. IRL이란 '실생활에서In Real Life'라는 의미로, 전통적인 '온·오프사이트' 사고를 재미있게 재구성한 것이다. 2011년 온라인 사무실 기업으로 설립된 인비전은 그들의 사업 영역에서 몰입하는 직원을 확보하고, 재정적인 면에서 성공을 거뒀다. 이는 온라인으로 전면 전환하는 일이 기업문화와 인력개발을 체계화하고 지지할 수 있다는 증거다.

직원들도 일에 몰입하기를 원한다

이 책의 서두에서는 직장에 몰입하지 않는다고 느끼는 대다수 직원들에 대해 이야기했다(비몰입은 반드시 해결해야 할 문제다). 우리는 직장에서 아주 긴 시간을 보내며, 어쩌면 최근 들어 우리의 유한한 시간이 얼마나 소중한지를 그 어느 때보다 절실히 깨달은 사람도 있을 것이다.

"인생이란 얼마나 짧고 덧없는가!"

팬데믹 이전에 이 말은 진실이었다. 팬데믹 도중에도 이 말은 진실이다. 그리고 팬데믹 이후에도 이 말은 진실일 것이다.

직원들은 직장에 더 몰입하기를 원한다. 관리자 역시 직원들이 더욱 직장에 몰입하기를 원한다. 고객은 서비스를 제공하거나 제품을 생산하는 사람들이 더 몰입하기를 원한다.

그리고 지금, 몰입을 촉진시키는 업무와 업무환경을 창조하는 일이 어느 때보다 중요해졌다. 몰입도가 높은 직원이 업무를 더 훌륭하게 수행하고, 더 우수한 제품을 만들고, 더 나은 서비스를 전달하고, 짧은 시간에 더 많은 일을 처리하고, 직장뿐만 아니라 가정에서 더 행복하고, 삶과 일에서 더 성장한다.

일과 삶의 경계가 점점 뒤섞이면서 넥스트 노멀이 된 새로운 환경에 적응하는 일이 중요해졌다. 하이브리드 근무 모형에서 몰입 수준을 높일 도구와 자원을 활용하는 일이 어느 때보다 중요해진 셈이다.

이를 위해 우리는 여러분 자신과 조직에 효과적인 아이디어들을 선택하도록 도왔다. 개인적이든 지역적이든 세계적이든 간에 각자의 혼란에 대처할 때 우리가 전하는 가르침을 본보기로 삼아 각자의 아이디어를 개발하라.

직장에서도 행복해질 권리가 있다는 말이 지금보다 더 중요했던 적은 없었다. 우리에게는 서로가 필요하다. 지금껏 항상 그랬고 앞으로도 그럴 것이다. 결국 이 사실이 가장 중요하다.

어떤 혼란이 닥쳐와도 계속해서 여러분의 앞길을 그려 나갈 방법이 존재한다는 사실을 기억하라. 우리는 지금 여기, 대기실에 있다. 여러분을 계속 응원하면서 말이다. 건너편에서 만나자.

지금 당장 변하고 싶은 사람들을 위한

워크북

일하는 게 따분하고 지루한 사람들을 위하여

1. 바꾸고 싶은 나쁜 습관, 또는 새로운 습관이나 행동을 선택한다.
   (예시: '더 많이 운동한다' '마음 챙김을 실천한다' '부엌을 항상 깨끗이 정리한다')
2. 원대한 목표를 몇 가지 세워 명확하고 측정 가능한 형태로 적는다.
   (예시: '나는 일주일에 세 시간씩 규칙적으로 에어로빅을 연습한다' '이틀에 한 번 규칙적으로 30분 동안 명상한다' '잠자리에 들기 전에 싱크대에 설거짓거리를 남기지 않고, 부엌은 항상 깔끔하게 아침 식사를 준비할 상태로 정리한다')
3. 원대한 목표를 '스토리'에 담는다. 새로운 행동을 습관으로 만들 때 따르는 결과와 정서적 혜택을 두 문장 정도로 적는다.
   (예시: '나는 더 건강해지고, 잠을 더 잘 자고, 외모에 자신감을 느낄 것이다' '나는 중심이 잡힌 평온한 삶의 방식을 발견하고, 분노를 더욱 잘 조절할 것이다'

4. 아주 작은 목표를 반복해서 성공함으로써 원하는 변화에 조금씩 다가간다. 원대한 목표를 향해 다가가기 위한(20퍼센트 정도) 8주간의 미시적 목표(일상을 바꾸려면 약 8주가 걸린다)를 계획한다. 반드시 성취할 수 있는 쉬운 일을 주간 목표로 삼아라.
5. 목표를 성취하면 반드시 규칙적으로 자신에게 보상을 제공한다.
6. 퇴보했다면 보상하지 않는다. 하지만 섣부른 판단은 금물이다. 변화는 어렵다. 목표를 70퍼센트만 성취했더라도 아주 훌륭하다. 점점 성과가 향상될 것이다. 목표를 재설정하고 정상궤도로 돌아오라.
7. 8주가 끝나면 목표를 향한 진전 상황을 평가한다. 목표한 일을 대부분 성취했다면(70퍼센트 법칙) 자축한다. 이제 과정에 자신감을 얻었으니 계속하라. 다음 8주간 미시적 목표를 세우고 반복하라.

이쯤 되면 미시적 목표의 난이도를 높이라는 유혹의 목소리가 들릴 것이다. 조심해라. 이때 유혹에 넘어가면 실패할 수 있다. 명심해야 할 것은 우리는 지금 '기준 낮게 설정하기' 방식을 실천하고 있다는 사실이다. 목표의 크기가 적절한지 시험하는 방법은 간단하다. 쉽게 할 수 있는 일이라는 확신이 들어야 한다. 지금 이 과정에 자신감이 붙으면 더 큰 목표가 쉽게 느껴지게 된다. 그러면 된 거다. 직감을 믿어라. 지나침은 금물이다. 인내심을 발휘해 작은 성공(그리고 축하)을 거두는 과정을 지속해서 강화하라. "세상을 변화시키고 싶다면 당신부터 변화하라"는 유명한 문구가 있다.

우리는 여기에 이렇게 덧붙이고 싶다. "앞으로 나아가 세상과 나를 변화시켜라. 한 번에 한 가지, 작은 목표를 통해서!"

1. 이 책에서 제공한 작업표를 이용해 일상 활동의 일지를 작성한다. 언제 '배우고' '시작하고' '돕는지'에 주목하라. 매일, 적어도 며칠에 한 번은 이를 실천하기 위해 노력해야 한다. 최소한 일주일에 한 번은 작성하기 위해 노력하라.
2. 3~4주 동안 일기를 계속 작성한다.
3. 일주일이 끝날 때마다 관찰한 내용을 적는다. 그런 다음 '무엇을 발견했는지' 나 자신에게 묻는다.
4. 관찰한 내용 가운데 의외인 것이 있는가?
5. 배우기, 시작하기, 돕기의 세 범주 가운데 항목이 더 많은 범주가 있는가? 만일 그렇다면 그것이 어떤 의미라고 생각하는가?
6. 세 범주 중에서 종종 빠지는 항목이 있다면 다음 주에 해당 항목의 횟수를 늘릴 계획을 세운다.
7. 수정 계획을 세웠을 때 기분이 어떤지 관찰하고 일기에 적는다.

주간 '행복한 직장 일기' 작업표

이 작업표를 이용해 하루와 일주일을 돌아보고 스스로에게 물어라.
'무엇을 배웠는가?' '무엇을 시작했는가?' '누구를 도왔는가?'
연구 결과에 따르면 직장에서 이런 점에 주의를 기울일 때 더 많은 성과를 거두고 업무 참여도가 높아진다. 매일 적어도 한 가지 항목을 채우기 위해 노력하라.

날짜	무엇을 배웠는가?	무엇을 시작했는가?	누구를 도왔는가?
월요일			
화요일			
수요일			
목요일			
금요일			
보너스 데이			
보너스 데이			

다음은 매주 실천할 수 있는 간단한 4단계 과제다. 최대한 활용하기 위해서는 규칙적으로 실천해야 한다.

묵상하라

- 책상 앞이나 글씨를 쓸 수 있는 평면이 있는 장소라면 어디든 좋다. 5~10분 동안 편안하게 앉아 있을 수 있는 장소를 찾는다(손으로 직접 쓰는 것이 더 좋지만 원한다면 타이핑해도 괜찮다).
- 잠시 눈을 감고 숨을 쉰다. 최소한 3~4분 동안 숨을 가라앉히고 몸의 긴장을 풀어보자. 지금 내가 살아 있고 조용한 혼자만의 시간을 가질 수 있다는 사실에 감사하라.

돌아보라

- 계속 눈을 감은 채로 마음의 눈으로 지난 7일을 돌아본다. 마음이 끌리고 감사함을 느꼈던 2~4가지 순간을 찾아라. 문제 상황이나 갈등, 깜빡 잊고 하지 않은 일에 이끌리지 않도록 경계하라. 우리의 마음은 이런 일에 곧잘 사로잡힌다. 그럴 때면(분명 그럴 일이 생길 것이다) '나중에 생각해. 지금은 흘려보내자'라고 생각하라. 고민을 해결하려고 애쓰지 마라. 주의를 빼앗길 수 있다. 그저 받아들이고 흘려보내라. 그런 다음 다시 성찰을 시작하라. 감을 잡으려면 약간의 연습이 필요하다.
- 일주일을 돌아보며 2~4가지 중요한 순간에 주의를 기울이고 떠오

르는 문구를 간단히 적는다. 예를 들어 '쾌활한 식품점 사장님' '에세이 완성' 혹은 '상사를 진정시켰다'라고 적어두면 잊지 않을 것이다.

성찰하라

- 완성한 목록을 훑어본다.
- 그 순간을 다시금 완벽하게 음미하며 최대한 많은 것을 끄집어낸다.
- 특별히 주의를 끄는 경험이 있으면 추가해서 기록해도 좋다. 장황하게 극적으로 쓰지 말고, 경험을 기억할 만한 표제어만 적는다.

강화하고 유지하라

- '이런 일들이 있었다니 정말 흐뭇하군. 괜찮은 일주일이었어' 같은 말을 되뇌며 성찰을 강화한다. 이 방법은 직장에서 '지금은 충분히 괜찮아'를 선제적으로 실천하는 방법이다. 이것이 전부다! 실제로 해보면 5~10분이면 모든 과정이 끝난다.

보너스 단계—통찰

- 앞서 확인했던 중요한 순간 중에서 통찰이나 교훈을 제공하는 것이 있다면 추가로 적는다.
- 매번 통찰을 얻을 수는 없겠지만 얻게 되면 통찰을 활용할 수 있도록 반드시 당신의 것으로 만들어야 한다.

보너스 단계— 당신의 스토리를 전하라

- 삶에서 최대한 많은 것을 이끌어내는 방법 중 한 가지는 스토리텔링이다.

- 이 과제를 실천하는 다른 사람이 있으면 성찰 내용을 공유할 수도 있다.
- 대부분의 사람들은 적어도 일주일에 한 번쯤 "어떻게 지내시나요?"라는 질문을 받는다. 이 질문에 답변할 때 제7일 성찰에서 얻은 줄거리를 포함해도 좋다. "잘 지내고 있어요. 근데 지난주에 식품점 계산원이 내가 놓고 온 신용카드를 돌려주러 주차장까지 달려왔지 뭐예요. 대단하지 않아요?"

이 성찰 과제의 목적은 당신의 경험을 가장 이로운 방식으로, 최대한 활용할 방법을 결정하는 것이다. 우리는 어떤 식으로든 주의를 집중할 것과 아닌 것을 선택하게 된다. 문제는 대체로 부정적이거나 어려운 일에 주의를 집중하고, 기억과 사고방식을 부정적으로 왜곡시킨다는 데 있다.

7일 동안의 성찰은 겉치레나 환상과는 전혀 관계가 없다. 현실을 극대화하는 것이 이 과제의 핵심이다. 일주일 동안 경험한 최고의 순간은 모두 실제로 존재하는 일이고, 우리가 할 일은 그런 순간으로부터 최대한 많은 것을 얻어내는 것이다.

인생의 방향을 결정하는 밸런스 게임

메이커 믹스 조절하기

※ 주의: '메이커 믹스'와 '영향력 지도'라는 두 가지 새로운 도구를 시도하기에 앞서 길잡이가 될 튼튼한 나침반이 있는지 확인하라. 직업관과 인생관을 완성하고, 이 두 가지 사이의 일관성을 검토해 나침반을 만들어야 한다. 직업관과 인생관에 좋고 나쁜 것은 없다. 작성한 내용에 자신의 느낌이 정확하게 담겨 있는 한(일과 삶에 대한 의견을 바탕으로 혹독할 정도로 솔직하게 작성하라. 그것이 여러분의 현실이다) 나침반은 훌륭한 출발점이 된다. 직장이나 진로를 바꾸거나 다른 도시로 이사를 가는 등 중대한 변화를 고려할 때, 아니면 삶의 새로운 페이지를 펼칠 때 나침반을 점검하라. 이럴 때 나침판이 진가를 발휘한다. 튼튼한 나침반을 만들었다면 다음 두 과제를 시도하라. 이를 통해 돈과 영향력, 자기표현의 수수께끼를 해결하고 당신의 인생 방향을 조정할 수 있다.

메이커 믹스 과제

1. 목표는 돈과 영향력, 자기표현 면에서 자신의 현재 위치를 보여주는 메이커 믹스를 만들고, 그에 대한 느낌을 주관적인 평가서로 작성하는 것이다. 시각화하는 방법은 간단하다. 현재 라이프 믹스를 나타내는 메이커 믹스 보드를 만든다. 이번에도 정답은 없다. 여러 가지 형태의 훌륭한 믹스가 있을 수 있다.
   자기표현이 많고 돈은 적거나 아니면 돈은 많고 영향력이 적은 믹스라도 소리가 좋고 화음이 맞는다면, 그것은 슬라이더가 정확한 위치에 있다는 뜻이다. 실제로 '현재 위치'에 대한 직관적인 이해를 토대로 돈과 영향력, 자기표현 믹스 보드의 위치를 설정해야 한다.
2. '돈' '영향력' '자기표현' 세 영역의 개별적인 현황을 몇 가지 문장으로 적는다.
3. 현재 상황에서 각 메이커 슬라이더의 위치를 조정한다.[1]
4. 보드를 보고 어떤 느낌이 드는지 스스로에게 묻는다.
5. 이제 당신이 원하는 보드, 균형을 맞춰 조정할 수 있는 단계의 보드, 일관성 있는 삶을 살게 되었을 때의 보드를 만든다.
6. 브레인스토밍을 통해 슬라이더를 조정할 수 있는 간단한 변화를 두 가지 정도 떠올린다.
7. 슬라이더를 조금 움직여서 돈과 영향력, 자기표현의 구성을 바꿀 수 있는 프로토타입을 몇 가지 만든다.

메이커 믹스 작업표

이 도표에는 세 가지 종류의 '결과물'을 위한 슬라이더가 있다. 시장경제, 변화를 위한 경제, 창조경제를 위해 각각 돈과 영향력, 자기표현을 조절할 것이다. 다른 그래픽 도구와 마찬가지로 이 작업표의 목표는 현재 위치와 원하는 미래 위치를 이해하도록 돕는 데 있다. 직관에 따라 슬라이더를 움직이고 돈과 영향력, 자기표현 믹스가 제대로 맞는다고 느껴질 때까지 계속 조정하라. 0~100까지의 범위만 있을 뿐이지 단위는 존재하지 않는다.

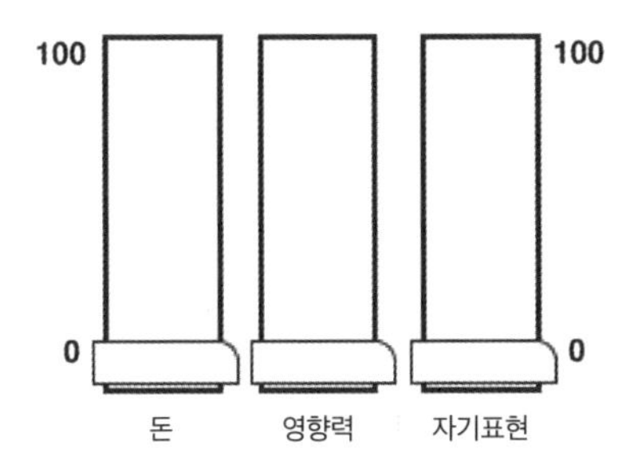

이제 원하는 미래의 메이커 믹스를 만들어라. 학자금 대출을 갚기 위해 돈에 주력하고 있는가? 그렇다면 그 슬라이더를 밀어 올려라. 영향력과 표현으로써 돈을 벌고 싶은 삶의 단계에 이르렀는가? 어떤 모양이든 상관없다. 자신에게 맞게 믹스를 조정하라.

이제 선호하는 메이커 믹스의 방향으로 움직일 때 효과적인 세 가지 요소를 적어보아라.

그런 다음 두 가지 정도의 프로토타입을 직접 시험하고 메이커 믹스 보드를 수정하라. 슬라이더 하나를 성공적으로 움직였는가? 예상치 못한 일이 일어났는가? 그것이 어떤 '소리'를 냈는가? 이제 삶에 장단을 맞춰 춤추기가 더 쉬워졌는가? 표현이 더 필요하다는 사실을 깨달았는가? (어쨌든 여러분은 창조적인 사람이 아니던가?) 돈이 얼마나 중요한지 확실하게 깨달았는가? (생각만큼 중요하지 않았는가?) 당신의 대답에 쾌락의 쳇바퀴가 뿌리박혀 있지는 않은가? 조언을 한마디 덧붙이면 쾌락의 쳇바퀴의 부정적인 측면은 흔히 돈의 축적과 관련이 있다. 그 길을 조심하라.

이따금 삶의 일관성이 조금씩 흐트러진다는 생각이 들 때마다 이 간단한 메이커 믹스 보드를 스스로 점검하고 업데이트하라. 고도로 바쁜 현대인의 직장 세계에서는 자칫하면 조화를 잃기 십상이다. 소크라테스가 언급한 "반성하는 삶(살 만한 가치가 있는 삶)"을 원한다면 주기적으로 점검해야 한다. 돈, 영향력, 자기표현의 메이커 믹스는 '요즘 어떻게 지내?'라는 질문에 답하는 좋은 방법이다.

역할 과제 지도를 작성하라

각 역할을 배치해 보라.

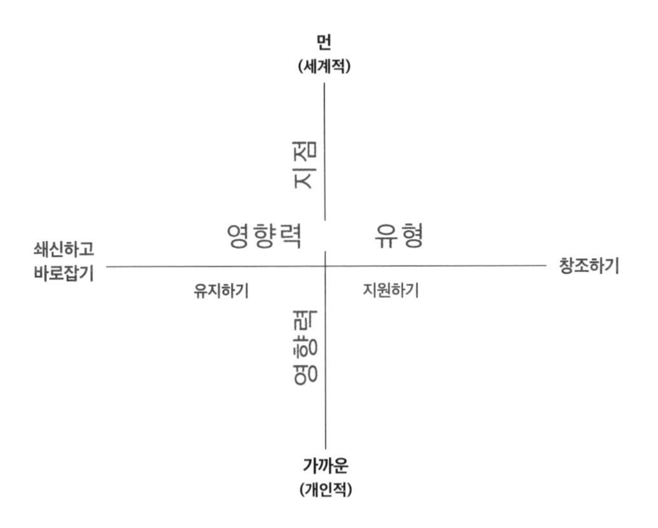

- 무엇이 눈에 띄는가?
- 이것이 어떤 통찰을 주는가?
- 이것이 어떤 질문들을 표면화시키는가?

1. 현재 수행하는 4~6가지 역할을 나열하라. 한 직무에서 여러 가지 역할을 맡을 수도 있다. 이를테면 제작 보조이자 기획자, 기업문화 위원회 임원인 사람이 있다. 현재 수행하는 중요한 역할을 모두 적었는지 확인한다. 이전에 맡은 역할까지 포함시킬 수 있다. 사실 과거에 맡았던 다른 역할을 확인하고, 그것이 어디에 속하는지 생각해 보면 좋다. 줄곧 상상했던 미래의 역할을 떠올려도 좋다.
우리는 전작에서 오디세이 계획에 완전히 다른 세 가지 버전으로 5년 후의 미래를 상상하는 과제를 이야기했었다. 오디세이 계획을 진행할 때는 영향력 맵에 있는 다른 몇 가지 개념에서 몇 가지 개별적인 역할을 반드시 포함시켜야 한다.

2. 이제 각각의 역할을 영향력 맵의 사분면 안에 적어라. 좋거나, 가장 좋은 사분면 따위는 없다. 많은 사람들이 영향력이 크고 새로운 것을 창조하는 사분면이 더 좋다고 생각하는 경향이 있으나 사실 그렇지 않다. 영향력 면에서 볼 때, 세상에서 말라리아를 근절하는 역할이 뇌 전문의보다 '더 대단하다'고 말할 수는 없다. 뇌수술을 받은 환자에게는 더더욱 그럴 것이다. 맵에서 '좋은 위치'란 없다.
가로축에서는 쇄신하기와 바로잡기, 유지하기와 지원하기, 새로운 것 창조하기를 판단한다. 세로축에서는 친밀하고 개인적인 것에서 세계적인 것으로 움직인다. 예컨대, 어떤 노숙자의 개인적인 이력을 조사하는 사례 연구자는 일대일 역할이다. 반면에 노숙자를 위한 성금을 모금한다면 그것은 세로축에서 약간 위에 위치하며 지역적인 영향력에 더 가까운 역할이다. 국제연합에 근무하며 창문도 없는 지하 사무실에서 성매매 대책을 강구하는 일은 국가적인 차원이나 세계적인 차원의 역할일 것이다. 당신에게 적합하기만 한다면 만족을 얻을 수 있는 역할이다.

우리 학생 중에 오랜 기간에 걸쳐 이런 여러 역할을 모두 경험한 친구가 있었다. 그는 (매일 커피를 마시고 싶은 개인의 욕구를 지원하는) 스타벅스 바리스타였다가, (소도시의 화재와 범죄 문제를 바로잡는) 911 구급차 배차원을 거쳐, 마지막으로 (다섯 개 도시 권역의 건강 증진 정책을 구상하는) 지역 보건정책 개발자가 되었다.

3. 자신의 여러 가지 역할을 사분면에 배치했다면[2] 다음 단계는 무언가를 발견하고(모든 변화 과정의 첫 단계는 자각이다) 자기 자신에게 다음과 같이 묻는 것이다.

- 무엇이 눈에 띄는가?
- 이 데이터에 어떤 패턴이 있는가?
- 이것이 어떤 통찰을 주는가?
- 이 과제를 진행하는 동안 어떤 질문들이 표면화되었는가?
- 나는 지금 무엇이 더 궁금한가?

이제 영향력 맵에서 어떤 종류의 역할이 내게 적합한지 파악할 수 있는가? 맵의 어디엔가 마음에 들지 않는 역할이 있지는 않은가? 예전에는 몰랐는데 이제 보니 영향력이 매우 컸음을 깨닫게 되는 다른 역할이 있을 수도 있다. 한 사분면에 싫어하는 역할이 모여 있다면 중요한 정보이니 눈여겨보라. 영향력 맵에 대해 성찰한 내용을 적어보는 것도 좋다.

사람은 정적인 존재가 아니다. 주어진 역할 속에서 성장함에 따라 욕구와 능력이 변하기 마련이다. 영향력을 인식하는 방식 또한 변한다. 이 과제에서 나타날 결과에 호기심을 갖도록 하자. 특정한 사분면에 대한 애착이 있다면(예컨대 나는 개인적/창조하기 사분면에 속하는 일이라면 모두 좋아할 것이라고 생각한다) 그 사분면에서 특정한 역할을 수행할 때 요구되는 기술에 호기심이 생길 것이다.

이 도구는 역할과 일을 그려 나가는 방식을 더욱 확실하게 이해함으로써 의미와 영향력을 경험하는 방법이다. 아울러 영향력 지점이나 변화의 정도를 바꾸어 기존의 역할을 재설계할 수 있는 방법이기도 하다.

'진짜 문제'를 찾아내는 생각 재구성 기술

우리의 일과 삶에서 벌어지는 '진짜 문제'가 무엇인지 들여다보는 연습을 하자. 극적 요소를 제거하면 문제의 크기를 줄일 수 있다. 지금부터 MAP을 제시하는 연습을 시작해 보자.

1. 해결하고 싶은 문제를 골라라. 이를테면 앞서 살펴본 '피드백 문제'처럼 직장에서 직면한 문제나 인간관계에서 발생하는 고트만의 '영구적인 문제'를 선택하면 된다. 하지만 그것이 진정한 문제인지, 한동안 발목을 잡혀 있던 문제인지부터 확인해야 하니 주의할 것!
2. 되도록 명확하게 문제를 글로 적어라. 글로 옮기는 방법은 문제에 내포된 '틀'을 이해하기에 효과적이다.
3. 문제에 어떤 편견이나 심어둔 해답, 극적 요소나 감정적 요소가 있는지 살펴보라. 쉽지 않을 것이다. 우리는 흔히 자신의 편견을 깨닫지 못한다. 이 임무를 제대로 수행하려면 철저한 솔직함과 '수용'의

자세, 어쩌면 친구의 도움까지 필요할 수도 있다.

4. 문제를 객관적으로 진술하는 것이 어려우면 친구에게 도움을 청해라. 당신의 문제 기술문을 읽어달라고 부탁해서 편견이나 심어둔 해결책, 극적 요소나 감정적인 요소를 찾는 등 MAP을 재구성할 때 도움을 받을 것이다.
5. 문제를 재구성할 때 몇 가지 아이디어가 떠오르면 '어떻게 하면 우리가……' 또는 '어떻게 하면 내가……' 라는 형태로 최대한 객관적으로 재구성하라.
6. 문제를 몇 가지 MAP으로 재구성했다면 브레인스토밍을 통해 최소한 세 가지 프로토타입을 떠올려라(다시 친구에게 부탁해도 좋다). 기준을 낮게 설정하고, 완벽하게 해결할 수 없는 문제가 많다는 사실을 인정하고, MAP을 처리할 뛰어난 아이디어를 찾아야 한다.

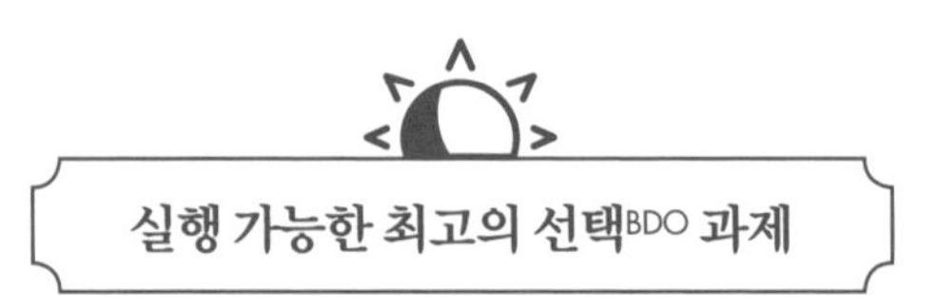

실행 가능한 최고의 선택BDO 과제

1. 해결하고 싶은 문제를 선택하라.
2. 브레인스토밍을 통해 현재 깨달은 문제의 해결책을 적어도 다섯 가지 떠올려라.
3. 브레인스토밍에서 얻은 선택방안을 검토하고, BTO와 BDO 범주로 분류하라.
4. 이제 BTO를 제거하고 BDO에 집중하라. 행동 지향성을 가지고 한 가지를 선택해 실행을 결심하라.

5. ‘어떤 느낌이 드는가?’를 스스로에게 물어라. 결정을 잠시 접어두면 다른 일에 할애할 수 있는 시간이 더 많아진다는 사실을 기억하라. 그리고 결정의 질과 결과의 질을 확실히 구별하면 다음에 무슨 일이 일어나든 자유롭게 대처할 수 있다.

과정을 계속 진행하며 문제를 MAP으로 작성하고 BDO에 대처하라. 이런 방식으로 문제를 처리하는 데 익숙해지면 좋은 일에 할애할 시간이 더 많아지고, 주의를 기울일 가치가 없는 문제를 고민하는 시간은 줄어들 것이다.

월요병을 극복하는 가장 쉬운 방법

1. 압박감을 느끼는가? (예/아니요)

끊임없이 압박감을 느끼는지 스스로에게 물어보라. 매 순간 압박감에 시달리는가? 아니면 이번 일주일만 힘들었는가? '예'라고 답했다면 계속하라. '아니요'라고 답했다면 플라스틱 원반을 던지며 놀거나 반려견과 함께 산책하라. 여러분은 그럴 만한 자격이 있다.

2. 번아웃 상태인가? (예/아니요)

번아웃 진단 설문지를 작성해 번아웃 상태인지, 아니면 단순히 압박감을 받고 있는지 확인한다. 번아웃으로 향하고 있다고 생각되면 책을 내려놓고 즉시 번아웃 전문 치료사를 찾아서 도움을 받아라. 번아웃이 아니라면 이 과정을 계속 진행하라.

3. 본인이 느끼는 압박감의 형태를 선택하라

히드라·행복·과잉 압박감의 특징을 살펴봐라. 어떤 압박감이 자신의 상황에 해당되는지 판단하고 출구를 설계하라.

'덜어내는 것이 더 좋다' 목록

생략하거나 위임하거나 재협상할 수 있는 '덜어내는 것이 더 좋다' 목록을 작성하라. 행복 압박감과 히드라 압박감의 경우, 목록을 실행하는 방식은 사뭇 다르지만 목표는 동일하다. 즉 무언가는 계속되어야 한다. 목록을 만들어라.

상사나 동료와의 협력 계획

히드라 압박감에 빠져 있다면 다시 구제책을 협상해야 한다. 아마 상사와 먼저 협상해야 할 것이다. '덜어내는 것이 더 좋다' 목록의 상위에 있는 항목과 상사의 도움을 받아낼 수 있는 최선의 방안을 확인한 다음, 협상 면담을 진행하라. 행복 압박감에 빠져 있다면 동료에게 일을 위임할 수 있다(매력적인 일일수록 위임받을 사람 찾기가 쉽다). 누구에게 무슨 일을 위임할지 계획을 세워라. 그런 다음 면담과 위임 과정을 계획하라(무언가를 내놓기 위해 몇 단계를 거쳐야 할 수도 있으나 포기하지 마라. 결국 효과를 거둘 것이다).

지금 당장 실행하기

훌륭한 실행을 대체하는 것은 없다. 상사나 동료와 함께 시작해서 세부 요소를 빠짐없이 실행하라. 그러면 이내 뿌듯해질 것이다.

과잉 압박감 해결법

재구성 하기

(지금 당장은) 큰 대가를 치르더라도 상황을 최대한 활용하며 재구성할 방법을 모색하라. 친구나 동료, 배우자의 도움이 필요할 수도 있다.

더 효과적인 스토리텔링

현재 상황을 장점으로 재구성하는 새로운 스토리를 만들어라. 데이브의 사례를 참고해서 250자 미만으로 새로운 스토리를 작성해 보도록 하자. 2주 동안(다시 말해 현실로 실현될 때까지) 매일 아침 자신에게 큰 소리로 읽어줘라.

협상

과잉 압박감의 재구성이 효과를 거두려면, 다른 사람들이 어떤 양보를 해야 하는지 파악해야 한다. 과잉 압박감은 십중팔구 가장 가까운 사람들에게 가장 큰 영향을 미칠 것이다. 상황을 재구성하고 가까운 사람들의 도움을 받아 새로운 스토리를 만들어라. 그렇게 하면 성공 가능성이 높아진다. 이들이 내놓을 수 있는 문제와 불만 사항에 대비하

라. 방어적인 태도를 취하지 말고 모든 사람에게 효과적인 스토리를 만들어라.

점검

6~8주가 지난 후에 과잉 상황에서 영향을 받는 가장 가까운 파트너들과 함께 점검 면담을 가지고 "어떻게 지내느냐?"고 물어라. 그러면 이 과정이 모든 사람에게 효과적인지 확인할 수 있다. 효과적이라면 계속 진행한다. 그렇지 않다면 업데이트해야 할 요소(재구성이나 스토리, 협상)를 파악하고 수정하라. 그리고 과잉 압박감에서 벗어날 수 있는 변화를 실천한다. 과잉 압박감에 오랫동안 머물고 싶은 사람은 없다.

지금 하는 일이 내게 맞는 일일까?

다음은 중요하고 의미 있는 직무나 일과 관련하여 자신의 현재 위치를 가늠할 수 있는 간단한 점검표다. (지금까지 거친) 다양한 직무에 관한 설문지를 작성해 보자. 무급이라도 합당한 일을 했다면 '직무'라고 할 수 있음을 잊지 마라. 무급 직무에 대해서도 점검표를 작성하라. 그러면 당신에게 삶의 어떤 부분이 의미와 열정을 제공하는가에 대한 정보까지 얻을 수 있다.

직무기술서: ____________________

당신이 지금 하는 일에 대해 다음과 같은 문장에 대체로 동의하거나(예) 동의하지 않는지(아니요)를 평가하라.		
설문	예	아니요
1. 일을 하면서 즐겁지 않은 날이 거의 없다.		
2. 일은 내 경력의 여러 가지 디딤돌 중에 하나이며, 이 일을 훌륭하게 수행해 장차 더 좋은 기회를 얻고 싶다.		
3. 처음 시작할 때에 비해 일에 대한 관심이 더 많아졌다.		
4. 일에서 내 소명을 찾거나 더 가까워질 수 있으리라고 생각한다.		
5. 일을 하면서 새로운 것을 배우는 것이 즐겁다.		
6. 일하다가 차질이 생겨도 낙담하거나 쉽게 포기하지 않는다.		
7. 일과 삶의 목표 세우기를 좋아하며, 일을 통해 내 목표를 성취한다.		

8. 내가 생각하는 가장 바람직한 방식으로 일을 수행할 자율성이 있다.		
9. 일을 하면서 동료들과 협력하는 것이 즐겁다. 이것이 이 일의 최대 장점이다.		
10. 더 발전하기 위해 노력하고 있다. 언젠가 이 일의 모든 요소를 익히고 다음 단계로 점점 발전할 것이다.		

점검표 채점하기

'예'라는 답변을 1점으로 채점한다.

- 1~2점: 당신은 지금 생계를 위해 일하고 있다. 일은 그저 '일'일 뿐이다.
- 3~4점: 자신의 일을 즐기고 있으며 아마 한 가지 분야에서 일하고 있을 것이다.
- 5~6점: 그릿이 점점 강해지고 있으며, 자신이 소중하게 여기는 일을 하고 있다.
- 7~8점: 자신의 소명을 이미 찾았을 것이다.
- 9~10점: 훌륭하다! 당신의 일과 삶이 내 것이면 좋겠다.

당신은 무엇을 할 수 있는 사람인가

이는 매우 단순하며 흔히 놀라운 통찰력을 얻을 수 있는 과제다. 2×2표를 그리고 아래와 같이 각 사분면에 IA, NIA, INA, NINA라고 이름을 붙여라.

직장에서 마주한 현재진행형의 문제(이를테면 피트의 병원 EMR 프로젝트)를 생각하고, 박스 왼쪽에(주변인까지 포함해서) 해당 문제와 관련된 모든 사람의 이름을 떠올려라. 그런 다음 각 사람의 영향력과 권위에 해당하는 사분면에 이름을 적어라.

그러면 모든 사람을 '권력지대'와의 관계를 기준으로 분류할 수 있다. 그런 후에 다음과 같이 스스로에게 물어라.

1. 무엇이 눈에 띄는가?
2. 예상과는 다른 사분면에 속한 사람이 있는가?
3. 사람들을 사분면에 배정할 때 어떤 정보가 필요한가?

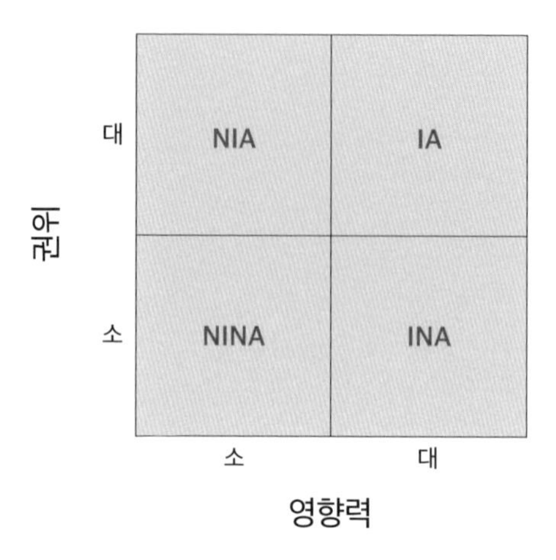

대개 NINA에서 인플루언서를 골라내고, 각기 다른 모든 사람의 정치적 위치에 대한 명확한 정보를 구하면 조직의 운영방식과 결정권자에 대한 강력한 통찰을 얻을 것이다. 그러면 그것이 앞으로 할 일(그리고 하고 싶지 않은 일)을 명확히 알려줄 것이다.

꿈의 직장을 만드는 네 가지 전략

1. 네 가지 전략 중 한 가지를 선택해 250자 분량의 짧은 스토리를 작성하고, 현재 직무의 성공적인 재설계를 설명하라.
   - 재구성
   - 리모델링
   - 재정착
   - 재창조

아래에 여러분의 스토리를 적어보자.

2. 세 명의 친구와 스토리를 공유하라. 새로운 일자리를 구하기 위한 몇 가지 새로운 아이디어의 프로토타입을 만드는 중이라고 설명하면 된다. 그런 다음 스토리를 읽어 내려가라. 그냥 읽어라. 사족을 붙이지 마라.

   "어…… 이게 그리 좋지는 않는데. 그리고 네가 좋아할 것 같지는 않지만……"

   이런 말은 접어두고 그냥 자신감을 가지고 읽어라.

3. 친구들의 반응을 적고 비교하라.
4. 이 계획에서 배운 내용을 잠시 성찰하라.
5. 그런 다음 행동할 준비가 되었다고 생각되면, 호기심을 가지고, 사람들과 이야기를 나누고, 시도하고, 선택한 직무나 경력에 관한 새로운 스토리를 전하라.

이제 여러분의 새로운 스토리를 적어보라.

____

____

____

____

____

____

스토리 평가하기

다음과 같은 척도로 당신의 스토리를 평가하라.

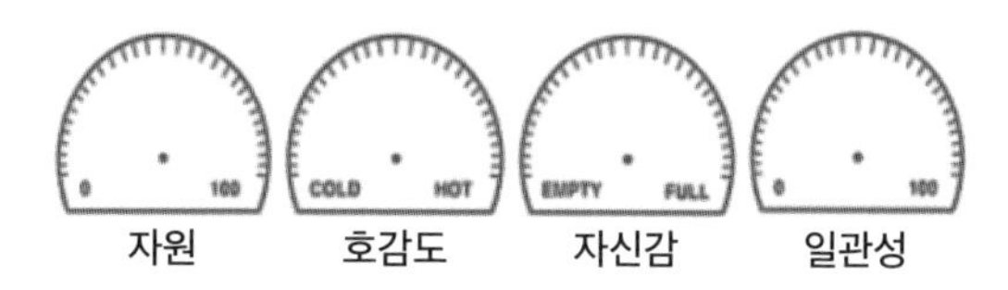

아래에 성찰한 내용을 적어보라.

다시 돌아와도 민망하지 않을 최고의 퇴사법

1단계: 퇴사 상상하기

이는 체계적인 상상 과제로, 퇴사할 시점에 어떤 기분일지 알아보는 동시에 현재 직무에서 내가 좋아하는 요소와 그렇지 않은 요소를 이해할 수 있다. 나아가 결국 회사를 그만둘지 말지를 결정할 때 도움이 될 수 있다.

- 모든 가능성이 완전히 고갈되어 버렸기에 회사를 그만둔다고 상상한다.
- 현재 수행하는 모든 업무를 담아 직무기술서를 작성한다. 해야 할 업무와 실제 하는 업무를 포함시켜야 한다. 당신이 맡고 있는 모든 책임 업무를 총괄해서 목록을 작성한다.
- 이 가운데 다른 사람에게 위임할 만한 일이 있는지 살펴본다. 있다면 지운다.
- 남은 업무에서 좋아하지 않는 일이 있는지 살펴본다. 있다면 지우도

록 하자.

- 목록에 남은 업무를 살펴본다. 직무기술서에서 남은 항목은 내가 좋아하는 일뿐이다. 이것이 내 핵심 직무기술서다.
- 앞으로 시간과 교육, 지원이 제공되면 하고 싶은 새롭고 가치 있는 일을 목록으로 작성한다. 이를테면 조직에 보탬이 되는 일을 하고 싶거나 새로운 것을 배우고 싶을 것이다.
- 목록을 다시 편집한다. 이는 '새로운' 핵심 직무기술서다. 현재 가진 기술과 새로운 관심사를 중심으로 설계한 목록이다. 현재 직무에 맞춘 것이 아니라 내가 원하는 것이어야 한다.
- 환상 속의 직무기술서가 되어서는 안 된다.
- 상상의 직무 재설계를 끝내고 하루 정도 지나서 다시 읽는다. 직무기술서에 일관성이 있는가? 이때 직무기술서에는 현실성이 있는 직무를 묘사하고 있어야 한다.
- 새로운 직무기술서에 맞는 일을 구할 수 있다고 상상한다. 구체적으로 상상하면서, 이 일을 위해 현재 일을 그만두면 어떤 기분일지 느낄 수 있어야 한다. 그런 다음 실제로 새로운 일을 구하기 위한 단계를 진행한다고 상상하라.
- 이 단계들을 목록으로 작성한다.

이 상상 과제가 왜 효과적일까? 상상 속에서나마 '더 좋은 일로 나아가는 퇴사자'의 역할을 맡으면, 현재 맡은 직무의 현실을 좌지우지하는 제약으로부터 자유로워질 수 있다. 이런 제약은 분명 당신의 상상을 가로막는다. 대신 회사를 옮긴다고 상상하면 창의성이 발휘된다. 게다가 새로운 직무기술서에 마음에 드는 아이디어가 있을 경우 프로토타입을 만들어 현재 직장에서 시험할 수 있다.

어떻게 하면 새롭게 배우고 싶은 것, 나뿐만 아니라 상사까지 덩달아 행복해질 만한 프로토타입을 만들 수 있을까? 프로토타입을 만드는 법은 아래와 같다.

- 새로운 직무기술서에서 다른 사람에게 위임한 책무에 대해 동료 몇 사람과 브레인스토밍을 진행한다.
- 좋아하지 않는 일에 대해 상사와 대화를 나눈다. 이런 일을 하지 않음으로써 효율성을 높일 방법에 대해 상사와 함께 브레인스토밍을 진행한다.

가능성이 있는 미래를 상상함으로써 새롭게 얻을 수 있는 직무에 내 신체와 감정이 어떻게 반응하는지 깨닫게 될 것이다. 실제로 직장을 떠나기 전에 미리 후회를 경험하거나 아니면 퇴사 문제를 재고할 기회를 얻을 수 있다. 아울러 그 경험에서 당신은 무언가를 배울 것이다.

현실에서 회사를 그만두기 전에 이런 상상의 재설계를 진행해 보라. 이는 해결책을 제한하는 실세계가 없는 환경에서 창의력을 재가동시키고 현재 수행하는 일을 재설계하는 참신한 방법이다. 거의 어김없이 자신에 대해 새로운 사실을 깨닫게 될 것이다.

2단계: '잘 그만두기' 계획서

퇴사하기로 결정했다면 실제로 직장을 떠나기에 앞서 '잘 그만두기' 계획을 세워라. 앞서 설명했듯이 훌륭한 '생성적 퇴사'는 다음의 네 단계로 구성된다.

퇴사 전략을 체계화하는 템플릿을 작성하라. 계획서는 마음껏 수정해도 좋다(퇴사는 역동적인 상황이기 때문에 시시각각 상황이 변할 수 있다). 그러나 달성해야 할 중요한 임무와 유지해야 할 중요한 관계가 있음을 명심하라. 당신의 퇴사 프로젝트를 체계적으로 관리해야 한다.

1. 뒷정리하기

동료 직원과 부하 직원을 목록으로 작성하라. 어떻게 하면 이들이 내 퇴사에서 긍정적인 영향을 받을 수 있을지 궁리한다. 그런 다음 상사를 찾아가 이들의 성과를 칭찬한다. 이타적인 태도로 내가 가진 정치적·사회적 자본을 나누어 준다. 이 자본은 다음 직장까지 나를 따라오지 않는다.

직원 ______ 긍정적인 결과 ______

직원 ______ 긍정적인 결과 ______

직원 ______ 긍정적인 결과 ______

직원 ______ 긍정적인 결과 ______

2. 관계망 향상시키기

떠나기 전에 직장에서 우호적인 관계를 맺고 있는 사람과 연락처를 목록으로 작성하라.

이름 ________ 연락처 _____

이름 ________ 연락처 _____

이름 ________ 연락처 _____

이름 ________ 연락처 _____

떠나기 전에 만나고 싶은 사람들을 목록으로 작성하고 커피 마실 시간을 정하라.

이름 ________ 시간 _____

이름 ________ 시간 _____

이름 ________ 시간 _____

이름 ________ 시간 _____

3. 후임자가 잘 적응하도록 돕기

당신이 떠난 다음, 직무를 인수할 사람을 위해 간편 참고 매뉴얼을 작성하라. 다음 목록과 섹션을 고려하여 필요하면 추가하거나 제외시킨다.

- 정기적인 회의와 활동, 보고(구체적인 예와 템플릿, 일정을 포함시킨다)
- 핵심적인 동료와 조력자의 목록(이름, 직책, 이메일, 전화번호)
- 현재 진행 중인 핵심 사안과 대처해야 할 문제(한 페이지에 하나씩 적고 메모할 수 있는 공간을 남긴다)

- 관리하지 않으면 다시 불거질 수 있는 고질적인 문제의 목록(관리해야 할 문제와 지속적으로 필요한 관리를 포함시킨다)
- 일상적인 직무 기능을 위한 절차
- 구할 수 있으면 회사 문서를 참고한다.
- 다른 문서에 기록되지 않은 핵심 조치의 요약 절차를 작성한다.
- 모든 부하 직원의 인사 기록 요약서. 그들이 뛰어난 직원인 이유를 적어주면 좋다. 특히 아직 미결 상태인 승진과 공로 인정, 진행 중이던 경력 개발 프로젝트 등(그들과 함께 시작했던 일을 끝낼 수 없으니 그들의 미래에 주의를 기울인다)을 요약해 두자.

4. 보기 좋게 퇴장하기

퇴사에 관해 긍정적이고 짧은(100자 미만) 스토리를 작성하라. 사직을 발표한 다음에 사람들에게 전달할 스토리를 기억하기 쉽게 쓰면 된다. 이때 아래의 세 가지 요소를 반드시 포함시킨다.

- 새로운 기회의 긍정적인 요소(새 회사의 긍정적인 요소를 언급하지 않는다. '더 크게 보이는 남의 떡' 이야기를 듣고 싶은 사람은 없다. 보편적인 것이 아니라 개인적인 요소로 만든다)
- 옛 직책의 긍정적인 요소(분명히 있을 테니 찾아보라)
- 남아 있는 사람들의 긍정적인 요소(금방 떠올라야 한다)

계획서를 손에 넣었다면 이제 퇴사 과정을 시작할 수 있다. 빌이 애플을 떠날 때처럼 1년이 걸리지는 않겠지만, 이 프로젝트에 2~6개월을 할애할 계획을 세워라. 시간을 가지고 퇴사 과정을 잘 진행하라. 비록 나는 현재 직장에서 단기 체류자이지만 내 경력은 장기전임을 명심하라. 항상 전문가로서 평판을 쌓고 관계망을 형성하라. 내가 원하는 곳이라면 어디든 가져갈 요소들이다.

뼈가 되고 살이 되는 이직의 기술

1. 자기 자신에게 긴 연휴를 선사하라. 진심으로 좋아하는 일을 하면서 재충전하고, 구직의 새로운 시즌을 시작하라. 최소 3개월, 최대 6~9개월 동안 이 프로젝트에 대해 열심히 알아보고 속도를 조절하라. 이것은 단거리경주가 아니다.
2. 가져가기Make a Take It with Me 목록을 작성하라. 현재 직장에서 근무하는 동안 얻은 모든 자산을 목록으로 작성하면 된다. 배운 것, 최고의 경험, 어려운 도전, 사람, 관계, 개인적인 성장, 성과, 뚜렷한 장래 목표, 신뢰 형성 등 모든 유형의 요소를 빠짐없이 나열하라.
3. 거주지 근처의 관심 있는 경력 분야라면 무엇이든 읽어라. 어떤 일이 일어나고 있고, 어떤 기업이 선두를 달리고 있으며, 누가 무엇을 하고 있는지 파악한다.
4. 관계망과 접촉해서 소개를 받고 '스토리 면담 구하기'를 하면서 현재 업계에서 회자되는 흥미 있는 관련 주제에 대해 프로토타입 대화를

나눠라. 이를테면 링크드인LinkedIn에서 커피를 함께 마시고 싶은 사람들을 찾는다. 하지만 일자리는 부탁하지 않는다. 여러분이 그들에게 관심을 가진다는 사실에 그들은 깊은 감명을 받을 것이다.

5. 대화를 나누며 즐겨라! 배우는 것 자체를 즐거움이자 보상으로 만들어라.
6. 가치 있는 새로운 일자리를 찾을 때까지 과정을 반복하라.
7. 과정을 진행하는 동안 현재 직장에서 업무를 계속 훌륭하게 처리하라. 확실하게 마무리하고 확실하게 시작하라.

더 많은 고객을 모으는 전략 소통법

고객

	이용 전	이용 중	이용 후
활동			
감정			
마법의 순간			

템플릿을 참고해 컨설팅 아이디어와 잠재고객을 위해 만들고 싶은 경험의 여정 지도를 만들 수 있다(우리 웹사이트 www.designingyourwork.life에서도 다운로드할 수 있다). 이때 반드시 세 가지 요소(경험과 감정, 마법의 순간)를 포함시켜야 한다. 부족하다

면 종이를 옆으로 돌리거나 더 큰 종이를 사용해도 좋다(이런 지도는 대개 길어진다). 세부 정보를 되도록 많이 포함시키고 서비스나 경험의 이용 전, 이용 중, 이용 후를 묘사한 지도를 작성하라. 그런 다음 여정을 따라가면서 여러분이 제공하는 상품을 특별하게 만들 수 있는 마법의 순간을 찾아라!

나만의 워라밸을 지키는 사람들의 비밀

일정표를 꺼내 다음과 같은 사항을 수정하고 관찰하라. 무의미하게 반복되는 일상을 끊어낼 가장 간단한 기술은 '리추얼'이다. 당신의 의지로 습관을 만들고 출퇴근을 위한 리추얼을 만들어라. 이를 일정표에 적고 일과를 시작하고 멈추는 순간마다 사회적·물리적 조치를 반드시 함께 생각해야 한다.

'시작하기'와 '멈추기'뿐만 아니라 현재 사용하는 일정표에 회의시간, 방해받지 않는 근무시간, (동료나 가족, 친구와) 교류하는 시간, 신체활동 및 운동시간을 표시하라.

일정을 계획하지 않으면 행동에 옮기지 못할 것이다.

특히 신체활동과 운동의 어떤 면에서 균형을 잃었는지에 주목하고, 일정을 한두 가지 수정한 다음 어떤 느낌인지 관찰하라. 기준을 낮게 설정해야 한다는 사실을 잊지 마라. 예컨대 단계처럼 측정이 가능한 작은 것들부터 바꾸어야 한다. 5,000보 걷기가 너무 거창한 목표라면 2,000보도 좋다. 중간 속도로 걸으면 약 20분 정도 걸린다.

대부분의 임무를 수행할 수 있을 때까지 일정을 계속 조금씩 변경하라. 일의 리듬이 마음에 들 때까지, 늦게까지 일하지 않아도 될 때까지 말이다. 낮에 개인적인 시간이나 아이들과 지낼 시간을 계획해도 무방하다. 아이들이 잠자리에 든 이후, 즉 대부분의 가정에서 매우 생산적이고 몰입해서 일할 수 있는 시간대로 업무시간을 옮길 수 있다. 어쨌든 매주 여러분의 욕구를 충족시키는 일과 삶을 계획할 수 있는 새로운 자유를 십분 활용하라.

고객부터 상사까지 모두를 사로잡는 PT의 기술

말하고 싶은 바를 분명히 하라

예전 프레젠테이션을 꺼내 그 구조를 살펴보라. 십중팔구 강조 사항을 나열한 목록에 지나지 않을 것이다. 어떤 논리적인 순서에 따라 한데 묶었을지도 모르지만 스토리로 구성하지는 않았다. 그래도 괜찮다. 그것이 출발점이다. 이제 30분 정도 시간을 내어 다음과 같은 원칙을 중심으로 재설계해 보자.

- 모든 프레젠테이션은 스토리를 전한다. 일곱 가지 플롯 가운데 어떤 것이 프레젠테이션의 정보를 체계화하기에 가장 적합한가?
- 청중에게 전달하고 싶은 세 가지 요점은 무엇인가? 그들이 무엇을 얻고 기억하기를 원하는가?
- 어떻게 세 가지 요점을 강조하고 명확히 전달할 것인가? 지난번 슬라이드에서 같은 요점을 반복하지는 않았는가?
- 슬라이드를 30퍼센트, 단어를 50퍼센트가량 줄여야 한다. 어떤 부

분에서 세 가지 요점을 요약하고 명확히 밝혀 불필요한 부분을 없앨 수 있는가? 또한 여러 단어를 이미지나 도표, 그림으로 대체해서 청중이 슬라이드의 글자 읽는 일을 줄일 수 있는가?

- 스토리는 어떻게 구성되었는가? 시작과 중간, 끝은 어디이고, 혹시 단순히 이런 순서로 구성되어 있지 않은가?
- 슬라이드는 어떻게 보이는가? 계획대로 디자인되었는가? 고화질의 선명한 그림과 사진을 넣었는가? 적절한 글꼴을 사용했는가? (글꼴에 대해 배우고 싶지 않고 배우기가 너무 어렵다고 느끼는 사람에게 도움말을 전하자면, 그냥 헬베티카Helvetica 폰트를 선택하라. 거의 모든 컴퓨터에 이 글꼴이 있는 데다가 깔끔하고 선명해서 전달력이 좋다. 제목에는 굵은 활자, 나머지 글에는 일반 활자를 사용하고 강조가 필요하면 색상을 이용하라. 그러면 세부 사항을 선택할 만한 여유가 없는 경우 유용하다.)

그런 다음 새 프레젠테이션을 다섯 번 연습하고, 적어도 한 번은 연습 장면을 촬영하여 친구와 함께 시청하라. 이때 친구가 세 가지 요점을 골라낼 수 있는지 지켜보자. 만일 그렇지 않다면 다시 디자인해야 한다. 이 원칙을 따르면 프레젠테이션에 미치는 영향이 얼마나 커지는지, 그리고 사람들이 여러분의 아이디어에 얼마나 더 집중하는지 깜짝 놀랄 것이다.

이 과정의 핵심은 공헌에 대한 인정을 받는 것이다. 6장에서 정의했듯이 사내 정치에 관한 한 '인정'이 가장 중요하다.

나오며
나만의 일의 철학을 세운 사람들은 어떻게 되었을까?

이제 우리는 또 한 권의 책을 끝냈다. 여러 가지 새로운 도구와 개념을 다루었지만 우리가 전하는 핵심 메시지는 동일하다. 여러분은 모두 자신의 삶을 스스로 창조하는 디자이너다. 매일매일을 어떻게 보내는지가 당신의 인생을 결정한다. 당신은 그 어떤 것에도 발목을 잡히지 않을 것이다. 어쩌면 이따금 멈출 수 있겠지만 발목을 잡히는 일은 결코 없다.

빌과 데이브는 스탠퍼드 지역의 영원한 명물인 동네 맥주집 조츠Zotts에서 처음 만나 맥주 몇 잔을 기울이며 지금은 세계적으로 확산된 '디자인 유어 라이프' 운동을 구상했다. 이때 빌은 당연한 이야기를 했다.

"알다시피 양질의 의미 있고, 일관성 있고, 즐거운 삶을 그려나가는 법에 가르친다면 우리가 선택할 수 있는 길은 두 가지뿐이야. 학생들의 요청을 모두 들어주거나 학교에서 제일가는 위선자로 바뀔 위험을 무릅써야 해."

그날 이후 우리는 우리가 가르치고 글로 쓰는 개념과 도구를 열심히 조사하고 개발했으며, 가르치는 내용을 몸소 실천하고자 더욱 정진했다.

사실 자신의 인생을 그려 나가는 일은 살면서 끊임없이 진행되는 일이다.

이 책을 마무리하고 다음 단계의 인생 프로토타입을 만들 때, 우리는 앞으로 무슨 일이 일어날지 모른다는 것이 오히려 최고의 선물임을 배웠다. 그렇기 때문에 삶이 흥미롭고 설레고 무한대로 매력적인 것이다.

이따금 우리는 실패하거나 한 걸음 물러나거나 처음부터 다시 시작해야 한다. 하지만 디자인 씽킹을 실천한다면 나아갈 길이 있으니 실패에 상처받지 않는다. 그리고 이따금 우리는 성공한다. 때로는 상상하지 못했던 만큼 큰 성공을 거두어 고마움을 잠시 잊고 삶을 마냥 즐길 때도 있다.

이따금 행복해지기 위해 약간의 허가가 필요한 때가 있다. 이를테면 빌은 스탠퍼드에서 맡은 직무뿐만 아니라 화가로서의 삶과 아내와 가족과 함께하는 삶을 병행하기 위해 지속적으로 재설계한다. 데이브는 올바른 사고방식을 유지하고자 노력하는 한편, 세상에 미칠 공적인 영향과 자라나는 손자들에게 미칠 개인적인 영향을 생각해 인생 계획을 지속적으로 조정한다. 우리는 모두 저마다 충분히 훌륭한 것에 초점을 맞추고자 적극적으로 노력한다. 그러나 인생이 끊임없이 변화함에 따라 우리의 스토리 또한 덩달아 끊임없이 변화하고 있다. 이 책에서 소개했던 사람

들(실제 사람들)의 스토리도 끊임없이 진화하고 변화한다.[1]

앞에서 언급한 보니는 고용 세계에서 여기저기 옮겨 다니다 마침내 자신이 무엇을 찾고 있는지 명확히 깨달았다. 문제는 그녀의 메이커 믹스가 제대로 작동하지 않는다는 점이었다. 그녀는 자신의 생각보다 '영향력 만들기'를 훨씬 높게 평가하고 있었다. 이상주의적인 밀레니얼 세대로서 세상을 바꾸기 위해 노력하는 것은 괜찮지만, 이 때문에 약간 이성을 잃는 것이 문제였다.

그녀는 자신이 원하는 만큼 세상에 영향력을 발휘하지 못해 속이 상했다. 하지만 혼자만의 시간을 가지고 최소 조치 가능 문제를 중심으로 구직활동을 재구성하고, 줌인하고, 극적 요소를 모조리 빼버렸다. 그러자 어느 정도 안정성(돈 벌기)과 창의성(자기표현)이 영향력 못지않게 중요해졌다. 마침내 그녀는 중간 규모의 기업(그녀의 현재 믹스에서 스타트업은 너무 위험했다)에서 소셜 미디어 마케팅을 관리하는 꽤 창조적인 일자리를 발견했다. 확실히 천직이라기보다는 그냥 직업에 가까운 일이다. 현재 그녀는 여유 시간에 요가 강사 교육을 받으면서 의미 만들기와 사회적 관계를 형성하고 있다. 적절히 균형을 맞추고 있기 때문에 지금은 충분히 훌륭하다고 느낀다.

우리의 미드커리어 판매 관리자이자 토킹헤즈의 팬인 루이스를 기억하는가? 그는 현재 자신의 직무를 재설계하고 스트렝스파인더에서 찾은 자신의 강점을 최대한 발휘한다. 그 결과 자율성을 더 많이 누리는 동시에 새로운 직무에 필요한 기술을 즐겁게 익히고 있다.

권태로움에 시달리던 우리의 의사 선생님 마리는 의학계를 떠나기로 결심했다. 의사라는 정체성이 어린 시절부터 자신을 정의했던 '스토리'의 일부였기에 그녀로서는 여간 힘든 결정이 아니었다. 하지만 그녀에게 '의사 스토리'는 더 이상 의미가 없었다.

지금의 그녀는 다음 단계의 프로토타입을 만들면서 설렘과 떨림을 느낀다. 메이커 믹스 과제를 마친 마리는 자신이 '자기표현' 영역을 의외로 높이 평가한다는 사실을 발견했다. 그래서 의사보다 자신의 창조적인 면을 살릴 수 있는 일을 찾기로 결심했다.

이처럼 일과 삶을 재설계하려면 이 책에 소개된 수많은 과제와 실습을 종합적으로 활용해야 한다.

우리가 스탠퍼드에서 만난 학생, 동료, 클라이언트, 독자, 그리고 당신까지……. 강연장과 책에서 만난 모든 사람들이 계속해서 앞길을 설계하고 창조하고 있다. 당신을 포함해 이 수많은 사람과 삶과 일에 대해 중요한 대화를 나눌 수 있는 것은 우리에게 더할 나위 없는 영광이다. 누군가가 만족스럽고 즐거운 삶을 그려 나가도록 도우면 그야말로 삶에 활력이 넘친다. 당신도 이런 운동에 동참해 보라.

우리가 펴낸 두 권의 책이 존재하는 이유는, 사람들이 잘못된 믿음에서 벗어나 더 나은 삶을 향해 움직일 수 있는 효과적이고 실행 가능한 아이디어를 원하기 때문이다. 이 책이 당신의 인생에 보탬이 된다면 우리에게는 진심으로 감격스러운 일이다.

우리 독자들(날로 성장을 거듭하고 있으며, 이제 여러분까지 동참한 라이프 디자이너 공동체)은 잘못된 믿음의 사례를 실제로 줄이는 데 성공했다. 묵묵히 삶을 설계하고 자신의 스토리를 전달해 친구와 가족, 직장, 문화 전반에 진정한 변화를 촉진시킨 결과다.

만일 당신이 이런 방식으로 효과를 거두었다면, 자신의 경험담을 다른 사람들과 공유하면 어떨지 모쪼록 생각해 보기 바란다.

우리는 대개 직장에서 경험하는 좌절과 압박감, 비몰입, 번아웃을 개인의 문제라고 여긴다. 무언가 잘못되면 그것이 자신이나 직장, 상사나 다른 사람의 잘못이라고 생각한다. 사실 이런 문제들은 개인만의 문제가 아니라 사회와 세계의 문제다.

직장 비몰입이 유행병처럼 번짐에 따라 업무문화가 더 이상 제대로 작동하지 않는다. 그것은 조직이 잘못된 믿음으로 가득하기 때문이다. 생산성과 성과, 나아가 전 세계에 큰 손실이 아닐 수 없다. 이로 말미암아 쓸데없고 목적의식마저 결여된 일이 무척 많다. 해결해야 할 진정한 문제와 직면해야 할 진정한 도전이 존재한다. 우리는 개인과 조직, 사회에 기여하도록 업무문화를 변화시켜야 한다. 업무를 재구성하고 그 재구성 개념을 공유함으로써 더 큰 의미와 영향력을 창조하는 데 이바지할 수 있다.

우리가 아무리 많은 사람을 돕더라도 한 개인이나 집단으로서 우리의 임무는 결코 끝나지 않는다. 하지만 많은 사람이 더 큰 삶의 즐거움과 목적(더 큰 영향력과 의미, 그리고 더 많은 돈)을 찾을 것이다. 부디 당신이 이 책을 통해 행복한 인생으로 거듭나고, 나아가 많은 사람을 도울 수 있기를 바란다.

당신의 인생 설계는 평생 동안 끝나지 않는다. 인생은 결코 완벽해지지 않을 테니. 하지만 그래도 훌륭하다. 때로는 매우 훌륭하다. 우리가 확신하는 진리는 이것이다. 일에 집중하지 못하고 시간만 버리기에는 인생이 너무 짧다. 삶에 몰입하지 않기에는 삶이 무척 소중하다.

감사의 말

수많은 경이로운 사람의 도움이 없었다면 이 책은 빛을 보지 못했을 것이다.

우리의 작가, 최고의 참회자, 문학적 양심, 묵묵한 경청가인 라라 러브는 우리에게 목소리를 찾아주고, 우리가 계속 하나의 목소리로 이야기하는지 믿음을 가지고 계속 지켜봤다. 그녀의 노고가 없었다면 이 책은 결. 단. 코. 탄생하지 못했을 것이다.

우리의 편집자 비키 윌슨은 우리에게 이렇게 말했다.

"이건 단순한 책이 아니에요. 하나의 운동입니다. 두 분은 그냥 이 일을 계속해 나가면 됩니다. 그러니 다음 책을 꼭 쓰셔야 해요."

우리는 그녀의 말을 따랐을 뿐이다. 우리가 어떤 책을 써야 할지 그녀가 말해줬다. 좌절한 모든 직장인을 위한 책 말이다. 그녀는 모든 사람과 이야기를 나누어야 한다고 힘주어 말했다. 쉽게 말해 그녀는 편집자의 역할을 훌륭하게 수행했다. 이전과 다름없이. 4년 전, 그녀가 '달링……'이라고 말문을 여는 순간 우리는 마음을 빼앗겼고 지금도 여전히 그렇다.

우리 대리인이자 홍보 담당자, 출판계의 안내자인 더그 에이브러햄은 이 마법의 카펫으로 떠나는 여행을 기획한 장본인이며, 우리에게는 지금도 호리병 속의 지니 요정이다. 거창한 아이디어를 의미 있는 방식으로 세상에 내놓는 비범한 그의 능력에, 우리는 기쁜 마음으로 우리를 기꺼이 내맡기기로 했다.

또한 더그는 마시 에이전시의 멋진 국제 팀, 카밀라 페리어와 젬마 맥도나와 애브너 스타인의 영국 팀, 캐스피언 데니스와 샌디 바이올렛을 소개해 주었다.

포피 햄슨과 빈티지Vintage의 영국 팀원 모두의 지대하고 헌신적인 관심에 감사한다. 선인장을 보는 순간 우리는 여러분에게 마음을 빼앗겼다.

비상한 미디어 전문가 사바나 피터슨에게 감사한다. 모든 운동은 공동체에 의해 주도되며, 공동체는 저절로 생기지 않는 법이다. 누군가가 있어야 한다. 우리에게 '누군가'는 우리의 소중한 사바나다. 그녀는 이 작품의 진정한 신봉자이며 세계적인 기폭제다.

킴 인제니토와 그녀가 이끄는 펭귄 랜덤하우스 스피커스 뷰로Penguin Random House Speakers Bureau 팀에게 감사한다. 지금껏 우리는 여러분이 수만 명의 사람과 교류하겠다는 일념으로 얼마나 먼 거리를 날아서 전 세계 수백 개에 이르는 우리의 강연장까지 찾아오는지 전혀 알지 못했다. 출판 사업을 사람 사업으로 만들어 품위 있게 수행한 당신에게 고마움을 전한다.

우리가 개인적으로 좋아하는, 가르치는 일에만 몰두할 수 있는 것은 워크숍을 원활하게 진행하는 크리스틴 젠슨 덕분이다.

슈퍼 프로 트레이너 수잔 버넷은 세 가지 몫을 담당하는 우리의 자산이다. 그녀는 우리와 함께 여성의 역량 강화를 발전시키고, 기업 클라이언트에게 제품을 전달하며, 트레이너 교육을 담당한다. 우리는 할 수도 없고 하지도 않을 모든 일을 훌륭하게 처리한다. 우리를 더욱 성장시키는 사람이다.

일본을 비롯해 세계 전역에 협력 집단이 있다. 일본의 마나미 타마오키는 전 세계에서 손꼽힐 만큼 힘든 직장문화 속에서 일하는 일본 직장인에게 우리의 워크숍을 소개하는 책임자다. 그리고 태국에서 활동하는 용감한 코치이자 디자인 씽킹 워크숍 리더 페름시트 람프라시티폰은 모든 태국인에게 만족스럽고 즐거운 삶을 창조할 기회를 주고자 매진하고 있다.

초창기에 사람들은 이 작업이 빌과 데이브 선에서 끝나리라고 예상했다. 하지만 스탠퍼드 라이프디자인연구소 전무이사 캐시 데이비스는 우리의 목소리가 스탠퍼드를 벗어나 다른 지역의 수많은 사람에게 가르칠 수 있는 빅 아이디어임을 증명했다. 그녀는 우리에게서 바통을 당당히 넘겨받아 리더의 자리에 올랐다. 이 일을 더욱 발전시킬 뿐만 아니라 우리가 외부 독자들에게 서비스를 제공하도록 짐을 덜어준 그녀에게 감사한다.

경이로운 스탠퍼드 라이프디자인연구소 연구원들 중에서 우선 가브리엘 산타 도나토에 특별히 감사를 표한다. 그는 라이프디자인스튜디오를 설립해 수백만 명의 학생이 다니는 100여 개

대학교의 역량을 강화하는 놀라운 성과를 거두었다. 정상급 강사이자 디자이너들인 존 암스트롱, 에밀리 치앙, 크리스 시마모라에게 고마움을 전한다. 그들은 수강생뿐만 아니라 그들과 협력하는 모든 사람을 지속적으로 감탄시킨다. 훌륭하다.

크리에이티브 라이브Creative Live의 멋진 팀원들은 심혈을 기울여 맞춤형 온라인 강의를 창조했다. 덕분에 "이 강좌를 제가 들을 수 있을까요?"라는 질문의 답변은 언제 어디서 누구에게든 "물론입니다!"로 바뀌었다.

뛰어난 작가이자 선구적인 사상가이며 멘토인 특별한 친구 다니엘 핑크는 풍부한 경험과 통찰을 공유함으로써 신출내기인 우리에게 큰 도움을 주었다. 그의 도움에 진심으로 감사한다.

도합 75년이 넘는 경력을 쌓는 동안 우리는 수십 명의 위대한 경영인을 비롯해 사람들과 협력하며 배운 점이 무척 많다. 그들의 지혜(그리고 용서)가 이 책을 뒷받침하는 탄탄한 토대를 이루었다.

라이프 디자이너와 지지자, 멘토들로 구성된 이 멋진 공동체에게 고마움을 전한다.

스탠퍼드 라이프디자인스튜디오에 참여해 교육 발전이라는 사명에 헌신한 300여 명의 교육자가 있다.

100여 명의 헌신적인 인생 코치와 경영 코치는 지금껏 단체와 개인이 실제로 변화해 만족스럽고 즐거운 삶을 실현하도록 효과적으로 지도하고 지원했다.

200명에 가까운 세계적인 행사 주최자는 그들의 지역사회에서 강연할 기회를 제공했다. 우리를 포함한 수많은 사람이 실질적이고 개인적인 관계를 맺을 수 있었던 것은 모두 주최자들 덕분이다.

300여 명의 지역사회 지도자와 우리의 온라인 커뮤니티를 구성하는 회원 3,000여 명의 헌신과 끈기, 그리고 지원은 이 운동의 로켓연료나 다름없다. 모든 사람에게 고마운 마음을 전한다.

주

들어가며 일의 철학이 있는 사람은 일에서도 행복을 찾는다

1. 『전 세계 직장의 상태 State of the Global Workplace』(Gallup Press, 2017), 183페이지.
2. 『전 세계 직장의 상태』(Gallup Press, 2017), 22페이지.
3. 『전 세계 직장의 상태』(Gallup Press, 2017), 133페이지.
4. 스토리텔링에 대한 추가 자료가 필요하다면 아래의 사이트를 참고하라.

   www.storycorps.net

   www.themoth.org

   www.wnycstudios.org/shows/radiolab
5. 〈뇌의 세계Brain World〉, 2018년 여름호, 16~18페이지

1장 일을 할수록 불행해지는 사람들

1. 『디자인 유어 라이프』 제1장이나 www.designingyour.life를 참고하라.
2. E. 린드크비스트(E. Lindqvist)와 R. 외스틀링(R. Östling), D. 세사리니(D. Cesarini), "복권으로 얻은 부가 심리적 행복에 미치는 장기적인 영향Long-run Effects of Lottery Wealth on Psychological Well-being," NBER Working Paper, 24667호, 2018년 5월.

3. www.adultdevelopmentstudy.org.Burn_9780525655244_3p_all_r1.r.indd 287 12/12/19 10:23 AM288 Notes
4. 조지 E. 베일런트(George E. Vaillant), 『경험의 승리: 하버드 그랜트 연구의 사람들 Triumphs of Experience: The Men of the Harvard Grant Study』(Cambridge), MA: 벨크냅 프레스(Belknap Press), 2012].
5. 조직 '정치'의 실제 원리는 6장에서 설명할 것이다.
6. J. C. 노크로스(J. C. Norcross)와 M. S. 므리카로(M. S. Mrykalo), M. D. 블래지스(M. D. Blagys), "올드랭사인: 새해 결심을 한 사람과 하지 않은 사람들이 보고한 성공 예측 요소와 변화 과정, 그리고 결과Auld Lang Syne: Success Predictors, Change Processes, and Self-Reported Outcomes of New Year's Resolvers and Nonresolvers," 〈임상심리학 저널Journal of Clinical Psychology〉 58호(2002): 397~405페이지.
7. 스탠퍼드대학교 교수 B. J. 포그(B. J. Fogg)의 연구를 참고하라. TED의 다음 동영상을 참고할 수도 있다. www.youtube.com/watch?v=AdKUJxjn-R8.
8. www.dominican.edu/academics/lae/under-graduate-programs/psych/faculty/assets-gail-matthews/researchsummary2.pdf.

2장 돈이냐 의미냐, 그것이 문제로다

1. 『디자인 유어 라이프』 제12장을 참고하라.
2. "교사는 무엇을 만드는가"에 관한 놀라운 장면을 원한다면 유튜브에 접속해 낭독 시인 테일러 말리의 시를 찾아보라: www.youtube.com /watch?v=RxsOVK4syxU.

3장 당신을 힘들게 하는 '진짜 문제'를 찾아라

1. www.gottman.com.
2. 돈을 많이 버는 부류의 시인이 있다. 밥 딜런 같은 싱어송라이터와 제이-Z(Jay-Z) 같은 래퍼는 시를 꽤 괜찮은 사업으로 바꿀 방법을 발견했다. 하지만 여러분이 유명 래퍼가 될 가능성은 희박하다(100만 분의 1). 거의 백업 재구성이 필요할 것이다.

4장 **우리는 왜 일을 하며 번아웃에 빠지는가**

1. 메이오클리닉의 "직무 번아웃: 발견과 대처법Job Burnout: How to Spot It and Take Action"(www.mayoclinic.org/healthy-lifestyle/adult-health/in-depth/burnout/art-20046642)을 참고하라.

5장 **의미 있는 삶은 어떻게 만들어지는가**

1. 캐롤 드웩, 『마인드셋Mindset: The New Psychology of Success』〔뉴욕: 발렌타인 북스(Ballantine Book, 2016〕.
2. 캐롤 드웩, 『마인드셋』 6~7페이지.
3. 캐롤 드웩, 『마인드셋』 18페이지.
4. 앤절라 더크워스, 『그릿: IQ, 재능, 환경을 뛰어넘는 열정적 끈기의 힘』〔뉴욕: 스크라이브너(Scribner), 2016〕, 제6~9장.
5. 다니엘 핑크, 『드라이브: 창조적인 사람들을 움직이는 자발적 동기부여의 힘』〔뉴욕: 리버헤드(Riverhead), 2009〕, 서론.
6. E. L. 데시와 R. M. 라이언, "목표 추구의 대상과 이유The 'What' and 'Why' of Goal Pursuits,"《심리 조사Psychological Inquiry》 11호, 4권 (2000): 227~268페이지.
7. 모든 컴퓨터의 주기판은 수많은 다른 제어 및 메모리용 칩과 함께 메인 컴퓨터칩이 들어 있는 곳이다. 그리고 이 보드에는 이른바 '부트 ROM(boot ROM)'이 있다. 부트 ROM은 CPU와 메모리를 작동시켜 운영체제를 로딩하기에 충분한 용량을 확보할 만큼의 코드를 포함하고 있다. 윈도와 맥에는 모두 부트 ROM이 있고 우리의 소형 컴퓨터에도 있었다. 부트 ROM이 기능을 정비하고 화면이 켜질 때 맨 먼저 "헬로 월드"라는 문구가 뜨는 것은 실리콘밸리의 오랜 전통이다.
8. 수잔 루카스(Suzanne Lucas), "직원 이직의 진정한 대가How Much Employee Turnover Really Costs You,"《Inc.》, 2013년 8월 30일, www.inc.com/suzanne-lucas/why-employee-turnover-is-so-costly.html.

6장 **달콤한 권력과 사내 정치의 맛**

1. 짐 홀든(Jim Holden)과 라이언 쿠바키(Ryan Kubacki), 『새로운 파워 베이스 판매: 정

치를 완전 정복하고, 예상치 못한 가치와 더 높은 판매이익을 창조하고, 경쟁자를 물리쳐라The New Power Base Selling: Master the Politics, Create Unexpected Value and Higher Margins, and Outsmart the Competition』(호보컨(Hoboken), NJ: 와일리(Wiley), 2012). 우리가 아는 권력에 관한 많은 책 중에서 이 장에 언급한 정치적 개념의 주된 원천이자 참고 자료는 이것이다. 이 책은 세일즈 훈련 전문서다. 그럼 여러분은 이렇게 물을지 모르겠다. "판매 훈련이요? 그게 라이프 디자인과 무슨 관계가 있습니까?" 다음과 같이 말하면 설명이 될 것이다…… 판매원의 임무는 구매자가 자사 제품이나 서비스에 유리한 현명한 결정을 내리도록 돕는 일이다. 현명한 판매자는 단골고객을 원하며 이전 구매에 만족한 고객이라야 단골이 된다. 따라서 현명한 판매자는 구매자가 구매 결정을 현명하게 내리기를 원한다. 문제는 판매원에게는 권력이 없다는 점이다. 판매원은 가망고객이 무언가를 구매하게 만들 수 있는 권위가 전혀 없다. 따라서 그들이 할 수 있는 일은 구매 결정에 영향력을 행사하기 위해 노력하는 것뿐이다. 그들은 자신이 아니라 구매 조직 내에 있는 다른 사람들의 영향력을 이용한다. 다른 사람을 통해 간접적으로 전체 과정이 진행된다. 따라서 판매자는 외부인처럼 이 과정을 진행해야 한다. 이 임무를 훌륭하게 수행하기란 여간 힘들지 않다. 따라서 정상급 판매원은 부득이 건전한 영향력을 인위적으로 촉진시키는 일에 능숙하다. 유능한 판매원은 건전한 정치 관리에 관한 한 프로다. 사실 인간은 누구나 다른 사람의 결정에 영향을 미치기 위해(자신이 중요시하는 무언가를 옹호하기 위해) 힘쓰느라 에너지를 많이 소비한다. 바로 이것이 다니엘 핑크가 『파는 것이 인간이다To Sell Is Human』를 발표한 한 가지 이유다. 왜 모든 사람이 어떤 면에서는 판매자인지 궁금하다면 짐 홀든과 핑크의 책을 살펴보라.

7장 버틸 것인가 나갈 것인가

1. 그녀는 www.gallupstrengthscenter.com에서 그 검사에 대한 정보를 얻었다. (그 평가는 유료인데 우리는 그 검사에 대해 글을 쓰거나 이 링크를 공유하는 대가로 돈을 받지 않는다).
2. https://www.gallup.com/cliftonstrengths/en/253790/science-of-cliftonstrengths.aspx

8장 품위 있게 퇴사하는 최고의 방법

1. https://qz.com/955079/research-proves-itseasier-to-get-a-job-when-you-already-have-a-job/ 그리고 이 결론을 위한 기본 데이터는 〈리버티 스트리트 이코노믹스Liberty Street Economics〉에서 얻은 것이다. https://libertystreeteconomics.newyorkfed.org/2017/04 /how-do-people-find-jobs.html
2. 1910년경 남학생과 여학생 대상의 세계적인 스카우팅 운동을 창시한 영국군 장교 로버트 베이든 파월(Robert Baden-Powell)이 한 말로 추정된다.

10장 언제까지 회사를 위해 일할 것인가

1. 『디자인 유어 라이프』, 70페이지.
2. uxmastery.com/how-to-create-a-customer-journey-map.
3. www.linkedin.com/pulse/mckinsey-study-concludes-automation-physical-knowledge-saf-stern/?articleId=6085882246508658688.

12장 당신은 지금 어디에 서 있는가

1. 윌리엄 브리지스의 독창적인 책 『내 삶에 변화가 찾아올 때Transitions: Making Sense of Life's Changes』는 1980년에 처음 발간되었다. 베스트셀러인 이 책은 40여 년 동안 계속 발간되고 있으며 삶의 변화관리에 대한 고전으로 매우 높이 평가되고 이해하기도 쉽다. 극구 추천하는 바다. 이 책을 발표한 이후 도와달라는 요청이 잇따르자 윌리엄은 윌리엄 브리지스 어소시에이츠(William Bridges Associates)를 설립해 다른 사람들이 그의 아이디어를 실행할 수 있도록 지원한다. 이 조직은 여전히 세계의 일류 변화관리 자문회사로 활약 중이다.
2. https://wmbridges.com/about/what-is-transition/
3. 『의미 창조하기: 슬픔의 여섯 번째 단계Meaning Making: the Sixth Stage of Grief』

13장 변화에 휩쓸리지 않기 위한 일의 철학

1. 〈샌프란시스코 크로니클San Francisco Chronical〉, 2020년 8월 20일자, SFGate; https://www.sfgate.com/business/article/Pinterest-terminate-SF-office-lease-88-

Bluxome-15525421.php

2. CNBC 2020년 9월 18일; https://www.cnbc.com/2020/09/18/countries-that-gives-visas-to-remote-workers-during-covid-19-pandemic.html
3. 조지 E. 베일런트(George E. Vaillant), 『경험의 승리: 하버드 그랜트 연구의 사람들 Triumphs of Experience: The Men of the Harvard Grant Study』(Cambridge), MA: 벨크냅 프레스(Belknap Press), 2012.
4. 여러분은 또한 다음과 같은 다른 여러 문법책을 확인할 수 있는데 개중에는 덜 딱딱한 책이 있고 여전히 애를 먹는 전문 작가들이 즐겨 참고하는 책도 있다. (스트렁크와 화이트가 이 책에서 우리가 지나치게 많이 사용한 긴줄표에 대해 어떻게 생각할지 어떻게 알겠는가): 린 트루스(Lynne Truss)의 『먹고, 쏘고, 튄다Eats Shoots and Leaves』; 패트리샤 T. 오코너(Patricia T. O'Conner)의 『Woe Is I』; 벌린 클링켄보그(Verlyn Klinkenborg)의 『짧게 잘 쓰는 법: 짧은 문장으로 익히는 글쓰기의 기본Several Short Sentences About Writing』; 스티븐 핑커(Steven Pinker)의 『센스 오브 스타일The Sense of Style』; 잰 베놀리아(Jan Venolia)의 『롸잇 나우!Write Right!』; 마이클 스완의 『실용어법사전Practical English Usage』; 리치(Leech)와 크루이크섕크(Cruickshank), 이바닉(Ivanic)이 공동 집필한 『영어 문법과 용법의 A부터 Z까지An A-Z of English Grammar & Usage』; 미뇽 포가티(Mignon Fogarty)의 『문법 소녀의 글쓰기 향상을 위한 빠르고 간편한 팁Grammar Girl's Quick and Dirty Tips for Better Writing』(〈뉴욕 타임스〉 선정 베스트셀러).
5. 빌은 디지털 프로젝터가 나오기 전에 진짜 35밀리미터 코닥 울트라맥스®(Kodak Ultramax®) 필름 슬라이드로 '슬라이드' 프레젠테이션을 만들었던 시절을 기억한다. 그는 1980년대에 이 슬라이드를 만들기 위해 데스크톱 컬러 슬라이드 메이커를 제작한 스타트업에 몸담고 있었다. 그는 또한 1990년대에 자신의 강의에서 사용했던 옛 '무기'를 모두 가지고 있다. 이 제품은 제록스® (Xerox®) 기계나 손으로 제작되었고 천장 프로젝터 위에 놓여 있었다(대체로 흑백이고 사진이 없으며 모두 한 가지 글꼴(헬베티카)이었다). 아, 옛날이여.
6. https://www.brainyquote.com/quotes/jeanluc_godard_108249
7. 크리스토퍼 부커(Christopher Booker), 『일곱 가지 기본 플롯, 우리는 왜 이야기를 하는가The Seven Basic Plots, Why We Tell Stories』, 콘티늄(Continuum); 초판(2006년 9월

1일)

8. https://www.merriam-webster.com/dictionary/ergonomics

9. https://www.youtube.com/watch?v=762tbD11LxI

10. https://rework.withgoogle.com/blog/five-keys-to-a-successful-google-team/

실전편 지금 당장 변하고 싶은 사람들을 위한 워크북

1. 메이커 믹스 설정의 위치 조정에는 여러 가지 요소가 포함된다. 시간은 분명히 포함되겠지만 각 구성요소에 할애한 시간의 비율이 전부는 아닐 것이다. (출퇴근이나 세탁처럼) 시간이 더 많이 드는 일이 있으나 그렇다고 그 일이 더 가치가 있거나 중요하지는 않다. 시간이 많이 들지 않아도 중요하게 느껴지는 일이 있고 시간이 엄청 많이 들어도 사소하게 느껴지는 일이 있다. 여러분이 만들고 있는 것을 어떤 식으로 평가하며 그것이 다른 것에 비해 상대적으로 얼마나 '크게' 느껴지는지를 믹스에 반영하라. 빌의 현재 메이커 믹스의 예에서 그는 '표현'을 약 20퍼센트에 맞추지만 그것이 시간의 20퍼센트를 의미하지는 않는다(어쨌든 아직은 아니다). 하지만 그림을 그리는 그의 경험은 그에게 상당히 인상적이며 따라서 매우 중요하다. 일주일에 (정규직에 할애하는 50시간 이상에 비해서) 몇 시간 동안만 집중하는 그림은 깨어 있는 시간 가운데 정확히 5분의 1을 차지하는 것은 아니나 적어도 20퍼센트처럼 '느껴진다.' (여러분이 판단하라) 다양한 유형의 만들기가 차지하는 상대적인 무게를 고려하기에 옳거나 그른 방식이란 없다. 메이커로서 상황을 어떻게 느끼는지, 그리고 어떻게 믹스를 살짝 다르게 디자인할 수 있을지 정확히 파악할 도구를 제시할 뿐이다.
2. 자신이 맡은 여러 역할을 배치한 다음에도 특정한 역할을 배치하는 위치가 더 있을 수 있다는 사실을 명심하라. 역할의 의미를 어떻게 생각하고 묘사하는지, 그리고 그 역할이 어떤 느낌인지에 따라 역할의 위치가 달라진다. 예를 들어 빌이 교사라는 역할을 주로 특정한 강의에서 가르치는 학생들을 중심으로 생각한다면 그는 '교사'를 특정한 한곳에 배치할 것이다. 지난 10년 동안 협력했던 학생 1,000명을 중심으로 생각한다면 '교사'는 다른 곳에 놓일 것이다. 자신의 프로그램이 다른 대학의 디자인 교육을 변화시킬 길을 닦았다는 점을 중심으로 생각한다면 '교사'의 위치가 또 달라질 것이다. 모든 위치가 '옳다'. 빌이 함께 일하는 사람과 그 역할에서 발생하는 영향력에 대해 어떻게 생각하는지에

따라 달라질 뿐이다.

나오며 나만의 일의 철학을 세운 사람들은 어떻게 되었을까?

1. 우리 책에서 소개했던 사람들: 우리의 전작을 읽은 독자들에게 전하는 말씀—그 책에서 스토리가 소개된 사람들의 삶 역시 계속된다. 그 가운데 몇 사람의 근황을 살펴보자면…… 『디자인 유어 라이프』의 록음악을 좋아하는 소녀 엘렌은 그동안 같은 회사에서 세 번 승진해서 현재 상당히 큰 규모의 팀을 관리하지만 여전히 좌충우돌하고 있다. "5년이 지난 지금도 이 회사에 남아 있을 거라고는 생각도 못했습니다. 하지만 재미있게 일하고 새로운 것을 배울 방법을 계속 찾고 있어요." 그리고 우리 친구 팀이 있다. 안정과 행복한 가정생활에 필요한 만큼 돈을 벌면서 자신의 주된 관심사인 음악과 칵테일 제조를 위한 여유와 자원을 설계해 일관성이 큰 삶을 사는 사나이였다. 팀은 회사의 핵심 전문가로서 20여 년을 근무한 후에 해고를 당했다. 해고통지서를 받고 그는 당연히 망연자실했다. 하지만 얼마 지나지 않아 관계망을 강화하고 사람들과 이야기를 나누기 시작했다. 그 결과 예전 직장 동료가 전화를 걸어 채용공고가 나지 않은 자기 회사의 일자리에 대해 귀띔을 해주었다. 팀은 그 일자리를 자기 것으로 만들어 그에게 익숙했던 안정적인 가정생활과 직장생활을 재확립하는 중이다. "바로 코앞에 닥치기 전까지 그런 일이 일어날 줄은 전혀 몰랐습니다. 하지만 결국 승진해서 급여도 인상되었죠. 나를 위한 출구를 디자인할 수 있었어요."

옮긴이 이미숙

계명대학교 영어영문학과를 졸업하고 동대학원 영어영문학과 석사학위를 취득했으며, 한국외국어대학교 통번역대학원에서 수학했다. 현재 번역 에이전시 엔터스코리아에서 출판기획 및 전문 번역가로 활동하고 있다. 주요 역서로는 『금융혁명 2030』 『핀테크 전쟁』 『미래의 역습, 낯선 세상이 온다』 『무엇이 당신을 최고로 만드는가』 등이 있다.

일의 철학

초판 1쇄 발행 2021년 8월 19일
초판 5쇄 발행 2024년 1월 15일

지은이 빌 버넷·데이브 에번스
옮긴이 이미숙
발행인 이봉주 **단행본사업본부장** 신동해
교정교열 박정철 **마케팅** 최혜진 이인국 **홍보** 반여진 허지호 정지연 송임선
국제업무 김은정 김지민 **제작** 정석훈
디자인 THISCOVER

브랜드 갤리온 **주소** 경기도 파주시 회동길 20
문의전화 031-956-7356(편집) 031-956-7089(마케팅)

홈페이지 www.wjbooks.co.kr
인스타그램 www.instagram.com/woongjin_readers
페이스북 www.facebook.com/woongjinreaders
블로그 blog.naver.com/wj_booking

발행처 ㈜웅진씽크빅
출판신고 1980년 3월 29일 제406-2007-000046호

ISBN 978-89-01-25231-5 (03190)

- 갤리온은 ㈜웅진씽크빅 단행본사업본부의 브랜드입니다.
- 책값은 뒤표지에 있습니다.
- 잘못된 책은 구입하신 곳에서 바꾸어 드립니다.